VALERIO MANFREDI

Italien, Valerio Manfredi est diplômé de lettres classiques et archéologue. Professeur d'université à Milan et Venise, il intervient dans plusieurs facultés étrangères et a dirigé plusieurs fouilles et missions scientifiques. Auteur, scénariste, journaliste au *Panorama* et au *Messagero*, il s'inspire dès 1998, à l'instigation de l'éditeur Mondadori, des écrits de Plutarque, Pline et Démosthène pour composer sa trilogie consacrée à Alexandre le Grand et « transporter l'homme moderne dans une Antiquité reconstituée exactement, mais avec émotion. »

Valerio Manfredi, qui se définit comme « un professionnel de l'Antiquité », partage son temps entre ses travaux de chercheur et l'écriture de romans. Il est notamment l'auteur de *La Tour de la solitude* (Lattès, 1999), *La dernière légion* (Plon, 2003), *Le tyran de Syracuse* (Plon, 2005) et *L'empire des dragons* (Plon, 2006). Son talent de conteur et son goût pour les intrigues subtiles lui ont valu de susciter l'intérêt du milieu du cinéma et d'être comparé à son compatriote Umberto Eco.

ALBERTO MANGUEL

[illegible]

Chère lectrice,

Pour inaugurer cette sélection estivale, nous vous proposons un roman spécial vacances, chaud et léger comme la caresse du vent d'été. Intitulé *Une princesse amoureuse* (n° 2225), il met en scène la belle Shoshana qui, fuyant un mariage – et un mari – qu'elle n'a pas choisi, trouve refuge sur une plage déserte. Un endroit paradisiaque à partager avec Jake, le garde du corps chargé de la protéger...

Second titre du mois, *Play-boy ou papa ?* (n° 2226), vous fera vivre les doutes de Dominic, un homme d'affaires surbooké qui se retrouve du jour au lendemain tuteur d'un jeune enfant. Dans l'urgence, il fait appel à une femme qu'il connaît à peine et lui demande de s'installer chez lui…

S'ils vivent, eux aussi, sous le même toit, Mallory et Torr, *Amoureux sous contrat* (n° 2227), ne partagent pas le même lit. Une situation que Mallory déplore, car elle a appris à aimer en secret ce « mari » imposé par sa famille…

Enfin, avec *Passion texane* (n° 2228), dernier roman de ce mois de juillet, les fans de Diana Palmer retrouveront la chaleureuse ambiance des grands ranches du Sud, où l'auteure aime à situer ses romans au style inimitable…

Bonne lecture, et rendez-vous le mois prochain !

La responsable de collection

LE TYRAN DE SYRACUSE

DU MÊME AUTEUR
CHEZ POCKET

LA DERNIÈRE LÉGION

ALEXANDRE LE GRAND
I : *Le Fils du songe*
II : *Les Sables d'Amon*
III : *Les Confins du monde*

LE PHARAON OUBLIÉ

LA TOUR DE LA SOLITUDE

VALERIO MANFREDI

LE TYRAN DE SYRACUSE

Traduit de l'italien
par Claire Bonnefous

PLON

Titre original :
Il tiranno

ISBN : 2-266-15974-7

A la mémoire de mon père.

« Il ne fait pas de doute, en effet, que la divinité utilise certains hommes dans le but de punir la méchanceté d'autres hommes et les transforme ainsi en bourreaux avant de les anéantir. »

PLUTARQUE.

Prologue

CORINTHE, 342 AV. J.-C.

DEUXIÈME ANNÉE DE LA CVIII^{e} OLYMPIADE

L'homme se présenta peu après le coucher du soleil, alors que les ombres s'étiraient sur la ville et le port. Il marchait d'un pas rapide, une besace en bandoulière, se retournant de temps à autre avec un air inquiet. Il s'immobilisa près d'un édicule consacré à Perséphone. Le lumignon qui brûlait devant l'image de la déesse éclaira ses cheveux poivre et sel, son nez droit et sa bouche fine, ses pommettes hautes et ses joues creuses, en partie recouvertes d'une barbe sombre. Son regard anxieux et fuyant affichait toutefois une dignité et un maintien qui contrastaient avec son aspect modeste et ses vêtements usés, témoignant d'une condition élevée quoique déchue.

Il s'engagea dans la rue en pente qui menait au port de l'Est et se dirigea vers la darse, où se dressaient en grand nombre des tavernes et des auberges fréquentées par les marins, les commerçants, les débardeurs et les soldats de la flotte. Corinthe connaissait une période de prospérité, et ses deux ports fourmillaient de vaisseaux qui importaient et exportaient des marchandises dans tous les pays de la mer intérieure et du Pont-Euxin. Dans le quartier sud, où se trouvaient les entrepôts de blé, il n'était pas rare d'entendre l'accent sicilien teinté d'inflexions variées, propres à Agrigente, à Catane, à Géla ou à Syracuse...

Syracuse... Il lui arrivait de croire qu'il l'avait oubliée, et pourtant un rien suffisait à raviver les souvenirs de son enfance et de son âge mûr, les lumières et les couleurs d'un monde désormais transfiguré par la nostalgie, mais surtout par l'amertume d'une vie inexorablement marquée par la défaite.

Il avait atteint une taverne, à l'intérieur de laquelle il pénétra après avoir lancé un dernier regard à la ronde.

Les lieux s'animaient peu à peu : des clients affluaient pour manger une soupe chaude et boire du vin pur, selon l'habitude des Barbares et des pauvres.

A la belle saison, les gens s'asseyaient dehors, sous la tonnelle, et contemplaient les deux mers – l'une, sombre, déjà livrée à la nuit, l'autre, rouge, embrasée des dernières lueurs du crépuscule –, ainsi que les navires qui se hâtaient d'entrer au port avant que celui-ci plonge dans l'obscurité. L'hiver, quand le vent de Borée, venu de la montagne, leur glaçait les membres, ils se pressaient dans une pièce enfumée regorgeant d'odeurs lourdes.

Le tavernier attisa le feu, puis il s'empara d'une gamelle de soupe et la posa devant l'homme, sur la table. « Le dîner, maître.

— Maître... », répéta l'homme tout bas, la voix empreinted'une légère déception.

La cuiller était là, attachée à une ficelle afin que les clients ne l'emportent pas. Il la prit et se mit à manger lentement, dégustant cette nourriture simple et savoureuse qui réchauffait ses membres transis.

Voilà qu'arrivaient les filles destinées aux clients qui, après avoir mangé, passaient à la boisson, quand ils n'étaient pas déjà ivres, parce qu'ils buvaient depuis un bon moment sous prétexte qu'il faisait froid.

Chloé n'était pas particulièrement belle, elle avait les yeux noirs et une expression hautaine, absurde chez une jeune prostituée, qui lui rappelait les Siciliennes. Elle était peut-être issue de sa terre d'origine. A moins qu'elle ne ressemblât à un amour de jeunesse. Voilà pourquoi il l'observait de temps à autre et lui souriait. Pour sa part, elle lui rendait ses sourires sans en saisir le sens, lui lançant un regard incrédule et légèrement moqueur.

Soudain, elle surgit à ses côtés. Après un instant de surprise, il demanda au tavernier de lui apporter une autre gamelle, qu'il posa près d'elle tout en plaçant quelques pièces de monnaie sur la table.

« Cet argent ne suffit pas pour baiser, maître, dit-elle après avoir compté les pièces d'un coup d'œil.

— Je sais, répondit-il calmement. Je veux juste t'offrir une assiette de soupe. Tu es maigre. Si tu continues à maigrir, tu ne seras plus bonne pour les clients, et on te mettra à la meule. Pourquoi m'as-tu appelé ainsi ?

— Maître ? »

L'homme acquiesça en plongeant la cuiller dans la soupe.

La fille haussa les épaules. « Tout le monde t'appelle comme ça, parce que tu apprends aux gens à lire et à écrire contre paiement. Mais personne ne semble connaître ton véritable nom. Tu as sans doute un nom, n'est-ce pas ?

— Comme tout le monde.

— Et tu ne veux pas me le dire ? »

L'homme secoua la tête sans cesser de manger. « Mange ta soupe tant qu'elle est chaude », lui répondit-il.

Chloé porta la gamelle à ses lèvres et avala bruyamment son contenu. Elle se nettoya la bouche avec la manche de sa tunique. « Pourquoi ne veux-tu pas me le dire ?

— Parce que je ne peux pas. »

La fille jeta un coup d'œil à la besace qu'il avait accrochée au dossier de la chaise. « Qu'y a-t-il à l'intérieur ?

— Rien qui te regarde. Mange, voilà des clients. »

Le tavernier s'approcha. « Va dans ta chambre, lui ordonna-t-il en indiquant une porte au fond de la pièce. Deux marins audacieux, qui ont envie de s'amuser, t'y attendent. Ils ont payé d'avance. Veille à les satisfaire. »

La fille avala une autre cuillerée de soupe et murmura à l'oreille de l'homme avant de s'en aller : « Ta besace attire trop l'attention. Certains aimeraient savoir ce qu'elle contient. Je n'ai rien dit. » Et elle ajouta à voix haute : « Merci pour la soupe, maître. Elle m'a réchauffé le cœur. »

Chloé fut livrée à deux étrangers déjà soûls, grands, robustes et sales. Peu après, l'homme l'entendit crier : à l'évidence, ces clients aimaient la violence. Il se leva et se précipita vers la porte, au fond de la pièce, tandis que le tavernier hurlait : « Où vas-tu ? Arrête, malheur à toi, arrête ! » Mais l'homme avait ouvert tout grand la porte et s'était jeté à l'intérieur du cagibi en criant : « Laissez-la tranquille ! Laissez-la tranquille, espèces de salauds ! »

Il s'ensuivit une pagaille, qui se transforma en véritable rixe. Les deux étrangers sautèrent sur l'homme et le poussèrent au milieu de la taverne, cependant celui-ci réagit en brandissant une chaise. Les autres clients se pressaient autour des bagarreurs en les encourageant à tue-tête. Un troisième individu s'approcha et tenta d'arracher à l'homme sa besace, mais celui-ci le frappa à l'aide de la chaise et courut s'adosser au mur.

A présent, il était encerclé. Effrayé par son audace, il ruisselait de sueur et tremblait, tandis que ses adversaires avançaient, l'air de plus en plus menaçant.

Le premier lui assena un coup de poing à l'estomac et un autre au visage. Alors que le second bondissait sur lui, trois énergumènes qu'on n'avait jamais vus en ces lieux surgirent brusquement. Ils étendirent les deux étrangers au sol, le nez et la bouche en sang. Puis ils s'éloignèrent aussi vite qu'ils étaient apparus.

Après s'être assuré que sa besace était encore à sa place, le « maître » se fraya un chemin parmi les clients muets et se dirigea à son tour vers la sortie.

Il fut assailli par une rafale de vent qui le fit frissonner. C'est alors qu'il sentit le poids des coups qu'il avait reçus. La terrible tension qui l'avait tenaillé se relâcha. Il chancela, porta les mains à ses tempes puis, comme pour lutter contre la sensation que le sol se dérobait sous ses pieds, il chercha un point d'appui inexistant et s'écroula au milieu de la rue.

Il reprit conscience bien plus tard : il commençait à pleuvoir, l'eau glacée coulait sur son visage et dans son dos. Au bout d'un certain temps, il sentit qu'on le traînait de l'autre côté de la rue, sous l'auvent qui abritait les ânes.

Il ouvrit les yeux. La clarté qui filtrait à travers les fenêtres de la taverne lui permit de distinguer le visage d'un vieux mendiant au crâne chauve et à la bouche édentée.

« Qui es-tu ? lui demanda-t-il.

— Toi, plutôt, qui es-tu ? rétorqua le vieillard. Je n'ai jamais rien vu de pareil. Ces trois types ont jailli du néant, ont fait un massacre... et se sont envolés. Un tel remue-ménage pour un va-nu-pieds...

— Je ne suis pas un va-nu-pieds.

— Hé oui, effectivement, le contraire serait étrange. » Le vieillard tira l'homme contre le mur et le couvrit de paille.

« Attends, grand homme, dit-il. J'ai peut-être encore un peu de vin. C'est ma paie pour surveiller ces ânes toute la nuit. Bois, avale une gorgée, ça te réchauffera. » Il le regarda faire. « Si tu n'es pas un pouilleux, qui es-tu ?

— Je gagne ma vie en enseignant à lire et à écrire, mais je...

— Tu quoi ? »

L'homme contracta les lèvres en un rictus qui aurait pu être un sourire. « J'ai été le seigneur de la cité la plus vaste et la plus riche du monde...

— Ah oui ? Bien sûr ! Et moi, je suis le roi de Perse...

— Et mon père a été le plus grand homme de notre époque... Donne-moi encore un peu de vin.

— Mais qu'est-ce que tu me racontes là ? »

L'homme but de longues gorgées.

« Qu'y a-t-il dans cette besace que tu serres contre toi ?

— Rien qui vaille la peine de voler. Il y a là... son histoire. L'histoire d'un homme qui devint le seigneur de toute la Sicile, ou presque, et d'une grande partie de l'Italie, qui vainquit les Barbares dans d'innombrables batailles, inventa des machines de guerre inouïes, déplaça des populations entières, érigea la plus grande forteresse du monde en l'espace de trois mois, fonda des colonies sur la mer Tyrrhénienne et sur l'Adriatique, épousa deux femmes le même jour... un homme unique parmi les Grecs... »

Le vieillard lui tendit encore sa gourde de vin et s'approcha, s'asseyant à son tour contre le mur. « Par les dieux ! Et qui est ce phénomène, ce... »

Un éclair illumina a giorno la rue brillante de pluie et le visage tuméfié du maître. Un coup de tonnerre retentit, mais l'homme ne sursauta pas, il pressa son sac sur sa poitrine et, martelant ses mots avec emphase, déclara : « Il se nommait Denys, Denys de Syracuse. Mais le monde entier l'appela... le tyran ! »

I

Sur la route venant de Camarine, un cavalier filait vers l'entrée est de la villc cn soulevant un tourbillon de poussière blanche. L'officier de garde lui ordonna de s'arrêter. « Ne t'approche pas ! cria-t-il. Décline ton identité ! »

Mais cet ordre fut inutile. Le cheval céda brutalement à moins de deux cents pieds des remparts, s'écrasant au sol et projetant son cavalier dans la poussière.

« Ouvrez la poterne ! s'exclama l'officier. Vite, allez voir de qui il s'agit et amenez-le ! »

Quatre sentinelles sortirent à toute allure et rejoignirent le cavalier, qui gisait sur le sol. Non loin de là, son cheval agonisait.

L'homme hurla de douleur quand les soldats tentèrent de le retourner ; il leur offrit un visage défiguré par la fatigue, couvert de poussière et de sang.

« Qui es-tu ? demanda l'une des sentinelles.

— Je viens de Sélinonte... Je veux parler à votre commandant, vite, vite, je vous en conjure. »

Les soldats se dévisagèrent. A l'aide de leurs lances et de leurs boucliers, ils fabriquèrent une civière de fortune sur laquelle ils installèrent l'homme et le conduisirent à l'intérieur. L'un d'eux s'attarda un instant pour donner le coup de grâce au cheval, qui s'effondra avec un dernier râle.

Peu après, le groupe réintégra le corps de garde. L'officier s'approcha, muni d'une torche, et le messager le regarda : c'était un jeune homme robuste aux cheveux ondulés et très noirs, aux yeux foncés et aux lèvres charnues.

« Je m'appelle Denys, dit-il. Je suis le commandant du corps de garde. Qu'est-il arrivé ? Parle, par les dieux !

— J'ai un message à délivrer aux autorités. C'est une question de vie ou de mort. Les Carthaginois ont mis le siège devant Sélinonte. Ils sont des milliers et possèdent des machines énormes, formidables. Nous ne pouvons pas résister... nous avons besoin d'aide... Vite, au nom des dieux... vite ! Et donnez-moi à boire, s'il vous plaît, je meurs de soif. »

Denys lui tendit sa gourde avant de distribuer des ordres à ses hommes : « Toi, cours chez Dioclès, dis-lui de nous rejoindre au prytanée. C'est urgent !

— A l'heure qu'il est, il doit dormir ! objecta la sentinelle.

— Tire-le de son lit, par Héraclès, dépêche-toi ! Vous autres, ordonna-t-il au reste du piquet, allez réveiller les membres du Conseil et rassemblez-les au prytanée. Il faut qu'ils écoutent cet homme. Toi, lança-t-il à un autre, va chercher un chirurgien et dis-lui que c'est urgent. »

Les hommes coururent exécuter les ordres qu'on

leur avait impartis. Denys pria son commandant en second, un ami du nom de Iolaos, de le remplacer, puis il escorta le petit groupe qui s'était formé autour de la civière, éclairant les rues sombres de la ville à l'aide de sa torche. De temps à autre, il jetait un coup d'œil au messager, dont les traits se contractaient en une grimace de douleur à chaque heurt, à chaque mouvement brusque. Il s'était sans doute cassé quelque chose dans sa chute.

Quand ils atteignirent leur destination, les conseillers entraient par petits groupes. Ensommeillés et de mauvaise humeur, ils étaient venus avec des esclaves pourvus de lanternes. Dioclès, le commandant en chef des forces armées, survint rapidement. A la vue de Denys, il plissa le front. « Qu'y a-t-il de si urgent ? Ce ne sont pas des manières... »

Denys leva la main d'un geste brusque pour l'interrompre. Il n'avait que vingt-deux ans, mais c'était le meilleur guerrier de la ville : personne ne l'égalait dans le maniement des armes, dans la résistance aux efforts, aux privations et à la souffrance. Il était téméraire et peu discipliné, il ne respectait ni les dieux ni les individus privés de mérite. Selon lui, seul celui qui était prêt, le premier, à risquer sa vie pour les autres, seul celui qui était le plus fort et le plus courageux au combat devait détenir le pouvoir. Il n'avait aucun égard pour les beaux parleurs incapables d'agir. Et il regardait toujours ses victimes droit dans les yeux avant de les tuer.

« Cet homme a crevé son cheval et s'est fracturé les os pour arriver ici, dit-il. J'ai pensé qu'il était nécessaire de l'écouter sans tarder.

— Alors, qu'il parle », répondit un Dioclès impatienté.

Denys s'approcha du messager et l'aida à se redresser un peu. « Ils nous ont attaqués brusquement en venant du nord, d'où nous n'attendions pas d'attaque, commença l'homme. Et c'est ainsi qu'ils se sont présentés au pied de notre muraille. Ils ont monté des béliers basculants sur des tours mobiles, des troncs démesurés dotés de têtes en fer massif, et ils se sont mis à marteler nos remparts jour et nuit. Pendant ce temps, les archers placés en haut des tours balayaient les chemins de ronde d'un tir serré, harcelant sans relâche nos défenseurs. Nous avons essayé de résister de toutes les façons possibles...

« Leur commandant se nomme Hannibal de Giscon, un fanatique implacable. Il prétend qu'il descend de cet Hamilcar qui mourut en s'immolant sur l'autel d'Himère il y a soixante-dix ans, quand les vôtres, alliés aux Agrigentins, anéantirent l'armée de Carthage. Il veut racheter l'honneur de son ancêtre, a-t-il dit. Et il ne s'arrêtera pas tant qu'il n'aura pas accompli sa vengeance.

« Pendant trois jours, nous avons repoussé les attaques l'une après l'autre, soutenus dans ce terrible effort par l'espoir de vous voir arriver avec des troupes. Qu'attendez-vous pour venir à notre secours ? La ville ne résistera pas longtemps : nous sommes à court de vivres, nous avons perdu de nombreux hommes, d'autres sont blessés et hors d'état de se battre. Nous avons aligné les garçons de seize ans et les sexagénaires. Les femmes prennent part, elles aussi, au combat. Aidez-nous, au nom des dieux, je vous en supplie, aidez-nous ! »

Dioclès détourna le regard du visage angoissé du messager pour le promener sur ceux des conseillers, désormais tous assis dans l'hémicycle. « Avez-vous entendu ? D'après vous, que faut-il faire ?

— Partir immédiatement ! s'exclama Denys.

— Ton avis n'a aucune importance en ces lieux, répliqua Dioclès. Tu n'es qu'un officier de rang inférieur.

— Mais ces gens nous attendent, par Héraclès ! Ils sont en train de mourir, ils seront massacrés si nous n'arrivons pas à temps.

— Tais-toi ! rétorqua Dioclès. Sinon je te fais chasser.

— Le fait est, intervint un conseiller âgé du nom d'Héloris, que nous ne pouvons délibérer avant demain, quand nous aurons atteint le quorum. Pourquoi ne pas laisser partir Denys ?

— Tout seul ? ironisa Dioclès.

— Donne-moi un ordre, s'écria l'interpellé, et tu auras avant l'aube cinq cents hommes sur le pied de guerre. Si tu m'octroies deux navires, j'entrerai à Sélinonte dans deux jours... »

Le messager suivait cette discussion avec angoisse : chaque instant pouvait décider du salut ou de l'anéantissement de sa ville.

« Cinq cents hommes ? Et où les prendras-tu ? demanda Dioclès.

— La Compagnie me les donnera.

— La Compagnie ? C'est moi qui commande, pas la Compagnie !

— Alors, donne-les-moi », coupa Denys d'une voix glaciale.

Héloris intervint une nouvelle fois. « Peu importe d'où viennent les hommes. Il faut que Denys parte au plus vite. Y a-t-il des avis contraires ? »

Impatients de regagner leur lit, les conseillers

approuvèrent l'expédition à l'unanimité, mais ils n'octroyèrent pas à Denys les navires dont il avait besoin pour transporter le plus gros de ses troupes.

C'est alors qu'entra un chirurgien avec son sac. « Prends soin de cet homme », lui ordonna Denys avant de sortir, sans même attendre les instructions de Dioclès. Un peu plus tard, il rejoignit son ami Iolaos au corps de garde. « Nous partons, dit-il.

— Quand ? Et où ? répondit le jeune homme sur un ton inquiet.

— A l'aube, pour Sélinonte. Nous formons l'avant-garde. Les autres nous suivront avec la flotte. J'ai besoin de cinq cents hommes et il faut que je les trouve au sein de la Compagnie. Fais passer le mot sans tarder. Ils devront être armés de pied en cap, disposer de rations pour cinq jours et d'un cheval de réserve pour trois hommes d'ici deux heures au plus tard.

— C'est impossible. La Compagnie a beaucoup d'estime pour toi, mais...

— Alors dis-leur que le moment est venu de le prouver. Dépêche-toi.

— Comme tu veux », répondit Iolaos. Il siffla. Aussitôt, on entendit un hennissement et un crépitement de sabots. Le jeune homme sauta à cheval et disparut dans l'obscurité.

Le quatrième jour, un bélier parvint à ouvrir une brèche dans les remparts. Poussés par le désir de se distinguer mais surtout par l'avidité, leur commandant leur ayant promis le pillage de la ville, les mercenaires campaniens qui étaient au service des Carthaginois s'y engouffrèrent.

Les Sélinontains se pressèrent pour défendre la

brèche à l'aide de leurs boucliers, ils repoussèrent les assaillants et en massacrèrent un grand nombre tandis que ceux-ci se retiraient en désordre, piétinant les corps de leurs propres compagnons.

Le lendemain, Hannibal ordonna d'enlever les gravats et fit avancer des auvents de protection, à l'abri desquels ses hommes pourraient travailler et déblayer le passage tranquillement. Pendant ce temps, les archers postés au sommet des tours s'employaient à éloigner les défenseurs de la brèche.

Le sixième jour, les béliers élargirent la brèche, ouvrant la voie à l'infanterie d'assaut des mercenaires libyens, ibères et campaniens, qui se ruèrent à l'intérieur de la ville en lançant de terribles cris de guerre.

Les Sélinontains, qui avaient prévu ce mouvement, s'étaient préparés toute la nuit, élevant des barricades à l'entrée de chaque rue afin d'isoler les quartiers postérieurs. Ils répondaient sans relâche aux attaques, repoussant les ennemis et en tuant un grand nombre. Mais si leur courage dépassait l'imagination, leurs forces faiblissaient de plus en plus : ils étaient éprouvés par l'effort qu'ils avaient accompli en construisant les barricades, par l'insomnie, par ces combats incessants contre des troupes toujours fraîches et disposes.

Le septième jour, les béliers se ménagèrent une seconde brèche dans la muraille. Les assaillants s'y engouffrèrent en hurlant des cris si fort que le sang des défenseurs se glaça dans leurs veines. La seconde vague se déversa sur les barricades, tel un fleuve en crue sur une digue fragile. Les obstacles furent balayés, et les guerriers sélinontains contraints de reculer vers la place du marché, où ils se regroupèrent en tentant d'opposer une dernière résistance.

Ce jour-là, les femmes firent preuve d'un grand courage. Montées sur les toits, elles jetaient sur les ennemis ce qui leur tombait sous la main, tuiles, briques, poutres, tout comme les enfants, conscients du sort qui les attendait.

Les habitants de Sélinonte prolongèrent ainsi d'une journée l'agonie de leur patrie, dans l'espoir que chaque heure conquise fût une heure gagnée. La nuit précédente, ils avaient aperçu des signaux lumineux sur les montagnes de l'arrière-pays, et ils pensaient que les secours ne tarderaient plus. Mais le lendemain, leurs ennemis eurent raison de leurs dernières forces. Epuisés par ces longues journées de combat, les hommes s'éparpillèrent, et la lutte se fragmenta en mille combats individuels. De nombreux Sélinontains se résignèrent à défendre les portes de leurs propres demeures : les cris de terreur de leurs enfants parvenaient à exprimer les dernières étincelles de leurs corps harassés. Mais leur résistance obstinée avait pour seul effet d'accroître la rage des Barbares, qui prirent le dessus et perpétrèrent le massacre le plus sanglant qu'on eût jamais vu de mémoire d'homme. Ils tuaient sans pitié les petits enfants et égorgeaient les bébés dans leurs berceaux. Le soir, certains d'entre eux se promenaient en brandissant en guise de trophées des bouquets de mains tranchées, ainsi que les têtes de leurs ennemis fichées sur des piques.

L'horreur régnait, les pleurs, les cris de désespoir, les plaintes des blessés et des mourants résonnaient en tous lieux.

Mais ce n'était pas encore terminé.

Pendant deux jours et deux nuits, la ville fut mise à sac. Hannibal abandonna délibérément les femmes, les jeunes filles et les enfants aux abus et aux viols de la soldatesque. Il est impossible de décrire les souffrances que subirent ces malheureux. Ceux qui survécurent et purent raconter ce qu'ils avaient vu déclarèrent que tous les prisonniers enviaient le sort des soldats qui étaient morts avec honneur, l'épée au poing. Il n'y a, en effet, rien de pire pour un être humain que d'être laissé à la merci d'un de ses semblables.

La ville fut détruite deux cent quarante-deux ans après sa fondation.

Seize mille individus furent massacrés.

Six mille personnes – pour la plupart des femmes, des adolescents et des enfants – furent réduites en esclavage.

Deux mille six cents habitants se sauvèrent en franchissant la porte est, les Barbares étant trop occupés par le pillage pour la surveiller.

Denys, qui se trouvait à la tête d'un détachement d'une cinquantaine de cavaliers, les aperçut tandis qu'ils erraient au cœur de la nuit. Il était en mission de reconnaissance et avait environ une heure d'avance sur le reste du contingent. Le gros des troupes syracusaines débarquerait le lendemain matin à l'embouchure de l'Hypsas.

Trop tard.

A la vue des cavaliers, les guerriers rescapés formèrent un cercle autour des femmes et des enfants, craignant d'être tombés dans une embuscade et pensant que la mort ne les avait épargnés que pour leur réserver une fin encore plus amère. Mais quand ils entendirent qu'on leur adressait la parole en grec, ils jetèrent leurs boucliers à terre et s'agenouillèrent en pleurant et en sanglotant. Tout le temps que leur marche avait duré, ils avaient été soutenus par la force du désespoir ; se sachant enfin sains et saufs, ils furent écrasés par les souvenirs du désastre, par les visions des massacres, des viols et des atrocités auxquels ils avaient assisté ; l'horreur et l'abattement les submergèrent, telles les vagues d'une mer tempétueuse.

Denys sauta à terre et passa en revue cette armée de malheureux. A la lumière des torches, les hommes lui apparurent couverts de sang, de poussière et de sueur, leurs boucliers et leurs casques bosselés, les yeux rougis par le manque de sommeil, par la fatigue et par les pleurs, l'air halluciné. Ils ressemblaient plus à des spectres qu'à des êtres humains. « Qui est parmi vous l'officier le plus gradé ? » demanda-t-il.

Un quadragénaire avança. « Moi, je suis commandant de bataillon et je me nomme Eupitès. Et vous, qui êtes-vous ?

— Nous venons de Syracuse.

— Et pourquoi arrivez-vous si tard ? Notre ville a été anéantie et... »

Denys l'interrompit d'un geste péremptoire de la main. « Si les choses avaient dépendu de moi, nous serions arrivés il y a deux jours. Mais le peuple doit se réunir en assemblée avant de délibérer, et le collège des stratèges doit débattre de la manière de mener l'action. Je n'ai pu obtenir qu'une seule chose : partir en avant-garde. Et maintenant, réunis les blessés, préparons des civières pour ceux qui ne peuvent pas marcher et retirons-nous rapidement. Place les femmes et les enfants au centre, les guerriers devant et derrière. Nous suffirons, sur les côtés. Nous devons gagner Agrigente avant que les Barbares ne se lancent à votre poursuite.

— Attends, dit Eupitès.

— Qu'y a-t-il ?

— Ton nom.

— Denys.

— Ecoute, Denys, nous te sommes reconnaissants d'être accouru à notre secours. L'état dans lequel nous sommes nous remplit d'humiliation et de honte, mais nous voulons te dire une chose. » Tandis qu'il parlait, les guerriers sélinontains avaient ramassé leurs boucliers et se pressaient autour de lui, les épaules droites, la lance au poing. « Dès que nous aurons repris des forces, nous retournerons chez nous pour reconstruire nos maisons et notre ville, et si un homme, quel qu'il soit, décide de mener la guerre contre les Carthaginois, sache que nous serons toujours prêts à marcher à ses côtés, et que la vengeance est, à partir de cet instant, le seul but de notre existence. »

Denys leva sa torche. Il lut dans le regard de l'homme une haine qu'il n'avait jamais vue dans les yeux d'aucun être humain. Il éclaira ensuite les visages des autres guerriers, qui affichaient tous la même détermination. « Je n'oublierai pas », dit-il.

Ils reprirent leur marche et avancèrent toute la nuit. Enfin, ils atteignirent un groupe de villages, où il fut possible de trouver quelque chose à manger. Tandis que les fugitifs éreintés s'allongeaient à l'ombre d'une oliveraie, Denys rebroussa chemin pour s'assurer que personne ne les suivait. Soudain, son attention fut attirée par une sorte de tache blanche au milieu d'un pré. Il poussa son cheval et s'approcha. Une jeune fille, apparemment inanimée, était étendue sur l'herbe. Denys mit pied à terre, s'empara de sa gourde et fit couler un filet d'eau entre les lèvres de l'adolescente. A l'évidence, elle n'avait pas plus de seize ans. Il était difficile de distinguer ses traits tant son visage était noirci par la fumée, mais ses yeux, quand elle les ouvrit, brillèrent d'un éclat d'ambre. Elle avait dû tomber pendant la marche nocturne sans que personne s'en aperçoive. Elle n'était sans doute pas la seule à avoir cédé à la fatigue au cours de la nuit.

« Comment t'appelles-tu ? » lui demanda-t-il.

La jeune fille but encore un peu avant de répondre : « Il n'est pas dans mes habitudes de révéler mon nom au premier venu.

— Je ne suis pas le premier venu, idiote, je suis l'homme qui t'a sauvé la vie. Les chiens errants n'auraient pas tardé à te dévorer. Lève-toi, maintenant, et monte sur mon cheval. Je vais te ramener auprès des autres. »

L'adolescente se leva avec difficulté. « Tu veux que je monte à cheval avec toi ? Il n'en est pas question.

— Alors reste ici. Quand les mercenaires campaniens arriveront, ils te feront passer l'envie de te promener toute seule.

— Je m'appelle Arêté. Aide-moi à monter. »

Denys s'exécuta puis il sauta sur son cheval, derrière elle, et le poussa au pas. « As-tu de la famille parmi les réfugiés ?

— Non, répondit Arêté. Ma famille a été exterminée. »

Elle prononça ces mots d'un ton absent, comme si elle parlait d'un événement qui ne la concernait pas.

Denys en resta là. Il lui tendit de nouveau sa gourde, et la jeune fille but, puis elle versa un peu d'eau sur la paume de sa main et se lava le visage, s'essuyant ensuite avec sa robe.

C'est alors que surgit un cavalier, lancé à toute allure. Il s'immobilisa non loin d'eux. Il avait les yeux clairs et les tempes dégarnies, le front large et une barbe soignée qui le vieillissait un peu. Il dévisagea la jeune fille et dit à Denys : « Ah, tu es ici ! Tu aurais pu nous avertir. Nous avons pensé que tu avais disparu.

— Tout va bien, Philistos, répondit Denys. Cette jeune fille était restée en arrière. Retourne au village et trouve-lui quelque chose à manger. Cela fait sans doute plusieurs jours qu'elle n'a rien avalé. Elle n'a que la peau sur les os. »

L'adolescente lui jeta un regard irrité, et Denys fut frappé par la beauté de son visage à présent visible, par ses yeux ambrés et bordés de longs cils bruns. Elle était éprouvée et brisée par les horreurs qu'elle avait vues, mais elle était jolie et bien faite, avait des doigts longs et fins, ses cheveux conservaient encore quelques reflets violets et un peu de leur parfum. Au bout d'un moment, Denys se rendit compte que son jeune corps était secoué de tremblements. Elle pleurait en silence.

« Pleure, lui dit-il. Cela t'aidera à surmonter les souvenirs qui te harcèlent. Mais essaie de ne pas trop y penser et ne te tourmente pas. Ton chagrin ne rendra pas la vie à ceux que tu as perdus. »

L'adolescente s'abstint de répondre, elle appuya la tête sur l'épaule de Denys en une sorte de douloureux abandon.

Bientôt, la vue des villages et des réfugiés qui s'alimentaient arracha Arêté à sa torpeur.

Denys glissa une main sous son aisselle et la déposa à terre sans effort comme s'il s'agissait d'une plume. « Va voir là-bas, on distribue de la nourriture, lui dit-il. Vas-y avant qu'il n'y ait plus rien. » Constatant qu'elle ne bougeait pas, il pria Philistos d'aller lui chercher quelque chose à manger.

Celui-ci revint avec un morceau de pain et une tranche de fromage de brebis. Il les tendit à la jeune fille, qui mordit dedans. Elle semblait affamée.

Et pourtant, son attention fut bientôt attirée par un enfant qui pleurait à l'écart, sous un olivier. Elle le rejoignit et lui offrit son pain. « Tu as faim ? l'interrogea-t-elle. Mange. »

Mais l'enfant secoua la tête et continua de pleurer à chaudes larmes. Il plaquait ses petites mains sur son visage comme s'il refusait de voir un monde aussi horrible.

C'est alors qu'arriva un groupe de fugitifs, restés en arrière. Arêté distingua parmi eux une silhouette qui la frappa : un jeune guerrier avançait en soutenant un vieillard en mauvais état – sans doute son père – et en tenant par la main un gamin de sept ou huit ans, qui le suivait à grand-peine en pleurnichant.

Arêté prit l'enfant dans ses bras et les lui indiqua. « Regarde. On dirait Enée, son père Anchise et le petit Iule, n'est-ce pas ? »

Le garçonnet cessa de pleurer et regarda le trio qui passait devant lui à cet instant.

« Tu connais l'histoire d'Enée ? Allez, mange un peu, je vais te la raconter... » Et elle commença : « Après la mort d'Hector, Enée, le prince de Troie, était seul à défendre les remparts de la ville. Celle-ci tomba tandis qu'il dormait, comme les autres. Il ne lui resta plus qu'à partir. C'est ainsi qu'est née sa réputation : celle du vaincu qui s'enfuit avec l'espoir pour seule fortune. Un homme l'a vu et a perpétué sa mémoire : un enfant à la main, un vieillard paralysé sur les épaules.

« Enée est devenu le symbole du réfugié, connaissant un succès illimité : des milliers, des millions d'épigones sous tous les cieux, sur toutes les terres, dans des peuples dont il ignorait jusqu'à l'existence... »

L'enfant semblait s'être un peu calmé : tout en écoutant, il mâchait à contrecœur un morceau de pain. Arêté dévidait son récit comme si elle pensait à voix haute : « Campant dans la boue, la poussière, fuyant sur des charrettes, des ânes et des bœufs, les réfugiés sont l'image indélébile d'Enée, qui continue de vivre et vivra éternellement. Car Troie brûle aujourd'hui et toujours... »

La voix de Denys retentit dans son dos : « Un discours un peu grave pour un enfant si petit, n'est-ce pas ?

— Tu as raison, répondit Arêté sans se retourner. Trop grave. C'est à moi que je parlais, je crois. » Et elle ajouta : « Je suis si fatiguée que je ne sais plus ce que je dis.

— C'étaient des paroles magnifiques, poignantes. Mais moi, je ne me résigne pas à cet affront. Je ne peux pas le supporter. J'ai honte de mes concitoyens, qui ont perdu un temps précieux en palabres inutiles, en diatribes exténuantes, tandis que les vôtres se battaient contre des ennemis impitoyables en espérant jusqu'au dernier moment notre secours. Il y a soixante-dix ans, quand un homme seul commandait à Syracuse, notre armée marcha trois jours et trois nuits pour atteindre Himère, assiégée par les Carthaginois, et les vainquit lors d'une bataille mémorable. Le jour même où les Athéniens l'emportèrent sur les Perses à Salamine.

— Cet homme était un tyran, répliqua Arêté.

— Cet homme était un homme ! rugit Denys. Et il fit ce qu'il fallait faire. »

Il s'éloigna. Arêté le vit distribuer des instructions à ses compagnons, rassembler les guerriers sélinontains et les encourager à poursuivre leur marche.

Ils s'étaient reposés environ une heure quand ils se levèrent, ramassèrent leurs boucliers et se remirent en route. Privés de sandales, nombre d'entre eux se traînaient sur les pierres du sentier en laissant des traces sanguinolentes. La force qui les animait tenait de l'incroyable. Denys en était conscient, il leur avait demandé de reprendre la route car il savait qu'il n'y a pas plus fort qu'un homme qui n'a plus rien à perdre.

Ils avancèrent pendant des heures, ne s'arrêtant que pour boire, quand ils trouvaient une source, ou pour cueillir un fruit vert, susceptible de calmer la morsure de la faim. Les enfants n'avaient plus la force de pleurer, ils faisaient preuve d'un courage incroyable, essayant d'imiter leurs parents ou leurs compagnons de voyage.

Les secours n'arrivèrent que le lendemain soir : des chars tirés par des bœufs, des ânes, des mulets et des vivres en abondance. On installa sur les chars les vieillards, les invalides, les femmes et les enfants, on y déposa les boucliers pour soulager les guerriers.

Deux jours plus tard, toute la troupe atteignit les environs d'Agrigente.

Eclairée par la lumière du soleil couchant, la ville magnifique se dressait devant eux, telle une vision. Perchée sur une colline et ceinte de puissants remparts de cinq stades de long, elle exhibait ses temples aux mille couleurs, ses statues, ses monuments et, en haut, au sommet de l'acropole, le sanctuaire consacré à la divinité protectrice de la communauté, dont les acrotères dorés scintillaient au soleil comme des pierres précieuses.

Une longue sonnerie de trompette retentit dans la vallée, et les portes s'ouvrirent. Les fugitifs passèrent parmi les monuments de la nécropole et se dirigèrent vers la porte ouest, puis ils s'enfoncèrent dans la ville, au milieu d'une foule muette et abasourdie. Ils portaient encore les marques du désastre auquel ils avaient échappé : plaies, contusions, brûlures sur tout le corps, saleté et vêtements déchirés, pieds ensanglantés, visages émaciés, cheveux couverts de poussière et de sang coagulé. Tandis qu'ils traversaient la ville la plus belle qu'on eût jamais construite en Occident, l'émotion des habitants croissait, et nombreux étaient ceux qui fondaient en larmes devant un spectacle aussi misérable. Ces malheureux étaient la preuve vivante de la férocité inouïe des ennemis, de l'atroce méchanceté des Barbares.

Constatant l'effet dévastateur que la vue des réfugiés avait sur la population, les autorités de la ville ordonnèrent qu'on les conduise à la place du marché, près du grand lac artificiel, et qu'on les installe dans les portiques pour leur donner les premiers soins, leur fournir de la nourriture, de l'eau et des vêtements propres. On distribua à chacun d'entre eux un tesson de céramique marqué d'un numéro et l'on tira au sort les familles qui les hébergeraient en attendant qu'on leur trouve une demeure.

Denys s'approcha d'Arêté et lui dit : « Ici, vous êtes en sécurité. La ville est puissante et riche, ses remparts sont les plus solides de toute la Sicile. J'ai une maison dans le quartier avec un jardin planté d'amandiers et un potager. Je serais heureux si le petit et toi acceptiez mon hospitalité.

— Ne veux-tu pas attendre le tirage au sort ?

— Je n'attends jamais, répliqua Denys. Le destin est aveugle, mais moi, je ne ferme jamais totalement les yeux, pas même quand je dors. Alors, tu acceptes ? »

Arêté sourit. « C'est par où ?

— Par ici. Suis-moi. » Et il s'achemina en tenant son cheval par les rênes. C'est alors qu'ils entendirent un cri : « Chrysès ! » Une femme se précipitait vers eux en répétant ce prénom.

L'enfant se retourna, il lâcha la main d'Arêté et courut vers la femme en criant : « Maman ! » Mère et fils s'étreignirent au milieu de la place, sous les regards émus.

« Ce n'est pas le premier, dit Denys. Plusieurs enfants ont retrouvé leur mère ou leur père qui les croyaient disparus. Et certains adultes un mari, une femme, un frère ou une sœur. Leur joie était si grande qu'elle a effacé tout ce qu'ils ont perdu.

— Je le regrette presque, dit Arêté. Je commençais à m'attacher à lui. Et maintenant, je vais devoir venir seule dans ta maison. J'ignore si je peux me fier à toi.

— Bien sûr que oui, répondit Denys. Tu es trop maigre pour mes goûts. »

Arêté l'observa, vexée par une expression si grossière, mais le sourire moqueur et presque canaille de Denys ne parvenait pas à l'irriter. En vérité, elle était fascinée par sa personnalité et son aspect : il était très grand, avait des cheveux sombres, des yeux noirs aussi étincelants que la mer en pleine nuit. Sa peau, bronzée par le soleil, était tendue sur ses muscles puissants de guerrier, laissant transparaître des veines turgescentes sur ses bras et le dos de ses mains.

Ce jeune homme avait aidé ses concitoyens à se sauver, il avait accouru le premier à leur secours, et si les choses avaient dépendu de lui Sélinonte n'aurait pas capitulé.

Sélinonte... Comme ce nom lui semblait doux dans l'extrême amertume de l'exil, dans la perte de ce qu'elle avait considéré comme inaliénable : sa maison, sa famille, ses anciens jeux, les amies en compagnie desquelles elle s'était rendue si souvent aux temples de l'acropole, apportant des présents aux dieux pour qu'ils veillent à la prospérité de la ville et du peuple... Elle se rappelait la place du marché grouillant de monde et regorgeant de marchandises, les processions, les promenades dans les champs, les rives du fleuve où ses amies et elle allaient laver le linge et l'étendre au soleil pour que le vent l'imprègne du parfum des coquelicots et du blé.

« Existe-t-il un parfum plus suave que celui du blé en fleur ? s'exclama-t-elle soudain tandis qu'ils gravissaient la pente menant à la partie haute de la ville.

— Bêtises, répondit Denys. Le blé ne fait pas de fleurs.

— Bien sûr que si, il en fait au mois de mai, quand il est encore vert. Ce sont des fleurs minuscules, à l'intérieur de l'épi, des fleurs d'un blanc laiteux, mais leur parfum est si doux qu'il se confond avec celui du printemps. Tu vois ce que je veux dire ? Quand les roses ne sont pas écloses et que les violettes sont déjà fanées ? Voilà, tel est le parfum des fleurs de blé... »

Cette fois, Denys la regarda avec une attention presque affectueuse. « Tu sais beaucoup de choses, jeune fille...

— Tu peux m'appeler Arêté.

— Arêté... Où as-tu appris tout ça ?

— En regardant autour de moi. Aujourd'hui, plus que jamais, je comprends la valeur des trésors qui nous entourent et dont nous ne remarquons pas la présence. Comme les fleurs de blé... tu comprends ?

— Je crois. Tu es fatiguée ?

— Je pourrais m'allonger sur ces pavés et m'enfoncer dans le sommeil le plus profond.

— Alors, il vaut mieux que tu entres. Voici ma maison. » Denys attacha son cheval à un anneau fixé dans le mur, il poussa le portail en bois et pénétra dans une petite cour sur laquelle un amandier et un grenadier en fleurs étendaient leur ombre. Il prit une clef sous une pierre et ouvrit la porte. L'intérieur était simple et austère : d'un côté, une table, deux chaises et un banc ; de l'autre, un évier et une jarre en terre cuite pour l'eau. Au fond, en face de l'entrée, un escalier en bois menait à l'étage. Il installa Arêté dans l'unique chambre à coucher de la maison et la recouvrit d'un linge léger. La jeune fille s'endormit sans tarder. Denys la contempla pendant un moment. Puis un hennissement l'arracha à ses pensées, et il descendit s'occuper de son cheval.

II

Quand Arêté se réveilla, elle fut un instant saisie de panique car elle ne reconnaissait pas les lieux où elle se trouvait. La chambre était plongée dans la pénombre et aucun bruit ne parvenait de l'extérieur. Elle se leva et ouvrit la fenêtre qui donnait sur le jardin. Elle vit le grenadier et l'amandier dont les feuilles étaient encore tendres : alors elle se souvint. Elle avait dû dormir plusieurs heures d'un profond sommeil, et voilà que le soir tombait. Apercevant avec soulagement une cuvette d'eau et un vêtement, elle entreprit de se laver et de se changer.

Un escalier de six ou sept marches de pierre menait à une sorte de surélévation. Elle le gravit, pieds nus, sans un bruit.

Elle fut accueillie sur la terrasse du premier étage par un spectacle qui la surprit et l'émut : Agrigente s'étendait devant elle, ses maisons parées des premières lumières du soir. En haut à droite, elle pouvait distinguer l'Athénaion, au sommet de l'acropole, ainsi qu'un mince filet de fumée qui montait peut-être de l'autel. A gauche, disséminés sur la colline qui faisait face à la mer, les autres temples des dieux : l'un au sommet, l'autre à mi-chemin, un troisième un peu plus bas, peints de couleurs vives, ornés de stucs et de sculptures, entourés de plantes magnifiques et de jardins. En bas, dans la vallée, en direction de l'ouest, se dressait une masse gigantesque, encore en construction : un temple comme elle n'en avait jamais vu, plus grand que tout autre édifice, doté d'un entablement qui reposait sur des colosses de pierre d'au moins douze pieds de haut et d'un fronton sur lequel se détachaient de grands groupes statuaires dont les membres héroïques étaient tendus en des affrontements titanesques.

Elle pouvait voir également les remparts, parcourus par des sentinelles armées, de l'autre côté, la plaine qui s'étirait vers la mer, de la couleur du fer. Deux autres temples s'élevaient vers l'ouest, leurs frontons et leurs acrotères parés de stucs blancs et de bords dorés.

Assis dans un fauteuil, Denys contemplait ce spectacle aux dernières lueurs du couchant. Son armure était pendue à un piquet de la tonnelle, son bouclier posé contre la balustrade à côté de sa lance. Il portait une chlamyde sur son corps nu et devait avoir pris un bain : en s'approchant, Arêté constata que l'odeur de sueur de cheval qu'il partageait avec sa monture s'était évaporée.

« La plus belle ville des mortels... », dit Denys sans se retourner.

Arêté se demanda comment il avait perçu sa présence, puisqu'elle était montée dans le silence le plus complet ; elle pensa que ses sens étaient sans doute aiguisés par les longues veilles de guerre. « C'est merveilleux », répondit-elle sans cesser de promener le regard sur ce paysage d'une incroyable beauté.

« C'est ainsi que l'a qualifiée Pindare dans un de ses poèmes. Connais-tu Pindare ?

— Bien sûr, même s'il n'est pas mon favori. Je préfère la poésie lyrique.

— Il a composé cette ode pour célébrer la victoire de Théron, seigneur d'Agrigente, dans la course de chars à Olympie, il y a soixante-dix ans.

— Il devait être bien payé. Il ne pouvait certes pas en dire du mal.

— Ce que tu dis est stupide. L'argent ne peut acheter l'inspiration, et tu as devant toi un spectacle qui n'a pas son égal en Sicile, ni même dans le monde entier.

— Tu n'es pas indulgent, lui lança la jeune fille sur un ton résigné. Il peut arriver à tout le monde de dire une bêtise. Et j'ai encore dans le cœur la splendeur de ma patrie perdue... Peux-tu le comprendre ? Je vois cette merveille et je pense que ma ville bien-aimée n'est plus qu'un amas de ruines.

— Pas définitivement, répondit Denys sans bouger. Nous y retournerons et nous la reconstruirons.

— Nous y retournerons ? Tu n'es pas sélinontain, mais syracusain.

— Je suis sicilien... un Grec de Sicile, comme vous, comme tous les autres, fils bâtards de Grecs et de femmes barbares. Dans notre prétendue mère patrie, on nous qualifie de demi-barbares. Mais regarde ce que nous avons fait, nous autres demi-barbares, regarde ce temple, là-bas, soutenu par une multitude de géants : il est plus grand et plus vaste que le Parthénon. Regarde ce lac artificiel au fond de la vallée, qui reflète les couleurs du ciel au milieu de la ville, et regarde les portiques, les statues, les monuments. Nos athlètes ont fait mordre la poussière à ceux du continent. Les fils des émigrés ont gagné toutes les courses à Olympie. Connais-tu l'histoire d'Euenéthos ?

— L'aurige, le champion olympique ?

— Lui-même. Quand il revint après sa victoire dans la course des chars, les jeunes Agrigentins allèrent à sa rencontre pour l'honorer en une procession de mille deux cents chars. Mille deux cents, tu comprends ? Deux mille quatre cents chevaux. Au jour d'aujourd'hui, la Grèce tout entière ne possède peut-être pas mille deux cents chars. Ici, on bâtit des monuments en l'honneur des chevaux. On les enterre dans de somptueux sarcophages comme les héros. En voici un, là-bas, avec ses colonnes ioniennes, tu le vois ?

— Oui, je crois... il n'y a plus beaucoup de lumière. Mais parle-moi de ce temple immense, soutenu par des géants.

— Il est consacré à Zeus d'Olympie et il sera terminé l'année prochaine. On peut voir sur l'un de ses frontons la gigantomachie. Zeus qui défait les Géants et les condamne à porter éternellement l'architrave de son temple. L'autre fronton représente la chute de Troie...

— Oh, par les dieux, mais pourquoi ? Pourquoi ont-ils choisi un thème de ce genre pour le tympan ? C'est une histoire triste.

— Je le sais. Peut-être pour éloigner ce destin. Ou peut-être parce que les Agrigentins ont un sens de la mort très aigu... parce qu'ils aiment la vie de manière excessive, exagérée. Tu vois ? Ils forment un peuple étrange : ils bâtissent des monuments comme s'ils devaient vivre éternellement, et ils vivent comme si chaque jour était le dernier de leur existence... » Denys hésita un instant puis il ajouta : « Ces paroles ne sont pas de moi, mais d'Empédocle, le plus grand philosophe qu'ils aient jamais eu.

— Des paroles magnifiques et poignantes, commenta Arêté. J'aimerais voir ce temple quand il sera achevé.

— Tu le verras, je te le promets. Je viendrai te chercher, si nécessaire, où que tu sois, je te ferai visiter cette merveille et tu oublieras toutes tes souffrances. »

Arêté s'approcha et chercha les yeux de Denys dans l'obscurité. « Tu viendras me chercher même si je suis trop maigre ?

— Petite imbécile... Petite imbécile... Bien sûr que je viendrai. Je ne t'ai pas sauvé la vie pour te laisser à un autre homme.

— Si nous étions dans une autre situation, je dirais que tu te moques de moi, mais tu m'as trouvée dans une condition misérable, tu m'as vue privée d'affection, de patrie et de larmes, et tu dois donc être sincère. S'il en est ainsi, pourquoi ne m'as-tu pas encore embrassée ? »

Denys se leva, il la serra contre sa poitrine et l'embrassa. Sentant sa nudité sous sa chlamyde légère, Arêté recula, mais elle dit aussitôt : « Je suis contente que tu l'aies fait. Dès que je t'ai vu sur ton cheval noir, dans une armure semblable à celle d'Achille, j'ai pensé que la femme que tu choisirais aurait bien de la chance. Et je me suis dit que celle que tu embrasserais aurait, elle aussi, bien de la chance. On ne peut pas tout exiger dans la vie. »

Denys secoua la tête. « Tu as la langue bien pendue. Tu n'as pas faim ?

— Bien sûr que si, mais le dire ne me semble pas très poli.

— Alors, allons dîner. Nous sommes invités.

— Invités ?

— Chez un homme de cette ville, très riche. Il se nomme Tellias. Tu pourras fréquenter sa femme et ses amies.

— Si j'ai la langue bien pendue, c'est parce que j'ai envie de pleurer quand je me tais.

— Tu réponds en retard et mal à propos.

— Non. J'ai peur de faire mauvaise impression. J'essaie de réagir. C'est comme si je tentais désespérément de garder la tête hors de l'eau pour ne pas me noyer. J'ignore si je peux être d'un commerce agréable dans ces conditions-là.

— Tu ne peux pas rester ici, toute seule dans le noir, ce serait encore pire. Attends-moi en bas, je te rejoins tout de suite. »

Arêté descendit et patienta dans le petit patio en écoutant les bruits du soir : les charrettes sur les pavés, le pas cadencé des premières patrouilles, les voix des mères qui criaient à leurs enfants de rentrer. Elle eut tout juste le temps de sécher ses larmes quand elle entendit Denys dans l'escalier.

« Tellias était un ami de mon père, lui dit-il. Quand celui-ci mourut pendant la grande guerre contre les Athéniens, il prit notre famille sous sa protection. Mais j'ai toujours été son préféré. Sans doute parce qu'il n'a pas d'enfant et qu'il aurait aimé avoir un fils. C'est un des hommes les plus nantis et, en considérant que cette ville est probablement la plus riche du monde, tu peux imaginer l'ampleur de sa fortune. Les riches sont souvent des cochons qui ne songent qu'à s'engraisser davantage. Lui, il est riche comme Crésus, gras comme un cochon mais bon et généreux, un homme extraordinaire. Un jour qu'il contemplait un orage, debout dans le portique de sa maison, il vit passer un escadron de cavalerie de Géla. Ces pauvres garçons étaient trempés, transis de froid. Il les invita à boire et à se réchauffer chez lui. Tu comprends ? Un escadron de cavalerie entier. Il les a fait asseoir, leur a distribué des vêtements secs, leur a donné à boire et à manger à volonté jusqu'à ce que l'orage passe.

« Une autre fois, la ville l'envoya à Rhégion avec une ambassade. A son arrivée, on le conduisit dans un théâtre. En entendant sa voix éraillée et en voyant son petit corps grassouillet, un homme se mit à rire, puis un autre encore, bientôt le théâtre entier se gondolait.

« Tu sais comment il a réagi ? Il ne s'est pas emporté, il n'a pas fait de scène, il a juste attendu que les rires cessent puis il a dit : "Vous avez raison de rire, je ne suis ni beau ni imposant, et je n'ai pas une belle voix. Mais voyez, chez moi, on envoie les hommes beaux, bien bâtis et éloquents en ambassade dans les villes importantes, et les hommes petits, gros, dotés d'une voix rauque, dans les villes minables comme la vôtre." Plus personne n'eut envie de rire. »

Arêté, quant à elle, ne s'en priva pas. « J'aimerais bien faire sa connaissance.

— Tu vas le voir. C'est un hôte aimable, y compris avec les femmes. Mais ne prends la parole que s'il t'interroge, et quand il te congédiera, rends-toi dans les appartements des femmes. Le moment venu, je te ferai appeler. »

Ils avaient désormais atteint la maison de leur hôte : un portique, puis une porte de bois qui s'ouvrait dans un mur blanchi à la chaux, entourée de rosiers grimpants qui répandaient un parfum léger dans l'air du soir. Un domestique les fit entrer et les conduisit dans l'atrium, où Tellias les reçut.

« Denys, mon garçon, je n'ai pas cessé de m'inquiéter depuis que j'ai appris que tu étais allé avec une cinquantaine d'hommes affronter l'armée carthaginoise.

— Heureux sois-tu, toi qui as encore envie de plaisanter, répondit Denys. Si tu avais vu ce que j'ai vu, tu l'aurais perdue depuis longtemps. »

Tellias invita le couple à entrer. « Ne me blâme pas, je voulais juste dire que tu as commis une folie en t'aventurant avec une poignée d'hommes sur un terrain aussi dangereux.

— Au moins, j'ai aidé les rescapés, je les ai guidés vers un itinéraire plus sûr, loin des sentiers battus où ils auraient pu faire de mauvaises rencontres.

— Je le sais, tu as toujours fait ce qu'il fallait faire, et tu as toujours raison. C'en est même agaçant. Et qui est cette douce colombe ? Elle est très belle, quoique trop maigre, si je connais bien tes goûts. Où l'as-tu prise ? Elle n'est pas d'Agrigente. Quel père de famille sain d'esprit te permettrait de la promener la nuit de cette façon ? Quoi qu'il en soit, ses beaux cheveux longs laissent entendre que c'est une fille de condition libre et...

— Elle vient de Sélinonte », coupa Denys.

Tellias s'assombrit soudain. « Oh, pauvre fille, dit-il en baissant la tête, pauvre petite. » Il les précéda le long de l'atrium qu'éclairaient deux rangées de candélabres en bronze, chacun portant quatre lampes. « Dans cette maison, on respecte les traditions, dit-il à Arêté, tu mangeras donc avec ma femme et ses amies, elles sont très sympathiques, elles te plairont. » Il adressa un signe à une servante qui entrait à cet instant avec un plateau de fougasses. « Elle te conduira à l'étage, dans le gynécée. »

Après avoir posé le plateau sur la table, la servante s'approcha de Tellias, qui lui murmura quelques mots à l'oreille. Quand elle eut disparu avec Arêté dans l'escalier, l'homme se tourna vers Denys. « Je l'ai priée de dire aux femmes de ne pas lui poser de questions importunes. Elle a dû subir des chagrins inimaginables.

— Sa famille a été massacrée par les Barbares, et si l'un des siens s'était sauvé, il envierait le sort des morts, répondit Denys.

— C'était si terrible que ça ?

— Je n'ai pas vu la ville. J'ai trouvé les rescapés à une dizaine de stades de là, mais j'ai écouté leurs récits. Jamais, de toute mon existence, je n'avais entendu pareilles horreurs. Certaines femmes ont perdu la raison. Je me rappelle l'une d'elles, d'environ trente ans, qui avait dû être très belle. Je l'ai remarquée le premier soir parce qu'elle balançait la tête de haut en bas en chantant une comptine, toujours la même, d'une voix monotone, les yeux dans le vide. Elle a continué pendant plusieurs heures. Le lendemain, je me suis assis en face d'elle pour lui parler et la persuader de manger quelque chose, mais je me suis rendu compte qu'elle ne me voyait pas. Elle avait les pupilles dilatées et il y avait au fond de ses yeux un abîme de ténèbres. Personne n'a réussi à lui faire avaler quoi que ce soit. Elle ne tardera pas à mourir, si elle n'est pas déjà morte.

— Combien y a-t-il de rescapés ?

— Je ne sais pas exactement, entre deux et trois mille, si je ne me trompe pas. Nombre d'entre eux mourront encore de leurs blessures ou des tortures qu'ils ont subies. »

Un domestique survint avec une cruche et un plateau, il versa de l'eau sur les mains des deux hommes et leur tendit une serviette en lin pour leur permettre de s'essuyer. D'autres serviteurs apportèrent le dîner – du pigeon rôti avec des pommes sauvages, du pain au sésame, du vin rouge de Sybaris –, et les deux hommes mangèrent à une unique table, posée sur le sol entre eux, selon les habitudes de Tellias quand il recevait un ami très intime et très cher.

« Et maintenant, que va-t-il arriver ? demanda-t-il.

— Les rescapés veulent regagner Sélinonte et se venger. Ils sont remplis de haine et de rancœur, assoiffés de vengeance.

— Et Syracuse ?

— Syracuse est la plus grande puissance de l'île. Elle assumera ses responsabilités.

— Elle ne semble pas l'avoir fait jusqu'à présent.

— Tu as raison. Nous sommes arrivés trop tard, nous avons perdu du temps en discussions inutiles. C'est la démocratie, n'est-ce pas ? D'autre part, il était difficile de penser que les Carthaginois attaqueraient avec autant de détermination et un déploiement de forces si grand. La ville est tombée en neuf jours. Neuf jours, comprends-tu ? Jamais de mémoire d'homme cela ne s'était produit.

— Oui, dix années ont été nécessaires pour faire tomber Troie... Mais aujourd'hui, les guerres sont bien différentes. Ce sont les machines qui apportent la victoire, non plus les hommes.

— Les réfugiés m'ont dit que les tours d'assaut dépassaient les remparts d'au moins vingt pieds et qu'elles sont arrivées démontées. Les navires des Carthaginois ont apporté les pièces numérotées, qu'ils ont ensuite assemblées sur place. Ils avaient des béliers à tête de fer, suspendus à des pylônes en bois, qui fonctionnaient par oscillation... » Denys s'interrompit soudain, il se leva et poussa un soupir. « Il faut que je te dise encore quelque chose à propos de la jeune fille.

— Ecoutons, si tu penses que je suis digne de ta confiance.

— Elle n'est pas de Sélinonte.

— Quoi ?

— C'est la fille d'Hermocratès.

— Ce n'est pas possible.

— J'en suis certain. Elle l'ignore, mais je l'ai reconnue. Je l'ai trouvée parmi les réfugiés, à moitié morte de fatigue.

— Dieux du ciel ! Rien de moins que ça ! Que faisait-elle donc à Sélinonte ?

— Tu sais ce qu'il en a été récemment à Syracuse. Hermocratès commandait notre flotte dans la mer Egée, appuyant les Spartiates contre Athènes. Mais Dioclès est parvenu à monter le peuple contre lui en prétendant qu'il agissait par soif de pouvoir, qu'il était dangereux pour la démocratie, et d'autres infamies de ce genre. Avec l'aide de ses partisans lancés un peu partout et bien placés à l'Assemblée, il a attisé la haine de tous, alors qu'Hermocratès, étant au loin, ne pouvait se défendre. Il a réussi à le faire destituer par un ordre du jour de l'Assemblée. Un navire de guerre est donc parti avec l'ordre de destitution et l'injonction à se présenter devant le Conseil pour faire son rapport et répondre aux accusations dont il était l'objet.

— Comment a-t-il réagi ?

— Il s'est bien gardé d'obtempérer. Après avoir lu le message, il a pris le large avec son unité de combat et a disparu. Personne ne sait où il se trouve à l'heure qu'il est.

— Je commence à comprendre.

— C'est ce que je pense, moi aussi. Hermocratès devinait que sa famille était en danger, voilà pourquoi il a fait conduire par un homme de confiance sa femme et sa fille à Sélinonte, où il avait, je crois, des amis. Il ne pouvait imaginer ce qui arriverait. » Denys se rassit. Les deux hommes échangèrent un bref regard.

Tellias crut lire un soupçon atroce dans les yeux de son hôte. « Tu ne penses tout de même pas que...

— ... que le gouvernement de Syracuse a retardé les secours volontairement, afin que la famille d'Hermocratès soit anéantie dans le massacre de Sélinonte ? Il est difficile de le dire, mais on ne se trompe jamais quand on imagine le pire. Je ne l'exclus pas. Ces vauriens de démagogues, ces enculés sont capables de tout, c'est moi qui te le dis.

— Maintenant, tu exagères. J'aimerais plutôt connaître tes intentions.

— Je suis indécis. J'ai décidé d'héberger Arêté parce que je n'ai confiance en personne. Mais je dois rebrousser chemin dès demain et je ne peux l'emmener, même si je le voulais. Si on la reconnaissait, elle aurait un tas d'ennuis. Et moi aussi. Je ne veux pas qu'on devine mes pensées, ni qu'on sache dans quel camp je suis. Je suis un bon guerrier et ils ont besoin de moi. Cela doit leur suffire pour le moment...

— Exact. Et puis ?

— Je ne veux pas, non plus, qu'elle sache que je l'ai reconnue.

— Pourquoi ?

— Si elle avait voulu me dire qui elle est, elle l'aurait déjà fait. Elle n'a pas encore totalement confiance en moi, et je ne peux l'en blâmer. Elle est seule, effrayée. Quiconque agirait de la sorte, à sa place.

— Continue.

— Accepterais-tu de l'héberger ? »

Tellias parut hésiter.

« S'il te plaît, insista Denys.

— Bien sûr. Comment peux-tu en douter ? C'est une gentille fille, qui a beaucoup souffert. Nous l'hébergerons volontiers, si tu crois qu'elle se plaira en notre compagnie. »

Soulagé, Denys sourit. « Je lui ai parlé de toi. Je lui ai dit que tu es gras comme un cochon et riche comme Crésus, mais que tu es malgré tout un homme bon... le meilleur que je connaisse. »

Gêné, Tellias secoua la tête et poussa le plateau vers son invité. « Mange, tu dois être épuisé. »

Arêté passa la soirée et mangea en compagnie des femmes de la maison, qui évitèrent dans un premier temps de l'interroger sur ses malheurs. Cependant, le massacre de Sélinonte constituait un événement d'une telle énormité qu'il ne pouvait être écarté ni des murs de la maison ni de la conversation. La jeune fille tenta de s'en tirer par quelques réponses sèches, prononcées sur un ton qui laissait entendre clairement que ce sujet ne devait pas faire l'objet de bavardages curieux.

Toutefois l'une des femmes ne parvint pas à se taire. « Est-il vrai, lui demanda-t-elle à un moment donné, que toutes les femmes ont été violées ? », ce qui revenait à dire, dans sa curiosité cruelle : « As-tu été violée, toi aussi ? »

Arêté répondit : « Les femmes ont souffert comme tous les autres, et pis encore, puisqu'elles ont vu mourir sous leurs yeux leurs enfants et leurs époux. Les rescapées revivent les souffrances les plus atroces chaque fois qu'elles s'en souviennent ou que quelqu'un les leur rappelle. »

Embarrassées, les femmes se turent, et l'épouse de Tellias déclara : « Maintenant, cela suffit, mes amies. Laissons-la en paix. Elle a besoin de tranquillité, elle doit pouvoir recommencer à vivre. Imaginez ce que vous ressentiriez si vous aviez dû assister à de pareilles atrocités. »

Arêté s'efforça de dissiper leur gêne en leur posant des questions sur la ville et en leur demandant s'il était vrai qu'on enterrait dans des monuments sépulcraux les chevaux qui avaient remporté des courses importantes, s'il y avait un cimetière pour les oiseaux chanteurs qui tenaient compagnie aux femmes dans les gynécées.

« Ah, cela a dû se produire une ou deux fois, répondit la femme de Tellias, et voilà qu'on parle de nécropoles pour les chardonnerets. Ce ne sont que des bavardages, ma fille, auxquels il ne faut pas prêter attention. »

Une fois le repas terminé, Arêté fut raccompagnée au rez-de-chaussée. Elle trouva Denys assis, seul. « Où est le maître de maison ? dit-elle.

— Il est sorti un moment. Assieds-toi.

— Je pensais quc nous partions.

— Non, répondit Denys. Toi, tu restes ici.

— Pourquoi ?

— Demain, avant l'aube, je repars pour Syracuse, et je ne peux t'emmener.

— Je n'ai pas besoin de venir avec toi. Je rentrerai toute seule.

— Non, tu ignores comment te déplacer, tu ne saurais pas trouver un logement pour la nuit. Les femmes ne voyagent qu'en compagnie d'un membre de leur famille. Et Syracuse est un endroit trop dangereux en ce moment. Sois patiente. A mon retour, je viendrai te chercher.

— Et pourquoi ?

— Parce que... si j'ai dit que je reviendrai, cela signifie que je reviendrai, lança-t-il d'un ton brusque.

— Et quand reviendras-tu ?

— Dès que je le pourrai. Ici, tu te plairas, tu seras en sécurité et tu ne manqueras de rien... »

Arêté baissa la tête.

« ... et je n'aurai pas à m'inquiéter », ajouta Denys.

A ces mots, la jeune fille se leva et planta ses yeux dans les siens. « Seras-tu au moins à l'abri du danger ?

— Non.

— Et me donneras-tu un baiser avant de partir ?

— Oui », répondit Denys. Il l'attira à lui et l'embrassa sur les lèvres. Puis, sans attendre le retour de Tellias, il ouvrit la porte et disparut.

III

Denys se leva au premier chant du coq et pensa à Arêté. Cette fille apeurée et fière, tendre et effrontée, mais aussi fragile qu'un vase de parfum, lui inspirait un sentiment qu'il ne voulait ni admettre ni accepter, une admiration qui s'était emparée de lui la première fois qu'il l'avait vue, à Syracuse, à la procession, le jour de la fête d'Athéna.

La fille d'Hermocratès, son idole, son modèle. Cette fille d'aristocrate ne daignerait jamais lui accorder un seul regard, avait-il songé à l'époque, et il n'aurait pu imaginer qu'un jour viendrait où le salut de l'adolescente dépendrait de lui. Il ressentait un certain agacement à l'idée qu'il en était épris. Et certes pas par compassion, même s'il avait souhaité le croire dans un premier temps.

La veille au soir, il était redescendu tandis qu'elle dormait d'un sommeil profond. Il l'avait longuement contemplée à la lumière de sa lanterne, scrutant les moindres détails de son visage, les ondes de ce corps aussi léger que l'écume, ses petits pieds blessés. Puis il avait regagné la terrasse et regardé le soleil glisser vers la mer, assis sous la tonnelle.

Il plaça un pain dans sa besace, remplit sa gourde d'eau fraîche, prépara son cheval et se dirigea vers la place du marché en le tenant par les rênes.

Ses hommes l'attendaient, déjà prêts et équipés : ils prenaient le petit déjeuner en jetant de temps à autre des bouts de pain aux poissons du lac artificiel. Ils se mirent aussitôt en route. Quand ils eurent franchi la porte est et se furent engagés dans la vallée, ils se retournèrent pour observer le spectacle merveilleux des rayons de soleil matinaux qui frappaient le temple d'Athéna, sur l'acropole, avant de descendre lentement les flancs de la colline sacrée. De hauts remparts l'entouraient de tous côtés, ils étaient défendus par les contingents de citoyens que soutenaient des milliers de mercenaires.

« Trop grande, dit Denys en contemplant cette merveille.

— Qu'as-tu dit ? demanda Philistos qui chevauchait à ses côtés.

— La muraille est trop grande. Elle pourrait devenir indéfendable.

— Que vas-tu penser là ! s'exclama Philistos. Agrigente est imprenable. Trop élevée pour être battue par des tours d'assaut, et assez riche pour se doter des moyens nécessaires à sa propre défense. »

Denys le regarda sans cesser de marmonner : « Trop grande, trop grande... »

Ils longèrent le campement du contingent syracusain qui aurait dû secourir Sélinonte et qui attendait des ordres qui ne venaient pas, puis ils poursuivirent leur route au pas. Ils marchèrent pendant cinq jours. Le sixième, ils atteignirent les environs de Syracuse à la tombée du soir. La ville évoquait une pierre précieuse enchâssée entre la terre et la mer. Son cœur, l'Ortygie, renfermait l'îlot rocheux sur lequel avaient débarqué les ancêtres venus d'outre-mer avec une poignée de terre de leur patrie d'origine, ainsi que le feu puisé dans le brasier sacré qui brûlait sur l'acropole.

Les pères fondateurs avaient choisi un endroit qui se prêtait parfaitement à la défense et aux commerces. La ville possédait, en effet, deux ports – l'un au nord, le Lakkion, à l'abri de l'Euros, l'autre au sud, à l'abri du vent de Borée. Elle n'était donc jamais isolée par un vent défavorable, et il était presque impossible de l'assiéger.

Les Athéniens l'avaient appris à leurs dépens, subissant une très dure défaite après de nombreuses tentatives de conquête. Ils avaient passé plusieurs mois dans les marais malsains qui ceignaient l'embouchure de l'Anapos, tourmentés par la chaleur, la dysenterie et les fièvres, regardant leurs superbes trières pourrir au mouillage. Denys les revoyait encore – il était à l'époque un enfant –, enchaînés, marchant vers les horribles Latomies, les grottes de pierre où ils vivraient désormais, à jamais privés de la lumière du soleil. On leur marqua le front avec le fer rouge qu'on utilisait pour les chevaux et on les emmena moisir dans cette immense caverne où le bruit obsédant des ciseaux ne cessait de retentir, où l'air était empli d'une poussière dense qui brûlait les yeux et les poumons.

Seuls ceux qui connaissaient par cœur les vers des *Troyennes* d'Euripide exaltant la paix avaient été épargnés. Qu'on ne dise pas que les Syracusains étaient grossiers et ignares ! Et pourtant, la ville avait fini par copier les institutions de son ennemie tant détestée : elle s'était dotée d'une Constitution démocratique qui réduisait drastiquement les pouvoirs et l'influence politique des grands propriétaires terriens et des nobles.

Maintenant, ils pouvaient voir le môle qui reliait la petite île d'Ortygie à la terre ferme, où l'on construisait un nouveau quartier, et plus haut, sur les Epipoles – le haut plateau qui surmontait la ville –, une série de postes de garde surveillant l'arrière-pays.

Ils passèrent à côté de la fontaine d'Aréthuse, la source presque miraculeuse qui jaillissait à quelques pas de la mer, riche en eaux limpides, la fontaine qui avait permis à la ville de naître et d'exister. Les Syracusains la vénéraient telle une divinité.

Comme chaque fois qu'il rentrait de voyage, Denys s'arrêta pour boire, se mouiller les yeux et le front. En effectuant ce geste, il avait l'impression de faire courir dans son corps la lymphe vitale qui coulait dans les veines cachées et secrètes de sa terre.

La patrie.

Il l'aimait d'un amour possessif et jaloux, il en savait l'histoire et la légende depuis le jour même de sa fondation, tout, en elle, lui était familier : le moindre mur et la moindre pierre, les bruits dissonants du marché et du port, le parfum, si fort, de la terre et de la mer. Il aurait été capable de parcourir la ville d'une extrémité à l'autre, les yeux bandés, sans trébucher. Il connaissait les puissants et les mendiants, les guerriers et les délateurs, les prêtres et les pleureuses, les artisans et les voleurs, les prostituées de la rue et les hétaïres raffinées venues de Grèce et d'Asie. Parce qu'il avait toujours vécu dans la rue, il y avait joué dans son enfance avec son frère Leptine, défiant les bandes rivales à coups de pierres.

Tout cela formait sa patrie, une unité indivisible, et non une multitude d'individualités distinctes avec lesquelles dialoguer, discuter ou se heurter. Et il voulait que sa patrie fût la plus grande, la plus forte et la plus puissante du monde : plus que Sparte, qui avait pourtant aidé Syracuse pendant la grande guerre, plus qu'Athènes, qui pleurait encore ses fils morts dans les marais malsains de l'Anapos et sur les rives enflammées de l'Asinaros.

Tandis qu'il avançait au pas en tenant son cheval par les rênes et en répondant d'un signe à ceux qui le saluaient, il remâchait les mêmes pensées : la chute de Sélinonte, qui aurait pu être évitée si Hermocratès avait été présent, l'emplissait de rage, et il était indigné par le sort que Syracuse avait réservé à son courageux amiral, le privant honteusement du commandement, l'obligeant à fuir au loin pour sauver sa vie. Il lui faudrait bientôt faire son rapport à Dioclès, le principal coupable de ce crime, l'homme qui aurait été également responsable de la mort d'Arêté si la bonne fortune n'avait pas assisté la jeune fille.

Dioclès reçut Denys et Philistos dans la salle du Conseil à l'heure où le marché grouillait de monde. Il connaissait la fidélité du premier à Hermocratès, mais il savait aussi qu'il était déjà très populaire et très aimé en raison de son courage et de sa témérité, de son dévouement inlassable, de son caractère impulsif et de l'esprit combatif qu'il ne tournait jamais contre les faibles mais toujours contre les individus autoritaires et contre les prévaricateurs.

De plus, Denys plaisait aux femmes, ce qui n'était pas, non plus, un détail négligeable. « Un massacre, n'est-ce pas ? commença-t-il en le voyant entrer.

— Seuls deux mille six cents habitants ont eu la vie sauve. Tous les autres ont été tués ou réduits en esclavage. Les temples ont été mis à sac, les remparts abattus, la ville est en ruine. »

Dioclès baissa la tête. Pendant quelques instants, on eût dit que la catastrophe pesait sur son esprit et ses épaules.

Denys en resta là, car il était inutile d'ajouter quoi que ce fût : son expression traduisait fort bien ses sentiments ; de plus, Philistos lui serrait le bras, croyant peut-être pouvoir ainsi freiner ses réactions.

Dioclès soupira. « Nous avons donné l'ordre d'envoyer une ambassade à Hannibal de Giscon au plus vite.

— Voudrais-tu négocier ? demanda un Denys scandalisé.

— Nous offrirons une rançon. Les esclaves peuvent être achetés, n'est-ce pas ? Et nous sommes des acquéreurs comme les autres. Mieux, j'ai ordonné qu'on verse une somme supérieure au prix du marché pour pouvoir racheter le plus de gens possible. L'ambassade est déjà partie, elle doit rejoindre le Carthaginois avant qu'il quitte les lieux. Empédios est à sa tête.

— Une chiffe molle ! » s'écria Denys. Philistos enfonça inutilement les doigts dans son bras. « Ce Barbare lui crachera au visage et le chassera à coups de pied au cul.

— Aurais-tu une meilleure solution ? demanda Dioclès d'une voix irritée.

— Bien sûr. Utilisons cet argent pour enrôler des

mercenaires, qui coûtent beaucoup moins cher. Jetons-nous sur les Carthaginois, qui ne s'y attendent pas, massacrons-les et réduisons les rescapés en esclavage. Avec l'argent que nous rapportera leur vente nous indemniserons les prisonniers de façon qu'ils puissent reconstruire leurs maisons et la muraille de leur ville.

— A t'entendre, cela paraît facile.

— C'est facile pour peu qu'on ait du cran.

— Crois-tu être le seul à en avoir ?

— A ce qu'il paraît, puisque j'étais là-bas avec mes hommes. Mon unité était la seule capable de s'ébranler.

— Ce qui est fait est fait. Si l'ambassade va à bon port, nous obtiendrons déjà un résultat.

— C'est une question de points de vue, intervint Philistos qui n'avait pas encore ouvert la bouche. J'espère que nous ne nous tournerons pas les pouces en attendant que ce Barbare perpètre d'autres massacres. Si nous lui permettons de détruire les cités grecques les unes après les autres, nous finirons par être isolés et nous n'aurons pas d'issue.

— Notre armée est sur le qui-vive.

Tant mieux, rétorqua Denys. Et ne viens pas me dire ensuite que je ne t'ai pas averti. » Il se tourna vers Philistos. « Allons-nous-en, il n'y a rien à ajouter. »

Ils sortirent et se dirigèrent vers la demeure de Denys, située au sud de l'Ortygie. Les rues étroites et ombreuses de la vieille ville grouillaient de passants, elles étaient parcourues par le bourdonnement confus de l'après-midi, moment où tout le monde s'occupe de ses affaires ou de ses activités. La catastrophe de Sélinonte semblait autant éloignée dans le temps et l'espace que la chute de Troie. Seul le souvenir d'Arêté était proche et présent. Denys aurait donné n'importe quoi pour pouvoir la revoir ne fût-ce qu'un instant.

Empédios rejoignit Hannibal alors qu'il campait entre Sélinonte et Ségeste. Il demanda à être reçu, ce qu'il obtint sans être contraint de faire antichambre. Il fut conduit avec son interprète à travers les quartiers où les prisonniers étaient rassemblés, et ils assistèrent à des scènes d'un tel désespoir qu'ils en furent totalement bouleversés. Des êtres qui, quelques jours plus tôt, vivaient librement dans des maisons confortables, vêtus d'habits propres et élégants, gisaient maintenant dans leurs excréments et se nourrissaient des ordures qu'on jetait à l'intérieur de leur enclos comme s'ils étaient des animaux. Certains criaient et prononçaient des mots privés de sens. D'autres hurlaient encore plus fort pour les contraindre au silence.

Ceux qui comprenaient que l'homme escorté par les gardes était un Grec couraient le long de l'enclos en lui adressant des appels au secours affligés. Ils le suppliaient au nom de tous les dieux d'avoir pitié d'eux, de les arracher à cette condition misérable. Empédios répondait qu'il était là pour les aider et qu'ils seraient bientôt libérés ; il sentait son cœur se gonfler d'orgueil et de satisfaction tandis qu'il prononçait ces paroles, certain que sa mission serait couronnée de succès. Les Carthaginois étaient des marchands, et non des guerriers : pourquoi auraient-ils dû refuser une bonne affaire ?

« Courage, disait-il. Je suis venu dans le seul but de vous libérer. Nous vous rachèterons, oui, soyez tranquilles. Bientôt, vos souffrances prendront fin. »

Le commandant carthaginois avait un âge avancé, plus de soixante-dix ans, une chevelure et une barbe blanches, la peau sombre, les yeux bleus et glaciaux. A l'évidence, une mère berbère des tribus de l'Atlas s'était glissée parmi ses ancêtres. Il accueillit Empédios et son interprète sous sa tente : un pavillon de laine blanche soutenu par des piquets en cèdre, au sol couvert de nattes colorées et de tapis numides. Sur une table, trônait de la vaisselle en or : à en juger par son aspect, elle provenait des temples de Sélinonte.

Une telle ostentation ne promettait rien de bon, songea Empédios, mais il exposa sa proposition en parlant au nom de la ville et de son gouvernement : « Nous reconnaissons que les Sélinontains ont mal agi envers vous en attaquant une ville qui était votre alliée, mais nous pensons qu'ils ont déjà subi le plus dur des châtiments. Nous sommes ici pour offrir une rançon, nous paierons un tiers de plus que le prix du marché en argent et au comptant. »

Hannibal leva les sourcils en pensant à la montagne d'argent que cet homme était en mesure de dépenser. Il l'écouta attentivement sans que l'expression de son visage trahisse ses sentiments, puis il répliqua : « Le crime que les Sélinontains ont perpétré contre nous ne mérite aucune indulgence. Ils m'ont défié alors qu'ils avaient la possibilité de se rendre et ont causé de lourdes pertes à mon armée. Il est juste qu'ils vivent en esclavage pendant le reste de leurs jours. Si tu as toutefois des parents parmi ces prisonniers, je les ferai libérer en signe de ma bonne disposition d'esprit et gratuitement, comme cadeau d'hospitalité. Je sais par mes informateurs que certains Sélinontains se sont enfuis.

S'ils désirent rentrer chez eux, je leur permets de restaurer leurs maisons, de cultiver les champs et d'habiter leur ville à condition qu'ils ne relèvent pas les remparts et qu'ils paient un tribut annuel à nos receveurs. Je n'entends pas discuter de ces décisions. » Cela dit, il congédia son interlocuteur.

Empédios déclara que certains prisonniers étaient des membres de sa famille, et il obtint leur libération : sur les six mille détenus, il ne put ramener à Syracuse qu'un jeune couple et ses deux enfants. Ce résultat si modeste donna toutefois une signification à sa mission, et il jugea qu'il ne l'avait pas entreprise en vain. Sur le chemin du retour, il s'arrêta à Agrigente pour rapporter aux réfugiés l'issue de son voyage et les conditions qu'Hannibal de Giscon avaient posées pour les autoriser à regagner leur ville.

Les Sélinontains refusèrent, et leur haine s'accrut démesurément quand on leur eut rapporté les souffrances que subissaient leurs concitoyens et leurs conjoints, condamnés à l'esclavage perpétuel, à toutes sortes d'humiliations et d'injures, et l'insolence avec laquelle le Barbare avait refusé la rançon, qu'il était tenu d'accepter selon la loi des peuples et la volonté des dieux.

Les chefs de famille rescapés se réunirent dans le temple des divinités chtoniennes, des dieux sans visage qui gardent le monde des morts et des ténèbres, et jurèrent qu'ils vivraient dans le seul but de se venger, que, le moment venu, aucun individu de sang carthaginois ne serait épargné : ni hommes, ni femmes, ni enfants. Ils consacrèrent et vouèrent aux divinités des Enfers les têtes de leurs ennemis mortels et appelèrent sur elles une malédiction éternelle, un anathème qui se transmettrait de génération en génération jusqu'à l'extinction de cette race abhorrée.

Empédios regagna ensuite Syracuse pour relater à Dioclès l'issue de sa mission.

Pendant ce temps, Hannibal se dirigea vers l'est, et il apparut bientôt qu'il marchait sur Himère, la ville où son ancêtre Hamilcar avait péri soixante-dix ans plus tôt. Il était à la tête d'une armée de soixante mille hommes, auxquels s'étaient ajoutés des contingents indigènes, attirés par les promesses de butin et d'esclaves. La terreur se répandit, et les Himériens se préparèrent à se défendre jusqu'au dernier souffle. Le sort de Sélinonte ne laissant planer aucun doute sur les intentions de l'ennemi, ils plaçaient leurs espoirs dans le courage et les armes.

A Syracuse, le collège des stratèges, présidé par Dioclès, décida d'envoyer un corps d'expédition au secours d'Himère : si la ville tombait, personne ne se fierait plus aux Syracusains, et les villes grecques d'Occident seraient balayées comme si elles n'avaient jamais existé.

Cette fois encore, les manœuvres d'Hannibal de Giscon furent beaucoup plus rapides que celles du gouvernement syracusain : son armée avait atteint Himère avant même que Dioclès eût pris la moindre décision. Il établit son campement sur les hauteurs qui dominaient la ville afin d'échapper à d'éventuelles sorties, et il lança contre les remparts ses tours mobiles, ses béliers et environ vingt mille hommes de ses troupes d'assaut, que renforçait un contingent indigène formé de Sicules et de Sicanes très aguerris et très combatifs.

Himère était un symbole pour les Grecs de la mère patrie et des colonies : soixante-dix ans plus tôt, tandis que les Hellènes du continent l'emportaient à Salamine contre les Perses, les Hellènes de Sicile défaisaient les Carthaginois, avant de vaincre les Etrusques dans les eaux de Cumes. On dit que les trois batailles se déroulèrent le même jour du même mois de la même année, pour signifier que les dieux avaient voulu le triomphe des Grecs sur tous les fronts contre les Barbares d'Orient et d'Occident. Mais pour Hannibal de Giscon, Himère était une ville maudite. Son grand-père Hamilcar y avait été battu et s'y était donné la mort après avoir assisté à l'extermination de son armée. Pendant toute la durée de la bataille, il avait immolé des victimes de l'aube jusqu'au crépuscule pour demander la victoire à ses dieux, mais quand, au crépuscule, il avait vu ses hommes balayés et chassés comme des bêtes en fuite, il s'était jeté lui-même dans le bûcher en criant vengeance parmi les flammes.

Quant au père d'Hannibal, il y avait été vaincu avant d'être condamné à l'exil. Troisième de sa famille à tenter cette entreprise, Hannibal était bien décidé à venger les revers et les humiliations qu'avaient subis ses prédécesseurs, à racheter leur honneur et le sien.

Dioclès parvint à rassembler quatre mille hommes, rappelant notamment le contingent qu'il avait à Agrigente, et il se mit en marche pour secourir Himère et lui éviter, en cas de réussite, le sort amer qu'avait connu Sélinonte.

Pendant ce temps, les Carthaginois avaient disposé leurs tours d'assaut autour de la muraille, que leurs béliers ne cessaient de frapper du lever au coucher du soleil, parfois même pendant la nuit, sans réussir toutefois à la démanteler, comme ils l'avaient fait à Sélinonte. En effet, les Himériens l'avaient construite avec de grands blocs de pierre, emboîtés longitudinalement et transversalement.

Constatant l'inutilité ou les limites de leurs béliers, les Carthaginois se retirèrent et se résolurent à creuser un souterrain. Ils y travaillèrent pendant des jours et des nuits, sans jamais s'arrêter, et se ménagèrent une galerie jusqu'au pied des remparts, l'étayant au fur et à mesure qu'ils avançaient à l'aide de cintres, débités dans les pins qu'ils coupaient sur les montagnes environnantes et imprégnés de résine liquéfiée. Pour se dissimuler aux yeux des défenseurs, ils creusèrent de nuit des cheminées d'aération destinées à apporter de l'air aux mineurs et à alimenter le feu le moment venu.

Quand ils eurent terminé, au terme d'une nuit sombre, un groupe de soldats gagna le fond de la galerie et mit le feu aux cintres, imbibés de substances incendiaires. Du haut de la muraille, les sentinelles virent une série d'yeux rouges briller dans la plaine : c'étaient les reflets du feu qui brûlait sous terre à travers les conduits d'aération, d'où jaillirent bientôt des tourbillons de flammes, de fumée et d'étincelles, qui montaient vers le ciel en rugissant et en répandant dans la plaine une odeur âcre de brûlé. Les cintres et les étançons furent rapidement réduits en cendres : privé de son soutien, un tronçon de muraille s'écroula dans un grand vacarme, entraînant dans sa chute un grand nombre de défenseurs qui furent broyés par les pierres.

Le nuage dense de fumée et de poussière ne s'était pas encore dissipé quand on entendit sonner les trompettes et les cors de guerre. Alors, les fantassins libyens, maures et sicules de l'armée d'Hannibal se lancèrent à l'attaque, tandis que le reste de l'armée s'alignait, prêt à se déverser dans la ville dès que les assaillants auraient libéré le passage et renversé tous ceux qui tenteraient de résister.

Mais avant même que cette horde hurlante n'eût atteint la brèche, celle-ci grouillait déjà de défenseurs. Aucune manœuvre n'avait échappé aux Himériens, aucun événement ne les avait pris de court, aucun homme capable de porter les armes n'avait été oublié. L'effet des atrocités que les Barbares avaient commises à Sélinonte avait été tel que les habitants d'Himère étaient décidés à se battre jusqu'au dernier ; mieux, ils se jetaient sur les assaillants avec une violence et une haine qui ne laissaient planer aucun doute sur leur détermination.

Ils se rassemblèrent à la base de la brèche et se disposèrent en phalanges d'une, de deux puis de trois lignes au fur et à mesure que les combattants accouraient, formant un front courbe pour interdire tout accès au passage. Au signal de leurs commandants, ils avancèrent en brandissant leurs lances tandis que les hommes et les femmes demeurés en ville s'employaient à combler la brèche avec toutes sortes de matériaux.

Le heurt fut si terrible et la fougue des Himériens si grande que les assaillants vacillèrent et commencèrent à reculer. Mais Hannibal, qui se trouvait encore sur les collines avec ses troupes d'élite, donna l'ordre d'envoyer des renforts, et les détachements de réserve qui attendaient dans la plaine se jetèrent dans la mêlée. La bataille se poursuivit pendant des heures sans qu'aucun camp cède un pouce de terrain. Seule la tombée de la nuit mit fin au combat. Les mercenaires d'Hannibal se retranchèrent dans la plaine, et les guerriers d'Himère retournèrent vers la brèche. Les plus âgés, qui constituaient la réserve, occupèrent les glacis pour veiller à ce que les Barbares ne tentent pas de coup de force à la faveur de la nuit.

Les femmes firent preuve, elles aussi, d'un courage extraordinaire. Les mères de famille et les jeunes filles, qui avaient travaillé toute la nuit en apportant des armes aux défenseurs et des pierres pour combler la brèche, sans s'octroyer un seul instant de repos pour boire ou manger, se précipitaient maintenant vers leurs hommes, qui revenaient du champ de bataille épuisés, couverts de sang et de poussière. Elles les aidaient à ôter leur équipement, s'occupaient d'eux de toutes les façons possibles, leur fournissant de l'eau chaude, des vêtements propres, de la nourriture et du vin pour qu'ils se lavent, se changent et se restaurent. Femmes, mères, filles et fiancées affichaient une fermeté qui dépassait même celle des guerriers, lesquels avaient toutefois prouvé pendant le combat qu'ils ne craignaient ni leurs ennemis ni la mort, mieux, qu'ils préféraient cette dernière à l'esclavage et au déshonneur. Elles louaient la bravoure de leurs hommes, flattaient leur orgueil, montraient qu'elles croyaient en la victoire et en la faveur des dieux tout autant qu'en leur courage et en leur abnégation. Elles prenaient à témoin leurs fils qui n'étaient pas encore en âge de se battre, exaltaient le courage de leurs pères et de leurs frères, leur enseignaient qu'aucun sacrifice n'est assez grand pour défendre la liberté.

La nuit et la brise de la mer rafraîchirent l'atmosphère étouffante ; l'obscurité et le silence qui succédaient à la lumière aveuglante du jour et aux cris de la bataille poussèrent bon nombre de guerriers à s'octroyer un peu de repos.

Trop faibles pour se battre, trop angoissés pour céder au sommeil, les vieillards montaient la garde. Réunis dans les portiques de l'agora, ils évoquaient les guerres auxquelles ils avaient participé dans leur jeunesse et les dangers qu'ils avaient surmontés, cherchaient n'importe quel prétexte pour reprendre courage, ou les mots les plus appropriés pour consoler ceux d'entre eux qui avaient perdu un fils sur le champ de bataille. Certains multipliaient les exemples de guerriers disparus qui avaient miraculeusement resurgi, tout en sachant que la mauvaise fortune est bien plus fréquente que la bonne ; d'autres déclaraient que les renforts ne tarderaient pas à arriver.

Le bruissement léger de leur conversation fut interrompu par un bruit d'armes, des appels dans le noir, un vacarme soudain. Ils se regroupaient instinctivement contre la muraille, déjà préparés au pire, quand une voix retentit : « Les renforts sont là, nous sommes sauvés ! »

Les vieillards se précipitèrent dans la direction de cette voix et se pressèrent autour d'un garçon d'une quinzaine d'années en le bombardant de questions :

« Les renforts ?

— Qui ?

— Où sont-ils ?

— Combien sont-ils ?

— Qui est à leur tête ?

— D'où viennent-ils ? »

Le garçon leva les mains pour réclamer le silence. « Pour l'instant, il y a une vingtaine d'hommes...

— Une vingtaine ? Tu te moques de nous ?

— Environ une vingtaine, confirma le garçon. Ils sont menés par un officier syracusain, qui a franchi les lignes ennemies. D'après lui, une armée de quatre mille hommes, conduite par Dioclès, avance dans la plaine. Il est en train de parler avec nos commandants. »

Les vieillards se ruèrent vers la porte est, où l'on avait allumé des feux pour éclairer la brèche : les commandants étaient réunis autour des nouveaux venus, guidés par un jeune homme seulement armé d'une épée et d'un poignard, dont les cheveux longs étaient attachés par un cordon de cuir. Ils s'approchèrent pour ne pas perdre un mot de la conversation.

« Dioclès veut entrer en ville cette nuit en cachette et attaquer demain à l'improviste avec toutes les forces dont il dispose.

— Entrer en ville ? demanda l'un des officiers. Et comment ?

— Les Barbares sont presque tous rassemblés dans le campement, et il y a très peu de piquets de garde autour des bivouacs qu'on aperçoit au loin. La côte est bordée d'une dune assez haute pour dissimuler à leur vue nos hommes, qui longeront la ligne de brisement des vagues. Mais il faut qu'un de vos contingents surveille la porte nord tant qu'elle restera ouverte. Si vous êtes d'accord, nous pouvons donner le signal dès maintenant. » Il adressa un signe à un de ses hommes, qui approcha du feu une flèche enveloppée dans de l'étoupe.

« Un instant, dit l'un des commandants himériens. Qui nous assure que ce n'est pas un piège ?

— Moi, répondit le jeune homme. Car je resterai ici en otage avec mes hommes.

— Et qui es-tu ? demanda un autre officier.

— Denys, fils d'Hermocrite. Et maintenant, dépêchons-nous. » Il s'empara de l'arc, mit le feu à la flèche et la décocha vers le ciel.

Au loin, sur la crête de la dune, deux sentinelles virent le petit météore sillonner le ciel sombre et échangèrent un geste de complicité.

« Le signal, dit l'un d'eux. Cette fois encore, il a réussi. Avertis le commandant. »

IV

Avant que le soleil se couche, la flotte syracusaine, forte de vingt-cinq trières, apparut au large. On avait démâté et l'on avançait à la rame, signe que les commandants se tenaient prêts à toute éventualité.

Dioclès se trouvait sur la plage, à l'abri de la longue dune côtière qui la délimitait vers l'intérieur, il distribuait des instructions au contingent qu'il avait emmené pour porter secours aux Himériens assiégés. Il ordonna aux navarques de se préparer à intervenir en cas de besoin, puis il attendit que la nuit tombe pour donner le signal du départ : un mot d'ordre qui circula de détachement en détachement.

La colonne défila en silence le long de la mer, les pas des guerriers syracusains étant étouffés par le sable humide. Dioclès marchait en tête, précédant les compagnies et les bataillons qui suivaient leurs commandants respectifs. Les sentinelles demeurèrent postées sur la dune pour surveiller la plaine et s'assurer que les Barbares ne remarquaient pas qu'une armée entière avançait non loin d'eux dans l'obscurité et le silence, telle une nuée de fantômes.

Quand ils eurent presque atteint leur destination, Dioclès envoya deux soldats en reconnaissance. Ceux-ci s'approchèrent du détachement himérien qui montait la garde à la porte nord. Ils se présentèrent aussitôt, avant même que le commandant de la garnison ne lance son « Qui va là ? » : « Nous sommes l'avant-garde de l'armée syracusaine.

— Que les dieux vous bénissent. Nous pensions que vous ne viendriez plus. »

L'homme siffla, et les soldats franchirent la porte en rangs de quatre, animant la muraille et les portiques du bruit de leurs sandales cloutées. La rumeur selon laquelle les renforts arrivaient se diffusa immédiatement, et les habitants abandonnèrent leurs occupations pour se masser le long de la rue qui menait à l'agora. Leur joie était telle qu'ils auraient voulu crier et applaudir les jeunes gens qui risquaient leur vie pour leur venir en aide, mais ils gardèrent le silence en comptant les soldats qui affluaient. Les détachements se succédaient, multipliant leurs espoirs au fur et à mesure qu'ils disparaissaient en direction de la colonnade qui débouchait sur la grand-place.

« Trois mille, dit un vieillard quand la dernière rangée fut passée devant lui.

— C'est peu, commenta un autre d'un ton déçu.

— Oui, répondit le premier, mais ce sont des troupes d'élite. Les as-tu vus ? Ils marchent comme un seul homme. Une fois alignés, ils opposeront un mur à l'ennemi, c'est moi qui te le dis, et chacun d'eux vaut trois des nôtres.

— J'espère, car c'est sans doute toute l'aide que

nous aurons », commenta l'autre avant de s'éloigner dans l'obscurité.

Dioclès tint conseil dans l'agora avec les officiers himériens. « Si vous n'avez rien contre, je prends le commandement suprême », commença-t-il.

Personne ne dit mot.

« Combien d'hommes pouvez-vous aligner ? demanda alors Dioclès.

— Sept mille, lui répondit-on. Des garçons de dix-huit ans jusqu'aux hommes de cinquante ans.

— En ajoutant nos trois mille hommes, cela fait dix mille. Cela sera suffisant. Demain, nous sortirons en formation de combat. Front de deux mille hommes sur cinq de profondeur. C'est un peu étiré, mais nous tiendrons le coup. Nous nous mettrons en première ligne parce que mes hommes sont frais et ont tous moins de trente ans. Chacun d'eux possède des rations de nourriture pour quatre jours, vous n'aurez que de l'eau à nous fournir. »

L'officier himérien le plus gradé s'avança. « Je veux vous remercier, tes hommes et toi, d'être venus à notre secours. Demain, nous vous montrerons que vous n'aurez pas à le regretter.

— Je le sais, répondit Dioclès. Et maintenant, allons dormir. Nous attaquerons à l'aube sans bruit ni trompettes. C'est nous qui réveillerons nos ennemis. »

Les guerriers s'installèrent dans les portiques où l'on avait étendu de la paille, et la ville entière s'enfonça bientôt dans le silence. Dioclès s'assura que tous les siens avaient le nécessaire puis il se prépara lui aussi à dormir.

C'est alors que Denys apparut, comme s'il surgissait du néant. « Tout s'est passé sans problème, je vois.

— Oui, répondit Dioclès. Demain, nous réglerons nos comptes avec les Barbares dans la plaine.

— Il y en a d'autres sur les collines, tu le sais, n'est-ce pas ? rétorqua Denys.

— Je n'ai pas besoin que tu me le dises.

— Tant mieux. Mais je ne comprends pas pourquoi tu es si pressé d'attaquer.

— Cela me paraît évident. Moins de temps nous passons loin de chez nous, mieux c'est.

— La hâte est mauvaise conseillère. A ta place, j'essaierais de mieux connaître la situation, la disposition des forces ennemies. Les pièges éventuels.

— Ce n'est pas toi qui commandes.

— Non, hélas », répondit Denys avant de s'éloigner.

Ils sortirent à l'aube, ainsi que l'avait prévu Dioclès, reposés et nourris, et parcoururent un stade avant que le son des cors de guerre retentisse dans le campement ennemi. Aussitôt après, l'armée punique s'aligna dans la plaine : elle comprenait des Libyens, reconnaissables à leurs tuniques claires sur lesquelles s'étalait une plaque de fer qui protégeait leur cœur, à leurs casques en bronze et à leurs boucliers peints aux couleurs de leurs tribus ; des Sicules, dotés de robes en laine brute teintes en ocre, de casques et de corsets en cuir ; des Sicanes, aux boucliers en bois ornés des images de leurs animaux totémiques ; des Ibères, qui portaient des jambières décorées d'étain, des tuniques blanches ourlées de rouge, des casques tombants en cuir et à pare-nuque, surmontés d'une fine crête rouge qui leur donnait l'aspect de créatures magiques ; des Baléares, qui agitaient leurs frondes en les faisant siffler dans l'air ; enfin, des Maures à la peau sombre et brillante, aux cheveux épais et crépus, qui montaient à cru de fougueux destriers de l'Atlas, brandissaient de longues sagaies, ainsi que des boucliers en peau de zèbre et d'antilope. Des fantassins et des cavaliers appartenant à de nombreuses nations qui obéissaient à quelques officiers carthaginois coiffés à l'orientale de casques coniques, revêtus de lourdes cuirasses en cuir décoré de couleurs vives, de tuniques vertes et ocre aux franges rouges et jaunes.

Tous ces guerriers étaient probablement à jeun, mais ils poussaient de grands cris, bondissaient en effectuant des gestes menaçants de leurs armes, animés par une excitation qui croissait au fur et à mesure que leurs rangs grossissaient : c'était leur manière de vaincre la peur qui saisit le guerrier avant que l'attaque débute ; ils s'efforçaient de remplir de férocité leurs estomacs vides, dans l'imminence de l'affrontement.

Les Grecs marchaient, quant à eux, dans le silence le plus complet, en ordre parfait. Quand le soleil se leva, leurs boucliers astiqués brillèrent d'un éclat aveuglant, et la terre trembla sous leur lourd pas cadencé.

Les Baléares armèrent leurs terribles frondes, mais leurs projectiles se brisèrent sur le mur de boucliers sans créer de dégâts, et la distance était désormais trop brève pour permettre aux archers de tirer : entre-temps, répondant à l'ordre de Dioclès, la phalange grecque s'était élancée, couvrant au pas de course l'espace qui séparait les deux fronts. Les deux alignements se heurtèrent avec une grande violence, et le hurlement des mercenaires puniques se transforma bientôt en cris d'agonie. La pression des lignes arrière ennemies avait propulsé les hommes du premier rang, en particulier les Libyens, les Sicules et les Maures, contre les lances des Grecs, qui les avaient transpercés en grand nombre ; en outre, les armes légères des mercenaires ne pouvaient guère opposer de résistance aux lourds boucliers et aux cuirasses métalliques de leurs adversaires.

Aligné à l'aile droite avec les soldats de la compagnie, Denys tua d'un coup de lance un chef maure qui lui faisait face – un Berbère de l'Atlas aux cheveux roussâtres et aux yeux d'un bleu resplendissant – et passa par l'épée le compagnon qui avait tenté de le venger. Les forces qu'il affrontait commençaient à céder, et pourtant il ne cessait de crier à ses hommes : « Tenez les rangs ! Restez alignés ! », frappant de la pointe de l'épée les boucliers des plus fougueux afin qu'ils rentrent dans le rang.

La résistance de l'armée punique, qui croyait se battre contre des hommes fatigués et désespérés, s'affaiblit dans son affrontement prolongé avec les hoplites syracusains, aussi solides que des rocs. Quand leur commandant tomba et fut piétiné par leurs ennemis, les Carthaginois battirent en retraite.

Désormais sûr de la victoire, Dioclès lança ses hommes à leur poursuite sans plus se soucier de la cohésion de son alignement. Les Himériens qui, à chaque ennemi tué, voyaient augmenter les espoirs de survie de leur ville se livrèrent à la tuerie en abandonnant toute discipline. Ivres de massacre, ils ne s'aperçurent pas qu'Hannibal de Giscon avait lancé ses troupes sur leur flanc droit, au pied de la colline.

L'ayant remarqué, Denys ordonna à un trompette de sonner la retraite. Mais Dioclès, qui se voyait déjà maître du campement ennemi, le rejoignit en hurlant : « Qui t'a demandé de sonner la retraite ? Je vais te faire arrêter pour insubordination, je vais te... »

Denys ne lui laissa pas achever sa phrase : il lui assena un coup de poing en plein visage, le désarçonnant, puis il pointa son épée sur la gorge du trompette, qui s'était arrêté, et lui enjoignit calmement : « Sonne. »

Le trompette s'exécuta, et son signal fut repris par les autres. Les guerriers tentèrent de retrouver leur cohésion en se précipitant sous les étendards que Denys avait rassemblés au milieu du champ de bataille, sous la protection des membres de la Compagnie. Mais nombre d'entre eux furent encerclés et massacrés. Mesurant le désastre, Dioclès s'employa à sauver, lui aussi, ce qui pouvait être sauvé : en l'espace d'une heure, il parvint à reformer l'alignement et à se replier vers la ville.

Les Himériens, qui avaient d'abord exulté face à la victoire, avaient ensuite assisté avec impuissance, depuis les tours et les bastions de la ville, à l'embuscade d'Hannibal et au massacre. Quand l'armée regagna la ville par la porte est, le triste spectacle qui accompagne invariablement le retour des soldats du champ de bataille se répéta : pères, mères, femmes et fiancées se pressaient le long de la rue en essayant avec angoisse de distinguer leurs bienaimés. Il était terrible de voir l'espoir s'éteindre sur ces visages au fur et à mesure que les rescapés défilaient, sans casque, afin d'être reconnus, de constater que les uns plongeaient dans le désespoir tandis que les autres poussaient des cris de soulagement et de joie.

Les commandants de bataillon firent l'appel dans l'agora et les magistrats de la ville comptèrent trois mille morts sur le champ de bataille. La fleur de leur jeunesse avait été fauchée et les corps de leurs garçons gisaient dans la plaine, à la merci des Barbares et des chiens. A chaque nom appelé sans réponse s'élevait un gémissement, et les pleurs des mères se multipliaient au point de se changer en un chœur lugubre. Il n'était pas rare qu'un père et ses fils fussent tombés, ce qui privait à jamais des familles de descendance. Trois cent cinquante hommes du corps d'expédition syracusain manquaient à l'appel.

Denys se porta volontaire pour aller négocier la restitution des prisonniers, s'il y en avait, et la trêve qui leur permettrait de ramasser les morts. Dioclès, qui le détestait, dut prendre acte de son courage et accéda à sa requête.

Denys sortit par la porte est, flanqué de deux magistrats à cheval, sans armes ni casque, mais revêtu de sa cuirasse et de ses jambières. Il gagna l'endroit où se dressait le pavillon d'Hannibal qui, assis sur une chaise haute, distribuait des récompenses aux mercenaires qui s'étaient distingués pendant le combat.

Le général carthaginois l'accueillit avec mépris. Avant même que Denys ait pu dire quoi que ce soit, il lui communiqua par le biais d'un interprète qu'il ne négocierait aucune trêve, qu'il était là pour venger la mémoire de son ancêtre Hamilcar et qu'il ne connaîtrait pas la paix tant qu'il n'aurait pas exterminé le peuple des Himériens.

Denys s'approcha et, tendant la main en direction du champ de bataille, déclara : « Quatre de mes amis, membres de ma compagnie, gisent parmi ces morts. Je dois récupérer leurs corps, comme le veut le serment qui nous lie. Si tu m'y autorises, j'épargnerai ta vie quand le moment viendra. »

Hannibal n'en crut pas ses oreilles quand l'interprète eut traduit. « Tu... tu épargneras ma vie ? s'exclama-t-il en éclatant de rire.

— Je le ferai, confirma Denys sans broncher.

— Je regrette, mais je ne peux faire d'exception à la règle. Estime-toi heureux de regagner la ville sain et sauf. Je veux que les habitants apprennent de ta bouche ce qui les attend.

— Puisqu'il en est ainsi, dit Denys, sache que tu iras vers une mort honteuse. Ceux qui n'ont pas pitié des morts ne méritent pas la pitié des vivants. Adieu. » Il monta à cheval et rebroussa chemin pour rapporter l'issue négative de sa mission.

Il trouva la ville en émoi et en proie à la plus grande agitation. Des passants lui criaient même : « Traîtres ! Lâches ! »

« Que disent-ils donc ? » demanda Denys aux magistrats qui l'accompagnaient. Ne sachant comment expliquer ce comportement, ceux-ci haussèrent les épaules.

« N'y fais pas attention, dit l'un d'eux. Ils ont perdu la tête. La guerre est une chose terrible. »

Denys garda le silence, mais il était persuadé qu'il s'était produit un événement étrange et il en eut la confirmation quand il eut atteint le quartier général, non loin de l'agora. Les commandants himériens en sortaient, fulminant avec rage.

« Qu'est-il arrivé ? Parlez ! leur lança Denys.

— Demande-le à ton commandant ! » répondit l'un d'eux avant de s'éloigner. Ils étaient tellement furieux qu'ils ne l'avaient même pas interrogé sur l'issue de sa mission.

Dioclès était entouré par les anciens de la ville, qui poussaient des cris et l'imploraient. « Que se passe-t-il ? s'écria Denys. Peut-on me dire ce qui se passe ? »

Les vieillards se calmèrent un peu ; reconnaissant Denys, l'un d'eux s'approcha et lui dit : « Ton commandant a donné l'ordre d'évacuer la ville.

— Quoi ? s'exclama un Denys stupéfait. Qu'as-tu dit ?

— Tu as bien entendu, intervint Dioclès. La ville doit être évacuée.

— Tu es fou. Tu ne peux pas faire une chose pareille.

— Je suis ton commandant, j'exige du respect ! » rétorqua Dioclès d'une voix furibonde. Une de ses pommettes portait les marques du coup de poing qu'il avait reçu le matin même.

« Le respect se mérite, répliqua Denys. Ces gens se sont battus avec un courage surhumain, ils méritent notre soutien et nous sommes encore en mesure de l'emporter. L'armée d'Hannibal a enregistré deux fois plus de pertes que la nôtre. Nous pouvons ordonner à l'infanterie de marine de débarquer et...

— Tu n'as pas compris. La flotte d'Hannibal fait route vers Syracuse. Nous devons rentrer immédiatement après avoir mis en sécurité tous ceux que nous pouvons. »

Denys fixa sur lui un regard incrédule. « Qui te l'a dit ? Qui ? »

Dioclès sembla hésiter, puis il répondit : « Quelqu'un. Survenu pendant ton absence.

— Quelqu'un ? Qu'est-ce que cela signifie ? L'as-tu vu ? Lui as-tu parlé ? Connais-tu son nom ? Le connaît-on en ville ? »

Harcelé de questions, Dioclès réagit violemment : « Je ne suis pas tenu de te rendre compte de mes décisions. Tu es un subalterne, tu dois obéir à mes ordres, un point c'est tout. »

Denys s'approcha. « Oui, je suis un subalterne, ici, en temps de guerre et sous la loi de la guerre, mais à Syracuse je redeviendrai un citoyen. Et si tu peux m'accuser de t'avoir assené un coup de poing, je peux te faire condamner pour haute trahison à l'Assemblée. Je t'assure que mes amis de la Compagnie appuieront tous cette accusation. »

Dioclès eut grand-peine à refréner sa colère. « La ville est indéfendable, le comprends-tu ? Nous avons perdu un tiers de nos forces, et il est fort probable que la flotte d'Hannibal se dirige vers Syracuse en profitant de notre absence. Tout le monde le dit, et c'est certainement vrai.

— Tu prends une responsabilité énorme, répondit Denys. Le destin de cette ville et le sang de ces gens retomberont sur toi. » Il fit volte-face, mais Dioclès le rappela.

« Attends. Arrête-toi, te dis-je ! Et vous aussi, écoutez ! Rappelez vos commandants, dites-leur d'écouter mon plan. Vous vous rendrez compte vous-mêmes qu'il n'y a pas de solution plus sensée. »

Plusieurs heures furent nécessaires pour persuader les commandants himériens de revenir. Les officiers syracusains étaient présents, Denys compris. Dioclès prit la parole : « Je sais ce que vous éprouvez. Je sais que vous avez juré de défendre la ville jusqu'au bout, mais réfléchissez, je vous en conjure. A quoi votre sacrifice servira-t-il ? Pourquoi immoler vos vies si vous n'êtes pas en mesure de sauver celles de vos épouses et de vos enfants ? Mourir en sachant qu'ils seront réduits en esclavage par un ennemi cruel vous consolera-t-il ? Ecoutez-moi. Ecoutez le plan que j'ai préparé en trois phases. Cette nuit, il y aura la nouvelle lune. Nous ferons monter les femmes et les enfants à la faveur de l'obscurité dans nos navires, qui les conduiront dans le territoire de Messine, où ils demeureront sous la protection d'un détachement d'infanterie de marine.

« Deuxième phase : un groupe nous suivra en direction de Syracuse le long de la dune côtière qui nous a dissimulés quand nous sommes entrés.

« Troisième phase : la flotte reviendra avant l'aube et embarquera les autres habitants. Ceux qui ne trouveront pas de place dans les navires se sauveront dans la campagne ou tenteront de nous rejoindre à Syracuse, où ils obtiendront de l'aide. Quand Hannibal ordonnera à ses troupes d'assiéger Himère, il trouvera une ville déserte. »

Un silence de mort s'abattit sur la salle du conseil. Pour les Himériens, la seule pensée d'abandonner la ville où ils étaient nés et avaient vécu était plus terrible que la mort. Soudain, l'un d'eux se leva et parla au nom des autres : « Et maintenant, écoute-nous, Syracusain. Nous avons décidé de résister à tout prix car le Barbare qui se tient à nos portes est une bête assoiffée de sang, qui a juré de nous exterminer pour des fautes que nous n'avons pas commises. Nous nous sommes préparés à nous battre parce que vous nous aviez promis de nous aider. Et maintenant, vous nous obligez à nous rendre tout en sachant que, sans vous, nous ne pourrons pas résister. Ce plan est une folie, et tu le sais très bien. Les vingt-cinq embarcations dont tu disposes ne sont pas des bateaux de transport, mais des navires de guerre. Comment penses-tu transporter toute notre population ? Tu sais que nombre d'Himériens seront abandonnés ici sans défense, exposés à une mort horrible. Nous te demandons de te raviser, de te battre à nos côtés avec tes soldats. Nous réparerons la brèche, nous lutterons jusqu'à notre dernière goutte de sueur et notre dernière goutte de sang. Si tu restes, tu n'auras pas à le regretter. Nous te supplions de rester. Ne nous abandonne pas, au nom des dieux !

— Je regrette, répondit Dioclès, la ville est indéfendable. Retournez chez vous, rassemblez les femmes et les enfants. Il n'y a plus de temps à perdre, la nuit ne va pas tarder à tomber.

— Traîtres ! s'écria une voix.

— Lâches ! » hurla une autre.

Mais Dioclès ne réagit pas, il s'éloigna vers la porte orientale. Ces invectives brûlaient Denys comme un fer rouge, mais il ne put rien objecter.

A la nuit tombée, le triste exode commença. Les femmes ne parvenaient pas à s'arracher au cou de leurs maris, les enfants invoquaient le nom de leurs pères en pleurant désespérément, et l'on dut les contraindre par la force à se mettre en route. Denys fut chargé de les accompagner à la plage et de les conduire à bord des navires. Escortant un millier de personnes environ, le reste de l'armée syracusaine s'ébranla le long de la plage, à l'abri de la dune côtière, en essayant de s'éloigner le plus possible des remparts de la ville, désormais condamnée.

Dans le silence de la marche, on entendait les sanglots étouffés et poignants des femmes et des enfants qui abandonnaient leur terre.

La flotte atteignit les confins du territoire de Messine vers la troisième heure de la nuit. Denys débarqua les réfugiés ainsi qu'une cinquantaine de soldats avec l'ordre de les escorter jusqu'à Messine. Il rebroussa chemin en compagnie de quelques hommes, n'hésitant pas à prêter main-forte aux rameurs afin de regagner Himère avant le lever du jour.

Hélas, malgré les efforts énormes des équipages, un vent de ponant retarda de beaucoup leur retour, et quand Himère leur apparut enfin, ils assistèrent avec impuissance à un spectacle épouvantable.

Hannibal avait fait creuser dans le plus grand secret une seconde galerie. Celle-ci provoqua l'écroulement d'un vaste tronçon de muraille sous les yeux mêmes des marins syracusains qui entraient à cet instant précis dans la baie. Les mercenaires puniques se déversèrent dans la ville en massacrant ou en capturant tous ceux qu'ils rencontraient.

Bouleversé, Denys rejoignit en toute hâte le navarque, à l'arrière du vaisseau amiral sur lequel il se trouvait. « Vite, accostons, lui dit-il, et débarquons toutes les forces que nous pouvons. Les Barbares sont certainement éparpillés et occupés à mettre la ville à sac. En leur tombant dessus en rangs compacts, nous pouvons retourner la situation et... »

Le navarque l'interrompit d'un geste. « C'est hors de question. J'ai pour ordre de mettre en sécurité la population avant de rentrer au plus vite à

Syracuse, et non d'engager le combat. Hélas, il n'y a plus personne à sauver ici. Ils sont perdus, nous ne pouvons rien pour eux. » Il se tourna vers le nautonier et ordonna : « Cap à l'est, et hissez les voiles. Nous faisons route sur les détroits. »

La grande trière décrivit un large demi-cercle vers le nord avant de se diriger vers Messine, suivie par les autres navires, qui défilèrent le long de la côte. Les fantassins tentèrent de détourner les yeux de la terre, mais le vent leur apporta, quoique atténués, les cris de la ville martyrisée.

> Les prisonniers, au nombre de trois mille, furent torturés l'un après l'autre avec les supplices les plus atroces, sans égard pour leur âge ou leur sexe, puis tués sur la pierre où avait expiré, dit-on, l'ancêtre du chef carthaginois, Hamilcar. Les remparts furent démolis, et le temple de la Victoire, qui avait été élevé pour commémorer la grande bataille remportée soixante-douze ans plus tôt contre les Carthaginois, fut complètement rasé.
> Himère périt deux cent trente-neuf ans après sa fondation. Rassasié de sa vengeance et de sa victoire, chargé de son butin, Hannibal de Giscon regagna Palerme, où ses navires l'attendaient pour le ramener à Carthage. La menace de la flotte carthaginoise à Syracuse n'avait existé que dans l'imagination et la fainéantise du haut commandement, qui avait déjà laissé périr Sélinonte en aplanissant au Barbare la route menant au cœur de la Sicile.

Philistos s'interrompit et le scribe replaça l'encrier dans son étui. « Cela suffit pour aujourd'hui, dit-il. Nous avons relaté assez de choses tristes. »

Le domestique s'inclina et quitta la pièce. Philistos se pencha sur le rouleau de papyrus et promena son regard sur les lignes fraîchement tracées qui résumaient le martyre d'une des villes les plus belles et les plus glorieuses de l'Occident grec. Il soupira et passa une main sur son front comme pour réprimer la force destructive de ces images. Par la fenêtre, il pouvait voir un navire de guerre entrer dans le port du Nord et les marins lancer les amarres un peu plus tard. Sur l'Ortygie, les acrotères du temple d'Athéna étincelaient sous les derniers rayons du soleil couchant, et les cris des mouettes se confondaient avec ceux des hirondelles qui regagnaient leurs nids sous les toits du grand sanctuaire.

Philistos appela un serviteur. « Cours au port, recueille les nouvelles qu'apporte le navire qui accoste en ce moment, et reviens sans tarder. »

L'homme s'éloigna en courant, et Philistos continua d'arpenter son cabinet d'étude en s'interrogeant sur le sort de Denys, dont il avait perdu la trace depuis longtemps. La nouvelle du massacre d'Himère avait bouleversé la ville et l'arrivée de Dioclès avec des milliers de réfugiés, qui s'ajoutaient aux rescapés de Sélinonte, installés à Agrigente, avait diffusé une angoisse oppressante. Quelques mois plus tôt, Carthage n'était pour eux qu'une ville lointaine, ayant une base sur une petite île de la Sicile occidentale. Et voilà qu'elle était devenue une présence menaçante, un monstre qui engloutissait les villes grecques les unes après les autres en anéantissant des populations entières.

De plus, le fait que Dioclès avait abandonné sans sépulture les corps des guerriers syracusains et alliés au pied de la muraille d'Himère avait suscité une consternation et un chagrin profonds chez des centaines de familles, dans une ville dont tous les habitants se connaissaient.

Nombreux étaient aussi les disparus. Philistos se demandait si Denys ne comptait pas parmi eux. C'était un guerrier d'une force et d'une témérité exemplaires, le premier à croiser le fer avec l'ennemi, le dernier à quitter le champ de bataille, et les hommes de cette espèce étaient plus exposés que les autres aux coups du sort.

Le domestique revint au crépuscule avec un message important. « L'un des officiers de cette trière fait partie de la Compagnie, il voudrait te voir en privé dans le portique du temple d'Apollon quand on sonnera le premier tour de garde.

— Que lui as-tu répondu ? demanda Philistos.

— Je te connais bien, maître, et j'ai répondu que tu y serais ou, dans le cas contraire, que tu m'y enverrais pour lui fixer un autre rendez-vous.

— Bien, je sais que je peux me fier à toi. Maintenant, apporte-moi mon manteau et va dîner à la cuisine.

— Ne souhaites-tu pas que je t'accompagne avec une lanterne, maître ? Il fera bientôt nuit.

— Non, peu importe. La lumière de la lune me suffira. »

Quand la sonnerie de trompette qui annonçait le premier tour de garde retentit, Philistos se mit en route. Il s'enfonça dans les rues étroites et tortueuses de la vieille ville ; ayant atteint l'esplanade du temple, il scruta le portique, mais ne vit rien. Il attendit un moment, puis il parcourut la place presque déserte et gravit l'escalier qui menait au portique antérieur.

Presque aussitôt, un homme s'écarta de derrière une colonne et avança vers lui. « Tu es Philistos ? demanda-t-il.

— C'est moi. Et toi, qui es-tu ?

— Je ne nomme Chabrias. Je fais partie de la Compagnie et je connais Denys », répondit-il en lui montrant le bracelet de cuir frappé d'une silhouette de dauphin qui lui enserrait le poignet.

Philistos retroussa la manche de sa tunique et exhiba un bracelet identique.

« J'ai un message de Denys, annonça l'homme.

— Je t'écoute.

— Il te fait dire qu'il se porte bien, mais qu'il aurait préféré mourir plutôt que d'assister à de pareilles atrocités.

— Je le comprends aisément. Quoi d'autre ?

— Il se trouve à Messine. Il n'a pas l'intention de rentrer à Syracuse, et il te demande de l'aide.

— Parle.

— Il a besoin d'argent...

— Je l'imaginais. J'en ai apporté, déclara Philistos en saisissant la bourse qui pendait à sa ceinture.

— En outre, il désire que tu fasses parvenir cette lettre à une jeune fille du nom d'Arêté qui se trouve à Agrigente, dans la demeure de Tellias, ajouta l'homme en lui tendant un petit étui de cuir cylindrique.

— Elle la recevra dans moins de trois jours.

— Si la jeune fille décide de rester à Agrigente, tu pourras rentrer chez toi sans souci. Si elle souhaite, en revanche, se mettre en route, Denys te demande au nom de l'amitié qui vous lie de lui procurer une escorte afin qu'elle ne coure pas de danger.

— Dis-lui de ne pas s'inquiéter. Je m'en occuperai personnellement. » Philistos donna l'argent à son interlocuteur et s'apprêta à repartir.

« Ce n'est pas tout, le retint l'homme en le priant de s'approcher.

— Je t'écoute, répondit Philistos non sans appréhension.

— Hermocratès a débarqué il y a deux nuits à Messine avec dix navires de guerre et plusieurs centaines de mercenaires.

— Es-tu sérieux ? demanda un Philistos incrédule.

— C'est la pure vérité et la raison pour laquelle Denys ne veut pas rentrer. Passe le mot aux membres de la Compagnie et dis-leur de se tenir prêts. Y compris à jouer des poings si nécessaire.

— Y compris à jouer des poings, répéta Philistos en songeant que les membres les plus jeunes de cette société secrète brûlaient de se battre aux côtés de Denys. Ecoute... », ajouta-t-il, mais l'homme qui s'était présenté sous le nom de Chabrias avait déjà disparu.

V

Denys à Arêté, salut !

Il est impossible de décrire ce que j'ai vu et entendu ces derniers temps. L'homme qui te remettra cette lettre t'en relatera une partie, et mes propres mots, je l'espère, t'apprendront le reste. Il suffit que tu saches que jamais au cours de mon existence je n'ai éprouvé autant d'horreur et subi une telle humiliation. Le désastre de Sélinonte auquel tu as assisté directement s'est répété de manière encore plus épouvantable et plus cruelle avec la chute et la destruction d'Himère.

Parmi tout ce malheur et cette honte, je n'ai qu'un seul motif de cultiver l'espoir : Messine accueille des navires et des hommes décidés à venger les massacres que les Barbares ont perpétrés. Je me suis uni à eux avec un groupe d'élite de la Compagnie et je me suis proposé pour accomplir les missions qu'ils voudront bien me confier.

Cette décision, je le sais, m'interdit toute

possibilité de m'affirmer dans ma ville, de me bâtir un avenir d'homme politique, ou de simple citoyen, toutefois je te demande de me rejoindre, d'unir ton sort au mien : de devenir ma femme. Comme je te l'ai dit, je n'ai que ma propre personne à t'offrir, et la sagesse voudrait qu'une femme rejette la proposition d'un homme privé de biens, dont la seule perspective est, peut-être, le banditisme ou l'exil. Mais j'espère que tu seras dépourvue de sagesse et que tu choisiras de me rejoindre. L'homme qui t'a remis ma lettre est prêt à te rendre le voyage le plus confortable et le plus sûr possible, étant donné les circonstances.

Si tu décidais de refuser ma proposition, je ne t'en voudrais pas et tu n'aurais pas à te considérer redevable de quoi que ce soit envers moi. Ce que j'ai fait pour toi, je l'aurais fait pour tous ceux que j'aurais trouvés dans ton état.

Je veux que tu saches que je n'ai pas cessé de penser à toi pendant mon absence et que je suis impatient de te revoir.

Arêté referma la lettre et planta ses yeux dans ceux de l'individu qui lui faisait face. « Je t'ai déjà vu quelque part », dit-elle.

Son interlocuteur sourit. « Oui, dans un village situé entre Héraclée et Agrigente. Denys venait juste de te trouver. Tu étais dans un état affreux. Tu sembles à présent beaucoup mieux.

— Comment t'appelles-tu ?

— Philistos, répondit l'homme.

— Tu es un ami de Denys ?

— Plus encore. Je le suivrais jusqu'aux Enfers si cela était nécessaire. Alors, qu'as-tu décidé ?

— J'irai à Messine.

— C'est ce que j'espérais. J'ai déjà préparé ce dont tu auras besoin pour voyager. Quand veux-tu partir ?

— Maintenant.

— Maintenant ? l'interrogea Philistos d'une voix stupéfaite.

— L'homme dont j'ai toujours rêvé m'attend à Messine. Pourquoi devrais-je attendre ?

— Et moi ? dit une voix derrière elle. Je n'ai aucune importance pour toi ?

— Tellias ! s'exclama la jeune fille en se levant et en allant vers lui. Tu sais bien que je t'aime, même si tu m'as toujours confinée dans le gynécée.

— Voilà donc pourquoi tu veux partir ! dit Tellias en souriant. Mais Denys t'a confiée à ma garde, et j'ai veillé sur ta personne comme sur du raisin mûr.

— Je crois que nous nous mettrons en route demain, intervint Philistos. Nous prendrons le bateau qui m'a conduit ici. La voie maritime est beaucoup plus sûre que la voie terrestre, mais il convient d'attendre le jour et un vent favorable.

— Sais-tu précisément ce qui s'est passé à Himère ? demanda Tellias.

— Je sais ce qu'on m'a raconté. Et cela suffit à faire pâlir le désastre de Sélinonte en comparaison. »

Arêté baissa la tête. Songeant à la multitude de malheureux que la guerre avait créée, aux deuils infinis qu'avaient dû supporter des gens dont le sang, la langue, les coutumes et lcs traditions étaient proches des siens, elle se reprocha la joie qu'elle avait éprouvée à l'idée de rejoindre Denys.

Tellias se tut à son tour, et l'on n'entendit plus que les chants et les lazzis d'un groupe de jeunes gens qui accompagnaient une mariée chez son époux, ainsi que les joyeuses obscénités que lui criaient des garnements qui la suivaient en courant.

« Il y a toujours quelqu'un pour faire la fête dans cette ville, commenta Tellias avec un sourire. Tous les prétextes sont bons : les solennités religieuses, les bonnes récoltes, mais aussi les mauvaises, en considérant que cela aurait pu être pire, la naissance d'un enfant ou celle d'un poulain, les fiançailles et les mariages, les victoires dans les compétitions d'athlétisme et même les funérailles car les vivants doivent bien se consoler de la perte d'un être cher.

— Je n'y vois rien de mal, dit Philistos. Agrigente est une ville riche et les gens ont envie de profiter de la vie.

— Peut-être, mais j'ai parfois l'impression qu'il s'agit d'autre chose. Comme si les habitants pressentaient une fin imminente.

— Voyons, Tellias ! s'exclama Arêté. Si les Barbares ont gagné, c'est seulement parce qu'ils nous ont pris au dépourvu. A présent, toutes les villes sont préparées et prêtes à se défendre... »

Ni Philistos ni Tellias ne dirent mot, et dans le silence du soir on entendit le chant nuptial, désormais entonné par un chanteur solitaire sur la colline des temples, se répandre dans la vallée jusqu'à l'agora, porté par le vent marin.

Un peu plus tard, la femme de Tellias apparut au pied de l'escalier. « Venez, leur lança-t-elle, venez voir ce spectacle. »

Ils se levèrent et gagnèrent la terrasse supérieure, d'où l'on dominait presque toute la ville, et notamment les temples merveilleux qui se dressaient sur la colline le long de la muraille. Un grand feu venait d'être allumé à mi-pente, juste devant la maison du marié ; d'autres s'embrasèrent en divers endroits, y compris sur l'acropole et au pied de la muraille. C'était un tableau émouvant. Les bûchers ne cessaient de se multiplier, et bientôt toute la ville sembla la proie des flammes.

« Phaïlos de Mégare, le père de la mariée, a offert un tas de bois à tous les marchands de la ville, expliqua la femme, en leur ordonnant de l'allumer à son signal, à l'instant où le marié conduirait sa femme dans la chambre nuptiale. Ces feux sont le souhait d'un amour ardent et inextinguible. »

Tandis qu'Arêté admirait ce superbe spectacle, un profond chagrin s'empara d'elle.

Tellias posa le regard sur son épouse, puis sur Arêté, qui avait les larmes aux yeux. Il secoua la tête en marmonnant : « Ah, les femmes ! » A l'évidence, il avait l'esprit occupé de pensées angoissantes et tentait de se donner une contenance.

Philistos le prit par le bras. « J'ai entendu dire qu'on boit chez toi le meilleur vin d'Agrigente, mais je n'en ai pas encore vu l'ombre.

— Ah oui, bien sûr, répondit Tellias en s'arrachant à sa mélancolie. Laissons les femmes savourer ce spectacle et allons déboucher une amphore de bon vin. Nous pourrons dîner au jardin. C'est agréable en cette saison. »

Ils s'assirent dans le portique. Le maître de maison ordonna qu'on serve une carafe de son meilleur vin en attendant que le repas soit prêt. Sous le regard curieux de Philistos, il observa la couleur et sentit le parfum du précieux liquide en le faisant ondoyer sur le fond d'une coupe très fine, une véritable pièce d'antiquité décorée de figures noires représentant des satyres dansants. A en juger par la façon dont il la levait à la santé de son invité et la portait à ses lèvres, il appréciait au plus haut point les fruits de la civilisation.

Les domestiques apportèrent des tables garnies de pain frais, de viandes et de légumes, et les deux hommes commencèrent àmanger.

« Tu n'as aucune raison de t'inquiéter, déclara Philistos après avoir avalé à son tour quelques gorgées de vin.

— De fait, je ne m'inquiète pas. Le départ d'Arêté m'attriste. C'est un amour, un délice. Son effronterie, sa spontanéité et son charme vont me manquer. Tu as remarqué comment elle est intervenue sur un sujet de politique qui n'est certes pas adapté à une femme, et encore moins à une jeune fille ?

— Tu n'as pas d'enfants, n'est-ce pas ?

— Non, je n'en ai pas.

— C'est dommage. Tu aurais été un excellent père.

— Oh, non. Je les aurais gâtés ainsi que j'ai gâté cette petite impertinente. » Tellias but encore une gorgée de vin et se mit à manger de bon appétit. Quand ils eurent terminé, il réclama une assiette d'œufs durs, de fromage et d'olives. « Je mange trop, soupira-t-il. Et je n'arrête pas de grossir.

— Si j'ai bien compris, ce n'est pas ce qui t'inquiète.

— Les Carthaginois reviendront.

— Je ne crois pas. Pourquoi devraient-ils revenir ? Ils ont eu leur vengeance, leur butin. Ce sont des marchands, il leur tarde de retourner à leurs commerces et de licencier tous ces mercenaires. Ils leur coûtent les yeux de la tête.

— Et à présent, Agrigente est une ville de frontière, poursuivit Tellias comme si Philistos n'avait rien dit.

— Cela ne signifie pas qu'ils l'attaqueront.

— Si. Dis-moi une chose : d'après toi, que fait Denys à Messine ?

— Il aide les réfugiés, ainsi qu'il l'a toujours fait.

— Peut-être, mais à mon avis il se met dans le pétrin. Le bruit circule que nombre des réfugiés s'organisent dans le but de contre-attaquer. Si tel est le cas, tu peux être certain que Denys les appuiera. C'est une tête brûlée, un écervelé, un homme téméraire qui a toujours besoin de jouer des poings...

— Un être courageux, un rêveur, un patriote, peut-être... un héros ? continua Philistos.

— Quoi qu'il en soit, les Carthaginois réagiront s'ils sont provoqués.

— On ne peut pas l'exclure, en effet, mais ce n'est pas sûr. Les guerres coûtent cher, comme je l'ai déjà dit.

— A quelle heure partirez-vous demain ? demanda Tellias.

— De bon matin, à l'aube.

— Très bien. Je serai là, même si je déteste les adieux. Je t'ai fait préparer un lit. Mes serviteurs t'accompagneront à ta chambre avec une lanterne. Bonne nuit.

— Bonne nuit, Tellias », répondit Philistos en se levant et en suivant le domestique qui devait le conduire à ses appartements.

Seul dans le portique, Tellias contempla les feux nuptiaux qui s'éteignaient progressivement, l'un après l'autre, jusqu'à ce que la ville plonge dans l'obscurité.

Ils se firent leurs adieux sur le seuil de la demeure. Arêté jeta ses bras au cou de Tellias et de sa femme comme si elle ne voulait pas les quitter. « Si vous pouviez voir les sentiments que mon cœur abrite en cet instant, dit-elle, vous comprendriez que je vous aime et que je vous suis reconnaissante de m'avoir traitée comme une fille, avec générosité. Je ne sais pas ce que je donnerais pour vous rendre la pareille.

— Il suffit que tu débarrasses le plancher : tu es impertinente, autoritaire... », commença Tellias pour ne pas fondre en pleurs.

Alors Arêté passa des larmes aux rires. « C'est bien mon intention. Porte-toi bien, gros lard !

— Toi aussi, ma petite, répondit Tellias, les yeux luisants.

— Je te donnerai des nouvelles », lui dit Philistos en prenant congé. Il accompagna la jcunc fille vers la porte sud, qui était déjà ouverte à cette heure-là. Ils poursuivirent leur chemin à traversles grandes tombes monumentales qui bordaient la route. Arêté les indiquait à son compagnon en lui parlant des athlètes célèbres, des philosophes et des grands administrateurs qui y étaient enterrés et dont elle avait appris l'histoire pendant son séjour en ville. De temps en temps, les deux voyageurs se retournaient pour admirer l'acropole à la lumière de l'aurore, les toits et les acrotères des temples qui s'élevaient au-dessus de la muraille, tandis que des sonneries de trompette s'échappaient de la plus haute tour pour saluer le lever du soleil.

La vue d'Agrigente se fit encore plus belle quand ils s'embarquèrent et que le navire s'éloigna de la côte. Les temples de la colline et celui d'Athéna, sur l'acropole, se dressaient vers le ciel comme si la main d'un dieu les attirait à lui. Le sanctuaire de Zeus, encore inachevé, se détachait clairement à l'ouest, avec son fronton grandiose rempli de silhouettes désespérées, les Géants qui tenaient le toit immense sur leurs épaules.

« Penses-tu vraiment que la ville est en danger ? demanda Arêté.

— Non, répondit Philistos. Agrigente est inexpugnable.

— Alors pourquoi Tellias est-il si angoissé ? »

Philistos détourna les yeux pour ne pas montrer son inquiétude. « Il était chagriné par ton départ et préoccupé par les risques que comporte tout voyage en mer. »

Arêté regarda la plus belle ville que les hommes eussent jamais construite s'éloigner lentement et s'enfoncer dans les vagues au fur et à mesure que le bateau, poussé par le vent, gagnait en rapidité. Soudain, comme si elle se parlait à elle-même, elle dit : « La reverrons-nous ? »

Cette fois, Philistos feignit de ne pas avoir entendu.

Ils atteignirent Géla vers le soir et jetèrent l'ancre à l'embouchure du fleuve qui donnait son nom à la ville, représenté sur ses pièces de monnaie par un taureau à visage humain. La cité était construite sur un éperon rocheux étiré d'est en ouest et défendue par de formidables remparts faits de grands blocs de pierre grise. Métropole d'Agrigente, elle avait été fondée par des colons de Rhodes et de Crète près de trois siècles plus tôt. C'est de là que venait Gélon, qui avait vaincu les Carthaginois près d'Himère en déchaînant leur haine irrépressible et en suscitant chez eux une soif de vengeance si grande qu'elle avait frappé à trois générations d'intervalle.

C'est là que dormait Eschyle, le grand poète tragique. Arêté voulut voir sa tombe, une sépulture modeste, surmontée d'une pierre qui portait une brève épitaphe :

SOUS CE MONUMENT GÎT ESCHYLE,

FILS D'EUPHORION, ATHÉNIEN.

IL EST MORT DANS LA CAMPAGNE FERTILE DE GÉLA ;

SA VALEUR EST CÉLÈBRE.

LE BOIS DE MARATHON PEUT LE DIRE,

ET AUSSI LE MÈDE À LA LONGUE CHEVELURE :

ILS LA CONNAISSENT.

Arêté lut l'inscription avec émotion : « On n'y parle pas de sa gloire de poète, mais de celle du guerrier, commenta-t-elle.

— C'était un homme à l'antique, répondit Philistos. De tels êtres sont rares de nos jours. »

Ils repartirent le lendemain à l'aube, après s'être approvisionnés en eau, et voguèrent vers Camarine. Au début de l'après-midi, ils virent le temple d'Athéna jaillir au milieu des toits rouges de la ville.

« Camarine a toujours été hostile à Syracuse, y compris pendant la guerre contre les Athéniens, expliqua Philistos à Arêté qui, accoudée au bastingage, observait la ville étincelante en plein soleil.

— Les cités des Grecs évoquent des nids de

mouettes accrochés aux rochers de la côte, entourés de terres où vivent des Barbares qui ne comprennent rien à notre langue et ne vénèrent pas nos dieux. Elles devraient s'unir et s'aider mutuellement, or elles sont souvent divisées et se vouent parfois une haine mortelle. Elles consument leurs forces en des luttes incessantes, alors que leur véritable ennemi pointe à l'horizon et que personne n'est capable de l'arrêter... »

Une fois encore, Philistos fut frappé et surpris par cette observation, qui trahissait une longue habitude des sujets politiques pour le moins insolite chez une femme. C'était peut-être cet aspect qui avait conquis le cœur de Denys. Il répondit : « C'est justement leur nature d'implantations éparses, de communautés aux origines diverses et lointaines qui rend toute entente, voire toute alliance, difficile. Elles ne consentent à s'unir que lorsqu'un danger immense menace leur existence même, mais il n'est pas rare qu'il soit alors trop tard. C'est triste car, chaque fois qu'ils se sont battus ensemble, les Grecs de Sicile ont obtenu de grandes victoires.

— Penses-tu que ce sera encore possible ?

— Peut-être. Mais il faudrait pour cela qu'un homme parvienne à les convaincre par tous les moyens possibles que l'union est indispensable à leur survie. Et, si nécessaire, qu'il les contraigne par la force.

— Un tel homme serait un tyran dans sa propre ville et dans celles des autres, répondit Arêté d'un ton ferme.

— Quand la vie et la survie de plusieurs communautés sont en jeu, on peut renoncer à une partie de sa liberté, tu ne crois pas ? Dans certaines situations, c'est le peuple lui-même qui octroie à un homme digne des responsabilités exceptionnelles.

— On dirait que tu penses à quelqu'un en particulier, dit Arêté sans détourner les yeux de la petite ville qui s'éloignait sur l'écume des vagues.

— C'est le cas. Cet homme est déjà parmi nous, et tu l'as rencontré.

— Denys... c'est à Denys que tu penses ? s'exclama la jeune fille en se tournant enfin vers son interlocuteur. Mais c'est absurde, il est si jeune...

— L'âge ne veut rien dire. Ce qui compte, c'est le courage, l'intelligence, la détermination, et Denys possède ces qualités au plus haut point. Tu n'imagines même pas le charme qu'il exerce sur les gens. Nombreux sont ceux qui l'admirent et qui sont prêts à tout pour lui.

— Tu te trompes, je l'imagine très bien », répondit Arêté avec un sourire.

Deux jours furent nécessaires pour atteindre Syracuse. Le navire accosta sur la rive sud du Grand Port. Philistos chargea deux hommes d'acheter de la nourriture au marché et de s'approvisionner en eau. Il demeura, pour sa part, au côté d'Arêté, sachant que Denys attendait de lui une surveillance incessante, attentive et prudente. Il remarqua que la jeune fille avait été troublée à la vue de la ville, qu'elle n'avait pu dissimuler une forte émotion.

« As-tu des relations ici ? lui demanda-t-il.

— J'ai passé mon enfance dans cette ville, répondit Arêté en tentant de se maîtriser.

— Vraiment ? Alors je connais peut-être tes parents.

— Je ne crois pas », répliqua la jeune fille avant

d'aller s'asseoir à l'arrière comme pour interrompre cette conversation.

Philistos en resta là. Il s'occupa des provisions, ordonna qu'on dîne à bord et que personne ne descende à terre.

Avant que le soleil se couche, Arêté rejoignit son accompagnateur. « Voit-on sa maison, d'ici ? » l'interrogea-t-elle.

En souriant, Philistos lui indiqua un point devant lui. « Regarde là-haut, au-dessus de l'Achradiné, où se trouve le théâtre. Voilà, et maintenant suis une ligne imaginaire jusqu'à la jetée de l'Ortygie. Tu vois la terrasse avec la tonnelle, à mi-chemin ?

— Oui.

— Voilà, c'est sa maison.

— C'est là que vivent ses parents ?

— Il est orphelin. Son père Hermocrite est mort pendant la grande guerre, quand les Athéniens assiégeaient Syracuse. Et sa mère l'a suivi peu après dans la tombe, emportée par une maladie incurable. A l'âge de seize ans, il a dû s'occuper de ses jeunes sœurs, qui sont à présent mariées dans d'autres villes, et de son frère Leptine. »

Arêté ne posa plus de questions, elle continua de fixer le toit de tuiles rouges et la tonnelle jusqu'à ce que le soleil disparaisse au-dessous de l'horizon.

Deux jours s'écoulèrent avant qu'ils aperçoivent l'Etna, encore coiffé de neige, dominant avec son panache de fumée un golfe merveilleux, une plaine côtière plantée d'oliviers et de vignes qui commençaient à se parer de feuilles tendres.

Sur la côte s'étendait Naxos, la première colonie des Grecs en Sicile : non loin de la plage, le temple principal indiquait l'endroit où avaient débarqué les pères migrateurs, guidés par le fondateur Thouclès. Philistos expliqua qu'il y avait dans l'agora l'autel d'Apollon Archégétès, le dieu qui conduisait les colons émigrés en quête de fortune sur des rivages lointains. De cet autel, premier lieu sacré de l'île, partaient toutes les délégations qui allaient consulter en Grèce l'oracle de Delphes.

« Les migrations ont toujours été menées sous la conduite de l'oracle, qui indiquait le lieu où les émigrants devaient fonder leur nouvelle patrie et le temps le plus approprié pour affronter la mer. Voilà pourquoi bon nombre de colonies possèdent un autel à Apollon Archégétès, et parfois même un temple, comme à Cyrène...

— As-tu visité Cyrène ? demanda une Arêté intriguée.

— Bien sûr. C'est une ville magnifique. On peut voir sur la place une grande inscription qui retranscrit le serment des colons. Connais-tu l'histoire de la fondation de Cyrène ? Un jour, je te la raconterai, elle est magnifique et regorge d'aventures extraordinaires.

— Tu pourrais me la raconter maintenant.

— Il ne vaut mieux pas, répondit Philistos. Plus nous nous rapprochons de notre but, plus ton esprit se remplit de nouvelles pensées, ce qui est juste si j'en imagine bien la raison.

— On ne peut rien te cacher, répliqua Arêté.

— J'ai consacré toute ma vie à l'étude des aventures et de la nature des hommes, et j'espère avoir appris quelque chose. Et pourtant, je sens que tu parviendras à me surprendre. Il y a en toi beaucoup de choses qui m'échappent.

— Quand arriverons-nous à Messine ? demanda Arêté pour changer de sujet de conversation.

— Ce soir, si le temps reste clément. Notre voyage est presque terminé. »

Au couchant, ils entrèrent dans le grand port de Messine qui épousait la forme d'un croissant. Arêté se réjouit comme une fillette en voyant le détroit qui séparait la Sicile de l'Italie : Rhégion, de l'autre côté, se distinguait si bien qu'elle semblait à portée de main. « Quel endroit magnifique ! s'exclama-t-elle. Il est difficile d'imaginer que Scylla et Charybde étaient ici.

— Ce qui t'apparaît comme un lieu merveilleux sur lequel se penchent de très belles villes était sauvage et terrible aux yeux des premiers navigateurs qui s'aventurèrent dans ces eaux. En effet, les courants violents du détroit poussaient leurs frêles embarcations contre les écueils, d'un côté et de l'autre. La vue de l'Etna avec ses fumées de feu, les tremblements qui secouaient la terre, les rochers abrupts à l'est, les sombres forêts... tout cela avait une allure épouvantable et menaçante. Voilà pourquoi ils imaginèrent qu'Ulysse, le héros errant, avait déjà sillonné ces eaux turbulentes, l'emportant sur des monstres, anéantissant le Cyclope, trompant les sirènes, éludant les sortilèges de Circé... »

Arêté tourna le regard vers la rive sicilienne, vers le port fourmillant de vaisseaux à l'instant où l'eau adoptait la couleur du plomb et où les nuages lointains étaient rougis par les derniers rayons du soleil. Le panache de l'Etna se teintait lui aussi de couleurs irréelles, et Arêté comprit ce que Philistos entendait par ses paroles. « Je t'écouterais parler des journées entières, dit-elle. Voyager en ta compagnie a été pour moi un véritable privilège.

— Ça l'a été pour moi », répondit Philistos.

Arêté baissa les yeux et demanda en rougissant. « Comment me trouves-tu ? Je veux dire... ne suis-je pas trop maigre ? »

Philistos sourit. « Je te trouve très belle. Mais regarde, voici quelqu'un, et on dirait qu'il brûle de l'envie de t'embrasser. »

Arêté pointa le regard vers la darse. Denys courait vers elle en hurlant son nom, pareil à un jeune dieu, vêtu d'une chlamyde légère, les cheveux ondoyant sur ses épaules.

Elle aurait aimé se précipiter vers lui et crier, elle aussi, ou peut-être pleurer, mais elle était comme paralysée : elle demeura immobile et muette, agrippée au bastingage, contemplant Denys comme elle eût contemplé la vision d'un rêve.

Denys sauta au bord du quai et s'accrocha au bastingage. Il l'enjamba en se hissant à la force des bras et se dressa devant Arêté.

Celle-ci ne sut que dire : « Comment as-tu appris que...

— Chaque soir, je scrutais l'embouchure du port en espérant te voir arriver.

— Et tu n'as pas changé d'avis ? Tu es certain que... »

Denys l'interrompit par un baiser et la serra contre sa poitrine. Arêté jeta les bras à son cou, elle se sentit fondre dans la chaleur de son corps et s'abandonna à sa force, aux mots ardents qu'il murmurait à son oreille.

Denys s'écarta et lui dit en souriant : « Maintenant, nous devons respecter les usages. Viens, je dois aller demander ta main.

— Mais que veux-tu dire... A qui veux-tu demander ma main ? Je suis seule, je...

— A ton père, ma douce. Hermocratès est ici. »

Le regard d'Arêté courut à Philistos et de nouveau à Denys. « Mon père ? Oh... dieux du ciel, mon père ? » Ses yeux se remplirent de larmes.

VI

On communiqua à Hermocratès que Denys demandait à être reçu et qu'il était accompagné d'une personne qui souhaitait le rencontrer. Soudain, il se trouva nez à nez avec sa fille, qu'il croyait morte.

C'était un homme dur, aguerri par les vicissitudes d'une vie aventureuse, un aristocrate hautain et sévère, et pourtant il fut bouleversé. Elevée dans le respect de son père, Arêté n'osa pas se précipiter vers lui, elle avança d'un pas incertain sans oser le regarder dans les yeux. Plus qu'un géniteur, il était pour elle une image, une idole, aussi cette situation extrême, cette intimité imprévue et dramatique l'emplissait-elle d'un sentiment de panique et de vertige, d'une anxiété oppressante. S'étant ressaisi, son père courut vers elle et la serra longuement sur sa poitrine. Alors, elle s'abandonna : sa tension se transforma en pleurs libératoires, elle s'accrocha à son cou et savoura, au milieu de cette pièce dépouillée et austère, la chaleur d'une étreinte qu'elle désirait depuis toujours.

La voix de Denys les arracha à leurs retrouvailles : « *Heghemòn...* »

C'est seulement à cet instant qu'Hermocratès sembla remarquer sa présence. Ne comprenant pas comment ce jeune guerrier avait pu lui ramener la fille qu'il pensait avoir définitivement perdue, il lui lança un regard interrogateur.

« Père, dit Arêté. C'est à lui que je dois la vie. Il m'a trouvée sur la route, épuisée et évanouie, il m'a recueillie, aidée et protégée... » Se rembrunissant soudain, Hermocratès scruta le visage du jeune homme. « ... et respectée », conclut Arêté.

Hermocratès s'approcha de Denys. « Je te remercie. Comment puis-je te récompenser ?

— J'ai déjà été récompensé, *heghemòn*. Rencontrer ta fille a été la plus grande chance de ma vie. Le privilège de lui parler et d'écouter ses paroles m'a profondément changé...

— Tout s'est bien terminé, l'interrompit Hermocratès. Tu n'imagines pas à quel point je te suis reconnaissant, mon garçon. Ne parvenant pas à avoir la moindre nouvelle de ma fille après la chute de Sélinonte, j'ai connu la plus grande angoisse qui soit. L'incertitude de son sort me causait plus de souffrance que ne l'eût fait sa mort. J'étais tourmenté jour et nuit à l'idée qu'elle était prisonnière, emmenée je ne sais où, soumise à tous les outrages et toutes les violences possibles. Il n'y a pas pire torture pour un père. Mes propriétés et mes richesses m'ont été confisquées, mais il me reste encore quelque chose. Laisse-moi te récompenser.

— Ce que j'entends te demander n'a pas de prix, *heghemòn*, dit Denys d'une voix ferme en plongeant les yeux dans ceux d'Hermocratès. Car je compte te demander justement la main de celle que je viens de te rendre.

— Que dis-tu là... commença Hermocratès.

— Je suis amoureuse de lui, père, s'entremit Arêté. Depuis le premier instant, depuis que j'ai ouvert les yeux, le comprends-tu ? Dès lors, je n'ai eu qu'un seul désir : devenir son épouse et vivre auprès de lui tous les jours que les dieux voudront bien m'octroyer. »

Hermocratès semblait foudroyé par la surprise et l'émotion.

« Je le sais, je suis un homme d'humble condition, poursuivit Denys, je ne devrais même pas lever les yeux sur Arêté. Mais l'amour que j'éprouve pour elle me donne le courage d'oser. Je saurai être digne de ta fille et de toi-même, *heghemòn*. Tu ne regretteras pas de m'avoir offert un tel trésor. Si je te demande sa main, ce n'est pas pour fonder une famille et m'assurer une descendance, pour établir un lien de parenté avec l'une des familles les plus illustres de Syracuse, ni même pour réclamer le mérite de te l'avoir rendue. J'aurais sauvé tous ceux que j'aurais trouvés dans son état. Je te demande sa main car, sans elle, ma vie n'aurait pas de sens, car je veux l'aimer et la protéger contre toutes les menaces et tous les dangers, y compris au prix de ma vie. »

Hermocratès opina gravement du bonnet sans mot dire. Ayant compris que son père acceptait, Arêté l'étreignit et lui murmura à l'oreille : « Merci, père, merci... Je suis heureuse car je suis en compagnie des seules personnes qui comptent pour moi. »

La cérémonie fut célébrée le lendemain. Comme Arêté n'avait pas d'amies susceptibles de l'accompagner chez son époux, et comme celui-ci ne possédait pas de maison à Messine, les familles les plus nobles de la ville lui offrirent une demeure et dépêchèrent leurs filles vierges afin qu'elles conduisent la mariée dans la chambre nuptiale et qu'elles dénouent la ceinture de sa robe. Arêté pensa aux feux d'Agrigente et au chant solitaire du poète sur la colline des temples, tandis qu'elle gagnait la maison où l'attendait Denys, le héros qui ressemblait tant à son père, celui dont elle rêvait depuis l'enfance, quand elle écoutait des histoires merveilleuses, assise sur les genoux de sa mère.

Le cortège était joyeux, les jeunes gens criaient et faisaient du tapage le long de la rue, les enfants chantaient le refrain traditionnel qui souhaitait au couple des descendants des deux sexes.

Voilà que revient l'hirondelle
Voilà qu'arrive la corneille
Elle porte dans son bec un garçon
Ou une belle fillette !

Vêtues de leurs plus beaux péplums, les jeunes filles qui jetaient des pétales de roses sauvages devant les pieds d'Arêté étaient presque toutes jolies, mais aucune n'avait la splendeur de la mariée. Le bonheur la rendait encore plus envoûtante : elle avait chassé ses souvenirs les plus tristes pour ne penser qu'au jeune homme qui l'attendait sur le seuil de cette modeste demeure, au pied des collines.

Le soleil se couchait derrière les montagnes

quand elle atteignit la maison. Denys se tenait sur le pas de la porte, vêtu d'un élégant chiton blanc, brodé de petites palmes d'argent et tombant jusqu'aux pieds, qu'un ami riche lui avait sans doute prêté. Près de lui, le prêtre s'apprêtait à unir leurs mains avec le bandeau sacré et à bénir la mariée.

Les jeunes filles accompagnèrent Arêté dans la chambre en allumant leurs flambeaux à la lanterne de l'atrium et en chantant l'hymne nuptial. Elles défirent sa coiffure et peignèrent ses cheveux puis elles dénouèrent la ceinture qui retenait sa robe, la déshabillèrent et la couchèrent sous un drap de lin blanc. Après quoi, elles s'éparpillèrent dans l'escalier en poussant de petits cris malicieux.

Denys attendit que le calme et le silence soient revenus pour gravir l'escalier. Soudain, la sérénade qu'il avait commandée pour son épouse retentit. Dans la rue, un chanteur de Messine, accompagné par une flûte et un instrument à corde, avait entonné son chant : une belle histoire d'amour qui parlait d'un garçon pauvre tombé amoureux d'une princesse après l'avoir vue passer dans sa litière.

Il poussa délicatement la porte et vit à travers la fente que le lit était vide. Inquiet, il entra : la chambre était déserte, elle aussi. Son estomac se noua. Il tenta de se calmer, referma la porte et se retourna. Arêté s'était cachée derrière le battant ; affichant avec fierté sa nudité, elle se tenait debout contre le mur et le dévisageait d'un regard rusé et amusé.

Denys secoua la tête et s'approcha. « Sais-tu que les jeunes mariées sont censées attendre leur époux timidement en frémissant sous les draps ? Crois-tu que c'est le moment de plaisanter ? »

Arêté sourit. « Penses-tu toujours que je suis trop maigre ?

— Je pense que tu es très belle, répondit Denys, et que je m'étais trompé sur toute la ligne. » Il caressa la joue de la jeune fille, qui couvrit sa main de baisers délicats. Il porta l'autre aux seins sculpturaux et au ventre de la mariée. Il vit qu'elle fermait les yeux et il sentit sa peau frémir au contact de ses doigts.

Soudain, il la prit dans ses bras d'un geste naturel et doux, et la coucha sur le lit. Il se déshabilla à son tour et se dressa devant elle, évoquant les statues des athlètes olympiques sur les places et celles des dieux sur les frontons des temples. La chambre baignait dans la lumière rosée du soir qui se posait sur la peau d'Arêté tel le regard d'Aphrodite. La sérénade retentissait encore, semblable à celle du chanteur d'Agrigente, mais plus lointaine et plus faible. Elle était accompagnée par le son léger de la flûte et le tremblement argentin des cordes.

Denys s'allongea auprès d'Arêté, plongeant dans sa tiédeur et son parfum. Il la vit se transfigurer au fur et à mesure qu'il éveillait son corps virginal au plaisir : ses yeux briller d'une lumière dorée, ses lèvres se gonfler, son visage se détendre en une transparence presque hyaline. Elle répondait à ses caresses et à ses baisers avec chaleur et une innocente luxure. Elle l'attira en elle, vainquant sa retenue de guerrier par l'intensité de son regard et par l'enchantement de ses seins d'albâtre, resserrant ses cuisses contre ses flancs telle une amazone. Ils s'aimèrent tant que brûla la flamme de la lanterne. Puis, exténués, ils s'enfoncèrent dans une béatitude engourdie et humide. Ils passèrent de l'amour au rêve à leur insu : la lumière nacrée d'une aurore marine les trouva encore enlacés, couverts de leur seule beauté.

Hermocratès n'avait qu'un seul désir : regagner sa patrie. Il contacta les amis qu'il avait encore à Syracuse afin qu'ils demandent à l'Assemblée de prendre un décret qui le délivrerait de son exil. Denys adressa, lui aussi, des messagers à Philistos le priant d'inviter tous les membres de la Compagnie à voter pour le rappel d'Hermocratès, et il en renvoya bon nombre à Syracuse dans ce but. Mais après ses défaites honteuses à Sélinonte et Himère, Dioclès craignait que la présence d'Hermocratès ne nuise à la sienne, que le charme du chef de guerre et son ardente éloquence n'enflamment le peuple et ne l'incitent à la révolte. Il craignait qu'Hermocratès n'entraîne la ville dans une longue guerre sanglante et que les institutions démocratiques ne cèdent devant sa personnalité puissante. Les deux factions se heurtèrent durement dans une série d'assemblées tempétueuses, mais il s'avéra bientôt que le peuple s'opposait au pouvoir des aristocrates, que symbolisait Hermocratès, et la motion qui réclamait son rappel fut rejetée à une majorité de quelques voix.

Denys apporta la nouvelle à son beau-père, qui l'accueillit dans l'atrium sombre de sa maison, telle une divinité courroucée. Il jouissait encore d'une grande force physique et mentale ; son regard dégageait une puissance trouble et menaçante qui suscitait la crainte de tous, y compris de ses amis.

Les nouveaux liens de parenté qui l'unissaient au chef de guerre n'avaient pas effacé, chez Denys, le respect qu'il avait toujours eu pour lui, et il continuait de l'appeler *heghemòn* comme un simple soldat.

« Ainsi, ils ont refusé, dit Hermocratès en réprimant à grand-peine sa colère.

— A une faible majorité, tenta de le consoler Denys.

— En démocratie, être battu d'une voix ou de mille, c'est la même chose.

— En effet. Et maintenant, que penses-tu faire, si je peux me permettre de te le demander ? »

Un long silence s'ensuivit, puis Hermocratès répondit : « Ce n'est pas par soif de pouvoir que je veux rentrer, mais pour mener la révolte contre les Barbares.

— Je le sais, *heghemòn*.

— Puisque ma ville ne veut pas de moi, je mènerai cette révolte d'ici. » Il se leva, et sa voix résonna dans l'atrium comme s'il haranguait le peuple à l'Assemblée. « Fais circuler parmi les réfugiés qui sont encore à Messine la nouvelle selon laquelle nous retournons à Sélinonte pour occuper la ville. Dis-leur que les jours de l'humiliation ont pris fin, dis-leur de partir à la recherche de leurs compagnons, où qu'ils soient. Nous les aiderons à les retrouver s'ils nous fournissent des indications. Je rédigerai une proclamation dont nous ferons des centaines, des milliers d'exemplaires, une proclamation dans laquelle j'appellerai les réfugiés et les vaincus, ceux qui ont perdu leur famille et leur maison, ceux dont les oreilles résonnent encore des cris bouleversants de leurs enfants massacrés et de leurs femmes violées. Je leur dirai de se rassembler dans les ruines encore fumantes de leur patrie détruite, je leur rendrai les armes et l'honneur, nous ramènerons dans les temples les images de nos dieux et les symboles sacrés de notre religion. Puis nous attaquerons les ennemis, les débusquerons là où ils se trouvent, les poursuivrons sans relâche et sans pitié. Et maintenant, va ! »

Denys prit congé d'un léger signe de la tête et rejoignit ses compagnons pour leur communiquer le projet et les intentions d'Hermocratès. Moins de sept jours plus tard, mille Himériens et cinq cents Sélinontains étaient prêts à marcher sous ses ordres.

Arêté aurait aimé accompagner Denys, mais elle ne put s'opposer à la volonté de son époux ni à celle de son père, qui voulaient tous deux la mettre en lieu sûr à Syracuse pour lui éviter les efforts énormes de la marche et les dangers d'une campagne regorgeant d'inconnues.

Cette exclusion l'emplissait d'une telle fureur que Denys ne parvint même pas à se faire entendre le jour de leurs adieux.

« Tu es un salaud et un fils de chien ! s'écriait-elle d'une voix furibonde. Qu'ai-je fait pour mériter ce traitement ?

— Si tu continues à me parler de la sorte, je te bourre de claques comme une outre !

— Essaie donc !

— Je ne vais pas me gêner ! Je suis ton mari, par Zeus !

— Tu regretteras de m'avoir chassée !

— Qu'est-ce que c'est ? Une menace ?

— Pense ce que tu veux !

— Je ne te chasse pas, malédiction, je te renvoie à la maison !

— Justement ! Tu considères sans doute qu'une

épouse ne sert qu'à baiser. Alors trouve-toi une putain, ou encule un de tes amis. »

Denys leva la main mais Arêté le regarda droit dans les yeux sans broncher, le défiant ouvertement. « Va te faire voir ! » pesta-t-il, puis il se dirigea à grands pas vers la porte.

« Denys... » La voix d'Arêté lui parvint juste avant qu'il sorte. Il s'immobilisa sans se retourner pour autant.

« J'ai tenté ma chance », dit Arêté.

Denys s'abstint de toute réponse.

« La vérité, c'est que je ne peux pas vivre sans toi, alors que tu y réussis parfaitement, et cela me rend folle.

— Ce n'est pas vrai.

— Quoi ?

— Que j'y réussis parfaitement. Je compterai les jours et les heures qui me sépareront de toi, et chaque instant me semblera interminable.

— Tu le dis pour que je parte sans t'ennuyer avec mes scènes.

— Je le dis parce que c'est vrai.

— Vraiment ? » Elle n'était plus qu'à quelques centimètres de lui, et il pouvait sentir l'odeur de sa peau, ainsi que le parfum de violette que ses cheveux dégageaient.

« Vraiment », répondit-il en se retournant. Elle se tenait devant lui, les joues enflammées par le dépit et l'émotion.

« Alors couche avec moi avant de partir, espèce de salaud. Ton détachement peut attendre. Il t'aura à sa disposition pendant je ne sais combien de temps. Pas moi. »

Denys la prit dans ses bras comme il l'avait fait

la nuit de leur mariage, il gravit l'escalier et la conduisit dans leur chambre. « Où donc as-tu appris à parler de la sorte ? lui demanda-t-il en dégrafant sa cuirasse et ses jambières. Tu es la fille d'un noble, une aristocrate, je croyais que...

— Au campement, avec les guerriers. J'y passais parfois plusieurs jours avec mon père, voire un mois ou plus... Et maintenant, dit-elle en laissant tomber sa robe, fais en sorte que cela me suffise pour toute la durée de ton absence. »

Ils marchèrent onze jours durant à l'intérieur de l'île, le long de la chaîne montagneuse, sans que personne ose les importuner, ni même les approcher. De temps à autre, un homme à cheval les observait un moment des hauteurs qui bordaient le sentier, puis s'éloignait au galop. Inlassable, Hermocratès se tenait en tête de la colonne. Il était le premier à se lever et à revêtir son armure, le dernier à s'asseoir autour du bivouac pour consommer un repas frugal. Avant de se coucher, il s'assurait que tous les hommes avaient assez mangé et qu'ils disposaient d'une couverture pour se protéger du froid encore mordant à ces hauteurs, comme un père avec ses enfants.

Le soir du douzième jour, ils atteignirent les environs de Sélinonte. Les guerriers s'immobilisèrent, comme pétrifiés. Il semblait impossible qu'une ville aussi belle et aussi grande eût été détruite, que sa population eût été aussi cruellement massacrée et chassée.

Hermocratès ordonna de rompre les rangs, et les Sélinontains s'éparpillèrent dans la ville, errant comme des fantômes parmi les murs effrités, les rues encombrées de gravats, les restes de corps carbonisés. Ils cherchaient tous leur maison, qui sentait la chaux fraîche au printemps et, l'été, le romarin et la menthe sauvage, la maison où ils avaient grandi et où, pendant de nombreuses années, ils s'étaient réunis le soir pour dîner, rire, plaisanter et se raconter ce qu'ils avaient fait dans la journée, les pièces où les voix de leurs enfants avaient résonné : privées de toit, elles étaient maintenant envahies par le gémissement du vent qui venait des montagnes.

Quand ils trouvaient leur demeure, ils se promenaient entre les murs croulants en caressant, ou presque, les cloisons, les montants des portes. En larmes, ils ramassaient un signe de la vie d'autrefois pour le conserver comme un talisman précieux : un fragment de vaisselle, un modeste ornement pour les bras ou les chevilles, une épingle qui avait retenu les cheveux d'une femme aimée.

Ici et là, dans les anciens potagers et jardins, un grenadier avait réussi à fleurir, mais ses corolles vermeilles qui, jadis, annonçaient joyeusement le printemps, évoquaient à présent des taches de sang sur les murs noircis par l'incendie. Des sarments de vigne serpentaient au sol en se mêlant aux ronciers qui s'étaient enracinés partout.

C'est seulement à la tombée du soir que les guerriers de Sélinonte surgirent l'un après l'autre de l'enchevêtrement des ruines, guidés par les reflets du feu qu'on avait allumé dans l'agora. Hermocratès les y attendait en compagnie des Himériens et des Syracusains qui l'avaient suivi.

Ils mangèrent dans un silence presque complet, écrasés par l'angoisse des souvenirs, et pourtant, au fil des heures, la chaleur du feu, la nourriture partagée, le sentiment d'être animés par les mêmes pensées et par la même détermination, le ballet des flammes sur les façades des temples déserts les emplissaient d'une sensation d'orgueil retrouvé, de territoire reconquis, de sol à nouveau consacré.

Le lendemain, ils recueillirent les restes des morts et les enterrèrent dans la nécropole voisine, puis ils se divisèrent en groupes selon les devoirs qu'on leur avait assignés. Certains gagnèrent la plage pour pêcher à l'aide de leurs arcs et de leurs flèches, à défaut de filets, d'autres cherchèrent des champs cultivés susceptibles de fournir une récolte. D'autres encore entreprirent de restaurer les maisons les moins endommagées après avoir balayé les décombres, ou de couper des arbres dans les bois pour faire des poutres, des portes et des fenêtres, et des branches pour construire des embarcations. La ville changea rapidement d'aspcct, tout au moins dans les quartiers voisins de l'agora.

Les feux qui palpitaient la nuit et les ombres qui se promenaient dans les ruines firent l'objet de récits en tout genre dans les villages perchés sur les collines. Les ombres qu'on y apercevait la nuit, disait-on, étaient celles des morts qui erraient sans connaître la paix dans les ruines de la ville détruite ; et les feux, leurs esprits qui brûlaient de haine pour les ennemis qui leur avaient ôté la vie. Craignant les mauvaises rencontres, les bergers eux-mêmes cessèrent de s'aventurer au pied de la muraille. Mais la vérité éclata bientôt, elle se répandit dans toute la Sicile et au-delà de ses côtes.

La proclamation d'Hermocratès avait obtenu l'effet escompté, et des volontaires, en particulier des Sélinontains et des Himériens, commencèrent à affluer par centaines puis par milliers, à pied et à cheval, de toutes les directions, y compris de la mer.

L'un d'eux avait fui l'Afrique et l'esclavage sur un radeau qu'il avait fabriqué avec des troncs de palmier. On le retrouva un matin sur la plage, plus mort que vif. Quand il reprit connaissance, il vit des centaines de guerriers s'entraîner dans l'agora à la lance et à l'épée, il s'écria qu'il voulait lui aussi une armure et qu'il fallait immédiatement envahir l'Afrique. On eut grand-peine à le calmer.

En l'espace de deux mois, Hermocratès rassembla six mille hommes prêts à tout, parfaitement entraînés et d'une fidélité aveugle à leur chef. Nommé commandant en second, Denys fut chargé d'organiser des incursions en territoire ennemi pour s'approvisionner en nourriture et en fourrage. Mais bien vite ces actions se firent plus massives et plus agressives. Au cours de l'été, Hermocratès mena de véritables expéditions, attaquant Lilybée et Palerme par surprise et infligeant des pertes très sévères aux garnisons de mercenaires qui étaient au service des Carthaginois. Une nuit, ils débarquèrent même avec des fantassins légers sur l'île de Motyé, mettant le feu à deux navires de guerre dans le bassin de carénage. Les détachements de mercenaires à la solde de Carthage qui patrouillaient sur le territoire furent interceptés et anéantis. Hermocratès et Denys tentèrent de freiner leurs hommes, mais ne purent les empêcher d'effectuer toutes sortes d'atrocités, qui ravivèrent outre mesure les haines et les rancœurs.

Philistos envoyait régulièrement des nouvelles de Syracuse par l'intermédiaire des membres de la Compagnie tels que Biton, Doricos et Iolaos, amis d'enfance de Denys. On apprit ainsi que Dioclès était très préoccupé par ces actions militaires – qui provoqueraient, à n'en pas douter, une réaction carthaginoise –, mais aussi par l'énorme popularité que leurs entreprises valaient à Hermocratès et à Denys dans leur patrie, surtout parmi les jeunes. Les mêmes messagers apportaient à Denys de brûlantes lettres d'amour d'Arêté, qui se concluaient immanquablement sur la même prière : le rejoindre au plus vite.

Denys la revit en cachette au cours de l'hiver suivant, profitant de l'arrêt des opérations militaires, mais jamais il ne demeura plus de quelques jours à Syracuse de crainte d'être découvert. Il passait tout ce temps dans sa maison, ce qui n'était pas pour déplaire à Arêté qui n'avait ainsi à le partager avec personne.

Au début du printemps suivant, Hermocratès prit une décision qui n'allait pas tarder à faire grand bruit : à la tête de son armée, il traversa la Sicile occidentale et rallia Himère. La signification de ce geste se voulait claire : il comptait fédérer les Grecs de Sicile en une puissante alliance, réunir une armée sans précédent et chasser les Carthaginois de l'île. C'était à Himère que les Grecs avaient mené et gagné la guerre, soixante-dix ans plus tôt, sous la conduite de Syracuse, c'était donc d'Himère que commencerait la contre-attaque.

Voilà pourquoi, au reste, les ennemis s'étaient acharnés sur la malheureuse ville d'une manière épouvantable. Le spectacle de ce qu'il en restait fut, pour les rescapés, encore plus bouleversant que le retour parmi les ruines de Sélinonte. Ici, la fureur des Barbares n'avait pas connu de limites : ils avaient démoli toutes les maisons, éventré les murs, incendié les temples, abattu et mutilé les statues, torturé à mort ceux qu'ils avaient surpris les armes au poing. Leurs corps démembrés gisaient encore parmi les ruines, et les lieux de la dernière tuerie, près de la grande pierre qui avait servi d'autel sacrificiel, offraient une vision si atroce qu'un des guerriers les plus jeunes s'évanouit. Des milliers de corps étaient entassés sur la terre gorgée de leur sang.

Hermocratès lui-même en fut accablé. Blême de colère et de mépris, il errait autour de cette accumulation d'horreurs en grognant entre ses dents des mots que personne ne parvenait à comprendre.

Il ordonna aussitôt qu'on célébrât des funérailles pour ces misérables restes et qu'on les enterre, puis il envoya des hommes dans la campagne, là où avait eu lieu le dernier affrontement sanglant, et les enjoignit de ramasser les ossements des guerriers syracusains tombés dans la tentative infructueuse de secourir Himère, que Dioclès avait abandonnés sur le champ de bataille. Dépouillés de leurs armes et de tout ce qui avait la moindre valeur, ils n'étaient reconnaissables qu'au bracelet en saule – un rameau coupé en deux dans le sens de la longueur, à l'intérieur duquel était gravé le nom du soldat – qu'ils portaient au poignet, à la spartiate.

Hermocratès fit fabriquer des cercueils en bois marqués du nom des morts et entreprit de les rapatrier à Syracuse pour qu'ils y soient ensevelis. C'était un geste chargé de sens, et pas seulement d'un point de vue éthique. Hermocratès n'ignorait certes pas l'impact qu'il aurait sur le peuple, dont il attendait encore un décret officiel le rappelant dans sa patrie. Cet acte soulignait de manière criante le fossé moral qui le séparait du chef démocrate, son adversaire Dioclès. D'un côté, le guerrier exilé – jamais vaincu et privé du commandement pour de simples raisons politiques – revenait pour venger l'honneur de Syracuse et de toute la grécité en ramenant dans la patrie même qui l'avait humilié et rejeté ses enfants tombés sur le champ de bataille. De l'autre, son rival Dioclès essuyait la honte de ne pas avoir empêché les Barbares d'anéantir deux des plus illustres villes de Sicile, d'avoir fui ignominieusement en abandonnant les alliés aux représailles les plus féroces et les corps de ses soldats à la profanation, sans sépulture, condamnant leurs âmes à errer sans paix au seuil de l'Hadès.

Les intentions d'Hermocratès suscitèrent une violente émotion dans le peuple, qui se réunit en Assemblée pour ordonner des funérailles publiques et solennelles. Dans le même élan, certains proposèrent de rappeler le chef de guerre.

Dioclès, qui avait mesuré la faiblesse de sa situation et s'était donc tenu à l'écart, se présenta alors que la discussion était déjà entamée et demanda la parole.

A son apparition, un silence de mort s'abattit sur l'Assemblée.

VII

« Syracusains ! commença Dioclès. Je comprends vos sentiments, je sais ce que vous éprouvez. J'avais des amis parmi les soldats qui sont tombés à Himère, et pourtant je ne me suis pas arrêté pour ramasser leurs corps...

— Parce que tu es un lâche ! s'exclama une voix.

— Silence ! intima le président de l'Assemblée. Laissez-le parler.

— Si je m'en suis abstenu, poursuivit Dioclès, c'est parce que j'aurais risqué ainsi de perdre d'autres compagnons, encore vivants. J'ai préféré les ramener sains et saufs. Et ce faisant, j'ai mis à l'abri de nombreux réfugiés qui, autrement, auraient été massacrés...

— Et tu en as abandonné autant à leur destin ! s'écria un homme. Des gens qui avaient cru en nous, qui nous avaient confié leur sort. Tu nous as déshonorés ! » Tout en proférant ces paroles, il pointa son doigt sur Dioclès, lequel remarqua ainsi le bracelet frappé d'un dauphin qu'il portait au poignet, symbole de la Compagnie à laquelle Denys appartenait.

Le président de l'Assemblée rappela les membres à l'ordre, et Dioclès reprit son discours : « Je n'avais pas le choix, croyez-moi ! La ville était condamnée, rien ni personne n'aurait pu la sauver contre l'assaut de soixante mille hommes. Ce Barbare sanguinaire n'aurait jamais levé le siège avant d'avoir exterminé tous les Himériens. J'ai au moins sauvé des femmes, des enfants et un grand nombre d'hommes... Mais je ne suis pas venu pour me défendre contre vos accusations. J'ai agi en toute bonne foi et je me suis battu avec courage. Mes compagnons peuvent en témoigner. Si je suis ici, c'est pour vous exhorter à ne pas laisser entrer Hermocratès en ville... »

Un murmure de protestation se répandit parmi les membres de l'Assemblée. Certains pestèrent, d'autres insultèrent Dioclès.

« Je sais qu'il vous apparaît aujourd'hui comme un héros, un homme valeureux qui a défié les Barbares, qui s'est installé dans les ruines de Sélinonte et qui vous a ramené les ossements de vos enfants. C'est peut-être le cas. Mais Hermocratès est aussi un aventurier qui veut s'emparer du pouvoir. Syracuse est une démocratie, et les démocraties n'ont pas besoin de grands personnages, de héros. Elles ont besoin de citoyens, d'hommes normaux qui accomplissent leur devoir jour après jour et qui servent leur pays. Si Hermocratès entre en ville, comment nos institutions libres survivront-elles ? Il est suivi par les rescapés d'Himère et de Sélinonte, ainsi que par un groupe de mercenaires asiatiques qu'il paie en or perse, des hommes fidèles à sa personne, non à notre ville ou à nos institutions, et prêts à tout pour lui. S'il comptait seulement nous rendre les restes de nos morts, pourquoi a-t-il emmené des milliers de guerriers ?

— Parce qu'il rassemble une armée pour chasser les Carthaginois de la Sicile, répondit Philistos.

— Je sais dans quel camp tu es ! l'agressa Dioclès. Et nous savons tous que ton ami Denys a épousé la fille d'Hermocratès.

— Je suis un ami de Denys, et je m'en vante ! C'est un homme courageux qui s'est battu sans jamais se ménager, en s'exposant en première ligne au danger et à la mort. Est-ce une faute que d'être fidèle en amitié ? »

Dioclès s'abstint de répondre, il reprit le fil de son discours en s'adressant aux membres de l'Assemblée. « Avez-vous oublié l'arrogance des aristocrates ? Si vous permettez à Hermocratès de franchir les portes de la ville, soyez certains qu'il ramènera au pouvoir vos vieux maîtres, ceux qui vous faisaient fouetter si vous ne travailliez pas leurs champs comme des bêtes de l'aube jusqu'au coucher du soleil, qui ne daignaient même pas vous regarder quand ils vous croisaient dans la rue, qui se mariaient exclusivement entre eux, comme s'ils appartenaient à une race différente du genre humain. »

Philistos réagit : « Ne l'écoutez pas, citoyens ! Il tente de détourner votre attention de son incapacité, du déshonneur qu'il a jeté sur nous en laissant les alliés à la merci de l'ennemi, en s'enfuyant de nuit comme un lâche, en abandonnant les corps de vos fils sans sépulture aux chiens et aux oiseaux de proie. Je vous demande d'accueillir Hermocratès en ville. Il a été injustement destitué de sa charge alors qu'il se battait au loin, à la tête de notre flotte, on lui a refusé le droit de rentrer sans qu'il ait jamais commis le moindre crime. Hermocratès est le seul espoir de cette terre, le seul chef de guerre capable de chasser les Carthaginois de l'île, le seul à pouvoir venger vos fils ! »

Ces mots ébranlèrent la foule. Nombreux furent ceux qui se levèrent en criant à Dioclès : « Va-t'en ! Nous voulons nos morts ! Tu n'es animé que par la jalousie ! »

Mais de nombreux autres gardèrent le silence. Les paroles de Dioclès avaient obtenu un certain effet sur eux.

Les magistrats décidèrent de mettre au vote l'ordre du jour comprenant deux points : la célébration de funérailles publiques aux frais de l'Etat pour honorer les morts ramenés dans leur patrie, et l'autorisation donnée à Hermocratès de rentrer en ville.

La première motion fut approuvée, la seconde rejetée, cette fois encore pour quelques voix.

Cependant un groupe de citoyens proposa une troisième motion, qui condamnait Dioclès à l'exil parce qu'il s'était montré incapable de mener l'armée et avait fait preuve de lâcheté en présence de l'ennemi. Cette proposition fut approuvée à une large majorité, comme si les citoyens se sentaient coupables d'avoir fermé les portes de leur ville au plus valeureux des fils de Syracuse et voulaient se racheter en exilant son principal adversaire.

Hermocratès reçut pour la seconde fois en peu de temps le refus de sa ville, et la condamnation de Dioclès à l'exil ne lui fut d'aucune consolation. C'est une délégation de l'Assemblée qui lui apporta la nouvelle. L'homme qui parla au nom de tous manifestait un profond malaise, accru par le silence d'Hermocratès qui se contenta de baisser la tête en une attitude de mépris.

Denys prit la parole : « Vous pouvez prendre les cercueils contenant les restes de vos morts et leur rendre les honneurs funèbres qu'ils méritent. Plus vite vous partirez, mieux ce sera. »

Le convoi s'ébranla peu après et atteignit la ville une heure plus tard. Les cercueils furent alignés dans l'agora afin que chaque famille eût la possibilité de reconnaître les siens. On avait gravé dans le bois le nom des soldats qu'on avait identifiés à l'aide de leur bracelet de saule, et inscrit le mot ἀγνώτος, « inconnu », sur ceux des anonymes. Les cercueils dans lesquels on avait rassemblé les membres épars de divers individus portaient la mention πολλοί, « plusieurs ».

Le retour de ces restes ranima le chagrin des parents et des familles : des gémissements et des pleurs s'élevèrent de tous les quartiers pendant la nuit. On célébra les funérailles le lendemain. Des bûchers furent allumés à l'extérieur de la ville, dans la partie méridionale, et quand le feu eut brûlé ce que les chiens et les prédateurs avaient épargné, les ossements et les cendres furent rendus aux familles afin qu'elles les enterrent.

Arêté participa, elle aussi, aux funérailles, car un cousin pour lequel elle avait toujours éprouvé une grande affection comptait parmi les morts. Tandis qu'elle rentrait chez elle, avant la tombée de la nuit, elle sentit qu'on la suivait et se hâta.

Elle se rendit compte que seule une prostituée ou une esclave pouvait déambuler dans la rue sans escorte à une heure pareille, et elle eut peur. Sans se retourner, elle pressa encore le pas pour atteindre sa maison et s'y enfermer. Les piétinements de son poursuivant se firent aussi rapides et aussi pesants que les battements de son cœur. Ils cessèrent soudain.

Arêté s'immobilisa et balaya la rue du regard. Personne. Elle poussa un soupir et tourna à gauche. C'est alors qu'elle se heurta à une silhouette vêtue d'un manteau sombre. Un cri lui échappa.

« Chut ! *Siopa !* lui intima une voix péremptoire.

— Denys ! » s'exclama Arêté en reconnaissant son époux.

Il avait la tête et le visage cachés par un capuchon, et il lui dit : « Continue, ne t'arrête pas. Je te suivrai jusque chez nous. »

Ils empruntèrent d'un bon pas les rues du quartier Achradiné jusqu'à la maison à la tonnelle. Des feuilles poussaient sur les sarments de vigne et sur le figuier, qui dominait presque le mur, près de la porte d'entrée. Arêté ouvrit le portail et referma à double tour, puis elle sauta au cou de son mari en l'étreignant de toutes ses forces. Denys la serra longuement contre sa poitrine sans mot dire.

« Je te prépare à dîner ? demanda Arêté.

— Je n'ai pas très faim, répondit Denys.

— Comment mon père a-t-il pris la nouvelle ?

— Mal. Comment pouvait-il en être autrement ?

— Que va-t-il faire ?

— Je crois que nous allons regagner Sélinonte. C'est le seul endroit où nous pouvons nous installer.

— Alors je vous accompagne. Il est absurde que je reste ici.

— Non.

— Et pourquoi ?

— Ton père préfère que tu demeures à Syracuse.

— Et alors ? Je suis une femme mariée, je n'ai de comptes à rendre qu'à mon époux. Je n'ai pas besoin de son autorisation, seulement de la tienne.

— Je suis du même avis que ton père. Tant que nous sommes à Sélinonte, c'est trop dangereux.

— Tu n'es qu'un salaud... dit Arêté, les larmes aux yeux. Est-il possible que tu ne m'aimes pas un peu ?

— Ne recommençons pas à nous disputer, répliqua Denys sur un ton conciliant. Tu sais très bien que tu es l'être que j'aime le plus au monde. C'est la raison pour laquelle j'ai décidé de ne pas t'emmener. Ecoute... je ne devrais pas te le révéler, mais tant pis : je ne crois pas que nous resterons longtemps éloignés.

— Que veux-tu dire ? demanda Arêté en essuyant ses larmes.

— Ton père retourne à Sélinonte, mais je ne le suivrai que pendant la première partie du voyage. Je dois rencontrer des gens qui pourraient m'aider à préparer son retour en ville.

— Son retour ? Et comment ?

— Mieux vaut que tu l'ignores. Crois-moi, c'est une question de jours, moins d'un mois sûrement. Ensuite, nous ne nous quitterons plus. Je finirai par t'ennuyer, tu verras. »

Arêté secoua la tête.

« Tu ne me crois pas ?

— Je te crois, et c'est pourquoi j'ai peur. Un tel retour ne peut se produire sans effusion de sang.

— Ce n'est pas dit. Nous ferons en sorte que les choses se concluent vite. Ton père ne veut pas, lui non plus, répandre le sang, et la ville a déjà subi de lourdes pertes. Mais il a le droit de rentrer : le décret qui le condamne à l'exil est injuste. En outre, Syracuse est privée de guide alors même que les Carthaginois préparent une nouvelle invasion.

— Comment le sais-tu ?

— Nous avons nos informateurs.

— En ville, on dit que c'est votre faute si les Carthaginois reviennent, car vous vous êtes installés à Sélinonte et avez mené des actions de guerre.

— Et toi, qu'est-ce que tu crois ?

— Que ce n'est pas entièrement faux.

— Nous avons fait ce qui était nécessaire, et je suis surpris que tu me tiennes ce discours, toi qui as assisté à ces horreurs.

— Nous autres femmes sommes différentes. Vous, vous ne songez qu'à la vengeance et à l'honneur, à montrer votre courage de guerriers, mais cela ne fait que perpétuer la haine et ranimer les rancœurs. Vous poursuivez la gloire, alors que nous, nous pleurons nos fils, nos frères, nos pères et nos maris. En ce qui me concerne, je rêve de vivre en paix dans cette maison, à tes côtés, de recevoir des amis et leur préparer un repas sous la tonnelle, les soirs d'été, en regardant les navires qui rentrent au port. Je rêve d'avoir des enfants et d'être un jour grand-mère. Il s'agit de rêves peu importants, mais c'est ce à quoi j'aspire. »

Denys la prit par les épaules et la regarda droit dans les yeux. « Les femmes de Sélinonte et d'Himère avaient, elles aussi, des rêves, tu ne crois pas ? Et ils se sont changés en cauchemars sanglants. Les réfugiés, hommes et femmes, rêvent, quant à eux, de retourner vivre dans leurs maisons pour le reste de leurs jours. Toutes nos villes sont situées sur la côte, dans les seuls lieux où la vie est possible. Quand les maisons qui les composent sont détruites, elles disparaissent comme si elles n'avaient jamais existé. C'est ce que tu veux, Arêté ? Que les Grecs de Sicile disparaissent comme des ombres, que nos villes soient réduites à l'état de décombres, de tanières pour les bêtes sauvages ?

— Non... répondit Arêté d'une voix faible. Ce n'est pas ce que je veux, mais je suis fatiguée de vivre dans l'angoisse. Chaque fois qu'on frappe à la porte, j'ai peur qu'on m'apporte une nouvelle qui me brisera le cœur.

— Alors, nous devons chasser les Barbares de l'île. C'est le seul moyen pour vivre en paix et construire un avenir à nos enfants. Ton père et moi regagnerons Sélinonte, puis nous mènerons l'insurrection. Mais d'ici là, nous aurons la possibilité de passer un peu de temps ensemble, de profiter un peu de la vie et... de l'amour. »

Arêté sécha ses larmes. « En tous les cas, je sais que j'aurais beau vous opposer toutes les raisons du monde, rien ne vous fera changer d'avis, mon père et toi. C'est incroyable, les seuls hommes qui comptent dans ma vie s'entendent sur tout ce qui me rend malade... A l'évidence, c'était mon destin. »

Denys sourit. « Si tu veux vraiment le savoir, ce n'est pas le cas, cette fois-ci.

— Qu'est-ce que tu dis ?

— Ton père ne sait encore rien de mon plan.

— Mais... je ne comprends pas.

— Il sera averti en temps voulu.

— Cela m'inquiète encore plus. Pis, cela m'a tout l'air d'une folie. »

Denys la caressa. « Ne t'inquiète pas, je sais ce que je fais. Quand le moment sera venu, tout se résoudra en quelques heures. »

Arêté le fixa avec un air égaré : mille pensées lui venaient à l'esprit, des raisons de dissuader Denys,

des doutes, des angoisses, des craintes. Elle aurait aimé les lui confier, mais elle ne réussit qu'à dire : « Alors, je te prépare quelque chose pour le dîner ?
— Pour le dîner ? répéta Denys.
— Oui ou non ?
— Non », répondit-il. Puis il la prit dans ses bras et la conduisit à l'étage, dans la chambre.

Hermocratès leva le camp trois jours plus tard. Nombre de Syracusains poussèrent un soupir de soulagement en apprenant que la colonne se dirigeait vers l'ouest. Denys sortit un peu plus tard à cheval : il avait rendez-vous dans l'arrière-pays avec des hommes de la Compagnie, dont ses amis les plus intimes, Iolaos, Doricos et Biton. Philistos serait également présent.

Dioclès avait déjà quitté Syracuse, obéissant au décret de l'Assemblée. Il s'évanouit dans le néant et l'on n'entendit plus parler de lui. Etait-il satisfait du résultat qu'il avait obtenu en barrant l'accès de la ville à Hermocratès, ou écrasé par la honte ? Il ne donna plus jamais de nouvelles, vivant dans un lieu secret comme un homme ordinaire.

Hermocratès et ses hommes marchèrent pendant six jours. Non loin de Sélinonte les attendaient un grand nombre de guerriers, prêts à suivre aveuglément leur commandant.

Entre-temps, Denys avait rallié les lieux de la réunion secrète : une grotte en tuf abandonnée sur la route de Catane. Ses amis, tous membres de la Compagnie, le rejoignirent peu à peu. Philistos se présenta le dernier. Après avoir placé des sentinelles devant la grotte, Denys prit la parole : « Le décret de l'Assemblée est un scandale, et l'exil d'Hermocratès une monstrueuse injustice. Il n'y a aucune accusation contre lui : rien que des soupçons et des malveillances. En réalité, il est le meilleur d'entre nous, un homme courageux dont la seule faute consiste à avoir servi sa patrie toujours et partout, au prix de durs sacrifices, sans jamais rien demander en échange. Mais là n'est pas la question. Nous savons avec certitude que les Carthaginois préparent une nouvelle campagne pour l'an prochain. Cette fois, ils sont décidés à en finir aussi avec nous.

— Comment peux-tu en être certain ? demanda l'un des présents.

— Je vais te l'expliquer, intervint Philistos. Il y a un mois, une ambassade carthaginoise s'est rendue à Athènes pour s'assurer que le gouvernement de la ville continuait à appuyer la guerre contre Sparte. Et pour quelle raison, d'après vous ? C'est très simple : si les Athéniens occupent les Spartiates dans la mer Egée, ces derniers ne pourront voler à notre secours comme ils l'ont fait il y a sept ans, si Carthage nous attaque. Et vous pouvez être certains que Carthage nous attaquera.

— Si l'on examine bien la situation, poursuivit Denys, Hermocratès est le seul capable de guider notre armée dans ce conflit inévitable. Ce qui s'est passé à Sélinonte et à Himère, en l'absence d'unité de commandement et de détermination, se reproduira à Syracuse si nous continuons à perdre du temps sur des questions de théorie politique. C'est de survie que nous parlons. Etes-vous d'accord ? »

Ils acquiescèrent tous.

« Eh bien, nous le ferons rentrer en ville.

— Facile à dire, objecta Doricos, un jeune homme d'environ vingt-cinq ans qui tenait ses cheveux roux de son père, venu de Thrace, et ses yeux sombres de sa mère, sicilienne.

— Mais pas très difficile à faire, répliqua Denys sans broncher. Nous, de l'intérieur. Et Hermocratès, de l'extérieur. Nous prendrons le contrôle de la porte ouest et l'ouvrirons dès que nos éclaireurs nous signaleront qu'Hermocratès est prêt à faire irruption. Ce ne sera alors qu'une question de quelques heures, et la ville tombera entre nos mains. Le peuple acceptera le fait accompli. En revanche, si nous attendons sans rien tenter, il nous faudra assister au spectacle habituel : les membres de l'Assemblée qui discutent pendant des jours avant de prendre une décision, dont l'exécution sera confiée à des néophytes, à un marchand de poisson salé, ou à un charpentier naval, et non à un guerrier, fils et petit-fils de guerriers. N'oubliez pas, les amis : il y a encore quelque temps, les Barbares nous craignaient, surestimant peut-être notre puissance parce qu'ils nous avaient vus vaincre les Athéniens, mais la conduite insensée de Dioclès les a persuadés que nous sommes incapables de défendre nos alliés, et que nous ne serons donc pas en mesure de nous défendre nous-mêmes. Ils attaqueront, je vous dis, et ils ne s'arrêteront pas avant de nous avoir exterminés et chassés. Seul Hermocratès peut nous sauver. Croyez-moi, nous n'avons pas le choix.

— Pour moi, il a raison ! s'exclama Biton, le plus robuste, le plus bagarreur et le plus impatient du groupe, toujours prêt à jouer des poings et, si nécessaire, à prendre les armes.

— Alors, qui est avec moi ? »

Ils levèrent tous la main.

« Très bien, conclut Denys. Nous sommes d'accord. Il ne nous reste plus qu'à organiser l'action. Mais d'abord renouvelons notre serment, celui qui nous unit, et que les dieux maudissent ceux qui le violeraient. Jurons que si l'un de nous trahit, les autres le traqueront tant qu'ils ne l'auront pas retrouvé et puni. »

Les présents jurèrent. Le fait d'appartenir à une Compagnie impliquait des avantages conséquents dans la vie sociale, politique, et dans l'armée, mais cela comportait aussi de lourds engagements et des risques mortels en cas de défection.

Ils s'éloignèrent l'un après l'autre, ou par petits groupes, ainsi qu'ils étaient arrivés, et empruntèrent des itinéraires différents pour le retour, afin de passer inaperçus.

Philistos, qui s'était contenté d'écouter et d'observer, s'approcha de Denys. « Il est difficile de croire que parmi tous ces hommes aucun n'éprouvera la tentation de trahir.

— Cela ne s'est jamais produit, répondit Denys d'une voix calme.

— Mais l'enjeu n'a jamais été aussi important. C'est du destin de la ville, et peut-être de la Sicile tout entière que nous parlons, rétorqua Philistos.

— En tous les cas, c'est un risque que nous devons courir. On ne peut plus reculer. »

Philistos garda le silence un moment en regardant les derniers membres de la Compagnie monter à cheval et s'éloigner le long de la route poussiéreuse, puis il demanda : « Quand le diras-tu à Hermocratès ?

— Cette nuit, un de mes hommes ira l'avertir à cheval.

— Crois-tu qu'il acceptera ?

— Sans aucune hésitation. C'est tout ce qu'il désire. Son retour l'obsède, de même qu'il m'obséderait si j'étais à sa place.

— As-tu réfléchi à la manière de coordonner vos actions ? Elles devront être simultanées.

— J'emploierai des estafettes. Quoi qu'il en soit, nous savons tous deux combien de temps il faut à une armée pour rallier Syracuse depuis Sélinonte.

— Possible. Mais n'oublie pas, c'est là que résidera toute la difficulté. Il faut que tu te consacres à ce problème. Le reste suivra tout seul... Quand cela se produira-t-il ?

— Dans douze jours exactement, à compter de demain. Nous attaquerons à l'aube et tout sera terminé avant la tombée du soir. »

Philistos se rapprocha. « Denys, tu sais que je ne suis pas un guerrier, mais un homme de lettres. Je te gênerai donc dans ce combat. Dis-moi ce que je peux faire pour toi.

— Rien. Observe et note tout ce qui arrivera, pour le transmettre à ceux qui nous succéderont. Tel est ton devoir. Ce qui reste de nous, une fois que nous avons franchi le seuil de l'Hadès, n'est pas le souvenir véridique de ce que nous avons accompli, mais l'image de nous que l'Histoire a façonnée. Et maintenant va, avant que la nuit tombe. »

Philistos opina du bonnet, jeta son manteau sur ses épaules et rejoignit son cheval.

Le soir du troisième jour, Hermocratès reçut le message que Denys lui avait écrit en code sur une *skytalé* à la spartiate. Aussitôt après l'avoir lu, il fut pris d'une grande agitation : à en juger par le ton du message, il fallait saisir une occasion qui risquait de ne plus se représenter. Il était donc nécessaire d'agir sans délai. Dans une situation qui eût requis une intense réflexion, Hermocratès se laissa emporter par la passion, par son désir véhément de revoir sa patrie, de conquérir le pouvoir, de se venger de ceux qui avaient profité de son éloignement pour lui ôter ses droits les plus sacrés, pour le discréditer et le rendre odieux au peuple.

Il demanda combien d'hommes étaient disponibles immédiatement. On lui répondit qu'il pouvait compter sur plus d'un millier de guerriers, prêts à agir au moindre signe de sa part. Occupés à mener des incursions ici et là contre des garnisons carthaginoises, les autres ne rentreraient pas avant un ou deux jours.

« Je n'ai pas le temps de les attendre, déclara-t-il. Dites-leur de se mettre en route à leur retour et de me rejoindre à Syracuse.

— C'est une erreur, *heghemòn*, répliqua un des officiers du nom de Cléanthe. Pourquoi es-tu si pressé ? Mieux vaut agir en toute sécurité en ayant rassemblé toutes nos forces.

— Non. On me dit que c'est le moment opportun. Maintenant ou jamais.

— Comme tu veux. Tu peux compter sur moi, même si je suis persuadé qu'il vaut mieux attendre un jour. Ce n'est pas grand-chose. »

Hermocratès sembla hésiter un moment. L'idée de jouer le tout pour le tout dans cette décision l'angoissait. Soudain, il parut avoir trouvé la solution du problème. « Tu n'as peut-être pas tort, dit-il. Voilà ce que nous allons faire. Je partirai le premier, et tu me rejoindras à marches forcées avec le second contingent. Tu laisseras mille hommes à Sélinonte. Ils suffiront. Et tu prendras la tête des autres. Pas seulement des membres de l'infanterie lourde, mais aussi des peltastes et des attaquants rapides.

— Pas de cavalerie ?

— Elle est inutile. Nous allons devoir nous battre dans les rues et les ruelles...

— Nous n'avons pas beaucoup de combattants de ce genre, dit Cléanthe. Je rassemblerai tous ceux que je pourrai.

— Bien. Je serai donc plus tranquille. Souhaite-moi bonne chance, mon ami. C'est de cette entreprise que dépendent mon avenir, le tien, celui de la ville et peut-être de toute la Sicile.

— Bonne chance, *heghemòn*. J'espère que nos alliés à Syracuse ont également mesuré cet enjeu. »

Le lendemain, avant le lever du jour, le trompette sonna le rassemblement. Très vite, mille cent hoplites, deux cents peltastes et combattants rapides se réunirent au centre de l'agora.

Après avoir revêtu son armure, Hermocratès les passa en revue et leur adressa un bref discours : « Hommes ! C'est un devoir plus ardu et plus douloureux qui nous attend maintenant. Nous retournons à Syracuse, mais seule une partie de nos concitoyens nous sont favorables. Les autres se battront contre nous et il nous faudra les tuer. Hélas, nous n'avons pas le choix. Une fois que nous aurons pris le pouvoir, nous mènerons la révolte contre les Barbares, nous les chasserons de la Sicile après leur avoir fait payer le carnage de Sélinonte et le massacre d'Himère. Nos blessures cicatriseront et une nouvelle prospérité nous aidera à oublier le passé.

« Pour l'heure, nous devons mener à bien cette entreprise. Ce sera une course contre le temps, aussi je ne veux pas vous entendre dire que vous êtes fatigués. Nous marcherons des premières lueurs de l'aube jusqu'au crépuscule, ne nous arrêtant qu'à midi pour nous nourrir, afin de nous présenter devant la porte ouest de Syracuse dans neuf jours au plus tard. Nous mettrons les boucliers sur des chars pour être plus légers. Le mot d'ordre est "Aréthuse". Que les dieux nous assistent. C'est tout ce que j'ai à vous dire. »

Aussitôt après, Hermocratès s'empara de sa lance et se mit en route. Les hommes lui emboîtèrent le pas, par rangs de quatre. Un officier entonna une chanson, mais bien vite le commandant imprima à la colonne une telle allure que plus personne n'eut assez de souffle pour chanter, et la marche se poursuivit en silence pendant tout le reste de la journée.

VIII

Deux jours après avoir envoyé son message à Hermocratès, Denys ordonna aux membres de la Compagnie de se tenir prêts à intervenir à son signal. Son plan consistait à s'emparer de la porte ouest, dans le quartier d'Achradiné, jusqu'à ce qu'Hermocratès et les siens soient entrés, puis à se diviser en deux détachements. Le premier, à ses ordres, composé d'attaquants à armes légères, libérerait les rues des patrouilles. Le second, commandé par Iolaos, ouvrirait un passage à l'infanterie lourde d'Hermocratès, qui occuperait à son tour l'agora.

Ils assailleraient ensuite l'Ortygie et mettraient aux arrêts les chefs du parti adverse ; après quoi, les hérauts convoqueraient le peuple en assemblée pour l'informer du changement de la situation politique en ville.

Cependant, Denys n'avait pas mesuré l'impatience qu'Hermocratès avait de rallier Syracuse. Sa marche avait été si rapide qu'il avait pris une grosse avance sur le second contingent, mené par Cléanthe.

Parti un jour plus tard, celui-ci n'avait pas comblé son retard, comme prévu, mais l'avait accru : quand Hermocratès parvint aux environs de Syracuse, deux jours de marche le séparaient des troupes de Cléanthe. Ce dernier avait, certes, chargé des éclaireurs à cheval de localiser l'avant-garde d'Hermocratès et de l'avertir de son retard, mais la mission n'avait obtenu aucun effet.

Le premier contact de Denys avec son beau-père se fit encore une fois à travers un message en code.

> Denys salue Hermocratès. Nous sommes prêts à agir au jour et à l'heure prévus. Il est important que tu entres en ville avec le plus de forces possible afin que les habitants pensent qu'elle est occupée et en notre pouvoir. Si une bataille éclatait dans les rues, son issue serait très incertaine.

De nouveau, Hermocratès fut saisi par le doute. S'il n'avait jamais hésité face à l'ennemi, il était tourmenté par l'incertitude au moment même où il menait une action militaire contre sa patrie. S'il attendait trop – il s'en rendait compte –, on remarquerait sa présence et diffuserait l'alerte en ville. L'armée risquait de sortir et d'engager une bataille rangée dont le sort était fixé d'avance. On ne pouvait plus attendre : par un autre message en code, il confirma à son gendre qu'il se trouverait à la porte ouest au jour et à l'heure convenus, c'est-à-dire le lendemain à l'aube.

Mais les chefs du gouvernement citadin avaient eu vent d'étranges manœuvres à l'ouest de la ville. Pour éviter d'être pris au dépourvu, ils avaient posté des sentinelles en divers points du territoire, le long des rives de l'Anapos et sur les collines.

Toutefois, Hermocratès parvint à obtenir un certain avantage en déplaçant ses troupes silencieusement à la faveur de l'obscurité et en les disposant tout près de la porte ouest. Quand le signal convenu lui annonça que la voie était libre, il se rua à l'intérieur. Denys et les membres de la Compagnie l'y attendaient, armés et prêts à lui obéir.

Hermocratès l'étreignit. « Nous y sommes enfin, dit-il. Attaquons ensemble en direction de l'agora, puis donnons l'assaut à l'Ortygie. Si nous réussissons à l'occuper, nous contrôlerons également la darse et le port. Le reste se fera tout seul. As-tu des groupes d'attaquants légers ?

— Bien sûr, répondit Denys, les voici. » Et il lui présenta une cinquantaine de peltastes armés d'arcs, de flèches, d'épées courtes et de petits boucliers en forme de croissant.

« Alors, emmène-les et dégage-moi la route. Eliminez les patrouilles de sentinelles avant qu'elles ne donnent l'alarme. »

Denys acquiesça d'un signe de la tête et s'élança avec ses hommes.

Hermocratès se mit en marche à son tour, imprimant une allure soutenue à son détachement qui le suivit en rangs de six, ainsi que le permettait la largeur de la rue.

Tandis que Denys et ses peltastes avançaient, le quartier semblait étrangement silencieux. Il n'y avait pas âme qui vive dans les rues. Quand un chien se réveillait soudain et aboyait furieusement à leur passage, personne ne répondait à ces signaux d'alarme : les portes et les fenêtres demeuraient closes. Denys continuait de courir, le cœur de plus en plus oppressé par l'angoisse, préoccupé par cette progression trop facile, par l'absence totale de rondes. Il fut presque tenté de s'arrêter et de rebrousser chemin pour persuader Hermocratès de renoncer, mais il pensa qu'il s'inquiétait inutilement, que ce calme était dû à l'heure très matinale et que la plupart des patrouilles étaient concentrées entre la darse et l'Ortygie.

C'est alors que se profila, à une centaine de pas, la colonnade qui délimitait l'entrée de l'agora, le vaste espace destiné aux assemblées qu'il fallait traverser pour accéder à la petite jetée qui rattachait l'Ortygie à la terre ferme. Celle-ci brillait légèrement sous les premières lueurs de l'aube, derrière un voile de brume qui s'élevait de la mer.

D'un signe, Denys ordonna à ses hommes de s'immobiliser et de s'aplatir contre les maisons des deux côtés de la rue, puis il appela Biton et Iolaos et les envoya en reconnaissance. « Avancez en rasant les murs dans le coin le plus sombre et allez jusqu'à la colonnade. Si vous ne voyez rien de suspect, sifflez. Alors, nous vous suivrons. Nous occuperons l'entrée et la sortie de l'agora jusqu'à ce que l'infanterie lourde soit passée, puis nous reprendrons la tête du détachement et ouvrirons la route du môle en direction de l'Ortygie. Avez-vous bien compris ? »

Les deux hommes acquiescèrent et partirent sans un bruit. Le cœur battant, Denys attendit qu'ils aient atteint la colonnade en tendant l'oreille : le pas cadencé de l'infanterie lourde qui approchait aux ordres d'Hermocratès ne tarderait pas à retentir. Quelques instants s'écoulèrent avant que le sifflement de Biton déchire le silence : la voie était libre.

Denys s'élança avec les siens.

« Il n'y a pas un chat, déclara Iolaos.

— Tant mieux, mais ouvrez bien grands les yeux. » Denys partagea ses hommes en deux groupes. « Vous, dit-il aux premiers, venez avec moi. Nous allons à la sortie de l'agora. Vous autres, restez avec Biton et Iolaos jusqu'à l'arrivée d'Hermocratès. Quand ses troupes seront passées, rejoignez-moi en tête de la colonne. Nous poursuivrons notre route ensemble. »

Une vingtaine d'hommes emboîtèrent le pas à Denys et gagnèrent avec lui la sortie orientale de l'agora.

Comme il n'y avait personne de l'autre côté, Denys se posta sous la colonnade pour occuper le passage. Les hommes d'Hermocratès se présentèrent un peu plus tard. Il ne leur restait plus qu'à rejoindre l'Ortygie, à quelques centaines de pas : bientôt, le premier rayon de soleil frapperait les acrotères dorés du temple d'Athéna au sommet de l'île – le salut du soleil à Syracuse.

Mais dès que les hommes d'Hermocratès eurent pénétré dans l'agora, des colonnes de guerriers, dissimulés à l'intérieur des maisons, surgirent des rues latérales, de droite et de gauche, de l'est et de l'ouest, bloquant les sorties. Des milliers de flèches plurent des toits voisins, décochées par des archers invisibles qui tiraient dans le tas.

Denys et ses hommes tentèrent de forcer le blocus du côté est de la place pour se frayer une issue vers la darse, mais les assaillants avaient prévu cette manœuvre et aligné un gros détachement de soldats d'élite, qui contre-attaqua avec vigueur en repoussant tous les assauts.

La mêlée se répandit sur la grande place et la lumière du jour révéla bientôt l'ampleur du désastre dans sa terrible évidence. Le sang coulait partout, le sol était jonché de morts et de blessés, l'étau des assaillants ne cessait de se resserrer, aucune issue ne s'offrait aux guerriers assiégés au centre du vaste espace dallé.

Hermocratès tenta de rassembler ses meilleurs éléments pour forcer l'encerclement à droite de la place, où l'afflux des ennemis paraissait faiblir : il était difficile, pour eux aussi, de rester dans le rang et de maintenir une pression uniforme dans un espace aussi étroit.

Devinant les intentions d'Hermocratès, Denys courut lui prêter main-forte. Leurs hommes se lancèrent en avant en agitant leurs lances et en criant à tue-tête pour s'encourager mutuellement. Le front adverse ondoya sous la poussée de ces désespérés et commença à céder. Denys, qui maniait maintenant l'épée en de féroces corps à corps, abattit trois adversaires l'un après l'autre ; constatant qu'il était possible d'échapper au piège, ses compagnons exercèrent une forte pression avec leurs boucliers, imprimant encore plus de puissance à l'élan de ceux qui se battaient au premier rang. Le déploiement ennemi fut balayé et les hommes de Denys essayèrent de s'engouffrer dans le passage pour fuir vers les quartiers ouest de l'Achradiné. Comprenant ce qui se passait, l'un des officiers ennemis brandit son javelot et le projeta sur Hermocratès, enveloppé à cet instant précis par la lumière des premiers rayons de soleil. Il le toucha en pleine poitrine à une distance d'environ dix pas.

Frappé au cœur, Hermocratès s'écroula, foudroyé. Un cri d'effroi s'éleva des rangs de ses guerriers, qui continuèrent toutefois de se battre en redoublant d'acharnement pour venger la mort de leur chef.

Alors que Denys, qui avait déjà quitté la place, se retournait, il reçut un coup d'épée dans l'épaule droite. Avec un cri de douleur, il laissa tomber son arme, mais trouva assez de force pour abattre d'un grand coup de bouclier l'adversaire qui l'avait blessé. Iolaos se précipita avant qu'il ne s'effondre et l'entraîna en laissant derrière lui une traînée de sang.

Ils s'immobilisèrent, à bout de souffle, à l'ombre d'une archivolte qui s'ouvrait entre deux petites rues latérales. De là, ils pouvaient entendre les hurlements du massacre qui rebondissaient sur les murs tels les cris des animaux à l'abattoir.

Iolaos souleva Denys en l'attrapant sous l'aisselle et l'exhorta à se remettre en route. « L'ennemi ne va pas tarder à battre les rues à la recherche des rescapés, nous devons partir sans tarder. »

Denys s'appuya contre le mur, comme brusquement saisi par une terrible pensée. « Oh, par les dieux, Arêté !

— Quoi ?

— Je dois courir chez ma femme. Elle est seule à la maison, et je suis certain qu'on saura bientôt que j'ai pris part à l'attaque. Cette embuscade montre bien que nous avons été trahis.

— Sans un médecin, tu ne t'en sortiras pas.

— D'abord ma femme. Aide-moi, je t'en supplie.

— D'accord, répondit Iolaos. Mais nous devons tamponner l'hémorragie pour éviter que tu ne perdes tout ton sang. » Il arracha un lambeau de sa cape et le fixa sur la plaie à l'aide d'une des courroies de son bouclier. Puis ils poursuivirent leur chemin.

Pendant ce temps, la ville se remplissait de gens qui couraient de tous côtés, affolés par cette situation qu'ils ne comprenaient pas. Déjà, on entendait au coin des rues les hérauts du gouvernement annoncer à tue-tête la tentative d'Hermocratès et de Denys de bouleverser les institutions de la ville, promettant de grandes récompenses à ceux qui captureraient des survivants ou les dénonceraient.

« Je te l'avais dit, déclara Iolaos.

— Je le sais, je le sais, mais dépêchons-nous, j'ai peur... »

Denys avait le visage terreux et le corps couvert de sueur froide. Iolaos haletait à chaque pas et transpirait abondamment sous l'effet de la fatigue. Il s'arrêta plusieurs fois pour permettre à son ami de reprendre haleine. Avant d'affronter la montée qui menait à sa maison, Denys s'appuya un moment contre un édicule d'Hécate qui se dressait au coin d'un trivium. Quand il s'en écarta, une tache de sang s'étalait sur le mur.

Ils durent s'immobiliser encore, notamment lorsqu'ils rencontraient des patrouilles syracusaines à la recherche des fuyards. Ceux-ci étaient aussitôt passés par les armes. La ville était déjà livrée à une bande de forcenés, qui cherchaient les habitations des conjurés pour les piller et les dévaster.

La maison à la tonnelle n'était plus très loin. Mesurant l'angoisse qui tenaillait Denys, Iolaos l'appuya contre le mur d'enceinte. « Attends-moi, dit-il. Je vais en reconnaissance. Des guerriers se sont peut-être postés à l'intérieur pour nous tuer. » Il s'approcha de la grille postérieure, entra par la petite porte de service et s'enfonça dans l'atrium sans cesser de jeter des regards à la ronde. Dès que ses yeux se furent habitués à la pénombre, son visage se contracta en une grimace d'horreur. Il se retourna immédiatement et se trouva nez à nez avec Denys, pâle comme un linge, qui tenait à grand-peine sur ses jambes. « Il n'y a plus personne à l'intérieur, dit Iolaos en essayant de paraître détaché. Partons... allons chercher un médecin. Tu ne tiens plus dcbout. » Cependant ses yeux étaient encore emplis d'effroi.

Denys comprit et le poussa. « Laisse-moi passer.

— Je t'en prie... dit son compagnon, désormais incapable de retenir ses larmes. Je t'en prie, n'entre pas... »

Mais Denys avait déjà franchi le seuil de sa demeure. Peu après, on entendit sa voix, déformée par l'horreur, hurler des phrases incohérentes, et ses sanglots inconsolables résonner entre ces murs salis et délabrés. Iolaos le rejoignit sans oser toutefois le toucher ni lui parler. A genoux devant le corps nu de sa femme, Denys pleurait.

Arêté était presque méconnaissable : on l'avait violéc au point de provoquer une effroyable hémorragie. Elle gisait dans une mare répugnante de sperme, de sang et de crachats, le visage tuméfié, les lèvres fendues, le corps couvert de brûlures et d'ecchymoses. Pour l'outrager, on lui avait aussi coupé les cheveux, comme à une prostituée.

Denys la prit dans ses bras. La serrant contre sa poitrine, il commença à se balancer d'avant en arrière comme s'il voulait la bercer, s'abandonnant à des pleurs affligés et plaintifs, un long mugissement de bête sauvage qui vous brisait le cœur.

« Allons-nous-en, je t'en conjure, dit Iolaos. Ils reviendront te chercher, sois-en certain. Il faut que tu te sauves pour venger cette horreur. »

Ces mots semblèrent arracher Denys à son chagrin. « Tu as raison, dit-il. Je dois me venger, je dois les retrouver, les débusquer et les tuer tous, l'un après l'autre... Mais je ne peux pas la laisser là... je ne veux pas que son corps subisse d'autres outrages.

— Elle ne souffre plus, Denys. Si elle le pouvait, elle te dirait de te sauver. »

Denys caressa le front d'Arêté. « Aide-moi à la descendre en bas. Il y a une cachette dans la cave. J'attendrai là avec elle, je lui tiendrai compagnie. Elle a toujours eu peur du noir. »

Iolaos l'épaula en supportant presque à lui seul le poids du corps inanimé d'Arêté, car Denys était au bord de l'évanouissement. Les deux hommes ouvrirent une trappe, descendirent quelques marches et débouchèrent dans le souterrain.

Denys indiqua à son ami un passage qui conduisait à une pièce creusée dans le tuf et cachée derrière des étagères destinées aux amphores à vin. « Et maintenant, dit-il, va au grenier. Tu trouveras un coffre avec des vêtements propres. Laisse tes armes, change-toi et lave-toi le visage. Ainsi, tu passeras plus facilement inaperçu. Rends-toi chez Philistos, il habite l'Ortygie, dans la maison au portique qui se dresse derrière la fontaine d'Aréthuse. Dis-lui que je l'attends. »

Iolaos opina du bonnet. « J'ai compris. Je sais où c'est. Toi, ne bouge pas et ne prends pas de risques. Reste aussi immobile que possible. Je vais chercher de l'eau, tu dois mourir de soif. »

Denys ne répondit pas. Accroupi contre le mur, il étreignait le corps d'Arêté comme s'il voulait le réchauffer. Iolaos lui apporta de l'eau, se changea et sortit.

Il revint deux heures plus tard, précédant d'une cinquantaine de pas Philistos et le médecin, pour plus de sécurité. Les trois hommes trouvèrent Denys inconscient, encore agrippé au corps d'Arêté. Philistos ne put retenir ses larmes, il garda le silence un moment, écrasé par le tumulte de ses émotions. Ils transportèrent Denys dans sa chambre et l'allongèrent sur le lit. Il respirait encore, mais les battements de son cœur étaient très faibles, ses lèvres livides et son corps froid. Ils le déshabillèrent, découvrant la grande plaie qui entaillait sa chair entre l'épaule et le muscle pectoral.

« C'est un miracle que l'épée n'ait pas sectionné les tendons du bras et la grande veine qui passe ici, déclara le médecin en indiquant avec son instrument un point sous la clavicule. Et maintenant, tenez-le fermement. »

Philistos et Iolaos immobilisèrent les bras de Denys tandis que le médecin lavait la plaie avec du vin et du vinaigre. Puis celui-ci fit chauffer son instrument sur le feu qu'il avait allumé à la flamme de la lanterne et cautérisa la partie interne, qui continuait de saigner. Enfin, il cousit la coupure externe. Denys était tellement épuisé qu'il ne bougea même pas. Il poussa un long gémissement quand le médecin brûla ses chairs.

« Maintenant, il faut qu'il se repose. J'ai fait tout ce que je pouvais, le reste est entre les mains des dieux. J'espère que la plaie ne gangrènera pas. »

Philistos le prit à part. « Ne parle à personne de l'opération que tu as effectuée ici. Si tu gardes le silence, tu n'auras pas à le regretter et tu seras également récompensé. »

Le médecin acquiesça et empocha l'argent que

Philistos lui tendait : cinq belles pièces d'argent sur lesquelles était gravée l'image d'Aréthuse entourée de dauphins.

« Que faisons-nous du corps de la jeune femme ? » demanda Iolaos.

Philistos soupira. « Pour l'heure, nous l'enterrerons dans le souterrain. Quand nous le pourrons, nous célébrerons des funérailles, l'ensevelirons dans une tombe digne de son rang et de l'amour que Denys lui portait. »

Ils la déposèrent à l'intérieur d'une fosse creusée dans le tuf. Philistos eut grand-peine à retenir ses larmes tandis qu'il murmurait : « Accueillez-la, ô Déméter et Perséphone, dans le pré d'asphodèles, laissez-la boire les eaux du Léthé afin qu'elle oublie les horreurs de ce monde féroce et puisse être en paix en attendant le jour où elle retrouvera le seul homme qu'elle ait jamais aimé. »

Ils remontèrent dans la chambre de Denys et y demeurèrent jusqu'à la tombée de la nuit. Philistos avait tout organisé. Bientôt, un de ses domestiques pénétra dans le jardin avec une charrette remplie de foin et tirée par deux mulets. A l'abri du mur d'enceinte, ils y installèrent Denys, qu'ils recouvrirent d'un drap puis de foin.

La charrette se dirigea vers la porte ouest, où deux membres de la Compagnie montaient la garde, prêts à tuer les sentinelles qui étaient de service avec eux si celles-ci avaient voulu effectuer un contrôle trop méticuleux des individus et des marchandises qui passaient.

Ce ne fut pas nécessaire. La charrette franchit la porte et gagna les rives de l'Anapos, où l'attendait un bateau qui remonta ensuite le courant au milieu des buissons de papyrus.

En pleine nuit, alors que la ville s'était tue au terme d'une journée de sang et de cris, un chant s'éleva près de la maison à la tonnelle, un chant d'amour qui reprenait une vieille mélodie nuptiale. Une sérénade suave et poignante en ces lieux désolés et profanés, dernier hommage d'un fuyard blessé et presque moribond à son amour perdu.

La plupart des guerriers qui avaient participé à cette malheureuse entreprise périrent ; parmi les prisonniers, tous les exilés syracusains qui appartenaient à la caste tant détestée des propriétaires terriens furent passés par les armes. En revanche, ceux qui avaient suivi Hermocratès dans l'espoir de libérer et de reconstruire Sélinonte et Himère, leurs villes, eurent la vie sauve, mais ils furent condamnés à de longues années de prison.

N'étant pas parvenues à trouver la moindre trace de Denys, les autorités le condamnèrent à mort par contumace. Philistos s'employa à répandre le bruit qu'il était mort de ses blessures et que ses amis avaient brûlé son corps de nuit le long des rives marécageuses du Cyané.

Un nouveau meneur du nom de Daphnis s'affirma à l'Assemblée, se vantant d'avoir tué plus de vingt ennemis la nuit de la bataille dans l'agora. Il déclara que la victoire avait garanti à jamais le triomphe de la démocratie et que plus personne n'oserait aspirer à la tyrannie.

Les crâneries de Daphnis en suscitèrent d'autres, et de nombreux clients des auberges du port commencèrent à se vanter d'avoir joui entre les cuisses de la fille du traître Hermocratès qu'ils traitaient de petite pute. Personne n'aurait jamais osé parler ainsi d'une femme qui eût encore un mari, un fiancé ou un frère, mais personne ne protégeant la mémoire d'Arêté, quiconque pouvait dire impunément ce qu'il voulait sur son compte. Cependant Philistos avait des yeux et des oreilles là où il le fallait ; de plus, il possédait beaucoup d'argent, provenant de sa fortune personnelle et du trésor de la Compagnie. Se fondant sur les informations qu'il recueillait, il s'empressa d'établir une liste de prénoms, de noms, d'adresses, de professions, de fréquentations, y incluant tous les détails qu'on lui rapportait.

Malgré les pertes qu'elle avait subies, la Compagnie était encore puissante et quand la rumeur se mit à circuler en grand secret que Denys avait survécu et qu'il se cachait dans la montagne en un lieu inaccessible, nombre de ses membres proposèrent de le rejoindre et de se placer à son service.

Au cours de cette période, Philistos envoya un messager du nom de Démétrios au frère cadet de Denys, Leptine, qui vivait en Asie, à Ephèse.

L'esclave qui lui ouvrit la porte lui annonça que son maître était absent.

« Et où est-il ? demanda l'envoyé.

— Je ne sais pas. Quand il sort, le soir, il ne dit jamais où il va. »

Démétrios soupira. « J'attendrai donc son retour. C'est urgent. Pourrais-tu me donner quelque chose à manger ? Je n'ai pas encore dîné. »

L'esclave rechignait à l'idée d'héberger un inconnu, mais il n'avait pas la force de le chasser. Il lui servit donc une assiette d'olives et un morceau de pain.

Démétrios se mit à manger en buvant quelques gorgées de vin à sa gourde. « D'habitude, ton maître rentre tard ?

— D'habitude, il rentre au petit matin », répondit l'esclave.

Mais Leptine surgit bientôt, hors d'haleine, verrouillant la porte derrière lui. « Qui es-tu, l'ami ? dit-il sans manifester le moindre étonnement à la vue d'un étranger.

— Je me nomme Démétrios. Philistos m'envoie te dire que... »

Tandis qu'il parlait, Leptine avait ouvert un coffre et saisi une besace contenant quelques effets. « Tu me le diras en chemin. Cette ville est devenue invivable. Tu as une embarcation ?

— Oui, celle qui m'a conduit ici...

— Très bien. Alors, dépêchons-nous... Ici, les maris sont plutôt susceptibles. Et quand ils vous trouvent au lit avec leur femme, ils peuvent même être violents... »

Ils sortirent à toute allure sous les cris de l'esclave : « Maître, que dois-je faire ?

— Rien ! répondit Leptine. Si l'on me demande, dis que je suis parti. Garde tout ce que tu trouveras dans la maison, et que les dieux t'assistent ! »

Ils avaient tout juste disparu dans une ruelle latérale quand des individus armés de bâtons atteignirent la demeure et se ruèrent à l'intérieur.

Les deux fuyards coururent à perdre haleine dans les rues sombres de la ville jusqu'au bateau de Démétrios, amarré au port.

« La passerelle ! » s'écria le messager qui avait mesuré l'urgence de la situation.

Le marin de garde installa la passerelle, et les deux hommes purent monter à bord, à l'abri.

Leptine poussa un grand soupir, s'assit sur un banc et, comme si de rien n'était, se tourna vers Démétrios. « Alors ? Que se passe-t-il à Syracuse ? »

Démétrios posa sur lui un regard sérieux. « Les choses vont mal, répondit-il, la situation est dramatique. Ton frère a besoin d'aide.

— Raconte, dit Leptine en plissant le front. Nous devons encore attendre quelques heures avant de pouvoir larguer les amarres. »

Le bateau de Démétrios jeta l'ancre dix jours plus tard dans le port de Lakkion. Leptine se précipita chez Philistos.

« Où est Denys ? » demanda-t-il avant même d'entrer.

Philistos l'invita à baisser le ton et le conduisit dans son cabinet. « Il est en sécurité.

— Où est-il, t'ai-je demandé, insista Leptine d'un ton péremptoire.

— Je ne peux pas te le dire. C'est trop dangereux. Si tu voulais savoir où il se trouve, qui surveillerais-tu, en considérant que sa femme est morte ? Et combien de temps crois-tu que ton arrivée demeurera secrète ? »

Comprenant ce que Philistos voulait dire, Leptine se résigna.

La nuit de la bataille dans l'agora, Denys fut confié aux membres de la Compagnie, qui le transportèrent en barque le long du fleuve Anapos en ramant à contre-courant puis en attelant l'embarcation à un âne qui marchait sur la rive. Quand le lit du torrent se fit trop accidenté, ils achetèrent un autre âne à un paysan, fabriquèrent une civière et y installèrent leur ami blessé, fixant les courroies aux deux animaux, l'un devant et l'autre derrière. De cette façon, Denys voyagea sans trop de secousses jusqu'à la source d'une rivière : une sorte de lieu enchanté, une nappe d'eau cristalline au milieu d'un pré couvert de lauriers en fleur et de genêts au parfum entêtant, qu'enserraient de très hautes parois rocheuses dans lesquelles les anciens habitants avaient creusé d'innombrables niches pour enterrer leurs morts le plus près du ciel possible.

Une claie de bois fut descendue à la lumière de la lune, au moyen d'une poulie grinçante. Les compagnons y déposèrent Denys avec soin, l'y attachèrent avec des sangles en cuir et donnèrent l'ordre de le hisser. Ils regardèrent cette frêle couche de bâtons entrelacés se balancer dans le vide au-dessus de leurs têtes jusqu'à une altitude vertigineuse, et disparaître dans une ouverture de la roche aussi sombre et noire que l'orbite d'une tête de mort.

Ayant accompli avec sagacité et habileté la mission qui leur avait été assignée, ils rebroussèrent chemin pour aller faire leur rapport à Philistos. Denys était désormais en sécurité, dans un abri aussi inaccessible qu'un nid d'aigle au milieu des montagnes, confié aux mains expertes d'un indigène de l'arrière-pays, issu de l'ethnie sicule, un guérisseur que ses gens vénéraient et respectaient. Philistos se fiait plus à lui qu'aux médecins syracusains : ayant l'habitude de nettoyer, cautériser et recoudre les plaies des guerriers de retour du champ de bataille, ceux-ci étaient d'excellents chirurgiens, mais ils ne savaient pas soigner aussi bien les infections insidieuses qui se développaient souvent dans les blessures.

Pendant plusieurs jours, Denys demeura entre la vie et la mort en ces lieux isolés, souvent plongé dans un sommeil qui était la conséquence de son épuisement, de l'hémorragie et des potions soporifiques mêlées de miel sauvage que lui administrait le vieux Sikèle qui s'occupait de lui. Quand il reprit enfin conscience, il fut assailli par des images et des sensations nouvelles : une ouverture lumineuse traversée de nuages et d'oiseaux en vol, le gazouillement des alouettes, le parfum des genêts et le chant d'une femme qui semblait provenir de la roche même qui l'entourait.

Puis elle lui apparut : elle avait la peau dorée par le soleil, les yeux et les cheveux très noirs, le regard curieux et furtif d'une créature sauvage.

IX

Denys eut à peine le temps de remarquer cette étrange présence que la créature s'était déjà envolée. Il pensa qu'elle appartenait à son dernier rêve, ou que c'était peut-être l'une des nombreuses apparences qu'emprunterait Arêté pour lui rendre visite chaque fois qu'il serait torturé par son souvenir.

Il retomba sur sa couche avec un râle et passa la main gauche sur sa blessure. La cicatrice était encore douloureuse, mais presque sèche. Il toucha son visage et sentit qu'une longue barbe recouvrait ses joues. Il était si faible que chaque mouvement le faisait transpirer abondamment et accélérait les battements de son cœur. Ayant aperçu une écuelle d'eau, il but à grandes gorgées, puis il tenta de se traîner à l'entrée de cet étrange refuge pour regarder à l'extérieur.

Il se trouvait au bord d'un précipice. Au fond, le soleil se reflétait par intermittence sur une conque d'eau très pure, située au centre d'une étendue de fleurs. Les longues branches d'un platane, étendues au-dessus de la nappe d'eau et agitées par le vent, interceptaient par leur ondoiement les reflets dorés de l'astre. Saisi de vertige et comme attiré par cet abîme lumineux, il se dit qu'il pourrait s'envoler et tomber comme une alouette enivrée de soleil, mettant ainsi fin à l'angoisse intolérable qui montait de son cœur tandis que sa terrifiante solitude s'imposait à lui.

Il fut arrêté par une main velue. Une voix âpre le ramena à la réalité. « Si tu veux mourir, attends au moins que tes amis m'aient payé. Je leur ai promis que je te guérirais complètement.

— Qui es-tu ? demanda Denys. Où suis-je ?

— Mon identité ne te regarde pas. Et ceci est un cimetière, l'endroit le plus approprié qui soit pour un homme mort. » Il parlait un grec grossier mais efficace, avec un fort accent sicule.

« Depuis combien de temps suis-je ici ?

— Depuis un mois. Et il te faudra autant de temps pour récupérer tes forces.

— J'aimerais descendre près de l'eau, je crois que cela me ferait du bien. Je peux imaginer le parfum de ces fleurs. J'aimerais également prendre un bain, il règne ici une odeur répugnante. »

Le vieillard posa près de lui une corbeille contenant du pain et du fromage. « Mange. Quand tu auras repris des forces, je te ferai descendre. Pour l'heure, lave-toi avec l'eau de l'outre, dit-il en indiquant une peau de chèvre suspendue à un clou.

— Ai-je reçu des visites ?

— Plusieurs fois, mais tu ne pouvais ni entendre ni voir. L'homme qui t'a fait conduire ici doit arriver demain.

— Philistos ? »

Le vieillard acquiesça. Il observa Denys un moment comme s'il voulait s'assurer de quelque chose, puis sortit par une fente, au fond de la grotte, en refermant derrière lui une sorte de portillon en bois.

Denys attendit son départ pour déboucher l'outre et faire couler l'eau sur son corps en savourant le plaisir de ce bain rudimentaire. Il mangea puis, épuisé, se rallongea et se rendormit profondément.

Philistos se présenta le lendemain soir et demanda à être conduit dans le refuge de Denys. Les deux hommes s'étreignirent longuement sans mot dire. Ils avaient tous deux la gorge serrée et répugnaient à montrer leur émotion.

Enfin, Philistos prit la parole. « Ton frère est rentré. Nous devons préparer ton retour et...

— Les noms ! gronda Denys.

— Ecoute... accepte mes conseils... Ils ont toujours été bons, n'est-ce pas ? Ne te laisse pas guider par la colère, ne prends pas ça comme une affaire personnelle. Il s'agit de politique, le comprends-tu ? Ceux qui ont déchaîné la racaille ont voulu te briser et anéantir ton esprit, pour le cas où tu survivrais aux blessures de ton corps. Ils craignent ta bravoure, ton courage, ta force, tes idées, l'ascendant que tu exerces sur le peuple et surtout sur les jeunes. Personne ne peut s'opposer à toi, à l'Assemblée, et ils le savent.

— Les noms, répéta Denys d'une voix glaciale.

— J'ai recueilli des informations, répondit Philistos après quelques hésitations. Si je te les donne, me promets-tu que tu me consulteras avant de prendre la moindre initiative ?

— Je peux te le promettre, répliqua Denys, mais

un fait demeure : je veux leur mort. Je veux qu'ils périssent du premier au dernier, et je ne suis pas disposé à faire de compromis à ce sujet. Si tu veux m'aider, je t'en serai reconnaissant, sinon j'agirai seul... Tu... tu n'as pas vu cette scène... tu ne peux pas imaginer... Tu ne sais pas ce que j'éprouve chaque fois que je me réveille et que je me rends compte que tout cela s'est réellement produit. » Il s'interrompit un instant car sa voix se brisait, et il baissa la tête.

« Iolaos m'a tout raconté. Moi aussi, j'aimais Arêté, je l'aimais comme une sœur, et la pensée que je n'ai pas réussi à la protéger ne cesse de me tourmenter. Les choses se sont brusquement précipitées, nous n'avons pas eu le temps de nous organiser, les chefs militaires sont parvenus à cacher leur plan jusqu'au dernier moment. Rien n'a filtré, tu comprends ? Je ne pouvais pas m'exposer plus que je l'ai fait. J'étais surveillé. Ils savent que nous sommes amis, et il me faut leur prouver que je pense d'abord au bien de l'Etat, sinon je ne serai pas en mesure de t'aider, et je n'aurais pas pu le faire ce jour-là. Denys, crois-moi, ces horreurs m'empêchent de dormir, elles me poursuivent sans relâche...

— Je ne t'accuse pas, loin de là, je te suis reconnaissant pour ce que tu as fait pour moi, je te dois la vie. Mais il faut que j'accomplisse ce que l'honneur m'impose et la religion m'ordonne. L'ombre d'Arêté doit être apaisée. Je suis certain qu'elle n'arrive pas à trouver la paix... Elle va mal... elle a froid... elle a toujours froid et elle a peur du noir... » Il releva la tête. « Elle m'appelle, tu sais ? Elle m'apparaît en rêve... Hier, elle avait pris l'aspect d'une créature sauvage... Elle était suspendue dans le vide juste là, devant l'ouverture. Seul un esprit peut rester suspendu dans le vide... tu ne crois pas ? »

Il délirait. Philistos le regarda en tentant de masquer la compassion qu'il éprouvait pour lui et en feignant de ne pas remarquer les larmes qui sillonnaient ses joues barbues.

Denys planta les yeux dans les siens. « Il faut qu'ils meurent. D'une mort lente et très douloureuse. Alors, qu'as-tu décidé ?

— Je suis avec toi, évidemment, répondit Philistos. Que puis-je faire d'autre ? Mais je t'en conjure, accepte mes conseils. Ecoute, la Compagnie est encore forte, nous avons des hommes investis de charges importantes dans l'armée, dans l'administration et même parmi les prêtres. J'ai recueilli des informations. Je connais le nom des exécutants et de certains commanditaires. L'argent délie les langues. Mais il y a d'autres problèmes. Les Carthaginois sont, semble-t-il, prêts à attaquer au printemps, et les Agrigentins s'inquiètent. A présent, ils vivent dans une ville de frontière. J'ai reçu un message de Tellias : il est presque certain que l'attaque aura lieu, avec un grand déploiement de forces, notamment de la flotte. Il a commencé à agir. Il a persuadé huit cents mercenaires campaniens, en garnison sur le territoire carthaginois, de passer dans le camp d'Agrigente. Il les a payés lui-même, leur versant une somme énorme. Tu sais qu'il ne manque pas de moyens. En réalité, c'est notre situation qui me préoccupe. Si nous ne prenons pas les mesures militaires adéquates, si nous laissons tomber Agrigente, ce sera ensuite le tour de Géla, puis le nôtre sans aucun doute... Mais avant tout, il faut préparer ton retour...

— J'imagine qu'on a promis une récompense pour ma capture.

— Non, parce que tout le monde te croit mort. Certains ont même témoigné en ce sens devant les autorités.

— Et les morts ne reviennent pas.

— Pas toujours. Selon une loi, que la plupart des gens ignorent, quand un homme disparaît sans avoir fait de testament, ses biens vont à ses héritiers les plus proches. Mais s'il n'a pas d'héritiers, c'est l'Etat qui s'approprie ses richesses. Voilà pourquoi j'ai fait rappeler ton frère Leptine. Cependant, si le mort réapparaît pour une raison ou pour une autre, il n'a plus aucun droit, pas même la citoyenneté, à moins que...

— A moins que ? demanda Denys, intrigué par cette série d'hypothèses imprévues et par la formidable capacité qu'avait Philistos de bâtir des plans en tout genre.

— A moins qu'il ne soit adopté. Dans ce cas, il est pleinement réintégré dans ses fonctions et dans ses droits. De plus, il devient intouchable. En effet, on présume que si un homme qu'on croyait mort réapparaît, c'est par la volonté des dieux. Et personne ne peut se permettre de la défier. Bref, sa réapparition et son adoption sont considérées comme une seconde naissance.

— Et qui voudrait adopter un type comme moi ? »

Philistos sourit. « Tu te souviens d'Héloris, l'éleveur de chevaux ?

— Oui, il a approuvé au Conseil le départ de mon contingent pour Sélinonte.

— Effectivement. Je n'ai pas eu grand mal à le convaincre. Il est honoré et heureux de t'adopter car il t'admire énormément. Voici mon plan. Tu resteras ici le temps qu'il faudra pour te rétablir. Lorsque tu auras recouvré toutes tes forces, je te ferai rentrer en grand secret. De cette manière, tu pourras te venger de ceux qui t'ont blessé. Quand nous les aurons punis, l'un après l'autre, nous organiserons ta réapparition, qui devra prendre de court tout le monde. »

Denys était incrédule et fasciné par une telle habileté, mais surtout revigoré par l'amitié profonde et fidèle que Philistos lui témoignait ainsi. Il le serra contre sa poitrine sans parvenir à prononcer un mot, cependant Philistos comprit à la force de cette étreinte ce que son ami ressentait et désirait lui manifester. « Veille sur toi et ne fais pas de bêtises, dit-il. Je reviendrai dès que possible. »

Denys acquiesça et le regarda ouvrir le portillon.

Avant de disparaître, Philistos se retourna : « Ecoute... la femme que tu as vue... Il ne s'agissait probablement pas d'Arêté, hélas... mais d'une malheureuse qui vit dans cette nécropole à moitié abandonnée. C'est une créature sauvage, une pauvre fille qui a perdu ses parents quand elle était petite et qui a grandi dans ce cimetière. Les habitants de ces lieux croient qu'elle est un esprit, car elle apparaît et disparaît comme un fantôme et gravit ces rochers avec autant d'habileté qu'une araignée. Les Sicules sont superstitieux, tu le sais... Porte-toi bien. »

Dix jours plus tard, Denys descendit au fond de l'abîme. Il eut l'impression de renaître en se jetant nu dans ces eaux très pures, en respirant le parfum des fleurs, en sentant la caresse du soleil sur ses épaules, et celle du vent dans ses cheveux. Ces lieux d'une beauté éblouissante étaient isolés par les parois rocheuses qui l'enserraient de toutes parts et en vertu d'un interdit religieux très strict qui ne permettait l'accès à la vallée de l'Anapos qu'à l'occasion d'une fête annuelle, à la fin de l'été. Un platane colossal se dressait surles rives et déployait ses branches jusqu'à la surface de l'eau. Certaines, aussi grosses que des troncs, abritaient de nombreux nids d'oiseaux. Seul leur chant, mêlé à celui des cigales, résonnait entre ces pentes escarpées, couvertes de blonds genêts, dans ce jardin enchanteur, caché comme un petit Elysée.

Denys sentait que la vie affluait à nouveau dans ses veines et que la force enflait ses muscles. Il pensa que les vertus peut-être mystérieuses de la source les lui avaient rendues. Il s'étendit sur le sable propre de la rive pour se sécher au soleil et s'abandonna à la vague de ses souvenirs. Il crut reconnaître dans le chant d'un rossignol la mélodie de la dernière sérénade qu'il avait voulu donner en mémoire de sa femme avant de s'évanouir de douleur, de quitter sa ville comme un voleur...

Si seulement Arêté avait pu le rejoindre un instant... Si seulement il avait le don du chant, comme Orphée : il aurait ému la dure Perséphone, qui aurait laissé son amour remonter à la surface de l'eau, jaillir du lac de cristal dans la lumière du soleil ne fût-ce qu'un instant !

Un bruissement l'arracha à cette rêverie. Perchée sur la fourche d'une branche très haute, une créature l'observait. Elle semblait plus intriguée qu'apeurée. Avec ses cheveux hirsutes et sales, si longs qu'ils lui couvraient le visage et presque tout le corps, elle était horrible à voir. Elle avait la peau brune de ceux qui s'exposent au soleil tous les jours de l'année, les pieds gris de poussière et de callosités.

Envahi par une fatigue soudaine, Denys ferma les yeux. Quand il les rouvrit, la petite vallée était plongée dans la pénombre, et la créature hirsute assise sur la branche la plus basse de l'arbre, les pieds touchant presque l'eau. Elle avait monté la garde, comme en témoignaient les innombrables feuilles qu'elle avait arrachées au platane, pour s'amuser ou tuer le temps, et qui flottaient maintenant sur le lac tels de minuscules vaisseaux poussés par le vent du soir.

Il se leva sans se couvrir car il avait l'impression d'avoir affaire à un animal, et non à un être humain. « Qui es-tu ? lui demanda-t-il. As-tu un nom ? »

Le son du premier mot suffit à effrayer la sauvageonne. Elle sauta agilement dans les branches, puis elle bondit au sol et entreprit de gravir la paroi rocheuse. Ses membres se mouvaient avec une habileté et une grâce incroyables, apparemment sans effort et, à l'évidcncc, sans peur. Si elle vacillait de temps à autre entre deux saillies, elle en abandonnait une avec un bref ondoiement pour attraper l'autre, se hissant parfois à l'aide d'un seul bras à l'appui suivant, sans se soucier de l'abîme qui s'ouvrait sous ses pieds.

Soudain, elle disparut, engloutie par une des nombreuses niches qui constellaient la roche, laissant son observateur stupéfait et bouche bée d'admiration.

Denys ramassa la tunique sèche qu'il avait essayé de laver dans la source, il l'enfila et se dirigea d'un pas lent vers son refuge. Il y trouva son dîner habituel : du pain, du fromage, des légumes et, pour la première fois, une petite cruche de vin. Il but celui-ci avec plaisir, malgré son goût âpre, et se sentit réchauffé par ce liquide rouge foncé. Depuis qu'il se déplaçait et recouvrait ses forces, les lieux qui l'hébergeaient lui faisaient l'effet d'une prison. Il ne cessait de penser à ceux dont il souhaitait la mort : chaque instant de leurs vies était à ses yeux une insulte intolérable. Il aurait voulu partir sur-le-champ, mais il ne savait pas quelle direction prendre et il se rendait compte qu'il risquait d'anéantir les efforts de ceux qui l'aimaient encore, s'il était reconnu.

Pour passer le temps, il commença à s'entraîner en nageant dans les eaux froides de la source. Un jour, il revit la mystérieuse occupante de la vallée. Elle était assise très haut, sur une saillie de la paroi rocheuse, les pieds pendant dans le vide. Soudain, il songea qu'il pourrait l'imiter, se hisser lui aussi jusqu'à la petite grotte où il vivait depuis si longtemps.

Il entreprit d'escalader lentement la paroi, au mépris de son épaule douloureuse, s'égratignant les mains et les pieds sous le regard intrigué de la créature. Lorsqu'il eut gravi une dizaine de pieds, la jeune fille prit peur et disparut, mais Denys poursuivit son ascension en se mordant les lèvres pour réprimer la souffrance et la fatigue. Pour une raison mystérieuse, il agressait la roche nue et dure comme si le danger n'avait pas d'importance, comme s'il disputait une partie dont l'enjeu était la vie.

Bientôt, il atteignit un endroit d'où il était impossible de monter ni de descendre. En se retournant, il vit l'abîme ; sentant le vide lui écraser les poumons, la fatigue agresser ses muscles en des crampes douloureuses, il pensa qu'il ne tarderait pas à mourir au fond de ce gouffre. Mais curieusement cette éventualité ne semblait pas le concerner. Il n'avait plus peur de rien. Voilà pourquoi il fit ce que seul un homme qui ne tient pas à la vie est capable de faire : il se laissa tomber en se disant qu'il s'accrocherait à une saillie une vingtaine de pieds plus bas. Cependant, alors qu'il lâchait prise, une main se referma sur son poignet comme des serres et, avec une force incroyable, s'employa à le tirer vers le haut. La sauvageonne serrait entre ses jambes le tronc d'un figuier sauvage qui avait poussé sur la roche. La tête en bas, elle avait attrapé Denys au dernier moment en surgissant d'un recoin quelconque. Elle le hissa à un endroit où des appuis lui permettraient de continuer son chemin sans danger, puis elle abandonna le figuier et, en quelques instants, dévala la paroi rocheuse avec autant d'agilité qu'un chat sauvage, et disparut dans l'ombre du platane.

Par la suite, Denys ne la revit pas, mais il était certain qu'elle l'observait. Y compris dans son sommeil, peut-être.

Un jour, alors qu'il était presque guéri, un événement le frappa profondément : la grande fête indigène des Trois Mères. Son gardien lui ayant dit de ne pas descendre dans la vallée s'il tenait à la vie, et de rester caché dans son refuge pendant toute la durée de la cérémonie, c'est de cet observatoire privilégié, au plus haut de la paroi rocheuse, qu'il y assista.

Il vit une longue procession d'hommes et de femmes de tout âge parcourir la vallée de l'Anapos jusqu'à la source, précédés par ceux qui devaient être les prêtres. Des silhouettes vénérables de vieillards aux barbes blanches, vêtus de tuniques en laine brute qui leur tombaient jusqu'aux pieds, avançaient en s'appuyant à des cannes gravées, d'où pendaient des sonnailles en bronze qui tintaient à chaque pas. Ils étaient suivis par les représentations des Trois Mères, des statues de bois pour le moins sommaires dont il était difficile de distinguer les formes, mais qui évoquaient des femmes assises donnant leurs énormes seins à deux enfants chacune. Portée par six hommes, chaque statue se balançait au gré des dénivellations du terrain. Un groupe de musiciens armés de pipeaux, de tambourins et de sonnailles remplissait l'étroite vallée de sons stridents. Quand la procession eut atteint la source, les statues furent déposées sur le sol, à l'ombre du platane. Alors les prêtres plongèrent dans l'eau des écuelles en bois et aspergèrent les représentations des Trois Mères en entonnant un chant monotone et rythmé sur quelques notes graves et prolongées. Une fois ce rite terminé, l'homme qui présidait la cérémonie appela d'un signe une longue rangée de jeunes filles, à l'apparence très jeune. Elles s'approchaient l'une après l'autre des trois statues, s'agenouillaient devant elles et posaient le front dans leur giron, peut-être pour recevoir une bénédiction de fertilité.

La musique augmenta de volume, les chants se firent plus aigus et plus sonores. Soudain, le son d'un cor retentit et l'on vit apparaître comme sous l'effet d'un prodige un groupe de garçons. Chacun d'eux prit une jeune fille par la main et l'emmena parmi les buissons de lauriers, de myrte et de genêts. La musique des tambourins, des pipeaux et des cymbales redoubla d'intensité, se changeant peu à peu en un vacarme que les parois rocheuses amplifiaient outre mesure.

Denys pensa que ce tapage barbare accompagnait le rite de l'accouplement des garçons qui s'étaient isolés avec les jeunes vierges, et il n'était pas loin de la vérité. Ce peuple primitif, qui vivait en se satisfaisant des maigres ressources que la montagne pouvait lui offrir, célébrait ainsi ce que tous les peuples au monde célèbrent de manières diverses mais au fond identiques, l'instant le plus frénétique, le plus poignant et le plus mystérieux de l'existence humaine : l'amour qui unit un homme à une femme et qui perpétue l'espèce.

Quand, à la nuit tombée, la vallée se remplit de feux et du chant monotone des pauvres bergers, Denys pensa aux bûchers d'Agrigente et au chanteur invisible qui avait célébré son hyménée parmi les colonnes des temples resplendissant sur la colline. Le chagrin qu'il éprouvait pour sa femme violée et tuée s'aiguisa, tandis que le regret de son amour perdu se faisait plus amer.

X

Philistos vint le chercher à la fin du mois et l'accompagna incognito à Agrigente, où il demeurerait sous la surveillance de Tellias. Avant de prendre congé, il lui tendit une tablette en disant : « Un cadeau pour toi.

— Qu'est-ce que c'est ? demanda Denys.

— La liste. Complète. Il ne manque personne. Cela n'a été ni simple ni facile, mais il y a là tous les noms, y compris ceux des commanditaires. » Il salua et s'en alla.

Tellias s'approcha et posa une main sur son épaule. « Est-ce une liste de vivants ou de morts ? l'interrogea-t-il.

— De morts, répondit Denys en parcourant ces lignes. De morts qui marchent encore. Mais pas pour longtemps.

— Fais attention. La vengeance est parfois un baume pour un esprit exacerbé, mais elle peut entraîner une chaîne de sang interminable.

— Je ne crois pas. Je peux tuer bon nombre

d'entre eux. Mais eux, ils ne peuvent tuer que moi. En tous les cas, j'aurai l'avantage. »

Denys fit son retour à Syracuse de nuit, à la fin du mois suivant, et Philistos lui donna rendez-vous chez Biton. Denys étreignit ses amis sans mot dire. C'était depuis toujours sa façon de réagir à l'excès d'émotion.

« Enfin ! s'exclama Biton. Je pensais que tu ne reviendrais plus. Comment te sens-tu ?

— Mieux, maintenant que je suis à la maison.

— Il y a ici quelqu'un qui brûle de t'embrasser », annonça Philistos. Il ouvrit la porte d'une pièce qui donnait sur l'atrium. Leptine apparut. Les deux frères se dévisagèrent un moment avant de se jeter dans les bras l'un de l'autre.

« Vous avez passé de terribles épreuves, lança Philistos, et pourtant il semble que vous n'ayez rien à vous dire. »

Leptine s'écarta et regarda son frère de haut en bas. « Par les dieux, dit-il. Je m'attendais à pire ! Tu as l'air en pleine forme !

— Toi aussi, répondit Denys.

— Je suis au courant de tes mésaventures. Je le regrette. J'aurais pu...

— Ta présence n'aurait pas changé grand-chose, hélas... Je suis content de te voir.

— Moi aussi, par Héraclès ! Nous voilà réunis comme du temps de notre enfance. Tu te rappelles quand nous nous battions à coups de pierres avec les garçons de l'Ortygie ?

— Bien sûr, dit Denys en souriant.

— Eh bien, maintenant que je suis de retour, les choses vont changer... et un peu ! Il me tarde de me battre. Par qui allons-nous commencer ? »

Denys le prit à part et lui murmura quelques mots à l'oreille.

« J'ai compris, acquiesça Leptine. J'attendrai. »

Pendant quelque temps, Denys se cacha tantôt chez Iolaos, tantôt chez Doricos ou Biton, pour éviter de mettre en danger Leptine et Philistos. Il garda sa barbe et ses cheveux longs et ne sortit que la nuit, enveloppé dans une cape sous laquelle il dissimulait une épée ou un poignard, épiant les mouvements de ses ennemis, étudiant leurs itinéraires et leurs habitudes. Lorsqu'il se sentit sûr de lui, il avertit Leptine : « Je suis prêt, mais j'ai besoin de ton aide. T'en sens-tu capable ?

— Tu plaisantes ? Je ne pense qu'à ça.

— Très bien, tu m'aideras à les capturer, mais c'est moi qui me chargerai du reste... tu comprends, n'est-ce pas ?

— Bien sûr. Alors, dépêchons-nous. »

Ils s'attelèrent à leur mission cette nuit-là. Silencieux, inattendus, invisibles et inexorables, ils prirent les coupables, l'un après l'autre. Ce fut une tâche aisée car aucun d'entre eux ne s'y attendait.

Le premier se nommait Hipparque.

Le deuxième Eudoxe.

Le troisième Augias.

Denys et Leptine réussirent à les capturer vivants. Comme convenu, Denys les emmena ensuite dans le souterrain de la maison à la tonnelle. Il les allongea, pieds et poings liés, là où Arêté avait été ensevelie, puis il leur coupa les organes génitaux et les laissa mourir lentement d'hémorragie. Déformés et atténués par ces lieux, leurs cris s'élevèrent tels des gémissements de bêtes ou des plaintes de fantômes dans le cœur de la nuit. Mais au lieu d'attirer des secours, ils effrayèrent le voisinage, alimentant des racontars terrifiants qui se répandirent dans toute la ville. Deux autres hommes furent tués dans la rue alors qu'ils revenaient d'un banquet. Ils s'appelaient Clytos et Protogène. Leurs cadavres furent retrouvés dans un canal du Grand Port, enflés et à moitié dévorés par les poissons. Ils avaient eux aussi été amputés de leurs organes génitaux, mais pas par les poissons : la coupure était bien trop nette.

Se rendant compte qu'un individu cochait les noms d'une liste au fil de l'épée, les autres se réunirent pour méditer un plan de défense.

Ils étaient au nombre de six, se nommaient Philippe, Anattorios, Schédios, Callisthème, Gorgias, Callicrate, et avaient tous la main leste. Quatre d'entre eux étaient célibataires, les deux autres étaient mariés. Ils décidèrent de vivre ensemble pendant un certain temps, de s'approvisionner en armes et en nourriture. Ils établirent des tours de garde de manière à prévenir toute attaque pendant la nuit.

Ils veillaient le plus tard possible car ils craignaient l'inconscience du sommeil, trop semblable à la mort. Ils tentaient de s'encourager mutuellement, mangeaient et buvaient ; parfois ils engageaient des filles pour s'amuser, s'enivrer, copuler jusqu'à l'épuisement, oublier la menace mortelle qui pendait sur leurs têtes. Mais, tôt ou tard, la conversation retombait sur le même sujet, dont ils parlaient tantôt sur un ton moqueur et téméraire, tantôt tout bas en effectuant des gestes pour conjurer le mauvais sort.

« Nous ne nous laisserons pas tuer comme des

moutons ! disait Anattorios. Nous sommes six, et ce salaud est tout seul. De quoi avez-vous peur ?

— Seul ? rétorquait Schédios. Qui te dit qu'il est seul ? Comment a-t-il pu éliminer cinq des nôtres, des hommes qui savaient manier l'épée et le couteau, des types robustes habitués à se battre en première ligne et à porter un bouclier pendant des heures ?

— Inutile de nous perdre en bavardages, répliquait Gorgias. Nous devons juste résister et nous protéger mutuellement. Tôt ou tard, il lui faudra sortir à découvert. Alors, nous le capturerons et nous lui ferons payer ses crimes. A moins qu'il ne comprenne qu'il n'y a rien à faire et qu'il ne se résigne. Il n'a aucun intérêt à nous affronter, c'est moi qui vous le dis, aucun intérêt.

— Et puis, ajoutait Callicrate, il est possible que nous nous inquiétions pour rien. Il ne sait peut-être pas que nous y étions, nous aussi, et il pense peut-être qu'il a déjà réglé ses comptes... »

Mais, bien vite, ils se lassaient du son de leurs propres voix, et le silence les écrasait l'un après l'autre ; les images du viol se mêlaient à celles des corps de leurs camarades, enflés comme des crapauds et verts de putréfaction dans l'eau stagnante du Grand Port.

Un jour, ils allèrent jusqu'à envisager d'offrir une rançon à leur ennemi, mais cette proposition ne remporta guère de succès.

« Je ne crois pas qu'il y ait assez d'argent en ville pour calmer ce fou, avait coupé court Schédios, l'homme qui connaissait le mieux Denys. Il ne pourrait accepter qu'une seule monnaie : nos couilles, servies par exemple sur une belle assiette, comme des œufs durs. Seriez-vous disposés à vous sacrifier de la sorte ? »

Ils éclatèrent tous d'un rire gras et sinistre, et ils en restèrent là.

Ils s'en tinrent à leurs plans : chaque nuit, l'un d'eux montait la garde sur le toit, tapi dans le noir, pendant que ses compagnons dormaient, jusqu'à ce qu'un autre prenne la relève. Il s'écoula beaucoup de temps sans que rien se produise, aussi commencèrent-ils à penser que ce cauchemar était terminé et le danger éloigné.

Mais, par une nuit de pleine lune, Gorgias, qui était de garde sur le toit, fut transpercé par une flèche qu'on avait décochée avec une précision extraordinaire depuis une maison voisine. Il mourut sur le coup. Peu après la seconde ronde, des flammes s'élevèrent tout autour de la maison et se déchaînèrent bientôt, alimentées par un vent de terre. Les cinq compagnons furent brûlés vifs et l'incendie fut maîtrisé à grand-peine, avant qu'il ne se propage aux maisons voisines, grâce à l'arrivée de plusieurs centaines de personnes qui se passèrent des seaux d'eau et de sable pendant tout le reste de la nuit et le lendemain.

Restaient les deux commanditaires, qui n'entretenaient plus aucun doute sur la nature de ces morts, d'autant plus qu'on apprit que, la veille de l'incendie, trois amphores de poix avaient été volées dans les entrepôts du port, près du bassin de carénage, et qu'on avait senti une odeur de soufre se dégager au moment où le feu avait éclaté. Ils ne se faisaient donc plus d'illusions sur ce qui les attendait s'ils ne prenaient pas des mesures immédiates. Membres du parti démocrate, ces deux hommes, qui répondaient aux noms d'Eurybiade et de Pancratès, demandèrent sa protection à Daphnis, chef du parti et meneur à l'Assemblée.

« Si vous voulez mon aide, leur répondit Daphnis, dites-moi ce que vous craignez et pourquoi. Je veux tout savoir dans les moindres détails, sinon je ne bougerai pas le petit doigt. D'étranges bruits circulent à propos de ces morts, des bruits auxquels je n'aimerais pas croire, car s'ils correspondaient à la vérité je devrais intervenir pour châtier les responsables. Vous voyez ce que je veux dire ? »

Ils le voyaient très bien, et ils comprirent qu'ils devaient réagir eux-mêmes s'ils voulaient avoir la vie sauve. Ils décidèrent d'un commun accord de quitter la ville et de s'installer à Catane en espérant que tôt ou tard les eaux se calmeraient, ou qu'il leur serait possible de négocier des dommages, une rançon.

Pour éviter d'être remarqués et de perdre du temps en préparatifs, ils partirent le lendemain à l'aube, accompagnés de deux esclaves et d'une charrette pour leurs bagages. Ils s'acheminèrent sur la route de Catane en s'unissant à un groupe de marchands, qui avaient organisé un convoi composé d'un troupeau de moutons et d'une vingtaine d'esclaves à vendre au marché avec les bêtes. Ils accueillirent gaiement ces nouveaux venus car plus les voyageurs étaient nombreux moins les voleurs de grand chemin ou les brigands osaient les attaquer.

Au bout de trois jours, les deux commanditaires commencèrent à se détendre et à se rassurer. Ils avaient également fraternisé avec les marchands : ces hommes qui, à en juger par leur accent, venaient de l'ouest étaient sympathiques et gais, ils aimaient partager leurs provisions et acceptaient de bon gré l'excellent vin que leurs deux compagnons de voyage leur offraient quand on bivouaquait après le couchant.

Le quatrième jour, le convoi s'arrêta dans une petite ville où il y avait une foire. Une partie du bétail fut vendue. Le lendemain, des ouvriers à la journée qui se rendaient à Catane pour la moisson leur demandèrent l'autorisation de se joindre à eux, et l'obtinrent.

Ce soir-là, les moissonneurs abandonnèrent leurs faux et tirèrent les épées qu'ils avaient cachées sous leurs capes. Ils encerclèrent le groupe, enjoignant les marchands de s'en aller et aux deux Syracusains de jeter les armes. Puis ils leur attachèrent les mains dans le dos.

Pensant qu'ils avaient affaire à des voleurs, Eurybiade et Pancratès tentèrent de négocier. « Nous sommes prêts à payer, dit le premier. Nous avons de l'argent sur nous et nous pouvons nous en procurer d'autre rapidement.

— Nous ne voulons pas de ton argent », répondit l'un des moissonneurs, un jeune homme d'un peu plus de vingt ans aux cheveux épais et bouclés comme la toison des moutons, mais noirs comme l'aile d'un corbeau.

Cette phrase les terrifia. C'était bien connu : les hommes que l'argent n'intéressait pas étaient les plus dangereux.

« Alors, que voulez-vous ? demanda Pancratès d'une voix hésitante, l'esprit envahi par de terribles pressentiments.

— Nous ? s'exclama le garçon en souriant.

Nous, nous ne voulons rien. Adieu. » Et il s'éloigna, suivi de ses compagnons de voyage, du bétail et des esclaves. Le tintement des clochettes que portaient les moutons s'évanouit peu à peu dans le soir, et les deux amis se retrouvèrent en tête à tête au milieu de ces terres silencieuses.

« Nous avons été stupides ! dit Pancratès. C'était prévisible. Les choses se passaient trop bien.

— Et maintenant, que faisons-nous ? demanda Eurybiade.

— Essayons de nous libérer avant que d'autres brigands n'arrivent. Allez, dépêche-toi, tourne-moi le dos et détache les nœuds. Je te libérerai ensuite. »

Mais Eurybiade demeura immobile. « Laisse tomber, dit-il sur un ton résigné. Voici quelqu'un. »

En effet, on voyait une silhouette à cheval se détacher sur l'arête d'une colline. Le mystérieux personnage talonna sa monture et entreprit de les rejoindre.

« C'est terminé, dit Pancratès. Nous allons mourir comme les autres... et souffrir peut-être plus.

— Ce n'est pas sûr, répondit Eurybiade. S'ils avaient voulu nous tuer, ils l'auraient déjà fait. Il est certain qu'on nous observe depuis notre départ. Selon moi, cet homme a l'intention de négocier. »

Le cavalier mit pied à terre et se tourna vers eux. Les deux hommes le fixèrent avec effroi : il portait une cape qui lui tombait jusqu'aux pieds et un capuchon. Son visage était dissimulé par un masque du théâtre comique, qui n'amusa en rien les deux amis. Le personnage les dévisageait sans bouger ni parler, et son regard invisible les terrorisait encore plus que ne l'eussent fait ses yeux. Soudain, il tira de sous sa cape un couteau très aiguisé et dit : « Je pourrais vous tuer en vous procurant les souffrances les plus atroces et en vous amenant à maudire la chienne qui vous a mis au monde. Vous êtes d'accord ? »

Les deux compères comprirent alors pourquoi l'homme portait un masque de théâtre : non seulement celui-ci dissimulait son visage, mais il déformait aussi sa voix.

« Nous sommes d'accord, répondit Eurybiade. Mais tu nous attribues certainement des fautes dont nous ne sommes pas coupables.

— Je connais vos fautes dans les moindres détails. Au moment où je vous parle, d'autres individus subissent une juste punition non parce qu'ils ont participé à une entreprise atroce, mais uniquement parce qu'ils s'en sont vantés. Il s'agit de pauvres types qui n'ont guère d'importance. Mais vous, vous avez un poids politique qui peut constituer une monnaie d'échange. »

Eurybiade pensa qu'il valait mieux ne pas discuter de l'accusation pour ne pas irriter davantage cet être masqué, et qu'il était plus sage de passer sans tarder aux négociations. « J'ignore ce à quoi tu fais allusion, mais nous sommes prêts à écouter ta proposition, répondit-il. Parle.

— Nous pouvons donc discuter. Voici mes conditions : dans un mois, un individu que tout le monde croit mort fera son retour en ville et se présentera devant l'Assemblée sous la protection d'un père adoptif afin de reprendre ses droits de citoyenneté. Vous savez de qui je parle, n'est-ce pas ?

— Nous pensons le savoir, admit Pancratès.

— Pour que vous n'ayez pas de doutes, je vous dirai qu'il se nomme Denys et qu'il avait prétendument péri lorsque Hermocratès et ses hommes furent massacrés dans l'agora. Votre voix au Conseil sera déterminante. Je peux lui assurer qu'elle lui sera favorable, n'est-ce pas ?

— Oui, bien sûr, répondirent les deux autres à l'unisson.

— J'étais certain que nous trouverions un accord. Mais je dois vous rappeler un détail : si vous enfreignez notre pacte, votre punition sera bien pire que celle que vos tueurs ont subie. »

Il avança en brandissant son couteau, et les deux compères tremblèrent en imaginant qu'il voulait leur donner un avant-goût de ce châtiment. Mais l'inconnu coupa les liens qui attachaient leurs poignets et leurs chevilles, puis il leur tourna le dos et s'éloigna au galop, disparaissant bien vite derrière une colline.

Un mois plus tard, l'Assemblée convoquée par Daphnis discutait des préparatifs de guerre que les Carthaginois effectuaient quand Héloris se leva et demanda la parole.

« La faculté de parler t'est accordée, répondit le président de l'Assemblée.

— Citoyens et autorités, commença l'homme, il y a quelque temps alors que j'effectuais un voyage dans l'arrière-pays dans le but d'acheter des chevaux, j'ai trouvé au bord de la route un homme gravement blessé qui ne donnait plus aucun signe de vie. Je l'ai recueilli et soigné sans rien lui demander. Après avoir guéri et recouvré toutes ses forces, cet homme m'a révélé son identité. Il a déclaré qu'il s'appelait Denys et qu'il était le gendre d'Hermocratès... » Un bruissement de stupéfaction et quelques imprécations retentirent. Héloris poursuivit son récit imperturbablement. « Je ne l'avais jamais rencontré personnellement, mais je connaissais sa réputation de guerrier valeureux, l'un des plus courageux de la ville. » D'autres grognements de mécontentement s'élevèrent. Cependant, ils furent couverts par de nombreuses acclamations. La Compagnie se faisait entendre en divers points de l'Assemblée.

« Je sais pourquoi certains d'entre vous protestent, reprit Héloris. Denys s'est dressé contre sa propre patrie en participant à la malheureuse tentative de révolte d'Hermocratès, mais je vous prie d'essayer de le comprendre. Les liens du sang, son amour pour sa femme, ainsi que l'admiration qu'il éprouvait pour un homme qui avait servi la ville pendant des années avec un grand dévouement l'ont poussé à accomplir ce geste absurde. Il a reçu une dure punition : sa demeure a été dévastée, la femme qu'il aimait violée et tuée. Ne vous semble-t-il pas qu'il a assez payé pour des erreurs que son jeune âge et son inexpérience suffiraient à excuser ? Ce n'est certes pas par hasard qu'il a échappé à la mort, mais par la volonté des dieux. De plus, il a reconnu ses fautes. Je l'ai cru, je l'ai adopté et je vous demande maintenant, citoyens et autorités, de l'admettre à nouveau parmi vous, de lui rendre le droit de voter dans cette assemblée et de reprendre sa place dans les rangs des guerriers alignés sur le champ de bataille. La menace d'une autre guerre se profile à l'horizon, et la ville a besoin de tous ses enfants, surtout des plus courageux d'entre eux. »

Sur ce, Héloris conclut son intervention. Une véritable rixe éclata alors entre les partisans et les adversaires de Denys. Les membres de la Compagnie n'avaient pas manqué à l'appel, et leur présence massive eut pour effet d'intimider les opposants les plus violents, puis de les réduire au silence. On n'entendait plus que les cris : « C'est juste ! Denys est un héros », « C'est une victime, et non un coupable ! », « Nous avons besoin de son courage ! », « Rendez-lui ses droits ! »

Le dernier mot revenait au Conseil, qui se réunit en séance restreinte dans le portique qui bordait l'hémicycle.

« Nous ne pouvons pas délibérer sous une telle pression,commença Daphnis.

— Tu as raison, répondit un conseiller. Il y a trop de chahut, les partisans de Denys intimident une partie des citoyens afin qu'ils taisent leur désappointement. » L'individu qui avait parlé se nommait Démonattès, il était apparenté à l'un des hommes qui avaient été brûlés vifs dans la maison voisine du port.

« A mon avis, il n'en est rien... », hasarda Eurybiade.

Démonattès se tourna brusquement vers lui comme s'il ne pouvait pas en croire ses oreilles. « Comment ? Même un aveugle verrait ce qui se passe à l'Assemblée. Tu me surprends, toi qui réclamais avec tant d'insistance la condamnation à mort de Denys en cas de capture. »

Pancratès essaya d'appuyer son compagnon. « Les choses peuvent changer. Seuls les cailloux sont immuables, par Héraclès ! Les événements ont subi une évolution qui...

— Une évolution ? Une dizaine de personnes ont été découpées en morceaux ou brûlées vives par un cruel assassin dont il est facile de deviner l'identité ! J'irai plus loin, si vous insistez, je réclamerai officiellement une enquête sur votre compte. Votre changement d'humeur est pour le moins suspect. »

Constatant que l'atmosphère était tendue, Pancratès s'efforça d'adopter une attitude conciliante, bien décidé à repousser l'ordre du jour qui prévoyait la réadmission de Denys dans les rangs de la citoyenneté et de l'armée. Mais Eurybiade lui assena un coup de coude discret en lui indiquant du regard la partie haute de l'hémicycle. Remarquant l'expression de panique qui s'était peinte sur le visage de son ami, Pancratès posa les yeux sur la colonnade qui bordait la cavea de l'Assemblée. Il sursauta : sur une des colonnes pendait un masque du théâtre comique, celui-là même, semblait-il, que portait le mystérieux personnage qui les avait approchés dans la campagne, au sud de Catane.

Le rictus grotesque du masque leur rappela avec efficacité un pacte tacite, mais non moins contraignant. Pancratès soupira et garda le silence un instant, après avoir échangé un regard significatif avec son compagnon. Puis, alors que Démonattès reprenait son réquisitoire avec emphase, il lui murmura quelques mots à l'oreille.

Eurybiade demanda alors la parole et dit : « Il est inutile de repousser les questions que nous devrons affronter tôt ou tard. Pour éviter une situation semblable à celle de l'Assemblée, j'invite le Conseil à voter immédiatement au scrutin secret.

— J'approuve, affirma Pancratès. C'est la meilleure solution. »

Comme il n'y avait aucune raison de s'opposer à une procédure pour le moins ordinaire, personne ne refusa. L'admission de Denys fut approuvée à une seule voix de majorité et Démonattès abandonna le Conseil avec un air indigné.

Héloris apprit lui-même la nouvelle à Denys,

mais il lui conseilla de ne pas se montrer à l'Assemblée pendant un certain temps : il risquait de provoquer des rixes et des différends dont ses adversaires pourraient lui attribuer la responsabilité.

Il attendit d'être certain que la Compagnie lui eût gagné le soutien de la plupart des membres de l'Assemblée en persuadant les récalcitrants avec les bonnes et les mauvaises manières.

Il fit son entrée les joues bien rasées, les cheveux tirés derrière la nuque, vêtu d'une magnifique chlamyde bleue, et s'assit au milieu de ses amis, protégé et surveillé de tous côtés. Pancratès et Eurybiade lui adressèrent un sourire séduisant comme pour lui indiquer qu'ils étaient responsables des bonnes dispositions de l'Assemblée. Denys leur rendit leur sourire, et les deux hommes furent certains que leurs comptes étaient réglés.

Mais ils se trompaient.

Un soir, peu après le crépuscule, Pancratès fut capturé tandis qu'il sortait d'un banquet avec des amis. Il fut attaché et bâillonné, enveloppé dans une cape et conduit dans le souterrain de la maison à la tonnelle. Deux soirs plus tard, Eurybiade fut amené au même endroit en pleine nuit. Il avait entendu son chien aboyer et s'était levé avec une lanterne pour voir ce qui se passait. Il entendit l'animal glapir une dernière fois. Quand il vit ses esclaves ligotés à la grille et bâillonnés, il comprit – trop tard – de quoi il retournait : quatre hommes armés lui sautèrent dessus, l'étourdirent d'un coup de gourdin et le fourrèrent dans un sac.

Il se réveilla dans le souterrain de la maison à la tonnelle ; à ses côtés, Pancratès, pâle comme un linge, le fixait d'un regard terrifié ; face à eux, se tenait Denys, debout, l'épée au poing. « Mais, nous avions conclu un pacte... balbutia-t-il.

— Je ne m'en souviens pas.

— L'homme au masque comique... c'était toi... ou l'un de tes amis. Il nous a promis la vie sauve en échange de notre voix en ta faveur à l'Assemblée.

— Je n'ai jamais porté de masque de toute mon existencc. Je me montre toujours à visage découvert à mes ennemis.

— Mais nous t'avons aidé, dit Pancratès tandis que son compagnon sanglotait doucement.

— C'est vrai. Voilà pourquoi vous aurez droit à une mort rapide. Ne me blâmez pas : si j'écoutais mon cœur, je vous tuerais lentement et vous donnerais en pâture aux chiens. Vous n'imaginez pas le spectacle qui s'est offert à mes ycux lorsque j'ai franchi le seuil de cette maison après le massacre dans l'agora, ce que j'ai éprouvé en voyant le corps nu et supplicié de ma femme. Ceux qui l'ont torturée et violée ont au moins admis leurs responsabilités, mais vous, vous n'avez même pas cu ce courage.

— Je t'en conjure, insista Eurybiade. Tu commets une errcur. Nous n'avons rien à voir là-dedans, nous ne sommes pas coupables de ce qui s'est passé. Nous regrettons... nous pouvons comprendre ta rancœur, mais je t'assure que nous n'en sommes pas responsables, crois-moi... Au nom des dieux, ne te souille pas du sang de deux innocents ! »

Denys s'approcha. « Il se peut que je me trompe, et dans ce cas j'affronterai le jugement des dieux. Mais l'ombre d'Arêté doit être apaisée. Adieu. »

Il les transperça, l'un après l'autre, d'un coup net à la base du cou.

Leurs corps ne furent jamais retrouvés.

Deux jours plus tard, Philistos rejoignit Denys dans une oliveraie du côté des Epipoles. « Tu m'avais promis que tu les épargnerais si tu étais réadmis en ville, lui lança-t-il d'un ton sévère.

— J'ai menti », répondit Denys avant de s'en aller.

XI

Au cours de l'été, l'attention des autorités et du peuple syracusains fut distraite par les nouvelles menaçantes que les informateurs diffusaient aussi bien de Carthage que de Grèce, et les règlements de comptes locaux passèrent bien vite au second plan. On apprit que les Carthaginois avaient envoyé une ambassade à Athènes pour persuader le gouvernement de la ville de poursuivre la guerre contre les Spartiates alors même que le meilleur général athénien, Alcibiade, s'était enfui en Asie. De cette façon, Sparte ne pourrait voler au secours de Syracuse lorsque Carthage déciderait d'attaquer. Par la suite, on apprit également qu'une délégation athénienne avait rencontré les généraux carthaginois sur le sol sicilien. Les Athéniens nourrissaient une telle haine à l'encontre de Syracuse qu'ils auraient conclu un pacte avec n'importe qui pour nuire à la ville qui les avait repoussés et vaincus sept ans plus tôt.

Le gouvernement syracusain protesta contre ces

préparatifs de guerre par une note officielle, sans obtenir toutefois la moindre réponse. Daphnis envoya alors une flotte de quarante navires dans l'ouest de la Sicile afin de reconstruire du mieux possible le port de Sélinonte et de s'opposer à un débarquement carthaginois. Au cours d'un premier affrontement, les Syracusains coulèrent une quinzaine d'embarcations ennemies, mais lorsque Hannibal déploya ses quatre-vingts navires de guerre, Daphnis enjoignit la flotte de se retirer pour éviter qu'elle ne soit anéantie et constitua une ambassade pour demander de l'aide aux Grecs d'Italie et aux Spartiates. Ces derniers dépêchèrent un général du nom de Deuxippe, accompagné de mille cinq cents mercenaires. Il débarqua à Géla et rallia Agrigente, où il prit également le commandement des huit cents mercenaires campaniens que Tellias avait détournés de Carthage en leur versant une somme généreuse.

Hannibal se présenta aux portes de la cité au début du printemps. Il était désormais âgé, aussi l'avait-on flanqué de son cousin Himilcon, plus jeune et plus énergique. Il plaça une division à l'est d'Agrigente, pour prévenir les incursions de ce côté, et construisit un camp retranché à l'ouest en démolissant les tombes monumentales de la nécropole afin d'élever une rampe d'assaut contre la muraille.

A l'intérieur des murs, personne ne semblait croire à la menace de l'armée qui avait déjà anéanti Sélinonte et Himère : les provisions étaient abondantes et les remparts, bâtis sur un socle rocheux qui dominait la plaine, étaient presque inaccessibles. En outre, on savait que Daphnis ne tarderait pas à se présenter à la tête de l'armée confédérée. L'atmosphère était si détendue que les chefs de l'armée durent diffuser un ordre qui précisait que les sentinelles de garde sur les remparts ne pouvaient pas disposer de plus d'un matelas et de deux oreillers par personne. De temps à autre, la cavalerie effectuait des sorties, attaquant les détachements isolés qui parcouraient le territoire à la recherche de foin pour les chevaux et de denrées alimentaires pour les soldats.

Rapidement, l'été se fit torride, rendant insupportable la puanteur des ordures et des excréments des soixante mille hommes et cinq mille chevaux amassés au pied des remparts, dans un endroit humide et peu aéré.

Chaque matin, Tellias montait sur le chemin de ronde pour observer la plaine, profitant de l'heure où le vent de terre balayait cette odeur répugnante. La ville était encore endormie, et le dernier piquet de garde laissait la place à la garnison de jour. Le soleil naissant illuminait progressivement le grand sanctuaire d'Athéna, sur l'acropole, puis les maisons, les jardins, les portiques à colonnades et enfin l'immense masse du temple de Zeus encore en construction. Les travaux n'avaient pas été interrompus et les sculpteurs étaient encore à l'œuvre sur le grand fronton qui représentait la chute de Troie : au fil des jours, l'enchevêtrement des membres héroïques adoptait des formes et des contours de plus en plus nets. Seules les silhouettes des dieux, immenses et dotées d'un regard impassible, avaient été achevées ; certaines se teintaient déjà des couleurs vives que les peintres étendaient sur les visages et les membres, sur les chevelures et les vêtements. Les Géants de la colonnade semblaient tendre leurs muscles dans l'effort titanesque de supporter le poids de l'architrave historiée ; les dorures des acrotères brillaient sous les rayons matinaux, et des nuées d'ibis roses quittaient l'embouchure de l'Acragas en passant sous les amandiers et les oliviers de la vallée.

Ce spectacle était si enchanteur, l'harmonie des ouvrages de l'homme et des œuvres de la nature si sublime que la vue de la stupidité humaine, qui mettait en péril par la guerre de telles merveilles, emplissait Tellias d'une profonde angoisse, d'un pressentiment de fin imminente. Le souvenir d'Arêté lui revenait sans cesse à l'esprit : elle aimait Agrigente, cette ville excessive en tout, remuante et avide de vie, elle désirait un avenir d'épouse aux côtés de l'homme qu'elle avait choisi pour compagnon. Il pleurait en son for intérieur sa mort cruelle, et la pensée que Denys avait exercé sa vengeance avec tout autant de cruauté ne lui était d'aucune consolation.

Il n'avait qu'un seul espoir : qu'Agrigente survive. Et il récitait tout bas les vers de Pindare, comme une prière. Agrigente... grande et lumineuse sur son rocher, le scintillement lointain de la mer, les bois de pins et de chênes, les oliviers plantés par les pères fondateurs, le feu sacré qui n'avait jamais cessé de brûler sur l'acropole depuis qu'il y avait été allumé : tout cela pouvait-il être effacé d'un seul coup comme si cela n'avait jamais existé ? Etait-ce possible ? Le destin de Sélinonte et d'Himère allait-il se perpétuer et se répéter à l'infini ?

Un jour, alors qu'il était plongé dans cette contemplation et dans ses pensées, Tellias sursauta en entendant les voix des généraux qui dirigeaient l'armée. Ils se moquaient de l'ennemi, qui apparaissait lointain et impuissant. Ses navires, rapetissés par la distance, semblaient aussi inoffensifs que les minuscules barques avec lesquelles les enfants jouaient dans le grand bassin, au fond de la vallée. Ils étaient tellement sûrs de l'emporter... Ils devaient certainement avoir de bonnes raisons de l'être. L'un deux disait : « Regardez-les, ils campent dans leur merde ! Ils croient peut-être nous obliger à capituler par leur puanteur ! »

Quand la peste éclata dans le camp carthaginois, fauchant des milliers et des milliers d'hommes, répandant le découragement dans les rangs ennemis, on pensa que les prévisions les plus optimistes se révélaient justes. La fumée des bûchers, conjuguée avec l'odeur insupportable de la chair brûlée, infesta l'air sur une vaste portion du territoire environnant. Hannibal lui-même tomba malade et mourut, et lorsque la nouvelle arriva en ville, les Agrigentins exultèrent en croyant que les Carthaginois lèveraient le siège et regagneraient leurs terres.

Tellias, qui avait repris courage, organisa une mise en scène pour le moins efficace. Il recruta des acteurs du théâtre tragique auxquels il ordonna d'errer la nuit, pareils à des fantômes, parmi les ruines des tombes que les Carthaginois avaient détruites en poussant de grands gémissements et en proférant d'horribles malédictions en langue punique. Des lumières tout aussi spectrales furent allumées dans les cimetières par les nuits sans lune, et d'autres apparitions épouvantables effrayèrent les auxiliaires qui battaient les sentiers sombres à la recherche de fourrage ou de denrées alimentaires. Une terreur superstitieuse troubla ultérieurement les troupes carthaginoises au point que plus personne ne voulait sortir la nuit.

Mais Himilcon n'était pas un imbécile. Il convoqua des devins et leur ordonna de trouver un remède pour apaiser les esprits des morts de la manière la plus impressionnante et la plus spectaculaire qui fût. Après avoir interrogé le destin, ceux-ci déclarèrent qu'on pouvait offrir un sacrifice humain.

Un pauvre garçon indigène, réduit en esclavage au cours de la campagne précédente, fut égorgé sur l'autel et jeté à la mer. Après quoi, Himilcon annonça que les esprits étaient satisfaits et que les choses changeraient. Deux averses torrentielles chassèrent la saleté qui entourait le campement et la situation s'améliora, confirmant la prophétie des devins et les promesses du commandant, qui relança les travaux de construction de la rampe.

Tellias en observait les progrès avec inquiétude.

A Syracuse, Denys avait reconquis une position prestigieuse, et quand l'armée confédérée – forte de vingt mille Syracusains, dix mille mercenaires et vingt mille Italiens des villes alliées – fut prête à se mettre en marche, il revêtit le grade d'aide de camp de l'état-major.

La nuit qui précéda le départ, on exhuma la dépouille d'Arêté pour la placer dans une tombe magnifique que Denys avait fait construire au-delà de la porte ouest, près de la route qui menait à Camarine. Son corps étant incroyablement intact, il interpréta ce prodige comme un signe des dieux – et non comme un effet de la salinité du terrain, ainsi que le pensait Philistos –, comme un événement miraculeux que sa vengeance avait rendu possible.

Les funérailles furent célébrées en cachette, ou presque, à la tombée de la nuit. Quand la dalle de calcaire massive retomba sur la sépulture, Denys resta seul pour parler à son épouse en espérant qu'elle lui répondrait. Il finit par s'endormir au pied de la tombe, épuisé par la fatigue et par la veille. Il rêva qu'il tombait du rocher sur la fontaine de cristal, qu'il tombait sans respirer, en une sorte d'abandon infini et poignant.

Il fut réveillé par Leptine qui s'était transformé en une sorte de garde du corps et qui le suivait partout, ni de trop loin ni de trop près. « Allons, lui dit-il, rentrons à la maison. »

L'armée confédérée s'ébranla le lendemain avant l'aube : les Syracusains devant, puis les mercenaires et les alliés italiens ; la cavalerie sur les côtés. Daphnis marchait en tête avec l'état-major et Denys. Leptine cheminait un peu plus loin avec son groupe d'éclaireurs. La cavalerie à proprement parler était exclusivement composée d'aristocrates, qui ne toléraient aucune autre présence dans leurs rangs.

Ils parcoururent la distance qui séparait Syracuse d'Agrigente en l'espace de sept jours, toujours informés par la flotte qui avançait de conserve, débarquant de temps à autre des dizaines de chaloupes chargées de provisions, qui allaient et venaient pendant des heures entre les navires et la terre ferme.

Ils arrivèrent aux environs de la ville le soir du septième jour et installèrent leur campement non loin du détachement orientalde l'armée carthaginoise. Denys partit en reconnaissance avec Leptine, Biton, Doricos et d'autres membres de la Compagnie. Il évalua le nombre des forces ennemies à trente-cinq mille hommes. Il remarqua également que la ville n'était nullement inaccessible et il réussit à comprendre la stratégie de l'ennemi : le détachement oriental qui se tenait devant l'armée confédérée devait arrêter les secours venus de Syracuse, tandis que le gros de l'armée préparait l'assaut final avec des machines de guerre et des béliers à partir de la rampe désormais achevée.

Avant la tombée de la nuit, il se rendit au nord des remparts, derrière la nécropole occidentale d'où l'on pouvait voir la rampe qui avait à présent atteint la plate-forme naturelle sur laquelle se dressait la ville. Pour protéger leurs hommes contre les tirs des archers, les Carthaginois avaient monté une sorte d'auvent mobile sur roues, recouvert de peaux non tannées et ignifuges.

Quand il regagna le campement, il apprit que la réunion de l'état-major était en cours, et il s'y présenta sans tarder.

« Avant tout, commença Daphnis, nous devons attaquer la division orientale de l'armée d'Himilcon. Elle se trouve en rase campagne, sur un terrain relativement plat. Nous donnerons l'assaut à l'aube pour profiter de la fraîcheur. Formation fermée, profondeur de huit rangs. Nous autres au centre avec les alliés siciliens. Les alliés italiens à droite, les mercenaires à gauche. La cavalerie des deux côtés.

— Et si l'armée d'Himilcon nous attaque alors que nous sommes en plein combat ? demanda Denys. Je propose de placer des détachements de cavalerie sur le terrain qui nous sépare du camp retranché des Carthaginois à l'ouest, afin qu'ils nous avertissent en cas de mouvement. »

Le commandant de la cavalerie, un aristocrate de haut lignage dénommé Cratippe, lui lança un regard agacé comme s'il venait de prononcer une insulte. « Tu ne me sembles pas avoir la moindre autorité pour décider de l'emploi de la cavalerie, dit-il sur un ton méprisant.

— Agissez donc à votre guise, rétorqua Denys. Mais, à mon avis, il n'y a rien de pire que de rejeter une proposition sensée pour des questions de principe. Si les choses dépendaient de moi, je t'aurais déjà mis aux arrêts avec l'accusation la plus grave qui soit en temps de guerre : la stupidité. »

Abasourdi, Cratippe s'apprêtait à tirer son épée pour laver cette offense dans le sang, quand Daphnis mit fin à cette querelle d'un coup de poing sur la table. Philistos, qui assistait à la réunion en qualité de conseiller, ne parvint pas à réprimer un sourire méchant.

« Nous disposerons des estafettes, dit Daphnis. Nous devons savoir ce qui se passe au-delà de notre ligne de combat.

— Puis-je parler ? demanda Denys.

— Oui, à condition que tu n'injuries personne, répondit Daphnis.

— Nous sommes-nous entendus avec les Agrigentins, à l'intérieur de la ville ?

— Non. Pourquoi ?

— Pourquoi ? s'écria Denys. Mais c'est une folie ! Comment sauront-ils ce qu'il faut faire ? Et comment pourrons-nous profiter de l'appui, peut-être déterminant, des milliers de guerriers bien armés et bien équipés qui se tiennent derrière les remparts d'Agrigente ?

— Ce ne sera pas nécessaire, répondit Daphnis d'un ton sec. Nous n'avons pas besoin d'eux, et je me méfie de leurs mercenaires campaniens : ils étaient au service des Carthaginois, qu'ils combattent maintenant, et ils pourraient très bien passer à l'ennemi au cours de la bataille. Demain, nous attaquerons et vaincrons ces Barbares. Nous attendrons ensuite l'occasion favorable pour attaquer le camp retranché et repousser nos ennemis à la mer. Je n'ai rien à ajouter. Vous pouvez partir. On ne sonnera pas le réveil, on se transmettra la consigne d'homme à homme. Le mot d'ordre est "Acragas". Bonne chance. »

Denys regagna sa tente, se changea, jeta sur ses épaules une cape sombre et quitta le campement par l'ouest, accompagné de Leptine, sous prétexte d'effectuer une ronde dans les postes de garde. Une fois hors de vue, il s'élança avec son frère dans l'épais bois d'yeuses qui léchait le pied de l'escarpement sur lequel s'élevaient les remparts d'Agrigente. Lorsqu'il fut assez près, il ordonna à Leptine de l'attendre pour lui ménager une retraite. Puis il interpella la sentinelle qui faisait les cent pas sur le chemin de ronde.« Hé, cria-t-il. Hé, toi !

— Qui va là ? s'écria la sentinelle.

— Je suis un soldat syracusain. Je suis seul, laisse-moi entrer, je dois parler à tes chefs.

— Attends, dit l'homme avant d'appeler l'officier du piquet.

— Que veux-tu ? lui demanda l'officier en se penchant prudemment au-dessus du parapet.

— Je dois entrer, vite, répéta Denys. Je suis syracusain, il faut que je parle à vos chefs.

— Comment t'appelles-tu ?

— Denys.

— As-tu des relations en ville ?

— Oui. Un homme très connu du nom de Tellias.

— Tourne à droite jusqu'à ces buissons, dit l'officier. Ils dissimulent une poterne, je t'envoie quelqu'un. Attention, si tu essaies de nous jouer un mauvais tour, tu es un homme mort. »

Denys s'exécuta. Il entra dans la ville où il rencontra un groupe d'officiers.

« Qui t'a envoyé ? l'interrogea un des généraux, un quadragénaire à la barbe très soignée, dont l'armure évoquait plus une tenue de parade qu'une protection de combat.

— Personne. Je suis venu de mon propre chef.

— Quoi ? » s'exclama l'officier. Puis il ajouta à l'adresse de ses voisins : « Cet homme ne me plaît pas, il pourrait très bien s'agir d'un espion. Je propose que nous l'enfermions jusqu'à ce que nous en sachions plus long sur son compte. »

Mais une voix retentit derrière le petit groupe : « Je me porte garant de ce garçon ! » Tellias gravissait la pente, le souffle court, en tenant le bord de sa robe pour éviter de trébucher et en avançant aussi vite que sa masse le lui permettait. Les quatre généraux se tournèrent vers lui. « Comment ? lança-t-il en s'essuyant le front, vous ne le reconnaissez pas ? C'est Denys, le héros qui a conduit jusqu'à nous les réfugiés de Sélinonte et qui s'est battu comme un lion sous les remparts d'Himère. Parle, mon garçon, nos valeureux généraux sont tout ouïe. »

Il n'y eut aucune protestation tant le prestige et l'autorité de l'homme qui avait enrôlé à ses frais un millier de mercenaires étaient grands.

Denys prit la parole : « Etes-vous certains qu'il n'y a pas d'espions parmi vous ?

— Mais comment oses-tu... répliqua l'officier qui avait parlé le premier.

— Ce garçon a raison, rétorqua Tellias. Réunissons-nous dans le temple d'Athéna, où nous pourrons parler sans risquer d'être entendus. Les espions ont toujours existé, et nombre de villes sont tombées à cause de trahisons. Inutile de vous scandaliser. »

Le temple était déjà éclairé pour la nuit, et le petit groupe se plaça dans un coin isolé de la cella, derrière la statue du culte.

« En un certain sens, dit Denys, je pourrais être considéré comme un espion. » Les généraux se dévisagèrent avec surprise, mais Tellias invita son ami à poursuivre. « Oui, un espion allié. Mes chefs ne vous ayant pas envoyé de délégation afin de coordonner nos actions, j'ai cru bon de venir vous exposer moi-même la situation. Notre armée est composée de cinq mille hommes bien armés et bien entraînés. Vous pourrez voir la flotte demain depuis les glacis : environ trente trières et une dizaine d'unités de transport. Daphnis a l'intention d'attaquer juste avant l'aube la division carthaginoise qui se trouve devant nous pour concentrer ensuite nos forces réunies sur le camp retranché. C'est alors seulement qu'il vous demandera votre aide, je suppose.

— Ton attitude mérite le châtiment le plus sévère », déclara un officier, plus âgé que le premier, grand et maigre, revêtu d'une armure de cuir noir décorée de boucles en argent. Jamais Denys n'avait vu de généraux aussi élégants. « Tu as pris une initiative dangereuse sans consulter tes supérieurs, en courant le risque d'être capturé par l'ennemi et donc de révéler des secrets militaires importants, tu as...

— J'ai fait ce qui était juste pour sauver cette ville, l'interrompit Denys avec un geste péremptoire de la main, en risquant ma vie et non celle des autres. Car j'en ai déjà vu deux tomber et je ne veux pas qu'Agrigente soit la troisième. Faites ce que bon vous semble, je vous ai avertis. Si je commandais l'armée agrigentine, j'ordonnerais à mes hommes de prendre à revers l'ennemi qui nous fait face et de l'anéantir. Il suffira de laisser un détachement sur les remparts : après avoir vaincu, nous assaillerons ensemble le camp retranché à l'ouest de la ville. Si les Carthaginois essayaient d'attaquer en profitant des faibles forces demeurées en ville, nous les écraserions contre la base des murs. Oui, voilà ce que je ferais, mais c'est à vous de décider. Je voulais seulement vous en informer. Si vous n'avez pas d'autres questions ou de message à me confier, je regagne le campement avant qu'on s'aperçoive de mon absence et qu'on me mette aux fers. Je ne veux pas rater le spectacle qui nous attend demain.

– Je propose d'arrêter cet homme, dit un troisième officier, un aristocrate à l'ancienne, à en juger par ses cheveux longs tirés en chignon au sommet de sa tête. Nous le livrerons à son commandant à la fin de la guerre et nous verrons alors s'il fait encore le fanfaron. »

Denys s'approcha et plongea les yeux dans les siens. « Essaie donc », dit-il.

Tellias dut intervenir pour ramener le calme. « *Heghèmones*, je vous en prie, il n'y a aucune raison de prendre des décisions aussi graves. Vous avez reçu la visite informelle d'un officier allié, voilà tout. Qu'y a-t-il d'étrange à ça ?

— Attaquez dès que nous occuperons l'ennemi, dit alors Denys en reculant et en dévisageant les quatre généraux, l'un après l'autre. Attaquez sans attendre un instant. Adieu. »

Il tourna le dos, avant de revenir sur ses pas et de se planter devant Tellias. A son long regard, son vieil ami comprit qu'il aurait aimé lui dire beaucoup de choses mais qu'il n'y arrivait pas.

Il abattit la main sur son épaule. « Va, maintenant. Nous aurons tout le temps de parler quand nous aurons réglé cette affaire. »

Denys s'éloigna sans mot dire, comme chaque fois que son cœur était envahi par d'obscures inquiétudes. Tellias écouta le bruit de ses pas qui résonnaient entre les murs du grand sanctuaire.

« Comment cela s'est-il passé ? demanda Leptine quand il vit apparaître Denys tel un fantôme.

— Mal », répondit celui-ci.

XII

Himilcon fut informé au moment opportun de l'arrivée et de l'ampleur de l'armée confédérée. Il appela des renforts : des mercenaires ibériques et campaniens prirent position pendant la nuit, traversant en silence les bois qui s'étendaient entre la ville et la mer.

Quant à Daphnis, il aligna son armée avant le lever du soleil sur la rivière Himère, ordonnant sans tarder à ses hommes de la guéer et de se placer derrière le campement ennemi.

L'armée avança en colonne puis se disposa frontalement sur huit rangs en effectuant une large manœuvre. A gauche de l'alignement, Daphnis transmit lui-même le mot d'ordre, qui se répandit rapidement entre les rangs, atteignant bientôt l'autre extrémité. L'un après l'autre, les hommes levaient leur bouclier et baissaient leur lance, si bien qu'on avait l'impression de voir une vague de bronze se propager d'un bout à l'autre de cette imposante formation.

Un silence chargé de tension s'ensuivit, tandis que la fine ligne lumineuse qui se profilait à l'est s'élargissait progressivement avant d'éclairer le sol. L'attaque était censée commencer au moment où les hommes apercevraient leur ombre, aussi fixaient-ils les yeux sur la terre en attendant que leur silhouette apparaisse. Soudain, les ombres se dessinèrent nettement sur le terrain. Au même instant, les trompettes sonnèrent, les officiers poussèrent le cri de guerre, que les soldats répétèrent à tue-tête, et la puissante phalange chargea.

On entendit bientôt résonner le son prolongé des cors, et l'armée carthaginoise se lança à son tour à l'attaque, emmenée par les mercenaires libyens et campaniens qui avaient livré d'innombrables batailles sous de nombreux étendards. Les premiers avaient revêtu des plaques métalliques sur leurs tuniques blanches et coiffé un casque en cuir à crête rouge ; les seconds arboraient d'épais corsets en peau, des casques surmontés de cimiers spectaculaires à trois panaches, et brandissaient de grands boucliers peints. Ils avançaient en criant et en décochant des essaims de flèches et des nuées de pierres au moyen de leurs terribles frondes. A chaque vague, les membres de la phalange levaient leurs boucliers pour parer la grêle de coups qui crépitaient sur le bronze, puis ils reprenaient leur course afin de hâter le moment de l'impact, qui se produisit avec un vacarme effroyable à un demi-stade du campement ennemi. Les deux alignements s'effondrèrent l'un sur l'autre, la masse métallique des lances et des boucliers grecs s'abattit telle une avalanche sur les Libyens, les Ibériques et les Campaniens, plus habiles et plus expérimentés dans les combats individuels, mais moins résistants aux chocs compacts du front. Le tête-à-tête s'éternisa tandis que la lutte se faisait acharnée et sanglante, puis la ligne carthaginoise commença à céder du terrain sous la poussée des adversaires, parsemant le sol de morts et de blessés. Ceux-ci étaient achevés à la lance par les guerriers des derniers rangs au fur et à mesure qu'ils avançaient derrière leurs compagnons.

Un grand nombre de soldats s'étaient amassés sur les glacis d'Agrigente. Ils encourageaient leurs alliés à tue-tête, comme si ceux-ci pouvaient les entendre dans la fureur et le fracas du combat. Mais ces cris parvenaient au camp retranché, où ils semaient le découragement et la peur.

Constatant que les troupes d'Himilcon perdaient du terrain, les guerriers agrigentins se rassemblèrent autour de leurs officiers en les priant d'ouvrir les portes et de les lancer dans la mêlée : ils prendraient ainsi les ennemis à revers et les anéantiraient définitivement.

« Qu'attendons-nous ? hurlaient-ils. Dépêchons-nous et terminons-en une fois pour toutes !

— Tuons-les tous !

— Vengeons Sélinonte et Himère ! »

Un général, qui portait le nom de Cratippe, tenta de les calmer. « Silence ! s'exclama-t-il. Taisez-vous ! Ecoutez-moi ! »

Le tumulte sembla s'affaiblir, mais le bruit de la bataille emplissait les hommes d'une frénésie incontrôlable, d'une grande excitation qui transparaissait sur les visages, dans les regards et le frémissement des membres. Ils voulaient tous participer à cette fête féroce, à cette tuerie cruelle, avant qu'elle ne s'achève.

« Ecoutez ! répéta Cratippe. Si nous sortons maintenant, la ville sera dégarnie et nous commettrons l'erreur qui condamna Himère. Himilcon pourrait quitter le camp retranché, attaquer en notre absence et prendre Agrigente au premier assaut. Vous en rendez-vous compte ?

— Assez ! Nous voulons nous battre ! s'écria un soldat.

— Quel genre d'officiers êtes-vous ? hurla un autre. Vous ne savez même pas conduire vos hommes au combat ! »

Tandis qu'on discutait, le bruit se répandit qu'on tentait une sortie pour balayer les Barbares de la terre agrigentine. Des milliers et des milliers de guerriers, déjà armés de lances et de boucliers, se pressèrent en pestant et en faisant du tapage. Les soldats qui se tenaient sur le chemin de ronde, et qui pouvaient donc voir ce qui se passait dans la plaine, criaient encore plus fort, comme s'ils étaient au stade ou à l'hippodrome, et ce vacarme s'élevait jusqu'au ciel.

Craignant de perdre le contrôle de la situation, Cratippe appela un de ses aides de camp, un jeune homme d'environ trente ans dénommé Argéos, et lui parla à l'oreille. « Va immédiatement au quartier général des mercenaires campaniens, ordonne-leur de barrer et d'occuper toutes les portes. Nous ne pouvons pas permettre aux hommes de sortir en désordre et de laisser la ville sans défense. Vite ! »

Argéos s'élança en se frayant à grand-peine un chemin parmi la foule qui le couvrait d'insultes : « Couards ! Lâches ! Vendus ! »

Un certain temps s'écoula avant que l'ordre soit exécuté, et quand un groupe de soldats rejoignit cette assemblée improvisée en annonçant que les portes avaient été barrées et occupées, un cri monta de la muraille : « Regardez ! Vite, venez voir ! »

A ces mots, les guerriers gravirent les échelles d'accès au chemin de ronde et se penchèrent au-dessus des parapets : l'armée punique était en déroute, les Carthaginois couraient vers le camp retranché. Un hurlement d'exultation sauvage retentit, mais il fut bientôt suivi par des exclamations de déception : Daphnis retenait ses hommes, craignant à l'évidence de tomber dans une embuscade, comme Dioclès à Himère. Si les soldats agrigentins avaient été plus près, ils auraient vu et entendu Denys, aligné à l'aile droite, couvert de sang, hurler comme un possédé ce qu'ils hurlaient eux-mêmes, à savoir qu'il fallait avancer et exterminer l'ennemi jusqu'au dernier homme.

Il n'en fut rien. La formation confédérée s'immobilisa au son des trompettes, permettant au gros de l'armée carthaginoise de s'abriter à l'intérieur du camp retranché.

Alors, les Agrigentins se résignèrent : près de deux stades les séparaient des confédérés, et il était absurde d'attaquer seuls. Non sans amertume, ils virent s'évanouir l'espoir d'anéantir la menace qui pesait sur eux.

Mais bien vite la déception fit place à la frustration puis à la colère. Les guerriers se réunirent autour de leurs chefs et se mirent à les invectiver : « Vous vous êtes laissés corrompre ! », « Combien le Barbare vous a-t-il payés ? », « Traîtres ! », « Espèces de vendus ! »

Tellias tenta d'apaiser les esprits. « Calmez-vous ! Vous ne pouvez lancer ces accusations sans fondement ! » Mais sa voix faible et rauque se perdit dans le vacarme croissant.

Des pierres commencèrent à voler, et nombre d'entre elles touchèrent leur but. Frappé à la tête, Cratippe s'écroula, bientôt suivi de trois autres officiers, qui occupaient le commandement suprême des grandes unités de l'armée. Seul Argéos, le jeune homme qui avait disposé des garnisons de mercenaires aux portes de la ville, échappa à la fureur des soldats. A son arrivée, les quatre généraux étaient déjà morts et à moitié ensevelis sous un tas de pierres. Les individus qui les avaient lapidés formaient un cercle autour des cadavres, ils ne lui prêtèrent pas attention lorsqu'il s'approcha, le visage blême.

A présent, les soldats étaient envahis par l'amertume, le dégoût et la certitude que cette justice sommaire était la chose la plus injuste qui fût, qu'ils avaient trop sévèrement puni l'indécision ou la simple stupidité de leurs chefs.

L'affrontement avait été très dur, et les Carthaginois avaient laissé près de six mille soldats sur le champ de bataille. Les pertes de l'armée confédérée s'élevaient à un peu moins de trois cents hommes, mais la frustration était grande parmi les combattants qui avaient vu leur échapper une victoire décisive.

Denys se précipita vers Daphnis en criant : « Pourquoi nous as-tu interdit de continuer ? Pourquoi nous as-tu arrêtés ? Cela s'appelle de la lâcheté, cela...

— Un mot de plus, et je te fais passer par les armes. Maintenant ! »

Denys se mordit la lèvre et rentra dans les rangs en se consumant de rage.

Daphnis ne songea même pas à attaquer le camp retranché – défendu par une fosse, un rempart et une palissade –, il conduisit ses hommes dans le campement oriental que les ennemis avaient abandonné dans leur fuite. Cette nuit-là, une délégation d'Agrigentins vint raconter ce qui s'était produit en ville et comment les chefs de l'armée avaient été punis. Daphnis frissonna et ne sut que répondre.

Denys intervint. « Si tu m'avais écouté, cela ne serait pas arrivé, et à l'heure qu'il est Himilcon serait en fuite sans plus d'espoir de se sauver.

— Personne ne peut faire de prophéties, répondit Daphnis. A la guerre, il n'y a pas de plus grande vertu que le calme. A présent, nos ennemis sont sur la défensive, enfermés dans leur campement. Et nous, nous contrôlons toutes les voies d'accès et de sortie. Sans ravitaillement, ils mourront de faim. Privés de nourriture et de paie, leurs mercenaires se révolteront et c'en sera fini d'Himilcon. »

Pendant un certain temps, les faits semblèrent donner raison à Daphnis. La saison était à présent avancée, et l'on annonça – personne ne put dire par la suite qui avait été à l'origine de ces bruits – que les navires carthaginois concentrés à Palerme avaient déjà regagné les bassins d'entretien, ou avaient été tirés au sec, et qu'ils ne prendraient pas la mer avant le printemps suivant. La flotte syracusaine était, quant à elle, parfaitement efficace, elle continuait de ravitailler l'armée.

Chaque fois qu'Himilcon envoyait un détachement à la recherche de provisions ou de fourrage, la cavalerie syracusaine se lançait aussitôt à sa poursuite et l'anéantissait. On attendait la reddition d'un jour à l'autre, d'autant plus que l'hiver avait commencé.

En prévision du mauvais temps et des difficultés de navigation justement, on crut bon d'approvisionner une dernière fois Agrigente en blé et autres vivres. Mais quand la flotte syracusaine arriva, elle se trouva nez à nez avec près de cinquante navires carthaginois sur le pied de guerre.

L'issue de la bataille était déjà fixée : chargées de denrées, les embarcations syracusaines étaient particulièrement lentes, alors que les bateaux carthaginois – démâtés, plus nombreux et aidés par un vent favorable –, avaient tout loisir de se lancer à l'attaque avec une rapidité et une capacité de manœuvres infiniment supérieures.

Les quelques navires syracusains en mesure de contre-attaquer furent presque aussitôt mis hors de combat, les autres furent contraints d'accoster juste derrière le camp retranché. Epuisés et prêts à déserter, les mercenaires d'Himilcon les pillèrent. Ils transportèrent à l'intérieur des fortifications le blé destiné à Agrigente, après avoir massacré les équipages.

Cet événement bouleversa l'issue de la guerre, qui paraissait déjà gagnée. Les Agrigentins, qui ne s'étaient jamais privés de rien et n'avaient jamais rationné leurs provisions, s'aperçurent que leurs réserves étaient très maigres.

Le général spartiate Deuxippe, un des seuls généraux à être restés en ville, rassembla les officiers et tint conseil. « Combien de jours pouvons-nous résister avec ce dont nous disposons ?

— Trois, quatre jours au maximum, lui répondit-on.

— Alors, nous devons évacuer la ville. Demain. »

A ces mots, le silence s'abattit sur l'assemblée. Aucun officier n'osait contredire Deuxippe, mais chacun d'eux cherchait avec une anxiété fébrile une solution à opposer à une décision aussi terrible.

« Nous devons avertir le Conseil, dit l'un des officiers, afin qu'il annonce la nouvelle à la population.

— Un moment », intervint un des commandants, qui n'avait pas encore pris la parole. Il était originaire de Géla et se nommait Euritoos. « Vous êtes en train de dire que nous devons vider une ville de deux cent mille habitants... comme ça ? » Et il frappa dans ses mains.

« Comme ça, répéta Deuxippc sans se troubler. Y a-t-il une autre solution ?

— Nous battre, par exemple. Nous ouvrir un couloir vers l'arrière-pays et nous approvisionner dans les campagnes.

— Ou alors descendre sur le champ de bataille avec les Syracusains. Nous pouvons encore l'emporter ! » s'écria un jeune commandant du bataillon agrigentin.

Il fut inutile d'avertir le Conseil : menés par Tellias, les Anciens surgissaient à l'instant même du proche *bouleutérion* pour s'unir aux officiers et évaluer la situation.

« Ai-je bien compris ? demanda aussitôt Tellias. Vous voulez évacuer la ville ?

— Tu as parfaitement compris, rétorqua Deuxippe. Nous n'avons pas le choix. Sans nourriture ni fourrage, nous ne pourrons pas résister.

— Tu es fou ou lâche, ou les deux à la fois !

hurla Tellias de sa voix rauque. Nous ouvrirons les portes, laisserons sortir nos garçons armés jusqu'aux dents et enculerons ces salopards. Nous reprendrons ensuite nos vivres et leur ferons passer définitivement l'envie de s'aventurer par ici !

— Si les choses étaient aussi simples, j'agirais de la sorte. Mais ce n'est pas le cas. Les Carthaginois n'ont pas l'intention de quitter le camp retranché ni de se laisser attirer dans un affrontement en rase campagne. Ils attendront que nous soyons épuisés par la faim, puis ils attaqueront et nous mettront en pièces. Mieux vaut partir tant qu'il en est encore temps. »

Tellias secoua la tête. « Ce n'est pas possible... dit-il. Je n'arrive pas à le croire. N'y a-t-il donc pas d'autre issue ? N'y a-t-il donc pas d'alternative ? Il doit bien y avoir une façon... »

Il fut interrompu par l'arrivée d'une des sentinelles qui montaient la garde sur les remparts. « Les mercenaires campaniens sont sortis par la porte sud, ils se dirigent vers le camp carthaginois. Lorsqu'ils ont appris qu'il n'y avait plus de vivres, ils ont abandonné le tronçon de muraille qu'ils occupaient !

— Vous voyez ? s'exclama Deuxippe. Si j'avais eu encore des doutes, cet épisode les balaierait définitivement. Désormais, la muraille est dégarnie sur plus d'un stade. Vous rendez-vous compte ?

— Mais les Syracusains et les alliés italiens sont tout près, par Héraclès ! intervint Tellias sur un ton angoissé. Nous pouvons encore y arriver ! Ecoutez, mettons-nous en contact avec Daphnis et ses alliés, prenons une décision ensemble. Nous ne devons pas précipiter les choses... Nous avons encore le temps... » Or sa voix était lasse, presque éteinte, tandis qu'il prononçait ces mots.

« Comme tu veux, répondit Deuxippe. Mais dépêchons-nous. » Il appela une sentinelle. « Prends un cheval, sors par la porte est et va trouver Daphnis. Dis-lui que nous n'avons plus de vivres et que nous songeons à évacuer la ville, à moins qu'il ne nous propose une solution différente et réalisable. Tu as compris ?

— Oui, répondit la sentinelle.

— Attends ! lui lança Tellias. Dis-lui que nous sommes prêts à le rencontrer où il le souhaite, y compris sur-le-champ. Et demande à parler à un officier dénommé Denys, c'est l'aide de camp de l'état-major. Dis-lui que nous aimerions le voir, lui aussi, en cas de rencontre.

— Je le ferai », répondit la sentinelle avant de s'éloigner. Peu après, on le vit sortir et se diriger à toute allure vers le campement syracusain.

Un vent froid qui vous glaçait les membres se leva, et une petite pluie commença à tomber. Les officiers et les anciens s'abritèrent dans le portique et attendirent longuement en silence que le messager revienne avec la sentence qui déciderait du sort d'Agrigente. Pendant ce temps, la nouvelle selon laquelle on voulait évacuer la ville filtrait, elle se répandait comme un incendie d'une maison à l'autre, d'un quartier à l'autre, et le désespoir n'épargnait aucune maison, pas même les demeures luxueuses des riches. Tous les habitants étaient saisis d'angoisse à l'idée de quitter le lieu où ils étaient nés et avaient vécu. A ce sentiment s'ajoutaient l'hésitation et l'incrédulité. Une telle issue ne se profilait pas après une longue agonie, mais brusquement, après de nombreux mois de guerre qui n'avaient toutefois touché personne, puisqu'il n'y avait pas eu de victimes ni de dommages matériels dans la ville.

La réponse de Daphnis arriva à la tombée du soir : il donnait rendez-vous aux anciens et aux chefs militaires d'Agrigente à la nécropole orientale, près de la route qui conduisait à l'arrière-pays, vers Kamikos. La sentinelle déclara qu'elle l'avait trouvé sombre et abattu. « N'espérez pas de miracles, dit-elle après avoir rapporté le résultat de sa mission. Le moral du camp syracusain ne m'a pas paru meilleur que le nôtre.

— Attendons un peu avant d'être aussi définitifs, l'interrompit Tellias. Attendons de connaître la proposition de Daphnis. On ne peut prendre ce genre de décision avant d'avoir examiné toutes les issues. »

Aussitôt après, le groupe s'ébranla. Il franchit une poterne du côté est et gagna à cheval le lieu de leur rendez-vous. Tellias chevauchait une mule, un animal paisible, habitué aux humeurs sombres de son maître.

Daphnis surgit bientôt, flanqué de ses deux officiers les plus gradés et de Denys. Ils étaient armés de pied en cap et suivis d'une escorte : une cinquantaine de cavaliers et une trentaine de peltastes.

Tellias observa leurs tenues et les blasons de leurs boucliers, avant d'en déduire qu'ils provenaient de Syracuse, de Géla et de Camarine. Le fait qu'ils soient tous des Grecs de Sicile lui parut étrange.

Malgré tout, il prit la parole, encouragé par la présence de Denys. « Nos chefs militaires, et en particulier Deuxippe, qui se tient ici à ma droite, estiment que nous devrions évacuer la ville demain car nos provisions ne suffiront à nous nourrir que quelques jours...

— De plus, l'interrompit Deuxippe, nos mercenaires campaniens sont passés à l'ennemi en dégarnissant la muraille sur près d'un stade. »

« Trop grande », songea Denys, et il eut l'impression d'avoir déjà pensé ou prononcé ces mots par le passé, comme en rêve.

« Je les ai vus, dit Daphnis.

— C'est vrai, poursuivit Tellias, mais nous avons encore des milliers de guerriers bien armés. Et tu disposes, quant à toi, d'une armée puissante et encore intacte. Nous pouvons aligner nos hommes sur le champ de bataille et vaincre l'ennemi, n'est-ce pas ? »

Daphnis se taisait, et ces longs instants de silence pesèrent comme des rochers sur le cœur des présents. Denys regardait son ami avec un air de profond découragement. Enfin, Daphnis répondit : « Hélas, ce n'est plus possible. Les Grecs d'Italie nous quittent. Ils repartent demain.

— Quoi ? s'exclama Tellias. Tu n'es pas sérieux !

— Hélas, si. Ils s'en vont, te dis-je.

— Et pourquoi ?

— Nos accords stipulaient qu'ils se battraient à nos côtés jusqu'au solstice d'hiver. Ils doivent labourer leurs champs, et je ne veux pas risquer que le mauvais temps les éloigne trop longtemps de chez eux. En effet, sept jours nous séparent encore du solstice, mais cela ne change pas grand-chose...

— Je ne peux pas le croire... dit Tellias en secouant la tête, l'air consterné. Je ne peux pas le croire...

— Comme tu le vois, intervint Deuxippe qui semblait n'attendre que cela, j'avais raison. Evacuer la ville est la meilleure solution qui soit. Nous utiliserons nos troupes pour protéger les réfugiés.

— Vous pourrez vous installer à Léontinoi, dit Daphnis. La ville est en construction... nous vous ferons bâtir de nouveaux...

— Ce n'est pas vrai... ce n'est pas vrai. Il doit bien y avoir une issue ! s'exclama Tellias. Tu es un guerrier, par Héraclès ! Dis-moi pourquoi tu refuses de te battre ! A quoi te servent les armes que tu portes ? A quoi te sert cette épée ? » Il paraissait de plus en plus angoissé, et sa voix rauque évoquait le cri d'un oiseau blessé.

« Résignez-vous, répondit Daphnis. Nous ne pouvons pas courir de risque. Si je joue le tout pour le tout dans une bataille en rase campagne, malgré notre infériorité numérique, et si je perds, Syracuse sera sans défense... Et si Syracuse tombe, c'est la fin. Je ne peux pas, vous devez comprendre.

— Voilà donc le vrai motif : tu as peur de prendre des risques. Mais ne comprends-tu pas qu'en défendant Agrigente tu défends Syracuse ? Ne le comprends-tu pas ? Tu reproduis l'erreur de Dioclès à Himère. C'est terrible... terrible et stupide... »

Daphnis baissa la tête et garda le silence tandis que la pluie s'intensifiait, mouillant les casques, les cuirasses, les boucliers, les faisant briller par intermittence à la lumière des feux lointains.

Le visage ruisselant de pluie et de larmes, mais toujours empreint d'une grande dignité, Tellias s'adressa à Denys : « Es-tu de cet avis, toi aussi ? Dis-moi, es-tu de cet avis ? »

Denys secoua la tête. Puis il lança à Daphnis et Deuxippe un regard empli d'un profond mépris.

« Ils se sont entendus, n'est-ce pas ? reprit Tellias d'une voix implacable. Tout était préparé. Ils se sont peut-être laissé corrompre, eux aussi... Oui, bien sûr... Sinon pourquoi nous a-t-on annoncé que la flotte carthaginoise était désarmée alors qu'elle s'apprêtait à assaillir celle de Syracuse ? Pourquoi ?

— Tu es fou, dit Daphnis, tu déraisonnes. Si tu n'étais pas un pauvre vieillard délirant, je te tuerais. Je ne peux pas perdre un instant de plus à t'écouter. » Il se tourna vers les conseillers agrigentins, qui avaient écouté ces paroles terribles avec un air abasourdi. « Suivez Deuxippe, leur enjoignit-il, faites ce qu'il vous dit, et vous aurez au moins la vie sauve. Adieu. »

Il sauta à cheval et s'évanouit dans l'obscurité, suivi de son escorte.

Tellias tomba à genoux en sanglotant, indifférent à la pluie battante.

Denys l'aida à se relever et le serra contre sa poitrine. « Rentre en ville, lui dit-il en tentant de le calmer. Rentre chez toi et prends soin de ta femme. Préparez-vous au départ. Je vous accueillerai dans ma demeure, je vous aimerai comme si vous étiez mes parents... Je t'en prie... Courage... »

Un éclair illumina a giorno le paysage désolé de la nécropole, et le tonnerre résonna. Tellias essuya son visage. « Jamais je ne quitterai ma ville, mon garçon, dit-il, le comprends-tu ? Jamais ! » Et il s'éloigna sur sa mule.

Le lendemain, les autorités diffusèrent l'ordre d'évacuation. La ville entière s'emplit de pleurs et de cris désespérés. Une foule furieuse se pressa autour de la maison du Conseil, mais il n'y avait personne pour écouter. La panique gagnait les habitants, qui se déversaient sur la porte est comme si l'ennemi était déjà entré en ville, si bien que les soldats eurent grand-peine à les contenir et à les canaliser le long de la route qui menait à Géla.

Dans le désordre des hurlements et des plaintes, dans le tourbillon de terreur qui emportait tout, on abandonna à leur sort les faibles, les vieillards et les malades, incapables d'affronter l'inconfort d'une marche qui devait couvrir des centaines et descentaines de stades. Certains se donnèrent la mort, d'autres attendirent impassiblement leur destin en pensant que la mort serait préférable à la perte de leur patrie, de leurs lieux les plus chers, de la vue de la plus belle ville au monde.

Parmi eux se trouvait Tellias, ainsi que sa femme qui avait refusé de quitter son époux. En vain Denys promena-t-il un regard inquiet sur les rangs des fugitifs, inutilement cria-t-il le nom de ces êtres chers en longeant sans relâche la colonne des Agrigentins, en demandant à ceux qu'il rencontrait si on les avait vus. Il ignorait qu'au même moment ceux-ci se tenaient à l'endroit le plus élevé de la ville, sur le glorieux Rocher d'Athéna, observant, sans plus de larmes, le long serpent sombre qui se déroulait dans la plaine, la foule immense des réfugiés qui abandonnaient Agrigente tel du sang jaillissant copieusement d'un corps mortellement blessé.

Puis les rues résonnèrent des hurlements des Barbares, qui surgissaient de toutes parts, pillant, détruisant, massacrant tous ceux qu'ils croisaient. Ils incendièrent le grand temple de Zeus, dans la vallée, encore revêtu de ses échafaudages en bois. Les merveilleuses sculptures de la chute de Troie, gravées sur la pierre du fronton, s'animèrent d'un réalisme tragique dans l'éclat des flammes.

Alors Tellias prit sa compagne par la main et s'achemina avec elle vers le temple d'Athéna qui dominait l'acropole de sa masse. Il marchait d'un pas tranquille comme s'il voulait profiter de sa dernière promenade le long de la voie la plus sacrée de la ville. Il s'immobilisa sous la colonnade, se retourna et vit la marée hurlante se répandre vers la rampe qui menait à l'esplanade et au podium. Alors, il pénétra dans le temple et referma la porte. Il étreignit une dernière fois la compagne de sa vie, échangea avec elle un regard complice, puis il s'empara d'une torche et mit le feu au sanctuaire.

Il brûla avec son épouse, ses dieux et ses souvenirs.

XIII

Une foule énorme, désespérée, atterrée, se pressait sur les routes et les sentiers qui menaient à Géla. Elle était composée de femmes, de vieillards et d'enfants. Les hommes valides escortaient en armes la colonne des fugitifs. On avait abandonné les plus âgés et les malades, qui n'auraient pu affronter un voyage aussi long et fatigant. De nombreuses adolescentes de toutes conditions cheminaient en portant dans leurs bras leurs jeunes frères et sœurs, elles faisaient preuve d'une grande force d'âme et de courage, d'autant plus que leurs pieds délicats, habitués à des sandales élégantes, s'étaient rapidement couverts d'ampoules et de plaies. Elles mordaient leur lèvre inférieure comme les guerriers à la bataille et ravalaient leurs larmes pour ne pas alimenter davantage les pleurs des plus jeunes et l'angoisse de leurs parents, déjà écrasés de chagrin, ayant dû quitter subitement leur patrie, la maison où ils avaient toujours vécu et les tombes de leurs ancêtres. Ils évoquaient des plantes déracinées par un vent tempétueux, dispersées vers des lieux inconnus et inhospitaliers. A leur peine s'ajoutait la stupéfaction, car bon nombre d'entre eux ignoraient la raison d'une telle catastrophe et recueillaient, pas après pas, des fragments d'informations souvent absurdes et contradictoires.

Ils n'avaient rien à opposer à l'inclémence de la saison, ni aux difficultés et à la dureté d'un voyage inconfortable ; rares étaient ceux qui avaient emporté de la nourriture, ou de l'eau. Ils avançaient dans la boue en se retournant de temps à autre comme s'ils étaient appelés par des voix inexistantes, par les souvenirs, par les remords et les images de toute une vie. Ils étaient tourmentés par la faim et la fatigue, mais aussi par le vent glacial, la pluie intermittente, le ciel sombre et hostile.

Seule consolation, la présence des pères, des fils et des maris qui, encore encadrés dans les détachements militaires, essayaient de marcher non loin de leurs êtres chers pour leur insuffler la force de poursuivre leur chemin.

Denys avait longé à plusieurs reprises la colonne à la recherche de Tellias et de sa femme, il avait interrogé des Agrigentins qu'il connaissait, ou croyait connaître, mais sans résultat. Enfin, un homme lui avait livré la réponse qu'il redoutait tant : « Tellias est resté en ville. Je l'ai vu. Il montait vers l'acropole en tenant sa femme par la main alors que tout le monde se précipitait vers la porte est. Vieille bourrique ! Il n'en a toujours fait qu'à sa tête. »

A ces mots, Denys poussa son cheval, rejoignit Daphnis en tête de la colonne et lui demanda l'autorisation de rebrousser chemin.

« Tu es fou ? Pourquoi ? répondit Daphnis.

— Je dois aider des amis qui sont restés en arrière.

— Hélas, il n'y a plus personne à aider. Tu connais les Barbares. Ils réduisent les hommes valides en esclavage pour les vendre, et tuent les autres. Qui étaient tes amis ? »

Denys secoua la tête. « Peu importe, dit-il, peu importe », et il retourna en arrière. Il avait été troublé par la vue d'une adolescente couverte de boue et transie de froid, qui avançait en tenant par la main un garçonnet et une fillette, peut-être son frère et sa sœur. Elle lui rappelait d'une certaine façon Arêté et les circonstances dans lesquelles ils s'étaient rencontrés. Il eut l'impression que les dieux lui offraient la possibilité d'aider encore une fois sa femme, d'apaiser les souffrances qu'elle endurait certainement dans l'Hadès.

Il s'approcha de la jeune fille, mit pied à terre et lui tendit sa cape. « Prends-la, dit-il, je n'en ai pas besoin. »

L'adolescente lui répondit d'un pâle sourire avant de reprendre son chemin sous la pluie.

Les Carthaginois s'installèrent à Agrigente après s'être emparés d'un butin énorme, la ville n'ayant jamais été défaite ni pillée au cours de ses deux cents années d'existence. Ayant besoin des maisons pour y passer l'hiver, ils s'abstinrent de les abattre. Ils manifestaient ainsi leur intention de poursuivre leur action militaire et leur campagne de conquêtes. Ils ne s'interrompraient pas avant d'avoir soumis toutes les villes grecques de Sicile.

Géla constituait à présent la nouvelle frontière.

C'est dans cette ville qu'était mort Eschyle, le grand tragédien : l'épigraphe qui était inscrite sur sa tombe, dans la nécropole, ne mentionnait pas la gloire du poète, mais le courage du guerrier qui s'était battu à Marathon contre les Perses. Dans l'atmosphère angoissante qui régnait désormais en ville, ces mots évoquaient un avertissement. Les réfugiés agrigentins s'installèrent à Léontinoi dans l'attente de leur retour.

Daphnis tint conseil à Géla avec ses officiers, dont Deuxippe, le Spartiate, et les généraux de la ville. « Quelles sont vos intentions ? leur demanda-t-il.

— Nous comptons résister », répondit leur commandant en chef, un aristocrate d'une cinquantaine d'années qui répondait au nom de Nicandre. Il paraissait extrêmement déterminé, même si l'on pouvait lire sur les traits de son visage et les rides de son front l'inquiétude qui le tourmentait.

« Si telle est votre décision, répondit Daphnis, nous vous aiderons. Nous ferons tout ce qui est en notre pouvoir pour repousser les Barbares et éviter une autre catastrophe. Ce qui s'est produit à Agrigente ne se répétera pas. Il s'est agi d'un imprévu et, peut-être, d'une trahison qui nous a pris au dépourvu alors que nous avions presque vaincu.

— Il est impossible de dire qu'on a vaincu tant que l'ennemi n'a pas été anéanti, rétorqua Nicandre d'un ton sec. Quoi qu'il en soit, je vous remercie au nom de la ville de vous aligner à nos côtés.

— Deuxippe et ses mercenaires resteront avec vous jusqu'à la reprise des opérations », dit Daphnis.

« Deuxippe est un imbécile, songea Denys, et

peut-être un vendu. » Mais il garda le silence. Il se tenait debout au fond de la salle du Conseil, adossé au montant de la porte, les bras croisés comme une cariatide ; son visage, qui ne trahissait aucune émotion, semblait sculpté dans le marbre. Il pensait à Tellias et à sa femme, qu'il aimait profondément et qu'il ne reverrait plus, aux souffrances qu'ils avaient certainement endurées avant de mourir, à Agrigente perdue et violée, à la jeune fille à laquelle il avait donné sa cape et qui était peut-être tombée d'épuisement dans la boue, abandonnant les deux petits en pleurs sous les battements cinglants de la pluie. Il aurait aimé pleurer, lui aussi, crier, invectiver.

Après avoir effectué les tâches dont on l'avait chargé, il s'engagea dans une rue sombre qui menait à la porte ouest, plongé dans ses pensées, certain que Géla capitulerait à son tour, comme Sélinonte, Himère et Agrigente, à cause de l'incapacité des officiers, de la lâcheté de Daphnis et de la stupidité de Deuxippe. Bien que les autorités de la ville lui eussent réservé un logement dans le prytanée, il avait préféré louer à ses frais une petite maison anonyme, à l'abri des remparts, car il ne voulait pas se mêler aux autres officiers, pour lesquels il n'avait aucune estime.

Il entra dans la maisonnette et se rendit aussitôt sur la terrasse pour contempler la vue de la ville et de la mer. Voilà ce qu'il fallait faire : observer, étudier, connaître, fixer dans son esprit tous les détails du territoire, les accès et les issues, les points faibles des murs d'enceinte, les voies de ravitaillement les plus rapides, le jeu des courants marins et des vents, les passages dans l'arrière-pays et le long de la côte.

Ensuite, seulement, prendre une décision, serrer les dents et aller de l'avant, à tout prix, sans écouter personne, puis balayer, chasser, anéantir. C'était ainsi qu'on dirigeait une armée et qu'on la menait à la victoire. Qu'en savaient donc ces vils parleurs, eux qui se remplissaient la bouche de belles promesses qu'ils étaient incapables de tenir ?

Le soleil surgit quelques instants entre les nuages sombres, diffusant une lumière rouge et violacée avant de disparaître derrière l'horizon. La mer se changea en une étendue de plomb, agitée sous la poussée puissante d'Euros, le vent du sud-ouest, et les vagues ourlées d'écume grise se chevauchèrent en grondant jusqu'au pied de la colline de Géla. Peu à peu, des feux s'allumaient dans les maisons, la fumée des foyers s'échappait des toits, et la lune évoquait un fantôme pâle derrière le rideau effrangé des nuages. Denys soupira.

Il fut arraché à ses pensées par un bruit insistant à la porte d'en bas. Il descendit au rez-de-chaussée et demanda : « Qui va là ?

— C'est moi, ouvre, répondit la voix de Philistos.

— Entre, vite, dit Denys. Tu es trempé, donne-moi ton manteau. »

Philistos pénétra dans la maisonnette en claquant les dents, le visage blême.

« Attends, je prépare le feu. » Se servant d'une lanterne qui brûlait devant une image peinte sur le mur, Denys mit le feu à un petit tas de sarments placés sur la pierre du foyer, au milieu de la pièce nue. Les branches de pin s'enflammèrent aussitôt en crépitant et en libérant dans la pièce une douce tiédeur. « Je n'ai pas grand-chose à manger, dit

Denys. Au mieux, un bout de pain et un morceau de fromage. Et de l'eau pour toute boisson.

— Je ne suis pas ici pour boire et manger, répliqua Philistos. Je t'apporte les salutations de ton frère Leptine, de ton père adoptif Héloris et des chefs de la Compagnie. La nouvelle de la défaite d'Agrigente est déjà parvenue à Syracuse, et la ville est en ébullition. Qu'a-t-on décidé ici, à Géla ?

— De résister », répondit Denys en posant le pain et le fromage sur la pierre du foyer pour les réchauffer, après avoir ajouté un peu de bois.

Philistos haussa les épaules. « Comme à Agrigente, comme à Himère, comme à Sélinonte.

— Hé oui.

— Nous ne pouvons assister à un autre désastre les bras croisés.

— Il n'y a qu'une seule façon de l'éviter, déclara Denys en plongeant les yeux dans ceux de son ami, à la lueur des flammes.

— J'en suis persuadé, moi aussi. Es-tu prêt ?

— Je le suis.

— Nous aussi.

— Alors vas-y. Je vous rejoindrai à Syracuse.

— Quand ?

— Quand l'armée rentrera.

— Trop tard. Tout est prêt pour la prochaine assemblée. Dans sept jours exactement.

— Je ne peux pas m'éloigner facilement. Daphnis n'attend qu'un prétexte pour m'accuser de désertion et me placer, les mains attachées dans le dos, devant une compagnie d'archers.

— Je m'en suis occupé. Demain, à l'aube, il recevra un ordre du Conseil réclamant ton retour immédiat pour des raisons d'Etat. Un faux, évidemment. Essaie de t'y opposer, comme si ce rappel t'ennuyait. Mais pas trop, évidemment.

— J'ai compris.

— Très bien. Je t'attendrai à Camarine, chez Proxène, le fabricant de boucliers. Nous poursuivrons le voyage ensemble. »

Denys opina du bonnet. Son regard se figea sur les flammes du foyer. « As-tu appris ce qui est arrivé à Tellias ?

— Quoi ?

— Il est resté à Agrigente avec sa femme.

— Il était facile d'imaginer qu'il ne quitterait pas la ville. Il n'était pas homme à accepter l'humiliation de la défaite et de la fuite.

— Je les ai perdus. Je les aimais tant.

— Je sais. Et eux, ils t'aimaient comme le fils dont ils ont toujours rêvé et qu'ils n'ont jamais eu.

— De nombreux individus devront payer pour sa mort. Des Grecs et des Barbares. »

Philistos s'abstint de répondre. Il saisit son manteau, qu'il avait mis à sécher près du feu.

« Il est encore mouillé, dit Denys.

— Peu importe. Je n'ai pas le temps d'attendre qu'il soit sec. Je dois rentrer.

— Il fait noir. Passe la nuit ici et repars demain avant l'aube.

— Il fait toujours noir ces derniers temps. Qu'est-ce que cela change ? » Il jeta son manteau sur ses épaules et sortit.

Debout sur le seuil, Denys regarda la silhouette encapuchonnée s'éloigner, tandis que le tonnerre grondait au loin, sur la crête du mont Hybla.

Le lendemain, il fut convoqué par Daphnis après le lever du jour.

« Il faut que tu partes immédiatement pour Syracuse, lui dit-il. Tu dois te présenter devant le

Conseil au plus tard dans trois jours. Tu pourras changer de cheval dans nos garnisons, le long de la route.

— Pourquoi dois-je partir ? Je suis plus utile ici.

— Tu dois partir parce que je te l'ordonne. Nous saurons très bien nous débrouiller sans toi. »

Denys feignit la déception et la résignation. Avant de sortir, il jeta un coup d'œil à la missive qui se trouvait sur la table de Daphnis, près des fragments de cire, puis il dévisagea son commandant avec une expression indéchiffrable, qui ne promettait toutefois rien de bon.

Il arriva à Camarine avant le soir en galopant comme un forcené et se présenta chez Proxène, le fabricant de boucliers qui hébergeait Philistos, afin d'y passer la nuit.

La nouvelle de la chute d'Agrigente avait répandu la panique à Camarine. Un certain nombre d'habitants se préparaient déjà à gagner l'arrière-pays, notamment ceux qui avaient des propriétés agricoles et des fermes, mais le gouvernement de la ville et l'assemblée des guerriers avaient décidé d'envoyer des renforts à Géla, en cas d'attaque, et de la défendre à tout prix.

« Ils ont enfin compris qu'il est impossible de se sauver quand on est isolé, conclut Philistos.

— Je crois qu'ils l'ont toujours su, répondit Denys. Agrigente disposait d'une armée deux fois plus importante que celle que les Athéniens nous ont opposée pendant la guerre. Mais personne n'était capable de la mener au combat.

— C'est vrai, commenta Proxène. C'est ce qui arrive à présent à Athènes. Il y a trois mois, je suis allé y vendre un lot d'armes. Les Athéniens ne se sont jamais ressaisis après la défaite qu'ils ont subie ici, en Sicile, et ils viennent de chasser le seul homme qui était capable de remporter une bataille navale, Alcibiade, le neveu de Périclès. Ils l'ont accusé d'être allé aux putes au moment même où sa flotte affrontait Lysandre, ce qui est peut-être vrai, mais à qui ont-ils confié le commandement ? A Conon, un pauvre type qui n'a jamais remporté la moindre bataille et qui a commencé par se faire bloquer dans le port de Mytilène...

— Es-tu allé au théâtre ? l'interrompit Philistos pour changer de sujet de conversation.

— Oui, même s'il n'y a plus grand-chose à voir. Le théâtre tragique a pris fin avec la mort d'Euripide et de Sophocle. Il ne reste plus que le théâtre comique. J'ai assisté à une comédie d'Aristophane, et je vous assure que j'ai failli mourir de rire. Jamais on n'a vu un auteur s'en prendre ainsi aux hommes politiques, aux avocats, aux philosophes, même au public, et déchaîner autant de rires.

— Si les Spartiates l'emportaient, intervint Denys en ramenant la conversation au sujet précédent, ils seraient libres d'envoyer leur armée et leur flotte en Sicile, pour nous aider.

— N'y compte pas trop, répondit Proxène. Eux aussi, ils en ont assez des guerres. Cela fait près de trente ans que durent les hostilités. Quelle qu'en soit l'issue, il n'y aura ni vainqueurs ni vaincus. Dans les deux camps, on pleure ses meilleurs fils, fauchés sur le champ de bataille, les territoires brûlés, les moissons détruites, des dizaines de villes anéanties, des populations entières réduites en esclavage. Pour ne pas parler du commerce au plus bas, des prix exorbitants, de la pénurie des biens de première nécessité.

— Ici, les choses sont différentes, insista Denys. Notre existence même est en jeu... mais peu importe, nous nous débrouillerons tout seuls si nécessaire. Oui, tout seuls... »

Quelques jours plus tard, Philistos et Denys arrivèrent à Syracuse, à temps pour participer à l'assemblée plénière. Denys devait intervenir avec le numéro douze. Assis à ses côtés, Leptine échangeait des coups d'œil et des signaux imperceptibles avec les membres de la Compagnie, qui parsemaient la salle. Le moment venu, le chancelier leva un panneau portant la lettre « M », ce qui signifiait que le numéro douze pouvait parler. Alors, Denys prit la parole.

Indifférent au froid de l'hiver, il ne portait que sa courte tunique militaire et affichait comme des décorations les marques de ses récentes blessures de guerre sur les bras, les cuisses et les épaules. Tandis qu'il gagnait l'estrade, il fut accueilli par de grandes acclamations. Il leva ses bras musclés pour remercier et réclamer le silence, puis il commença : « Citoyens et autorités de Syracuse ! Je suis venu vous annoncer une nouvelle catastrophe. Je sais que vous avez appris la chute d'Agrigente et la fin de cette cité glorieuse, depuis toujours notre alliée et notre sœur. Mais je suis mieux placé que quiconque pour vous dire que ce désastre, le plus grand désastre auquel nous avons assisté au cours de ces dernières années, est le résultat de l'inaptitude des officiers qui commandaient nos troupes... »

Le chancelier se leva et le rappela à l'ordre. « Surveille tes paroles, tu n'es pas autorisé à insulter les commandants suprêmes de l'armée, qui jouissent encore de la confiance de la ville.

— Alors, je vais être plus précis, rétorqua Denys en haussant le ton. J'accuse ici, devant vous, le commandant Daphnis et son état-major au grand complet de haute trahison et d'intelligence avec l'ennemi ! »

Le chancelier l'interrompit une nouvelle fois. « Une accusation aussi grave, formulée de cette manière, constitue un délit. Tu paieras une amende de dix mines. Gardes, exécutez ! »

Deux mercenaires se dirigèrent vers Denys pour exiger la somme qu'il n'avait certainement pas sur lui, et donc pour l'arrêter.

C'est alors que Philistos se dressa de toute sa taille et s'écria en levant le bras : « Je paierai, continue ! » Il envoya un domestique verser dix mines aux mercenaires sous les yeux ébahis du chancelier.

« Je les accuse de trahison, poursuivit Denys, car ils nous ont arrêtés en pleine course et obligés à nous replier alors que la victoire définitive sur l'ennemi était à leur portée. Ils ont doublement trahi car ils ont profité de notre sens de la discipline, de notre obéissance à la patrie et à nos chefs pour ménager une issue aux Barbares. »

Cris, applaudissements et encouragements éclatèrent sur les bancs de l'Assemblée, où des membres de la Compagnie manifestaient leur enthousiasme et leur désapprobation, les communiquant avec énergie à leurs voisins.

Abasourdi par ce discours irrépressible et par cet incroyable procédé, le chancelier regardait avec angoisse le sable s'écouler dans le sablier en attendant le moment où, conformément au règlement, il aurait le droit de frapper Denys d'une nouvelle et plus lourde amende. « Vingt mines ! s'écria-t-il dès que le vase supérieur se fut vidé, sans même se soucier des paroles de Denys.

« Payé ! » s'exclama Philistos en levant le bras.

A nouveau, un grand vacarme retentit : on aurait dit que les membres de l'Assemblée étaient en train d'encourager leur champion favori au stade. Denys reprit le fil de son discours en évoquant les moments saillants de la bataille, les décisions insensées, l'entretien dramatique avec les représentants de la cité, l'ordre d'évacuation absurde. Il raconta aussi qu'on avait répandu le bruit que les navires puniques avaient été tirés au sec à Palerme, alors qu'ils s'apprêtaient à assaillir la flotte syracusaine. Sans le moindre scrupule, il attribua cette fausse nouvelle à Daphnis et à ses amis, persuadé que telle était la vérité, que le fait de ne pas pouvoir la prouver à cet instant précis était un élément secondaire et privé d'importance.

La voix de plus en plus plaintive du chancelier continuait d'annoncer des amendes de plus en plus élevées, immanquablement couvertes par la fortune en apparence inépuisable de Philistos, si bien qu'on était partagé entre deux impressions – assister à la plus dramatique des assemblées, ou participer à une vente aux enchères au cours de laquelle la marchandise la plus vendue et la plus achetée n'était autre que la vérité.

Le chancelier finit par se résigner et laissa l'éloquence bouleversante de Denys se déverser. Ses mots enflammaient les présents, ses souvenirs et les scènes qu'il évoquait les émouvaient, suscitaient en eux tremblements, indignation, cris de rage, de déception, de scandale.

Comprenant qu'il tenait l'Assemblée en son pouvoir et persuadé qu'on ne lui refuserait rien, Denys conclut son intervention. « Citoyens ! tonna-t-il. Les Barbares balaieront aussi notre ville, en dépit du fait qu'elle a battu Athènes. Vous verrez vos femmes violées, vos enfants réduits en esclavage avant d'être vous-mêmes torturés et passés par le fil de l'épée. Je les ai vus, je les ai combattus, j'en ai tué des centaines pour sauver nos frères de Sélinonte, d'Himère, d'Agrigente, mais l'amour et le courage d'un seul homme n'ont aucune valeur pour la patrie menacée. Vous qui risquez votre vie sur la ligne de bataille, vous qui portez un bouclier et brandissez la lance, vous devez élire vos généraux non pas en vous fondant sur le cens et le rang social, mais sur votre estime personnelle ! Vous devez condamner par contumace ces officiers sans honneur qui nous ont trahis et se sont vendus à l'ennemi, les condamner à l'exil perpétuel et à la mort s'ils osent regagner la ville sans votre autorisation, élire ensuite ceux que vous estimez, ceux que vous avez toujours vus se battre avec honneur et passion, ceux que vous n'avez jamais vus jeter leur bouclier et prendre la fuite. Il faut que de tels hommes vous mènent à la bataille et guident nos alliés. Mettons fin une fois pour toutes à cette honteuse série de défaites et de massacres ! Seule la trahison peut expliquer la victoire des mercenaires barbares sur des citoyens disciplinés et courageux ! Mais je vous en dirai plus : ceux qui nous gouvernent sont des incapables, ils ne méritent pas les fonctions qu'ils occupent. Chassons-les une bonne fois pour toutes et élisons ceux que nous jugeons dignes de notre confiance ! »

Une immense clameur s'éleva de l'Assemblée, si bien que Denys et Philistos eurent grand-peine à la calmer. Aussitôt après, Héloris mit à l'ordre du jour la proposition qui consistait à condamner par contumace les généraux félons. Une fois celle-ci approuvée à une énorme majorité, il présenta une liste de candidats pour occuper les charges des principaux officiers de l'armée : des inconnus pour la plupart, à l'exception de Denys, qui obtint un soutien quasi unanime.

Lorsqu'il quitta l'Assemblée à midi, sous les ovations, Denys était devenu l'homme le plus puissant de Syracuse. Les autres officiers étaient moins que son ombre, ils lui devaient tout, y compris leur élection.

Trois jours plus tard, Daphnis et ses hommes reçurent la copie du procès-verbal de la séance, qui ratifiait leur condamnation à l'exil. Denys fut officiellement revêtu de la charge de commandant suprême des forces armées. Il se présenta aux troupes dans une armure splendide, ornée d'argent et de cuivre, une lance à la main droite, et au bras gauche un bouclier sur lequel s'étalait la représentation d'une gorgone aux crocs ensanglantés. Les cris et les acclamations de ses guerriers s'élevèrent jusqu'au temple d'Athéna, sur l'acropole, projetant un écho sonore sur ses grandes portes de bronze.

XIV

Les généraux syracusains exilés se rendirent à Enna et s'y installèrent dans l'attente de jours meilleurs. Ils comprirent sans doute ce qu'avaient éprouvé les centaines, voire les milliers de citoyens qui avaient été chassés pour la seule raison que leur faction politique avait été battue. Daphnis s'activa pour réorganiser son retour, mais on retrouva son cadavre dans sa maison vers la fin de l'hiver. On murmura qu'il avait été exécuté sur l'ordre de Denys par un membre de la Compagnie.

Pendant ce temps, Denys se préparait à consolider son pouvoir en ville et à mener la guerre à sa façon. Il refusait toute influence. Il refusait toutes limites.

« C'est difficile, dans une démocratie, lui fit observer Philistos lors d'un entretien dans son cabinet.

— Je veux gagner. Et pour gagner, j'ai besoin des pleins pouvoirs.

— Dioclès les avait à Himère, et Daphnis à Agrigente. Ils les ont tous deux perdus.

— Ils les ont perdus parce qu'ils étaient des incapables. S'ils avaient eu plus de pouvoir, les choses auraient été encore pires. Cela ne m'arrivera pas. Je sais comment agir, je te le jure, j'ai les idées très claires. Tu te rappelles la nuit où tu m'as rendu visite à Géla ?

— Oui, il y avait un orage...

— Après ton départ, je me suis couché car j'étais terriblement fatigué. Comme je n'arrivais pas à m'endormir, je suis allé me promener en ville, près des remparts, sur le chemin de ronde, du côté de la mer et du côté de l'arrière-pays. Par la suite, j'y suis retourné à plusieurs reprises, incognito. Himilcon frappera Géla au début du printemps, et je le taillerai en pièces.

— Attention.

— Je sais ce que je dis. Dès que possible, tu prendras la mer et iras rendre visite à nos alliés italiens de Locres, Sybaris, Crotone et Rhégion. Tu les persuaderas d'envoyer le plus de troupes possible. Dis-leur que s'ils nous font défaut, ils seront touchés après nous. Si nécessaire, établis un faux document en langue punique avecun plan d'invasion des colonies grecques en Italie, et raconte à nos alliés que nous l'avons intercepté sur un espion... Bref, tu es habile dans ce genre d'entreprise. Tu vois ce que je veux dire.

— Oui.

— Le feras-tu ? »

Philistos sourit. « T'ai-je jamais déçu ?

— Bien. Maintenant, il faut que je me débarrasse des autres officiers, tout au moins de ceux qui me gênent.

— Tu ne peux pas faire une chose pareille.

— Bien sûr que si.

— Tu sais ce que cela signifie, n'est-ce pas ?

— Ce n'est pas ce que tu penses. Pour l'heure, j'ai l'intention de les discréditer, c'est tout. Faisons circuler le bruit selon lequel ils sont d'intelligence avec les Carthaginois, à la solde d'Himilcon.

— Ne compte pas sur moi. Ces pauvres types n'ont jamais rien fait de tel, tu le sais fort bien. C'est un procédé odieux.

— Mais nécessaire pour le salut de la ville.

— Et le salut de la ville correspond à ton pouvoir.

— Je dois seulement mener le peuple à la bataille, car je suis le seul à même de sauver la ville de l'anéantissement, les temples de la profanation, le peuple de l'esclavage. »

Ne sachant que répondre, Philistos garda le silence. Les yeux rivés au sol, il faisait les cent pas dans son cabinet, sous le regard pesant de Denys. « Tu sais quoi ? dit-il soudain en s'immobilisant au centre de la pièce. Tu aurais dû naître à l'époque des héros d'Homère. Voilà, cette époque t'aurait parfaitement convenu. Tu aurais été un roi comme Achille, Diomède, Agamemnon... Mais ces temps-là sont révolus... à jamais, et ils ne reviendront pas. Nous vivons dans des grandes villes où tous les milieux sociaux veulent être représentés, où les chefs sont élus et destitués selon leurs mérites et leurs démérites.

— Selon leurs intrigues ! s'exclama Denys.

— Des intrigues ? Et toi, que proposes-tu ? En quoi es-tu meilleur qu'eux ? »

Denys s'approcha sans répondre avec un regard si brûlant que Philistos pensa qu'il voulait l'agresser. Or il baissa la tête et murmura : « J'ai besoin de tes conseils, de ton amitié. Ne m'abandonne pas. Je suis incapable de t'expliquer en quoi je suis meilleur qu'eux, je peux seulement te demander si tu crois en moi ou pas, si tu es mon ami ou pas, si tu es avec moi ou contre moi, Philistos.

— Tu as Leptine. C'est ton frère.

— Leptine est un gentil garçon et il m'est fidèle, mais j'ai besoin de ton intelligence, de ton expérience et surtout, je te l'ai déjà dit, de ton amitié... Que me réponds-tu ?

— Tu exiges mon adhésion aveugle à tes décisions et à tes visions du monde.

— Je te la demande. Au nom de tout ce qui nous unit, de toutes les souffrances que nous avons endurées ensemble. »

Philistos soupira. « Tu sais que je ferais n'importe quoi pour toi. Mais il existe des conventions morales auxquelles il est difficile de renoncer... Plus que difficile, douloureux.

— Je le sais. Et je te comprends, même si cela peut te paraître étrange. Quoi qu'il en soit, le problème est simple. Regarde au fond de ton cœur et dis-moi si l'affection que tu as pour moi l'emporte sur tes principes. C'est tout. J'ai besoin d'une réponse. Tout de suite. »

Philistos gagna la fenêtre, à travers laquelle il contempla les mouettes qui volaient entre les mâts et les voiles du Grand Port, sur les toits rouges de l'Ortygie et sur le temple d'Athéna. Quand il se retourna, il avait les yeux luisants et semblait avoir perdu son assurance habituelle, sa proverbiale maîtrise de soi. « Je suis avec toi, dit-il avec un soupir. Je suis prêt à te suivre.

— Jusqu'aux Enfers ?

— Jusqu'aux Enfers. »

Denys l'étreignit avant de plonger son regard dans le sien. « Je savais que tu ne m'abandonnerais pas.

— J'ai été sur le point de le faire.

— Tu peux toujours te raviser. Personne ne te retient. »

Philistos en resta là.

Denys lui remit une petite feuille de papyrus et lui dit : « Voici les noms des officiers dont il faut absolument nous débarrasser. Les autres nous doivent leur élection, voilà pourquoi ils m'obéiront, tout au moins pendant un certain temps. »

Philistos acquiesça en s'emparant de la liste, tandis que Denys se dirigeait vers la porte. « Attends », lui lança-t-il.

Denys s'immobilisa sur le seuil.

« Tu n'étais pas comme ça, tu n'as jamais été comme ça. Pourquoi cette dureté impitoyable ? »

Un éclair de désespoir brilla dans les yeux de Denys. « Tu sais très bien pourquoi », répondit-il avant de sortir.

Philistos retourna lentement à la fenêtre. Les hirondelles qui tournoyaient sous le toit furent les seules à apercevoir ses larmes.

Sept jours plus tard, en pleine nuit, les étroites ruelles de l'Ortygie résonnèrent du pas lourd des mercenaires de Denys. Six des dix officiers supérieurs qui composaient le conseil de guerre furent arrêtés alors qu'ils dormaient et traînés en prison sous l'accusation d'intelligence avec l'ennemi. Les quatre officiers restants se hâtèrent de renouveler leur fidélité aveugle à leur chef indiscuté. Les détenus furent remplacés à leurs postes par des amis de Denys, dont son père adoptif Héloris, son frère Leptine, ses amis Biton, Iolaos et Doricos, tous membres de la Compagnie.

Cette année-là, le printemps fut tardif et une série de tempêtes interdirent toute navigation pendant une longue période. Himilcon quitta Agrigente au début de l'été, après avoir incendié les temples, profané les sanctuaires et défiguré les œuvres d'art qui les ornaient. Les statues des dieux et des héros, qui étaient pour bon nombre d'entre elles des chefs-d'œuvre, furent détruites à coups de marteau. Les bronzes, les argents, les ors et les ivoires furent recueillis pour être envoyés à Carthage. Parmi eux, le célèbre taureau de bronze que le tyran Phalaris avait utilisé, disait-on, pour torturer et tuer ses adversaires politiques. Les Carthaginois l'expédièrent à Tyr, leur métropole, en signe d'hommage et de révérence.

L'armée se dirigea ensuite vers Géla par la voie terrestre, tandis que la flotte la suivait par la voie maritime en transportant les pièces des machines de guerre.

Dans un premier temps, les Géloens prirent la décision d'évacuer les femmes et les enfants à Syracuse. Or les premières refusèrent d'obéir. Comme les Sélinontaines et les Himériennes, elles se réfugièrent dans les temples, s'agrippèrent aux autels et déclarèrent qu'elles n'abandonneraient jamais leur cité et leurs maisons. Il fut impossible de les convaincre, mais la répétition de ces gestes et de ces scènes avait des allures de mauvais présage.

Himilcon, qui avait songé à placer un détachement à l'est de la ville, comme il l'avait fait à

Agrigente, y renonça et se contenta de construire un camp retranché à l'ouest. Puis il monta ses tours d'assaut et lança ses immenses et puissants béliers contre la muraille.

Les remparts de Géla, semblables à ceux de Sélinonte, avaient été élevés à une époque où des machines de cc genre n'étaient même pas concevables, aussi commencèrent-ils à s'effriter et à céder sous les premiers coups. Cependant, la nuit, alors que les guerriers, épuisés par les efforts des combats, tentaient de recouvrer leurs forces dans le sommeil, les femmes, les vieillards et les enfants travaillaient comme des fourmis pour réparer les dégâts, combler les brèches, consolider la muraille là où elle était affaiblie et endommagée. Un mois s'écoula de la sorte sans qu'aucun camp prenne le dessus.

Irrités par la résistance obstinée de Géla, les Carthaginois s'acharnèrent contre l'un de ses symboles les plus sacrés : une statue gigantesque d'Apollon qui se trouvait hors les murs, non loin de leur campement. Elle mesurait vingt-deux pieds de haut et se dressait sur la plage depuis des temps immémoriaux, marquant l'endroit où les fondateurs de la ville avaient débarqué, rappelant que le dieu Apollon Archégétès les avait guidés à travers la mer jusqu'au pied de la colline où leur communauté s'était ensuite installée.

A l'aide de leurs engins de guerre et des treuils de leurs navires, les Carthaginois l'arrachèrent de son piédestal et l'inclinèrent. Enfin, la faisant glisser sur des rampes en bois enduites de suif, ils l'embarquèrent sur un bateau qu'on remorqua jusqu'à Carthage.

Le départ de cette statue sacrée bouleversa les Géloens, ils eurent le sentiment que l'histoire de leur cité avait été soudain anéantie. Mais le courage et la rage des combattants continuaient de leur insuffler une grande énergie.

Le temps passait, et les généraux ne cessaient d'envoyer des appels au secours à Syracuse, où Denys n'avait pas encore résolu ses problèmes avec l'Assemblée. Lors d'une séance houleuse, il avait proposé de rappeler les exilés qui avaient tenté de soulever la ville avec Hermocratès, suscitant des protestations indignées de tous côtés.

« Comment pouvons-nous demander à nos alliés de risquer leur vie pour nous aider alors que nous interdisons à des centaines de Syracusains de se battre pour leur patrie ? déclara Denys au cours d'un discours affligé. Je ne veux pas discuter avec vous des graves erreurs qu'ils ont commises. De plus, vous savez tous que je n'ai jamais eu de sympathie pour les aristocrates et les propriétaires terriens : je suis des vôtres, je viens de la plèbe ! Mais une chose est certaine, les Barbares leur ont proposé à plusieurs reprises de se battre dans leurs rangs, de retrouver, en échange de leur trahison, leur dignité perdue et leurs biens confisqués, et ils ont toujours refusé ! A présent, la patrie a besoin de ses enfants. Nous sommes exposés à un danger mortel, nous ne pouvons plus nous permettre d'être divisés ! Je vous demande de les rappeler et de leur permettre de se racheter si vous les jugez coupables. »

Encore une fois, l'éloquence de Denys eut l'effet désiré et son ordre du jour fut approuvé, tout comme l'attribution de la charge de commandant unique qui lui donnait des pouvoirs presque absolus.

Enfin, les alliés italiens arrivèrent, accompagnés de Philistos. Denys se sentit renaître : désormais, il était certain de l'emporter, même si les nouvelles qui provenaient de Géla décrivaient une ville épuisée, incapable de poursuivre sa résistance. Cependant, les pensées de Denys n'étaient pas toutes tournées vers la campagne militaire qui l'attendait : persuadé qu'il lui fallait consolider son pouvoir à tout prix, il veilla d'abord à placer ses amis aux postes clés de l'Etat et dans tous les centres de pouvoir.

Enfin, avant de partir, il exigea et obtint de l'Assemblée l'autorisation de doubler la paie de ses mercenaires, exhibant les preuves selon lesquelles Himilcon avait introduit en ville des tueurs dans le but de l'éliminer. Quand son armée s'ébranla, l'été était presque terminé.

Les Grecs de Sicile étaient au nombre de trente mille, ou presque, dont vingt mille Syracusains. Ceux d'Italie, au nombre de quinze mille, auxquels s'ajoutaient cinq mille mercenaires. La cavalerie, presque entièrement composée d'aristocrates, comptait deux mille hommes très bien équipés dans ses rangs.

A l'apparition de l'armée confédérée, les combattants géloens poussèrent un cri qui retentit jusque dans le camp retranché des Carthaginois. Denys pénétra en ville à cheval, revêtu d'une armure étincelante et d'un casque à crête, entre deux rangs de foule qui poussaient des hurlements de joie. Il était suivi par ses troupes d'élite, couvertes de bronze et de fer, armées de grands boucliers sur lesquels étaient représentés des monstres fantastiques : gorgones, serpents, hydres, baleines. Un triskèle, symbole de la Sicile, s'étalait sur celui de Denys, en argent.

Malgré le vacarme des applaudissements et des acclamations, de cette frénésie enthousiaste, il était difficile d'oublier que l'armée ennemie qui campait non loin de là, vers l'ouest, l'avait toujours emporté inexorablement, implacablement. Elle avait déraciné et détruit plusieurs communautés sans que ni les hommes ni les dieux aient pu le lui interdire.

Denys tint conseil le soir même avec les généraux géloens, parmi lesquels se trouvaient des nobles hautains et pleins de morgue. Il rencontra aussitôt des difficultés car, le premier moment d'euphorie passé, ceux-ci se rappelèrent qu'ils avaient vu ce jeune homme au comportement arrogant au cours de l'hiver précédent. Ils ne parvenaient pas à croire qu'il était maintenant le commandant en chef d'une telle armée ; de plus, ils pensaient que les opérations militaires devaient être réparties équitablement et les décisions prises collégialement.

Leptine lui-même s'occupa d'eux : en l'espace de huit jours, il en élimina quatre sur sept, les plus coriaces. Puis il fit circuler le bruit qu'ils avaient déserté et trahi. Leurs biens furent confisqués, et Denys s'en servit pour payer leurs soldes aux mercenaires de Deuxippe, à court d'argent. Il le détestait et le considérait comme un incapable, mais il n'avait pas le choix : il avait encore besoin de lui.

Denys tint le conseil de guerre sept jours plus tard, sur la tour la plus haute de la muraille, d'où l'on dominait toute la ville, l'arrière-pays, la ligne côtière et le campement carthaginois. Il y avait là

Leptine et Héloris, Iolaos, Biton et Doricos, trois officiers géloens et deux officiers italiens, le commandant de la cavalerie, Deuxippe, ainsi que Philistos, admis au titre de conseiller du commandant en chef.

« Mon plan est parfait, commença Denys. Cela fait plusieurs mois que je le peaufine. Je connais par cœur tous les mouvements, toutes les phases, tous les détails de l'action. Nous nous trouvons sur un terrain difficile, car la ville est étirée sur cette colline parallèlement à la mer, et Himilcon a été assez rusé pour établir son campement tout près. Il nous a ainsi ôté tout espace de manœuvre. Si j'avais eu le commandement de l'armée à Géla, j'aurais fait occuper cette position bien avant, mais ce qui est fait est fait, il est inutile de récriminer.

« Vous avez sans doute remarqué que le campement est mal défendu du côté de la mer : à l'évidence, l'ennemi ne s'attend à aucune menace dans ce secteur. Or, c'est là que nous les frapperons. Héloris prendra la tête des Siciliens et de la cavalerie. Ensemble, ils surgiront du nord après le lever du soleil et adopteront immédiatement la formation de combat. Croyant que nous cherchons un affrontement frontal et définitif, comme Daphnis à Agrigente, Himilcon lancera contre nous l'infanterie lourde libyenne, qui sera désavantagée parce qu'elle aura le soleil dans les yeux. En même temps, les Italiens attaqueront du côté de la mer et assailliront le camp retranché à l'endroit où sa défense est la plus faible...

— Et comment ? demanda un des généraux géloens. Il n'y a pas assez d'espace pour introduire un contingent capable de mener une attaque. Les soldats devront avancer à la queue leu leu, et quand les premiers seront prêts à lancer l'assaut, les derniers seront encore loin. »

Denys sourit. « Ils viendront de la mer. La flotte avancera tout près du rivage, à l'abri des collines, elle débarquera cinq bataillons, qui attendront sur l'emplacement que vous voyez là-bas, hors du champ de vision des ennemis, le signal que je donnerai moi-même de la porte ouest : un drapeau rouge agité trois fois. Entre-temps, je traverserai la ville d'est en ouest avec les troupes d'élite et les mercenaires, pendant qu'Héloris, à la tête du gros de nos forces, déploiera la cavalerie en une manœuvre convergente. Doricos et Iolaos seront commandants en sous-ordre.

« Himilcon sera obligé de diviser ses hommes pour faire face à la double menace venant du nord et du sud. Je serai alors à la porte ouest, prêt à lancer l'attaque. Dès que j'aurai rejoint les premières défenses avec les détachements d'assaut, l'infanterie lourde de Géla s'unira à nous pour appuyer notre action.

« Héloris aura lancé la cavalerie derrière le contingent ennemi, que l'infanterie lourde attaquera frontalement. En l'espace d'une heure, les manœuvres conjointes de mes troupes et des alliés italiens auront raison des défenseurs du campement. Himilcon sera écrasé entre mon contingent, uni aux Géloens et aux Italiens, et celui d'Héloris. Il n'aura pas d'issue.

« Epargnez ceux qui se rendront, nous pouvons les vendre pour payer une partie des dépenses de guerre. Les officiers carthaginois devront être passés par les armes immédiatement, mais sans torture. Les détachements mercenaires qui désertent seront accueillis... Quant à Himilcon, je le veux vivant, de préférence. Si certains d'entre vous ont des objections, qu'ils parlent librement. Un bon avis est toujours le bienvenu. »

Personne ne dit mot. L'audace de ce plan avait pris les officiers au dépourvu : les manœuvres sur le terrain étaient d'une extrême clarté, et la coordination entre les détachements semblait parfaite.

« J'ai une question, déclara Deuxippe.

— Parle, répondit Denys.

— Pourquoi veux-tu partir de l'est avec ton contingent ? Cela t'obligera à traverser toute la ville pour atteindre la porte ouest, d'où tu comptes lancer l'attaque.

— C'est le seul endroit où je suis invisible. Je porterai à l'ennemi un coup de maillet décisif. Je franchirai la porte agrigentine comme un acteur qui quitte le fond de la scène, et c'est alors que le spectacle commencera ! Qu'en dites-vous ? »

Contrairement aux attentes de Denys, sa réponse ne fut pas accueillie par des acclamations, mais par un long silence, au terme duquel un officier de Locres, dénommé Cléonimos, déclara : « Brillant. Digne d'un grand stratège. Qui t'a appris cet art, *heghemòn ?*

— Mon maître et père de mon épouse, Hermocratès. Ainsi que les erreurs d'autrui.

— Quoi qu'il en soit, répliqua Cléonimos, nous aurons également besoin de chance. N'oublions pas que la victoire était également à notre portée à Agrigente. »

A la tombée de la nuit, Philistos alla trouver Denys. « Inquiet ? lui demanda-t-il.

— Non. Nous l'emporterons.

— Je l'espère.

— Et pourtant...

— Et pourtant, tu es tendu et tu n'arrives pas à dormir. Tu sais pourquoi ? Parce que c'est enfin à toi de jouer. Les autres chefs d'armée avaient des excuses : pouvoirs limités, états-majors bagarreurs, discordes internes... Toi, tu as les pleins pouvoirs et la plus grande armée qu'on ait rassemblée en Sicile depuis une cinquantaine d'années. Si tu perds, tu seras le seul responsable, et cela t'effraie.

— Je gagnerai.

— C'est ce que tout le monde espère. Et ton plan est très intéressant.

— Intéressant ? C'est un chef-d'œuvre d'art stratégique.

— Oui, mais il a un défaut.

— Lequel ?

— Il évoque un jeu. Sur le champ de bataille, l'affaire se complique, elle subit mille imprévus. Les liaisons, la riposte de l'ennemi et... le temps, surtout le temps. Comment parviendras-tu à coordonner les mouvements d'un corps d'armée de campagne, d'un contingent de débarquement, d'une armée citadine et d'un bataillon d'attaquants qui devra se déplacer en ville ? »

Denys ricana. « Un stratège domestique ! Je ne te savais pas aussi versé dans l'art de la guerre... Mon plan marchera, je te dis. J'ai disposé des points de signalement et des estafettes. Il doit marcher. »

Philistos s'absorba dans ses pensées tandis que le vent de ponant transportait les chants des troupes ibériques d'Himilcon, qui veillaient autour des bivouacs.

Denys sortit sur la terrasse qui donnait vers l'ouest. « Demain, à l'heure qu'il est, ils auront moins envie de chanter. Je te l'assure.

— Que les dieux le veuillent, mon ami, répondit Philistos. Que les dieux le veuillent. Bonne nuit et bonne chance. »

Sur le chemin de ronde, Denys jeta un coup d'œil au masque de Gorgone qui trônait sur le tympan est du temple d'Athéna lindienne et se tourna vers le nord : dans la plaine, l'armée d'Héloris, forte du contingent sicilien, avançait en formation étendue, ses vingt bataillons disposés sur deux lignes. De là où il se tenait, il parvenait à distinguer le commandant, qui chevauchait au pas devant ses hommes.

Il ordonna qu'on agite un drapeau rouge sur le toit de l'Athénaion, puis il attendit qu'un signe confirme que l'ordre avait bien été reçu pour gagner l'autre côté des remparts, vers le sud, d'où l'on pouvait voir la flotte qui se balançait au mouillage, devant l'embouchure de la rivière Gélas. Il lui adressa trois signaux à l'aide d'un bouclier astiqué qui réfléchissait la lumière du soleil tout juste levé. Le vaisseau amiral répondit sans tarder en hissant un étendard rouge sur la vergue de poupe. Aussitôt après, les rames plongèrent dans l'eau et la grande unité de bataille s'ébranla à l'abri de la côte ouest, suivie par les autres navires en rangs de quatre.

A cette vue, le contingent de Grecs d'Italie, posté sur la plage, se mit en marche.

Denys abattit son poing sur le parapet et s'écria, à l'adresse de ses officiers : « Très bien ! Tout se passe à merveille. Il nous faut maintenant traverser la ville et atteindre la porte ouest au moment où la flotte débouchera à la hauteur du camp carthaginois. La coordination des opérations dépend de nous. Vite, dépêchons-nous ! »

Ils longèrent le côté sud du temple en descendant vers le centre habité, puis ils empruntèrent le dédale de ruelles qui reliaient une extrémité de la cité à l'autre. Les problèmes ne tardèrent pas à survenir.

Denys avait ordonné aux habitants de rester enfermés chez eux tant que le contingent ne serait pas passé, or la colonne pénétra bien vite dans une rue bondée de gens qui se rendaient vers la porte est, c'est-à-dire dans la direction opposée, avec des charrettes portant du mobilier. A l'évidence, bon nombre de Géloens ne croyaient plus en la victoire de l'armée confédérée. On avait même répandu le bruit selon lequel le commandement suprême était entre les mains d'un jeune homme de vingt-quatre ans qui n'avait jamais commandé la moindre division, ni même, peut-être, le moindre bataillon.

Denys se sentit envahi par une angoisse subite : l'imprévu dont avait parlé Philistos, la *Tyché*, la chance capricieuse et mauvaise, se chargeait de gripper le mécanisme parfait qu'il avait conçu. Sur son ordre, les hérauts intimèrent aux Géloens l'ordre de libérer la voie, mais certains n'entendaient pas, et ceux qui entendaient n'étaient pas en mesure de reculer, poussés qu'ils étaient par ceux qui les suivaient, hors de portée de voix. Il était certes impossible de se frayer un chemin avec les armes au milieu de la foule sans défense d'une ville amie et sœur...

Pendant ce temps, Héloris avançait dans la plaine, mais les champs fraîchement labourés, les souches des oliviers brûlés et les débris en tout genre entravaient et retardaient sa marche, annulant l'effet de surprise sur lequel Denys avait compté. En effet, quand les Siciliens purent enfin se déployer en lignes de combat, l'armée d'Himilcon, qui les avait vus, se lançait déjà à l'attaque avec une grande fougue.

Du côté opposé, les Italiens débarquaient et se regroupaient en plusieurs unités selon leur ville de provenance. Pour passer inaperçus, ils se tenaient à l'abri du promontoire méridional, mais bien vite une estafette les rejoignit en criant que le camp carthaginois était dégarni de ce côté, l'infanterie lourde ayant engagé le combat à l'extérieur avec l'armée d'Héloris. Ils devaient attaquer sur-le-champ, avant qu'on les remarque.

« Non, répondit Cléonimos, l'officier locrien, nous avons convenu d'attendre le signal de Denys de la porte ouest ! Ici, personne ne bouge sans mon ordre ! »

Les guerriers réprimèrent leur ardeur, mais leurs chefs se rendaient compte qu'ils étaient déjà envahis par l'excitation de l'attaque, ce que les vétérans qualifiaient d'*orgasmòs*, une congestion frénétique de l'esprit et des muscles qui se produisait chaque fois qu'ils devaient se lancer dans la mêlée, et qu'il était impossible de supporter longtemps sans qu'il y eût de graves répercussions sur les forces physiques et morales des combattants.

« Nous devons prendre une décision, par les dieux ! s'exclama un commandant de bataillon du nom de Charilaos.

— Non, répondit avec obstination l'officier locrien. J'ai promis d'attendre le signal. »

Charilaos lança un regard entendu à l'un de ses

compagnons, qui s'écria aussitôt : « Le signal ! Le signal ! Regardez !

— Je ne vois rien, rétorqua l'officier locrien.

— Je vous ai dit que je l'ai vu, là-haut. Et maintenant, regardez ! Voici les troupes de Denys ! »

On apercevait, en effet, un contingent d'infanterie lourde qui franchissait la porte et se déployait au sommet de la colline.

Ce n'était pas Denys, mais les guerriers géloens qui, ne le voyant pas venir, s'étaient alignés en position dominante afin d'intervenir en cas de nécessité.

Enfin convaincu, le commandant locrien donna l'ordre d'attaquer. Les alliés italiens poussèrent leur cri de guerre et, empoignant leurs boucliers, s'élancèrent vers le campement. Ils couvrirent rapidement la distance qui les en séparait et engagèrent un combat furibond avec les défenseurs qui accouraient pour en bloquer l'accès.

Ils parvinrent à les refouler et à s'introduire dans le campement, mais le contingent au grand complet de l'infanterie ibérique et campanienne, auquel Himilcon avait confié la défense du camp, les surpassait en nombre.

Après un furieux corps à corps, les Italiens, encerclés, se mirent à reculer en direction de la côte. A cette vue, les Géloens dévalèrent la colline afin de voler au secours de leurs alliés, à présent en grande difficulté sur la ligne de brisement des flots. Par chance, les archers postés sur les navires entrèrent aussitôt en action, et des nuées de flèches s'abattirent sur les Ibères et les Campaniens, dont une bonne partie préféra se replier.

Leur tentative ayant échoué, les Grecs d'Italie montèrent sur les navires et les Géloens rebroussèrent chemin.

Quand Denys surgit enfin de la porte ouest, il constata qu'Héloris se retirait vers le nord, après avoir assisté à l'échec des autres attaques, car Himilcon fondait sur lui avec toutes ses forces, nettement supérieures en nombre. Denys parvint à rentrer en ville à temps pour éviter une catastrophe. Les alliés italiens avaient perdu six cents hommes, et Héloris plus de mille, même s'ils avaient infligé des pertes sévères à l'ennemi. A présent, plus personne ne croyait Denys capable de mener une seconde action contre les Carthaginois. Le plan qu'il avait longuement et soigneusement préparé avait échoué. La ville était à la dérive.

XV

Cette nuit-là, Denys convoqua le conseil de guerre dans un climat envenimé par les protestations, les récriminations et les accusations. Il était lui-même bouleversé et angoissé par cet échec aussi cuisant qu'imprévisible. Cependant il pensa qu'il devait jouer le tout pour le tout, non pas se défendre mais attaquer, et il prit aussitôt la parole d'une voix assez forte pour couvrir les grommellements des officiers présents et imposer le silence. « Mes amis ! Le plan que je vous avais proposé et que vous aviez approuvé à la veille de cette malheureuse bataille était parfait. Il ne peut y avoir qu'une explication à ce qui s'est produit : la trahison. »

Un grondement prolongé se répandit parmi les généraux, mêlé aux ricanements des chefs de la cavalerie syracusaine, qui étaient tous des aristocrates.

« Je n'accuse personne parmi vous, poursuivit-il, mais comment expliquez-vous ce qui est arrivé ce matin ? Cette foule assemblée le long de la seule rue que nous avions à emprunter pour atteindre à temps la porte occidentale. Mon frère Leptine l'a parcourue à cinq reprises, au moins, afin de calculer le temps qu'il nous faudrait pour gagner le lieu de rassemblement. Eh bien, commandants, nous avons mis ce matin cinq fois plus de temps, comme j'ai pu le mesurer à la longueur de l'ombre de ma lance !

— C'est vrai ! confirma Leptine. J'avais donné l'ordre moi-même de libérer ce parcours !

— Que faisaient tous ces gens en proie à la panique à cette heure-là et à cet endroit ? Qui leur a dit de se préparer à fuir par la porte de Camarine ? » Les protestations cessèrent. « Ce n'est pas tout, poursuivit Denys. Qui a donné l'ordre d'attaquer le campement ? Certainement pas moi : à mon arrivée, nos alliés italiens étaient déjà en train de se replier. »

D'instinct, Cléonimos se tourna vers l'officier qui avait prétendu avoir vu le signal à la porte ouest, et constata qu'il évitait son regard. Il avait remarqué un peu plus tôt que l'homme confabulait avec l'un des chefs de la cavalerie syracusaine, ce qui lui avait paru étrange. Il s'exclama : « C'est moi qui ai donné cet ordre ! Un de mes hommes a crié qu'il avait aperçu le signal et que des armées avaient franchi la porte. En réalité, il s'agissait de l'infanterie géloenne, mais comment aurais-je pu m'en assurer à une pareille distance ?

— Je ne t'accuse pas, Cléominos, répondit Denys, mais informe-toi sur le compte de l'homme dont tu me parles. Tu pourrais avoir des surprises.

— Inutile de revenir sur ce qui s'est passé. Hélas, nous avons été battus et... commença un officier de la cavalerie syracusaine, un certain Eloros, membre d'une des plus anciennes familles de la ville, descendant direct, à ses dires, de son fondateur.

— Ce n'est pas vrai ! s'écria Denys. Nous avons subi des pertes, nous le savons, mais nous en avons infligé de plus lourdes. En réalité, sous cet aspect, nous sommes les vainqueurs. Mais je ne veux pas discuter. Je suis prêt à attaquer une nouvelle fois, et ce dès demain. Oui, hommes, attaquons avec deux corps d'armée : d'un côté, les troupes de débarquement, venues de la mer, et de l'autre le gros des forces terrestres. Attaquons ces salopards et voyons qui, de nous, a le plus de couilles ! »

Mais personne ne répondit à cet appel aux armes.

« Les lieux ne se prêtent pas à une attaque, dit Cléonimos. Nous l'avons vu aujourd'hui. Et puis, nous autres Italiens avons déjà tenu conseil. Cette campagne a commencé trop tard : si le temps se dégrade, nous risquons de ne plus pouvoir traverser le détroit. Nos villes resteraient alors sans défense. Nous devons, nous aussi, surveiller nos Barbares, comme vous le savez bien.

— Je suis de son avis, confirma Eloros, le commandant de la cavalerie syracusaine. Nombre de nos chevaux se sont blessés parmi les souches d'olivier et nous avons dû les abattre. Ce terrain n'est pas adapté à la cavalerie. »

Denys eut l'impression soudaine que la terre se dérobait sous ses pieds. Il se tourna vers son père adoptif, Héloris. « Et toi ? Est-ce aussi ton avis ?

— Ce n'est pas une question de courage, mon garçon. Nous devons considérer tous les éléments, l'enjeu de cette bataille et l'état dans lequel nous nous trouvons. Imagine que ce salopard, dit-il en indiquant la mer d'un geste du pouce, décide de se barricader à l'intérieur du camp retranché et refuse le combat. Nous avons cinquante mille hommes à nourrir ici, sans compter la population de la ville. Si le temps change, ce sera un désastre.

— C'est certain, confirma Charilaos.

— Si tu veux attaquer, je suis avec toi, protesta Leptine.

— Moi aussi, par Zeus ! s'exclama Doricos.

— Nous aussi », dirent Biton et Iolaos, qui commandaient des bataillons de l'infanterie syracusaine.

Mais Denys se rendait compte que les hommes avaient perdu leur esprit combatif. Ils ne croyaient plus en lui, tel était le véritable problème. Ils ne le considéraient pas comme leur chef.

Ces guerriers s'étaient battus, pas lui ; ils avaient affronté l'ennemi, pas lui ; ils avaient risqué leur vie, l'épée au poing, pas lui. Et quand ils avaient eu besoin d'aide et d'appui, il ne s'était pas présenté. Denys se sentit seul et angoissé.

Devinant l'état d'esprit de son frère à la vue de son front couvert de sueur, Leptine s'approcha et murmura à son oreille dans le jargon de leur quartier : « Attention, ne te montre pas hésitant. Sinon, ils te mettront en pièces. »

Denys remarqua l'expression d'effroi qui se peignait sur le visage de Philistos, debout près de la porte. Il comprit qu'il n'avait pas le choix, et il fut envahi par un mélange de honte, de rage et de frustration. Il s'apprêtait à commettre l'infamie dont Dioclès et Daphnis s'étaient rendus coupables avant lui, à jeter sur les routes des milliers de fuyards désespérés, d'enfants et de femmes en larmes, à livrer au pillage les temples et les maisons d'une ville fondée plusieurs siècles plus tôt par la volonté d'un oracle sacré. Le geste le plus honorable, pour lui, eût consisté à s'isoler sous un prétexte quelconque et à se donner la mort avec sa propre épée, une lame irréprochable.

Mais Leptine le saisit par le bras, enfonçant dans sa chair des doigts aussi durs que des poignards. « Réagis, par les dieux ! »

Denys se ressaisit et prit la parole. L'air bouleversé mais le ton ferme, il déclara : « Ecoutez-moi. Les chefs sont censés tout prévoir, y compris la trahison, qui fait partie de la guerre. J'ai failli en cela, car j'aime tant ma ville et celles des Hellènes de Sicile et d'Italie que je ne pourrais jamais trahir. Je vais donc prendre une décision inévitable, la plus amère qui soit. Je viderai cette ville de ses habitants, que je mettrai en sécurité. Oui, c'est à vous que je m'adresse, vous, courageux commandants géloens qui verrez vos concitoyens s'éparpiller sur les routes de l'exil cette nuit même. A vous aussi, commandants valeureux qui avez quitté l'Italie pour voler à notre secours, nous offrant les vies de votre meilleure jeunesse, et à vous, mes amis syracusains. Je vous jure par tous les dieux et par tous les démons que le Barbare ne l'emportera pas, je vous jure que je le chasserai de nos villes, que je reprendrai celles-ci l'une après l'autre, je jure que je vous reconduirai dans vos maisons et que le nom des Hellènes de Sicile et d'Italie suscitera une telle terreur chez les Barbares qu'ils n'oseront plus songer à s'en faire des ennemis. »

Un profond silence s'abattit sur la salle. Comme foudroyés, les généraux géloens étaient incapables d'articuler le moindre mot. Les Italiens parlaient tout bas à leurs compagnons, mais personne ne pouvait les blâmer : ils avaient fait preuve d'un courage exceptionnel au cours du débarquement et de l'assaut du camp carthaginois, payant un tribut très lourd en vies humaines. Plus que leurs alliés, les Syracusains se sentaient responsables de la décision annoncée ; en outre, ils avaient l'impression de constituer la prochaine cible des Carthaginois. On aurait dit qu'ils vivaient un cauchemar et qu'ils n'arrivaient pas à se réveiller.

Denys poursuivit : « Faisons la seule chose qui reste à faire, et sans tarder. Deux mille hommes de l'infanterie légère resteront sur les remparts, où ils alimenteront les feux de façon que les Carthaginois pensent que nous sommes encore en ville. Les commandants géloens diffuseront l'ordre d'évacuation quartier par quartier, afin que la ville ne plonge pas dans le désordre. Les soldats de l'escorte seront distribués selon leur quartier d'appartenance : les membres de leur famille, leurs amis et leurs voisins se sentiront ainsi plus en sécurité et plus sereins. D'ici une heure au plus tard, les premières colonnes sortiront par la porte est, dans l'obscurité et le silence le plus complet.

« Une ambassade se rendra dans le camp carthaginois pour négocier une trêve et la restitution des cadavres. Cela nous permettra également de gagner du temps.

« Avant l'aube, les troupes demeurées sur les remparts alimenteront une dernière fois les feux et fileront le plus rapidement possible avant qu'il fasse jour.

« Je remercie nos alliés pour l'aide qu'ils nous

ont apportée, je les salue en les assurant que nous nous reverrons bientôt et que, cette fois, plus rien ni personne ne nous arrêtera. C'est tout ce que j'ai à vous dire. Partez, et que les dieux vous protègent. » Il étreignit l'un après l'autre les généraux des Grecs italiens et les commandants géloens. Devant le regard chagriné et abattu de Denys, les saluts glaciaux de ces derniers se changèrent progressivement en chaudes effusions.

Denys regagna son logement pour se préparer au départ. Philistos le rejoignit un peu plus tard.

« Tu es venu me jeter au visage tes prévisions funestes ? lui demanda Denys.

— Je suis venu te rappeler que le pouvoir d'un seul homme est insuffisant lorsqu'il s'agit de vaincre certains défis. Je suis venu te rappeler que tu as ordonné une évacuation et que tu t'en vas en laissant sans sépulture les corps de tes amis tombés sur le champ de bataille. N'est-ce pas ? Car ton histoire d'ambassade est une farce. Tu partiras avec le premier groupe en privant les morts de sépulture comme l'ont fait Dioclès à Himère et Daphnis à Agrigente !

— Je le sais ! s'écria Denys. Je connais cette histoire ! Epargne-moi tes discours !

— Tu m'as demandé de te donner mon amitié et ma fidélité la plus aveugle. J'ai le droit de savoir en qui j'ai placé ma confiance ! »

Denys se tourna vers le mur en dissimulant son visage derrière son bras. Il poussa une sorte de plainte avant de déclarer : « Que veux-tu savoir ?

— Si le discours que tu as tenu au conseil du haut commandement était sincère.

— Quel discours ?

— Toutes ces belles paroles sur les Hellènes, la révolte et les jeunes gens tombés sur le champ de bataille... Je veux savoir si ces mots te venaient du cœur, ou s'il s'agissait d'une représentation hypocrite te permettant d'éviter la lapidation qui fut le sort des généraux agrigentins.

— Cela te suffirait ?

— Oui, je pense.

— Mais je ne pourrais pas prouver la vérité de mes paroles.

— Non, je ne pense pas.

— Alors, crois ce qui te plaît. Pour l'heure, mettons-nous en route, une longue nuit nous attend. »

Denys ceignit son épée, mit son bouclier en bandoulière, s'empara d'une lance et sortit.

Philistos aurait voulu l'arrêter et lui parler, mais il était incapable d'articuler le moindre mot. Seul dans la pièce vide, il écoutait les pleurs étouffés des femmes de Géla, qui animaient les ténèbres.

Camarine possédait des remparts robustes, bordés à l'ouest par un marais qui interdisait l'usage des engins de guerre, tout au moins de ce côté. Il était donc possible de la défendre si Himilcon s'arrêtait à Géla. Mais il n'en fut rien. S'apercevant que la ville était vide, il l'abandonna au pillage de ses mercenaires, fit massacrer tous les vieillards et les malades qui ne bénéficiaient d'aucun secours, et se remit en marche. Il ne craignait pas la mauvaise saison, se moquait de la mer agitée qui risquait d'endommager sa flotte. Désormais, il était persuadé que rien ne lui résisterait et que toutes les cités grecques de Sicile tomberaient les unes après les autres en un effroyable jeu de pions.

Chaque jour, les estafettes de l'arrière-garde se présentaient à Denys avant le coucher du soleil pour lui rapporter l'emplacement exact de l'armée carthaginoise.

Elle ne s'arrêtait pas. Rien ne l'arrêterait.

Les Grecs d'Italie ayant déjà quitté l'armée confédérée en s'engageant sur la route la plus courte menant au détroit, il était impossible de mettre sur pied la moindre résistance.

Camarine dut être, à son tour, abandonnée.

Malgré leur mauvaise humeur, les troupes respectaient les ordres de Denys et lui obéissaient encore, puisqu'il était le commandant suprême de l'armée syracusaine.

Le jour qui suivit l'évacuation de Camarine, Eloros, le commandant de la cavalerie syracusaine, rapporta qu'on avait signalé des mouvements suspects sur la route, à environ une cinquantaine de stades, et demanda l'autorisation d'aller de l'avant pour assurer le passage si cela se fût avéré nécessaire.

Denys la lui accorda et l'officier s'éloigna avec son détachement au grand galop. Ils étaient environ un millier d'hommes.

Leptine s'approcha. « Où vont-ils ?

— Il y a, paraît-il, des mouvements suspects à une cinquantaine de stades. Je ne voudrais pas que la cavalerie légère des Carthaginois nous ait dépassés. Ils sont allés assurer le passage.

— Assurer le passage ? Et pourquoi pas nous tendre un piège ? Ces hommes-là ne me plaisent pas. Des aristocrates pleins de morgue et d'arrogance, voilà ce qu'ils sont ! Ils nous méprisent parce que nous n'appartenons pas à leur caste et avons l'accent des quartiers populaires. Je suis certain qu'ils se réjouissent de ton humiliation. Ils se moquent bien du chagrin de ces pauvres malheureux... poursuivit-il en indiquant la colonne de fuyards qui se dénouait le long du sentier. Une seule chose les intéresse : que tu aies été battu. Ne l'oublie pas. »

Denys ne dit rien. De toutes les accusations dont il était l'objet, la naïveté était la plus brûlante. Il aurait préféré être considéré comme un criminel plutôt que comme un naïf. « Où est Philistos ? demanda-t-il.

— Je l'ignore. La dernière fois que je l'ai vu, il était à l'arrière, il aidait une vieille femme qui n'arrivait pas à marcher.

— Je ne sais que penser. En fin de compte, je...

— Parce que tu avais épousé la fille d'Hermocratès ? Oublie ça. Nombre de ces enculés ont festoyé et se sont soûlés la nuit où tu as été blessé et où elle fut...

— Suffit ! s'écria Denys avec une telle véhémence que les fugitifs qui passaient à cet instant se tournèrent vers lui, presque effrayés.

— Comme tu veux, répondit Leptine. Mais ce que je te dis est vrai, même si cela te blesse.

— Comment le sais-tu ? l'interrogea Denys un peu plus tard.

— Ces choses-là finissent toujours par ressortir. Philistos est au courant, lui aussi. Il peut te le confirmer.

— Il m'a dit que les responsables et les commanditaires avaient tous été... frappés.

— Oh oui, bien sûr. Les pauvres fils de pute que nous avons castrés, tués, rôtis. Mais les nobles, les descendants des héros et des dieux ne se salissent pas les mains. Ils n'ont même pas besoin de donner certains ordres, il n'ont qu'à laisser entendre ce qui leur plairait. Et encore... Il suffit d'un demi-mot, d'un regard en coin au passage d'un individu qui les gêne.

— A cheval ! lui ordonna Denys. Prends une vingtaine d'hommes, parmi les plus rapides, et suis discrètement les officiers. Reviens ensuite me faire ton rapport. Va ! »

Leptine ne se le fit pas dire deux fois. Il cria quelques mots en jargon, et fut rejoint par plusieurs attaquants à cheval, disséminés dans la colonne. A son signal, ils se lancèrent tous au galop, aussi rapides que le vent.

Deux heures plus tard, Leptine revint, son cheval luisant de sueur et presque éreinté. Denys avait ralenti le pas de façon à être rejoint par Philistos, qui ne lui adressait plus la parole depuis la nuit de la fuite.

« Alors ? demanda-t-il.

— Rien. Aucune trace des Carthaginois ni de personne, répondit Leptine.

— Et les officiers de la cavalerie ?

— Disparus dans le néant. Mais à en juger par leurs traces, ils se dirigent vers Syracuse. »

Philistos s'approcha, l'air courroucé, et s'adressa à Leptine : « Bon sang, que dis-tu là ?

— La pure vérité. J'ai lâché derrière eux une douzaine de mes gars, qui ont l'ordre de les suivre et de faire leur rapport à une estafette. Si nous nous dépêchons, nous aurons des nouvelles fraîches tous les vingt stades.

— Ils se rendent à Syracuse pour soulever le peuple, déclara Denys. J'en suis certain.

— Cela ne fait aucun doute, approuva Philistos. Si nous ne nous dépêchons pas, c'en sera fini de nous. Avance à coups de marches forcées avec toutes les troupes dont tu disposes. »

Denys examina la longue rangée de fugitifs qui se traînaient sur la route, et son cœur se mit à battre la chamade comme le jour où il était descendu pour la première fois sur le champ de bataille, à l'âge de dix-huit ans. « Quelques hommes me suffisent, dit-il. Le reste de la cavalerie et les attaquants. Leptine, tu me remplaceras ici...

— Il n'en est pas question. Je t'accompagne à Syracuse.

— C'est le commandant suprême qui te parle, rétorqua Denys. Obéis à mes ordres. »

Philistos intervint : « Leptine te sera utile, Denys. La situation est extrêmement dangereuse. Confie le commandement à Iolaos. Il t'a toujours été fidèle et il commande déjà le quatrième bataillon de la phalange.

— D'accord. Mais dépêchons-nous, par les dieux ! »

Iolaos fut convoqué d'urgence pour recevoir les consignes. Avant de monter à cheval, Denys l'étreignit. Il lui murmura quelques mots à l'oreille : « Il ne faut pas que les fugitifs subissent des souffrances supplémentaires. Défends-les au prix de ta vie, si nécessaire. » Puis il s'écarta et, le regardant droit dans les yeux, ajouta à voix haute : « Et dis-leur que l'an prochain je les ramènerai chez eux.

— Je le leur dirai, *heghemòn*. A bientôt, à Syracuse. »

Denys sauta à cheval, salua Philistos d'un geste fugace et partit au grand galop avec sa garde de mercenaires campaniens, Leptine et ses attaquants. Un bataillon d'infanterie lourde leur emboîta le pas.

Vingt stades plus loin, ils rencontrèrent la première estafette, composée de trois hommes qui mirent pied à terre, couverts de sueur et de poussière. La saison était encore très chaude.

« *Heghemòn*, le saluèrent-ils. Nous n'avons aucun doute. La cavalerie a pris la direction de Syracuse.

— Bien. Rejoignez l'armée, mangez, buvez et reposez-vous.

— Si tu nous le permets, nous préférerions t'accompagner. Tu pourrais avoir besoin de nous, et nous ne sommes pas fatigués.

— Alors, allez chercher des chevaux frais et suivez-moi. »

Ils avancèrent à vive allure et trouvèrent la dernière estafette à quinze stades de Syracuse.

« La porte est barrée, rapporta le chef du petit groupe, et nous ignorons totalement ce qui se passe en ville.

— Y a-t-il une garnison armée à la porte ?

— Pas à ce que je sache.

— Alors, ils ne s'attendent pas encore à notre arrivée. Dépêchons-nous. »

Un des cavaliers retint Denys. « *Heghemòn*...

— Par les dieux ! Si vous avez d'autres choses à dire, parlez, et ne me faites pas perdre de temps !

— Ils ont fait une chose qui ne te plaira pas... »

Denys se demanda comment ils auraient pu le toucher à distance, sans trouver de réponse.

« Ils ont ouvert la tombe de ton épouse, *heghemòn*... poursuivit le soldat.

— Non ! hurla Denys.

— Et ils ont profané son corps... Les chiens l'ont... »

Denys hurla encore plus fort, en proie à une telle fureur que le soldat se tut. Immobile, il le regarda monter à cheval et bondir en avant en brandissant son épée comme si ses ennemis se tenaient devant lui.

« Suivons-le ! cria Leptine. Il a perdu la raison ! »

Mais dans sa rage, Denys était parfaitement lucide. En passant devant les arsenaux du port, il ordonna à ses hommes de prendre de la poix dont il se servit pour incendier la porte, ouvrant ainsi un passage à sa garde et à ses attaquants.

Réunis dans l'agora, les chefs de la cavalerie étaient en train de tenir conseil : ils comptaient convoquer l'Assemblée le lendemain et déclarer déchu le pouvoir du « tyran ». Tel était, en effet, le nom qu'ils avaient décidé d'attribuer à leur adversaire politique.

Se rappelant comment il avait été encerclé à cet endroit avec les hommes d'Hermocratès, Denys déploya ses troupes à travers les rues et les ruelles environnantes pour bloquer toutes les issues, puis il donna l'ordre d'attaquer et se lança lui-même en avant, l'épée au poing et le bouclier au bras, plongeant dans le massacre avec une frénésie délirante.

Aucune issue. Il ne laissa la vie sauve à personne, pas même à ceux qui se jetèrent à ses pieds en implorant sa pitié.

En pleine nuit, assisté de son frère Leptine, il brûla les restes d'Arêté sur un bûcher improvisé, en recueillit les cendres et les enterra dans un lieu secret. Cette nuit-là, il ensevelit dans un recoin encore plus secret et plus enfoncé de son cœur toute miséricorde, toute pitié.

XVI

La réunion des fidèles eut lieu dans la demeure de Philistos, dans l'Ortygie. Outre le maître de maison et Denys, se trouvaient là Iolaos, Doricos et Biton. Héloris se présenta un peu plus tard, hors d'haleine. Leptine arriva le dernier ; répondant à un signe de Denys, il entreprit de rapporter ce qu'il savait : « Ils ont pillé Camarine, mais ne se sont pas arrêtés. Ils ne vont pas tarder à se montrer.

— Tu en es sûr ? demanda Denys qui semblait peu troublé par cette nouvelle.

— Oui. La route sur laquelle ils se sont engagés mène à Syracuse, et ils n'ont certainement pas l'intention de nous rendre une visite de politesse.

— Ils peuvent toujours venir. Notre muraille a repoussé les Athéniens. Notre flotte est intacte, tout comme notre armée. Pourquoi tenter une entreprise dont l'issue est fixée d'avance ?

— Parce qu'ils sont sûrs de vaincre, intervint Philistos. Ils ont fait tomber quatre villes, pourquoi pas une cinquième ? Leurs mercenaires forment des troupes de premier ordre, et quand ils tombent personne ne pleure leur mort : pas de funérailles publiques, pas de discours, pas d'épigraphes. On les jette dans une fosse et on les recouvre de deux ou trois pelletées de terre. Ce sont juste des soldes en moins à verser. Nous, en revanche, nous devons rendre compte de chaque mort à sa famille et à la ville.

— Cela me semble juste, dit Doricos. Nous sommes des Hellènes.

— Nous avons tous une famille, ajouta Biton.

— C'est exact, admit Denys. Mais alors comment Théron d'Agrigente et Gélon de Syracuse ont-ils réussi il y a soixante-dix ans à anéantir l'armée carthaginoise à Himère ? Je vais vous le dire : ils possédaient un vaste territoire, dans lequel puiser toutes sortes de ressources humaines et matérielles. Nous, nous ne formons que des agrégats de maisons accrochées aux rochers, le long de la côte. Les Barbares peuvent nous vaincre, les uns après les autres. Nos troupes sont en théorie supérieures en matière d'armement et de technique de combat, mais il n'y a pas de transmission de pouvoir à proprement parler dans nos armées : un individu peut décider de partir et s'en aller. Personne ne le retient. C'est ainsi que l'armée se retrouve brusquement amputée de quinze ou vingt mille hommes, quoi qu'il en soit en grande infériorité numérique. Et pourquoi ? Parce que tous ces soldats doivent rentrer chez eux pour les semailles. Pour les semailles, vous comprenez ? Par Héraclès, la guerre est une affaire sérieuse ! Une affaire de professionnels !

— Je ne suis pas d'accord, objecta Iolaos. Les mercenaires se vendent au plus offrant et vous plantent à n'importe quel moment, selon leurs intérêts du moment. Vous vous rappelez ce qui s'est passé à Agrigente ? C'est à cause de la désertion des Campaniens que la ville s'est retrouvée sans défense.

— Ce n'est pas tout à fait exact, rétorqua Denys. Les mercenaires se rangent du côté des vainqueurs et non des perdants, autrement ils sont destinés à la mort. Ils suivent les chefs qui leur proposent les meilleures paies, des possibilités de pillage, ceux qui savent les mener au combat et ne gaspillent pas leurs vies sans raison. Ils tiennent, eux aussi, à leur peau, et ils sont conscients de leur valeur.

— Souhaiterais-tu disposer d'une armée mercenaire ? demanda Héloris non sans étonnement.

– Peut-être pas d'une armée entière, mais au moins d'un noyau. De véritables soldats qui passent leur temps à s'entraîner, à porter les armes, à manier l'épée. Des hommes qui n'ont pas de champs à cultiver, ni de boutiques à exploiter, des individus qui ont pour seule source de gains leur lance et leur épée. L'idéal, ce serait qu'ils soient grecs, peu importe d'où, mais grecs. »

Leptine se leva. « Je n'en crois pas mes oreilles. Ces salopards se rapprochent de nos murs et nous, nous discutons de ce que nous n'avons pas et devrions avoir. L'un de vous saurait-il comment nous pouvons nous en tirer ?

— Ne t'inquiète pas, répondit Denys, ils se casseront les dents sur notre muraille. S'ils viennent de la mer, nous déploierons notre flotte et les coulerons. Mais je ne crois pas que ce sera nécessaire. Vous verrez, ils finiront par négocier : pour eux aussi, nous sommes un os trop dur à ronger. Pour l'heure, occupons les remparts jour et nuit, renforçons les portes et plaçons la flotte à l'embouchure des ports pour éviter qu'elle ne soit prise au dépourvu et bloquée à l'intérieur. Puis attendons.

— Attendons ? demanda Leptine d'une voix surprise.

— Attendons », répéta Denys.

Chacun s'en alla exécuter ses ordres. Philistos rentra chez lui et s'assit à sa table de travail. Il avait compris depuis un certain temps que les faits auxquels il assistait méritaient d'être racontés, et que les prochains événements seraient matière à une œuvre historique. En effet, il s'agirait de la lutte la plus acharnée qu'on eût jamais vue entre Grecs et Barbares, une lutte tout aussi importante que les guerres perses qu'Hérodote avait relatées dans ses *Histoires*. Il pensait connaître les intentions de Denys : la construction d'un empire territorial syracusain sans ménager personne, ni les Grecs ni les Barbares, la création d'une nouvelle armée qui lui serait totalement fidèle et lui permettrait d'engager un duel mortel et sans quartier avec l'ennemi carthaginois.

Il ouvrit un tiroir et s'empara d'un rouleau de papyrus vierge, l'étala et le fixa sur la table, puis il commença à rédiger un nouveau chapitre, qui concernait son ami. Contrairement à ceux qui s'attelaient à une œuvre littéraire, il ne dictait pas mais écrivait lui-même, car il aimait entendre le bruit léger qu'émettait la plume en courant sur le papyrus, voir les mots prendre naissance et se poursuivre sur le rouleau blanc. Il goûtait alors le plus grand pouvoir qui fût au monde : celui de figer les événements et les histoires des hommes pour les années et peut-être les siècles à venir. Le pouvoir de représenter les hommes, leurs vices et leurs vertus selon un jugement sans appel. En cet instant précis, il était l'*histor*, celui qui raconte parce qu'il sait, et qui sait parce qu'il a vu et entendu, mais dont le jugement obéit exclusivement aux catégories de son esprit.

Il parlait de Denys.

> Il avait assisté à la destruction de cités superbes, au massacre de milliers d'hommes, de femmes et d'enfants, au déplacement de populations entières et, pour terminer, au viol et à l'assassinat de son épouse bien-aimée, quand elle était encore très jeune, du fait de ses propres concitoyens, qui avaient profité des désordres intérieurs. Et comme cela arrive d'habitude en pareil cas, deux concepts très importants s'étaient imprimés en lettres de feu dans son esprit : le premier, que les démocraties se révèlent inefficaces quand il est nécessaire de prendre des décisions immédiates et de mener des actions comportant des choix radicaux, sans être capables de contenir les excès de la foule et des forcenés ; le second, que les Carthaginois vivant sur le territoire sicilien constituent une menace pour l'existence même des Hellènes, raison pour laquelle il est préférable qu'ils meurent. Pour ce qui était des Grecs, Denys pouvait contempler le spectacle désolant que lui offraient les métropoles. Quatre-vingts ans plus tôt, l'alliance entre les principales villes de l'Hellade avait vaincu l'empire du Grand Roi des Perses, le plus grand qui eût jamais existé sur terre, et voilà que ces mêmes villes

se déchiraient maintenant en une lutte interminable, préparant leur propre ruine. Il était donc persuadé qu'une telle situation devait être évitée, tout au moins en Occident, et qu'une seule voie s'imposait : la conquête, l'unification des Grecs de Sicile et d'Italie en un unique Etat. Dans sa manière de pensée, l'autocratie était le seul moyen possible. Il connaissait, je le crois, la solitude qui attend l'homme qui veut gouverner seul, les dangers et les embûches qui se dressent sur sa route. Mais il comptait, tout au moins les premiers temps, sur les amis qu'il connaissait depuis l'enfance et sur son frère Leptine. Il avait perdu ses parents alors qu'il était encore adolescent.

Doricos était le fils d'un marchand de blé, il était né d'une mère italienne de Medma. Il avait le même âge que lui et était fort audacieux. Il avait participé aux jeux Olympiques en qualité de pugiliste lorsqu'il était adolescent et l'avait emporté dans cette catégorie. Il avait pris part à toutes les campagnes militaires, qui lui avaient valu de nombreuses blessures dont il exhibait avec fierté les cicatrices.

Iolaos, un peu plus âgé, était attentif et réfléchi, vertus qu'il avait développées en s'appliquant à l'étude des maîtres. On disait qu'il avait fréquenté les écoles de Pythagore en Italie, à Sybaris et à Crotone, où il avait appris de nombreuses notions concernant les secrets du corps humain et de l'esprit.

Biton avait eu un frère jumeau dénommé Cléobis. Tous deux portaient ainsi le nom des héros mythiques qui avaient tiré le chariot de leur mère d'Argos jusqu'au temple d'Héra,

se gagnant ainsi l'immortalité. Il était très fort, mais d'un naturel calme. Ayant perdu son frère, il l'avait remplacé par Denys, auquel il manifestait une fidélité aveugle.
Leptine n'était pas seulement un frère, mais aussi un ami, tout ce qu'on peut espérer dans la vie. Cependant, son tempérament impulsif, ses penchants pour le vin et les femmes, ses colères subites constituaient des inconnues en temps de guerre, où la valeur et le courage, qu'il possédait en abondance, ne suffisaient pas toujours à assurer une issue favorable aux opérations.
Quoi qu'il en soit, tel était le risque que courait Denys : fonder son gouvernement sur des relations personnelles et des intimes irremplaçables. Quand ils viennent à manquer sous l'effet de la fortune, des pertes au combat ou des maladies, la solitude de l'autocrate s'accroît, et son esprit s'assèche autant qu'un désert...

Himilcon se présenta aux portes de Syracuse au début de l'automne. Il établit son campement dans la plaine marécageuse qui s'étendait près de l'embouchure du Cyané, car c'était le seul endroit qui lui permît de loger des milliers d'hommes. Bien vite, il envoya un message proposant l'armistice. Dans ces lieux, l'armée carthaginoise était plus une manifestation de puissance qu'une véritable menace. Mieux valait donc qu'elle effraie plutôt qu'elle n'attaque.

Denys reçut l'ambassade d'Himilcon dans l'Ortygie, à l'intérieur de la caserne de ses mercenaires. Il avait abandonné depuis longtemps la maison à la tonnelle de l'Achradiné, car elle lui rappelait des souvenirs insupportables et la vigne s'était étendue partout, y compris sur le sol, sans plus produire de fruits puisque personne ne la taillait.

Il accueillit le petit groupe dans la salle d'escrime, une vaste pièce dépouillée dont les quatre murs étaient recouverts de lances et d'épées. Il était assis sur un tabouret, les pieds nus, mais protégé par une armure, une épée et des jambières. Posé sur un support non loin de lui, son casque corinthien évoquait le masque froid et impassible de la guerre. « Que me veut ton maître ? demanda-t-il au chef de l'ambassade. Il s'agissait d'un Grec de Cyrène, un petit homme aux cheveux crépus qui était, de son métier, marchand de pourpre.

« Le noble Himilcon, répondit-il, entend se montrer généreux. Il a décidé d'épargner ta ville, qu'il pourrait toutefois conquérir rapidement, comme les autres... »

Denys lui jeta un regard glacial, aussi pénétrant que les pointes de ses lances.

« Il est prêt à autoriser les Grecs de Sicile à regagner leurs villes, à se consacrer à leurs commerces et à leurs activités. Mais ils ne pourront pas reconstruire leurs remparts et devront payer un impôt à Carthage. »

« Ignoble salopard, songea Denys. Tu veux repeupler les villes car tu as besoin de leur argent et de leurs impôts. » Mais il adopta un ton détaché et indifférent : « Y a-t-il d'autres conditions ?interrogea-t-il.

— Non, répondit l'ambassadeur. Non. Cependant le noble Himilcon t'offre aussi la possibilité de racheter les prisonniers de guerre qu'il a capturés au cours de ses dernières campagnes.

— Je comprends », dit Denys.

Interdit, l'ambassadeur attendit une réponse qui ne venait pas. Denys le dévisageait en silence, si bien que le pauvre homme se mit à transpirer sous ce regard de glace. Il aurait voulu le questionner, mais il n'osait pas. S'il brisait le silence, lui semblait-il, le monde risquait de s'arrêter. Il finit par rassembler son courage et par demander : « Que... que dois-je rapporter au noble Himilcon ? »

Denys le regarda comme s'il venait de se réveiller et répondit : « Je peux réfléchir un peu, tu ne crois pas ? Ce n'est pas une décision facile à prendre.

— Oh, oui, bien sûr. Bien sûr... bien sûr. »

Il s'ensuivit une heure de silence complet, au cours de laquelle Denys ne laissa pas transparaître la moindre de ses pensées et ne bougea pas un seul muscle du visage, comme s'il était une statue, tandis que l'ambassadeur essuyait de temps en temps son front couvert de sueur en s'appuyant tantôt sur une jambe tantôt sur l'autre, car il n'y avait pas de siège dans la pièce.

Enfin, Denys poussa un léger soupir et, d'un signe du doigt, invita l'ambassadeur à s'approcher. Celui-ci le rejoignit d'un pas léger et presque circonspect. Alors Denys déclara : « Dis au noble Himilcon de ma part...

— Oui, *heghemòn*...

— Que si je pouvais m'exprimer selon ce que me dicte mon état d'esprit, je lui répondrais...

— Oui ?

— Qu'il aille se faire foutre. »

L'ambassadeur écarquilla les yeux. « Qu'il aille...

— Se faire foutre, répéta Denys. Toutefois, poursuivit-il, mes responsabilités de gouvernement m'imposent des mots plus conciliants. Tu lui diras donc que, pour l'heure, je suis prêt à signer la paix à ces conditions, et à racheter tous les prisonniers dès qu'il aura levé le siège et mis fin aux hostilités. »

L'ambassadeur acquiesça, satisfait d'avoir enfin obtenu une réponse, puis il recula pas à pas jusqu'à la porte et se faufila à l'extérieur.

Himilcon, qui voulait une acceptation sans conditions de son offre de paix, décida de donner le signal de départ aux opérations militaires. Il hésita un moment sur le plan à adopter. Le terrain était défavorable, les remparts particulièrement imposants, et il était impossible de bloquer les ports, tous deux occupés par les unités les plus aguerries et les plus puissantes de la marine syracusaine. Ses quelques tentatives d'abattre la muraille à l'aide de ses machines de guerre se soldèrent par un échec, et la chaleur étouffante de l'été, qui se prolongeait obstinément vers l'automne, créait dans les marais une humidité insupportable qui affaiblissait les membres et décourageait les esprits. La puanteur des excréments de ces milliers d'hommes pesait sur cette fosse marécageuse, rendant l'air irrespirable et, bientôt, la peste se déclara. Chaque jour, des centaines de corps étaient placés sur des bûchers, et le mécontentement croissait parmi les troupes, constituant bientôt une menace pour le commandant en chef et ses officiers. Himilcon continuait d'espérer un renversement subit de la situation, comme à Agrigente. Il pensait que les Syracusains se laisseraient tenter par une attaque frontale sur terre ou sur mer, mais les jours s'écoulaient et rien de tel ne se produisait.

Enfermé à l'intérieur de sa formidable muraille, Denys était ravitaillé par le port de Lakkion, au nord : les habitants ne subissaient donc pas de pertes, ils ne souffraient pas de la faim.

Ayant compté les morts et les rescapés, Himilcon comprit enfin qu'il n'avait plus assez de forces pour mener un assaut et leva donc le siège. Il renvoya les mercenaires campaniens dans la partie ouest de l'île pour occuper les villes qui lui étaient soumises et, une fois les Africains embarqués, fit route vers Carthage.

Au cours de la même période, Denys apprit qu'en Thrace la flotte spartiate, commandée par Lysandre, avait surpris celle d'Athènes au sec et presque dépourvue d'équipages, qu'elle l'avait anéantie en un lieu qu'on appelait « Fleuves de la chèvre », un nom aussi absurde que cet événement. Conon, l'amiral athénien, avait réussi à s'abriter au Pirée avec huit embarcations. Athènes était bloquée sur terre comme sur mer, et la situation semblait désespérée.

« Qu'en penses-tu ? lui demanda Philistos.

— Cela ne change pas grand-chose à nos affaires, répondit Denys. Théoriquement, les Spartiates seront plus libres de nous aider, mais je préfère qu'ils demeurent à l'écart. Nous devons résoudre nous-mêmes nos problèmes chaque fois que nous lepouvons.

— Tu n'as pas compris. Je voulais dire : que penses-tu qu'il adviendra d'Athènes ?

— Tu veux savoir ce que je ferais si j'étais à la place de Lysandre ?

— Oui, si tu veux me le dire.

— Les Athéniens sont les meilleurs. Ils ont

appris au monde à penser et, ne serait-ce que pour cette raison, ils méritent de vivre, quels que soient les crimes qu'ils ont commis au cours de ces trente ans de guerre.

— Ainsi, seule compte l'excellence de l'esprit ? Et les comportements, alors ?

— Tu veux que nous ayons une discussion philosophique ? Nous avons déjà débattu de ces problèmes. Ta question ne pourrait avoir de sens que s'il y avait un juge suprême qui absout et condamne, s'il y avait une force qui protège les innocents et punit les méchants, mais un tel juge n'existe pas et la force n'est autre qu'une violence aveugle et fortuite, semblable à celle des tempêtes et des ouragans qui frappent au hasard en semant la mort et la destruction sur leur passage.

— Et pourtant, le juge dont tu parles existe bien...

— Ah oui ? Et de qui s'agit-il ?

— De l'Histoire. L'Histoire est ce juge. Elle rappelle qui a agi pour le bien des êtres humains, condamne qui les a opprimés, qui les a fait souffrir sans raison.

— Ah, l'Histoire... Je comprends. Ainsi, selon toi, les hommes devraient se comporter en pensant à ce que l'Histoire dira d'eux lorsqu'ils ne seront plus que des cendres et que plus rien ne leur importera ? Et puis, qui écrit l'Histoire ? Des gens qui n'ont certainement pas plus de valeur que moi... C'est moi qui fais l'Histoire, mon ami. Tu as compris ? Je sais parfaitement que je peux infléchir les événements selon mon bon vouloir, même si les faits semblent prouver le contraire. Rappelle-toi que tu n'as encore rien vu... Rien, tu comprends ? Tout doit encore arriver.

— Tu te trompes. L'Histoire rassemble les faits et gestes de l'humanité, filtrés par l'intelligence d'individus qui possèdent le don de comprendre. Et l'Histoire va où elle le veut, Denys, comme un fleuve énorme qui coule tantôt avec une force irrépressible en emportant tout sur son passage, tantôt avec lenteur en décrivant des volutes paresseuses, en se laissant maîtriser et conduire par des hommes médiocres. L'Histoire est un mystère, un mélange de passions, d'horreurs, d'espoirs, d'enthousiasmes, de mesquineries, elle est à la fois destin et hasard, de même qu'elle est le produit de volontés bien précises et d'entêtements comme le tien. L'Histoire, c'est le désir de surmonter notre misère humaine, c'est le seul monument qui nous survivra. Quand nos temples et nos murailles seront en ruine, quand nos dieux et nos héros ne seront plus que des fantômes, des images délavées par le temps, des statues mutilées et corrompues, l'Histoire rappellera ce que nous avons fait, le souvenir qui restera de nous est la seule immortalité qui nous soit octroyée.

— Bien, répondit Denys, alors prends note, Philistos, car je sais que tu écris depuis un certain temps. J'ai déjà fait mon choix et je suis prêt à damner ma mémoire pour les siècles à venir, à être évoqué comme un monstre capable de toutes les horreurs possibles, mais aussi comme un vrai homme, en mesure d'infléchir les événements selon son bon vouloir. Seul ce genre d'hommes ressemble aux dieux. On ne pardonne qu'aux grands hommes d'avoir limité les libertés, on démolit et piétine les autres, dès qu'ils font preuve de la moindre faiblesse. »

Philistos garda le silence un moment, frappé par

ces déclarations prétentieuses et arrogantes, mais aussi par la foi presque aveugle en son destin que Denys savait transmettre au moyen de sa voix et de son regard fébrile. « Quelles sont donc tes intentions ? demanda-t-il ensuite.

— Je dois enrôler d'autres mercenaires, construire dans l'Ortygie une citadelle qui sera ma résidence et inclura l'arsenal, de façon que personne ne puisse me bloquer du côté de la mer. Je ferai également élever sur l'isthme un rempart transversal qui isolera le reste de la ville sur la terre ferme, car mes ennemis peuvent surgir de partout, de l'extérieur comme de l'intérieur. Et ceux qui viennent de l'intérieur sont parfois les plus effrayants et les plus cruels : il n'y a rien de pire que la férocité des frères. »

Philistos lui lança un regard stupéfait. « C'est un projet énorme. Où trouveras-tu l'argent qu'il nécessite ?

— Ne t'inquiète pas. Ce n'est pas à toi que je le demanderai. »

Blessé, Philistos répondit : « Je ne crois pas avoir jamais...

— Ce n'est pas ce que je voulais dire. Tu as déjà trop fait pour moi. Je ne veux pas t'entraîner dans ma ruine, si celle-ci devait arriver. Je veux que tu aies une vie agréable, si tant est que cela soit possible. En tous les cas, ta fortune, dont je ne connais pas la consistance réelle, ne suffirait pas à couvrir une telle dépense.

— Alors, comment feras-tu ?

— Je ne sais pas, répondit Denys, mais je trouverai une solution. Il y a toujours une solution quand on a le courage de penser en grand. Et maintenant, j'ai besoin de respirer un peu d'air frais, d'air marin. Veux-tu me tenir compagnie ?

— Avec grand plaisir.

— Alors couvre-toi. Mieux vaut ne pas éveiller de curiosités malsaines en ville. »

Ils quittèrent la caserne par une petite porte secrète, vêtus d'une cape qui leur dissimulait les épaules et la tête, puis s'acheminèrent dans les rues désormais sombres de l'Ortygie.

Denys se dirigea vers la darse, où les grandes unités de sa flotte avaient été tirées au sec pour l'entretien automnal. Il s'engagea ensuite dans une rue qui menait vers le nord, où se trouvaient les quais commerciaux.

« Regarde, c'est étrange, dit soudain Philistos. Là-bas, au second quai. »

Denys vit qu'un navire était parvenu à accoster à la faveur des derniers rayons de soleil, et qu'il débarquait un chargement d'esclaves. En s'approchant, il remarqua un homme aux cheveux très blonds, presque blancs. Il était complètement nu, avait la peau rougie et brûlée par le soleil. Il ne portait qu'un petit tatouage sur la poitrine, ainsi qu'un collier rigide en forme de cordon, terminé devant par deux petites têtes de serpent sculptées dans le bois.

Denys l'observa pendant quelques instants, puis dit à Philistos : « Demande combien il coûte. »

Philistos s'adressa au marchand : « Mon ami voudrait connaître le prix du Celte à la peau brûlée.

— Dis à ton ami de se présenter demain matin sur la place du marché et de se mettre à la queue, comme tout le monde, pour faire son offre », répondit le marchand sans même se retourner.

Denys murmura quelques mots à l'oreille de Philistos, lui fit un signe de complicité et s'éloigna.

Philistos repartit à la charge : « Mon ami est très intéressé par ton esclave et prêt à te verser une jolie somme.

— Je veux bien le croire. Sais-tu combien de vieux cochons viendront demain au marché pour se disputer la queue de l'Apollon boréal ? Tu ne crois tout de même pas que ton ami est le plus mignon, n'est-ce pas ? Je te l'ai dit : s'il veut acquérir ce magnifique exemplaire, il devra se mesurer à coups de statères d'argent avec les autres clients. »

Philistos repoussa son capuchon, découvrant son visage. « Mon ami se nomme Denys, rétorqua-t-il. Cela ne te dit rien ? »

Soudain, le marchand changea d'expression et d'attitude. « Tu veux dire *le* Denys ? demanda-t-il en écarquillant les yeux.

— Exactement, répondit Philistos en lui lançant un regard très significatif. Et si j'étais à ta place, je lui ferais un bon prix.

— Qu'appelles-tu un bon prix ?

— Cinq mines me paraît honnête.

— Cinq mines ? Mais il vaut au moins le triple.

— C'est exact. Je voulais t'offrir cette somme, mais tu as laissé échapper l'occasion. Je te conseille de te résigner, à moins que tu ne veuilles risquer un jeu à la hausse dangereux et incertain.

— Comment puis-je être sûr que tu ne te moques pas de moi ?

— C'est impossible. Tu peux seulement décider de te fier à ce que je te dis, ou non. Dans le meilleur des cas, tu obtiendras le double de cette somme au marché, demain. Dans le pire des cas, tu n'auras rien. Quelle est ta décision ?

— D'accord, bon sang », répondit le marchand vexé.

Philistos lui donna la somme convenue et les instructions pour la livraison. Puis il rejoignit Denys à la porte marine.

« Comment cela s'est-il passé ? lui demanda ce dernier.

— Cinq mines. En espèces.

— Un bon prix.

— Effectivement.

— Je te ferai rembourser dès demain.

— Pourquoi t'intéresses-tu à cet esclave ?

— As-tu remarqué le collier qu'il porte au cou ?

— Oui, mais...

— Et le tatouage sur sa poitrine ?

— Il me semble...

— Cet homme appartient à une sorte de fraternité guerrière pour le moins redoutable. Mieux, la plus redoutable dans l'absolu. Il s'agit de groupes nomades qui se comportent comme des troupeaux de loups à la recherche de proies et qui s'enrôlent parfois contre paiement. Ils sont tellement forts qu'ils combattent nus, sans autre protection que leur épée et leur bouclier. Ils ne craignent aucunement la mort, et n'ont d'autre but dans la vie que de montrer leur courage à chaque occasion possible. Je n'arrive pas à comprendre comment il a été capturé vivant. Sais-tu s'il parle le grec ?

— Non.

— Essaie de le découvrir et interroge-le sur le lieu d'où il vient et la manière dont il a été capturé. Bref, tout ce que tu peux savoir de lui. S'il ne parle pas grec, demande de l'aide à nos mercenaires.

— Tu ne m'as pas encore dit ce que tu comptes en faire.

— Mon garde du corps », répondit Denys avant de s'éloigner.

XVII

Libéré de ses chaînes, le Celte pénétra d'un pas hésitant dans la vaste salle d'armes, faiblement éclairée par deux lanternes accrochées aux murs. Un homme était assis, de dos, sur un tabouret. Le guerrier s'approcha sans bruit, foulant le dallage de ses pieds nus, et, retenant son souffle, s'immobilisa tout près de l'homme qui évoquait une statue.

C'est alors qu'il distingua une petite porte entrouverte, au fond de la salle : une issue. Léger comme une ombre, il s'élança vers le long râtelier sur lequel étaient alignées des dizaines de lances et d'épées étincelantes, s'empara d'une épée et pivota, prêt à frapper. Mais ses yeux bleus se remplirent d'effroi : le tabouret était vide. D'instinct, il tourna sur lui-même et se retrouva nez à nez avec la menace silencieuse qui l'avait précédé dans l'obscurité. Une épée s'abattit à la vitesse de l'éclair et il eut grand-peine à parer le coup. Les deux armes se heurtèrent en produisant des étincelles, et ce vacarme subit déchira le silence de la grande salle vide, rebondit sur les murs nus et le plafond. Les coups succédèrent aux coups, les échos aux échos, le fracas des armes se fit terrible, assourdissant.

Le Celte possédait une agilité exceptionnelle, son corps nu et luisant bondissait comme celui d'une bête sauvage, avec une énergie qui semblait croître au lieu de faiblir à chaque coup.

Soudain, son adversaire entra dans le halo de lumière que diffusaient les lanternes et s'arrêta. Il était nu, lui aussi, mais son visage était dissimulé sous un casque corinthien, et seuls ses yeux brillaient dans la pénombre. Sa poitrine ne se soulevait pas, son corps brun semblait coulé dans le bronze. Soudain, il pointa son épée vers le buste du Celte et avança lentement. Le Celte fléchit les jambes, prêt à se détendre et à assener le coup qui lui attribuerait la victoire. Il brandit son arme, mais l'épée ennemie se déroba au moment de l'impact, le déséquilibrant. Alors, son adversaire lui donna un coup de pied derrière les genoux et le frappa du poing dans le dos, le précipitant au sol. Un instant plus tard, la peau du Celte frissonnait au contact de la pointe de l'épée entre ses omoplates.

« La mort est froide, déclara l'homme d'une voix déformée par le casque, n'est-ce pas ? »

La pointe s'écarta. Le guerrier blond en profita pour attraper sa propre épée et rouler sur lui-même comme un serpent, mais déjà l'ennemi pressait son arme sur sa gorge, lui incisant la peau.

Comprenant que le moindre mouvement lui vaudrait la mort, le Celte préféra se laisser aller sur le sol en abandonnant son arme.

« Lève-toi », entendit-il, et aussitôt après cette voix eut un visage. Le casque se souleva, révélant des yeux sombres et pénétrants, une bouche charnue et bien dessinée, un visage ombragé par une barbe tout juste esquissée mais très foncée.

« Je sais que tu comprends le grec, reprit la voix. Comment t'appelles-tu ?

— Aksal.

— A quelle tribu appartiens-tu ? Les Insubriens ou les Cénomanes ?

— Les Boiens.

— Les Boiens vivent en Gaule. Pourquoi te trouvais-tu en Italie ?

— Beaucoup nôtres passent Ligurie.

— Par où ?

— Montagnes.

— Qui t'a capturé ?

— Etrusques. Embuscade. Puis vendu.

— Pourquoi as-tu essayé de me tuer ?

— Parce que Aksal libre.

— Il n'y a qu'une seule façon, pour toi, d'être libre : me servir. Je m'appelle Denys et je suis le chef d'une tribu très puissante, qui se nomme Syracuse. » Il indiqua du doigt le collier et le tatouage du Celte et déclara : « Je connais leur signification. » Le guerrier recula comme s'il avait été une nouvelle fois touché de la pointe de l'épée. Denys poursuivit : « Je suis le chef d'une compagnie de ce genre, des guerriers qui ont fait serment de s'entraider comme des frères et de toujours l'emporter en matière de courage et de combat. Nous sommes les meilleurs, voilà pourquoi je t'ai battu. Mais je t'ai également sauvé la vie. Alors décide-toi, veux-tu devenir mon ombre ou retourner chez ton maître ?

— Ton ombre, répondit le Celte sans la moindre hésitation.

— Bien. Va à cette porte. On te donnera des vêtements, des armes et un logement. On t'apprendra aussi à t'exprimer... Petit à petit. Et coupe cette moustache. Tu as l'air d'un Barbare. »

Askal se dirigea vers la porte d'un pas silencieux et disparut.

Denys enfila une chlamyde et quitta la pièce du côté opposé. Une fois parvenu dans sa chambre, il s'allongea sur son matelas en crin, dur comme du fer, et plongea dans le sommeil.

Il fut réveillé en pleine nuit par son frère Leptine.

« Que se passe-t-il ? s'écria-t-il en se redressant.

— Du calme. Tout va bien.

— Que fais-tu ici à une heure pareille ?

— Je viens d'une réunion de la Compagnie. Nous étions tous rassemblés chez Doricos. Au moment où je sortais, un vieillard à l'allure de mendiant s'est approché et m'a dit : "Je ne veux rien. Donne ça à ton frère et dis-lui de le lire avec le sept." » Il lui tendit une courroie en cuir.

Denys se leva, alla dans le couloir et examina l'objet à la lumière d'une lanterne. Des mots y étaient inscrits, mais ils étaient tronqués et illisibles.

« Une *skytalé*, dit-il. A quoi ressemblait ce vieillard ?

— Assez corpulent, presque chauve. Une couronne de cheveux sur la nuque et aux tempes. Je crois qu'il avait les yeux sombres, mais il faisait noir... La nuit, tout est sombre.

— Il n'a rien dit d'autre ?

— Non.

— Avait-il un accent ? S'exprimait-il comme nous ? Ou comme un Sélinontain ? Un Agrigentin ? Ou un Géloen ? Comme un étranger ?

— Il a murmuré quelques mots et m'a donné ce truc avant de disparaître. Je n'ai qu'une seule certitude : il s'agissait d'un Grec, pas d'un Barbare. »

Denys réfléchit un moment puis déclara : « Attends-moi ici, ne bouge pas. Je reviens. »

Il regagna sa chambre, ouvrit un coffre-fort dissimulé dans le sol et en tira une barrette en bronze, qu'il choisit parmi une dizaine d'autres, alignées à l'intérieur. Il enroula la courroie en cuir autour de cette barrette et rejoignit son frère dans le couloir pour y lire le message à la lumière de la lanterne.

« Qu'est-ce que cela dit ? demanda Leptine.

— Rien qui puisse t'intéresser. Je te remercie. Et maintenant, va te reposer. Reviens demain, tu t'occuperas de l'entraînement de ma nouvelle recrue, un Celte que j'ai acheté au port. Pas de lance, seulement des armes courtes et un arc, même si, à mon avis, il sait déjà bien s'en servir. Demande à Philistos de lui trouver un maître pour qu'il apprenne le grec. Il s'exprime comme une brute. Je vais devoir m'absenter un peu.

— T'absenter ? Et où vas-tu ?

— Je ne peux pas te le dire. Fais attention, garde les yeux bien ouverts. Personne ne doit savoir que je suis absent. Autrement, ce serait fatal pour nous tous.

— Quand reviendras-tu ? insista Leptine.

— Au plus vite », répondit Denys, avant de disparaître à l'intérieur de sa chambre.

Quand le jour se leva, Denys s'enfonçait dans l'arrière-pays en remontant le cours de l'Anapos. La longue sécheresse avait presque brûlé la végétation, et la terre qui entourait la rivière était toute crevassée. Les troupeaux broutaient des chaumes là où ils en trouvaient encore, ou erraient en balançant la tête dans cet air dense et brumeux. Bien vite, la vallée s'encaissa entre de hautes rives et le torrent se fit de plus en plus étroit. Enfin, à la tombée du soir, les eaux de la source apparurent. Denys eut l'impression de revivre la courte période qu'il avait passée entre la vie et la mort. Il avait alors été plus près de la mort que de la vie, et pourtant il avait connu des journées magiques, délirantes.

Il sentit que cette douloureuse énergie ranimait des sentiments perdus ou ensevelis, tandis qu'un regard sauvage lui transperçait épaules et nuque. Il perçut le flux vital qui se dégageait de la source, le parfum de menthe sauvage le long des rives, le souffle des oiseaux de proie qui abandonnaient leurs refuges sur la grande paroi rocheuse.

Une voix retentit soudain dans la vallée. « Approche.

— Qui es-tu ? demanda Denys en portant la main à son épée.

— Laisse, tu n'en as pas besoin. Viens par ici. »

Denys se retourna et vit une ombre derrière un laurier. Il la suivit. L'ombre s'immobilisa et se fondit dans la paroi. « As-tu un nom ? s'écria Denys.

— Non. J'ai un message.

— De quoi s'agit-il ?

— Quelqu'un a laissé pour toi un trésor.

— Qui ?

— Si tu l'ignores, je ne peux pas te le dire.

— Alors dis-moi où se trouve ce trésor.

— A Agrigente, dans l'étang, à la hauteur de la quatrième colonne du portique. Tu auras besoin de bêtes de somme. Trois, peut-être quatre.

— Qui t'envoie ?

— Quelqu'un qui n'est plus. » La voix se tut, comme engloutie par la paroi.

Denys regagna les rives de la source, attiré par sa lymphe vitale, presque prodigieuse. Alors qu'il s'apprêtait à plonger dans les eaux froides, il aperçut quelque chose sous leur surface... Une nymphe ?

Elle surgit brusquement, les cheveux étincelants sur les épaules, son visage sombre ruisselant de gouttes d'eau comme d'autant de larmes, les yeux noirs sous de longs cils, les lèvres couleur grenade. Etait-ce possible ? S'agissait-il vraiment de la créature sauvage qui avait visité ses rêves et ses délires fiévreux ?

Elle s'approcha, exhibant ses épaules puis sa poitrine aussi ferme que les muscles d'un guerrier, son ventre plat, son pubis, ses cuisses droites et luisantes comme le bronze. A présent, il pouvait sentir l'odeur de sa peau. Une odeur âpre mais légère, semblable à celle du vin aigre.

Il murmura en son for intérieur ces vers d'Homère :

Qui es-tu, ma dame ? Une femme mortelle
Ou une des déesses qui habitent le vaste Olympe ?

Il laissa tomber son épée comme Ménélas devant les seins nus d'Hélène, comme Ulysse devant Circé, se pencha, cueillit un petit lys sauvage, le dernier de cette longue saison ardente, et le lui tendit. Un instant, elle se raidit en reculant dans l'eau, puis elle saisit la fleur, la porta à sa bouche et la mâcha lentement. Denys se défit également de sa chlamyde et pénétra dans la source. Il prit la créature sans effort dans cette eau très pure, et elle s'agrippa à lui, le mordant et le griffant, gémissant comme une petite bête sauvage, poussant dans l'extase un cri rauque et haletant, qui se changea ensuite en un soupir d'abandon. Ils s'allongèrent côte à côte sur le sable de la rive tandis que la brise tiède se chargeait de sécher leurs corps.

Au bout d'un certain temps, la voix qui avait déjà parlé déclara : « Emmène-la. »

Denys sursauta, comme s'il avait oublié la raison de sa présence en ces lieux. « Que dis-tu ? Elle n'est jamais sortie d'ici, elle sera incapable de se déplacer dans le monde extérieur.

— Emmène-la, répéta la voix. Elle te suivra.

— Et pourquoi ?

— Elle peut demeurer sous l'eau plus longtemps que quiconque. Il s'agit peut-être d'une nymphe des eaux, tu l'as conquise et elle te protégera, ainsi qu'Athéna protégeait Ulysse. Je t'ai dit tout ce que j'avais à te dire. Adieu. »

Denys se précipita vers la paroi rocheuse d'où la voix provenait, mais il n'y trouva rien.

Il avait parlé avec un écho.

Il découpa à l'épée un trou circulaire au centre de sa cape, en revêtit la créature et le fixa à ses hanches par une petite branche de saule tressé. Elle se laissait faire docilement comme si elle l'attendait depuis longtemps, comme si elle était prête à tout pour se tenir à ses côtés. La vallée était encore plongée dans la pénombre, mais les premiers rayons du soleil doraient la crête du rocher. Un hennissement étouffé retentit non loin de là, et Denys aperçut trois chevaux attachés à un tamaris. Il dit à la jeune femme : « Si tu veux m'accompagner, il faudra que tu montes à cheval. Comme ça. »

Il bondit sur sa monture et prit par la longe une des trois autres. La jeune femme le suivit un moment à pied, puis elle s'immobilisa, considérant avec un air étrange la robe grossière qu'elle portait.

Denys se retourna pour la saluer d'un dernier regard en pensant qu'elle n'oserait pas franchir la limite de cette grande conque rocheuse, mais elle s'élança et sauta sur le cheval de tête avec une agilité surhumaine et une merveilleuse légèreté. L'animal ne broncha pas, comme si sa cavalière était privée de poids et d'odeur. Il poursuivit tranquillement sa route, guidé par ces petits pieds nus que la roche avait durcis.

Ce jour-là, à la tombée du soir, Denys coupa avec son épée les cheveux de la sauvageonne à la hauteur du cou, la transformant en un éphèbe ténébreux puis, l'espace d'un instant, d'un instant bref et fugace, en Arêté. Et elle le regarda comme Arêté le regardait.

Ils repartirent avant le lever du jour et s'enfoncèrent dans des territoires déserts que la guerre avait vidés et frappés mortellement. De temps à autre, Denys observait la jeune femme, en proie à un mystérieux malaise. Sa présence muette accentuait d'une certaine façon sa propre solitude, et les lieux désolés qu'ils parcouraient ensemble semblaient souligner et magnifier la présence de cette créature au point de la diviniser.

Ils cheminèrent pendant huit jours à travers les montagnes, dormant quelques heures par nuit. Puis, un matin, Agrigente se dressa devant eux, sur la colline, dans une lumière spectrale.

La ville était déserte et les animaux sauvages –

chiens errants, renards, corbeaux – s'y étaient installés. Toutes les rues portaient les signes de la destruction, les restes misérables de ceux qui y étaient demeurés et avaient été tués.

Denys n'osa pas monter à l'acropole, mais il passa devant la maison de Tellias et y entra. Il fut accueilli par les murs écaillés, les meubles brûlés, les vases précieux brisés sur le sol, les plafonds noircis. Il appuya la tête contre un mur tandis que les larmes lui montaient aux yeux. La jeune femme s'approcha et posa une main sur sa nuque. Elle comprenait d'instinct sa souffrance et tentait de le soulager un peu.

Denys se tourna, il planta ses yeux dans les siens et lui dit : « Viens, allons à l'étang. »

L'eau était tiède, presque chaude, mais les poissons avaient disparu. Les occupants les avaient sans doute pêchés pour s'en nourrir au cours de l'hiver précédent. Il plongea mais dut faire plusieurs tentatives avant de toucher le fond. Enfin, il distingua deux caisses, attachées par des cordes de chanvre. Tout effort pour les soulever étant vain, il finit par couper les cordes et par regarder à l'intérieur : il y avait là des centaines de pièces d'or et d'argent. Le trésor de Tellias !

A bout de souffle, il poussa sur ses jambes pour remonter à la surface, mais quelque chose l'en empêchait : la corde qu'il avait tranchée s'était entortillée autour de son pied.

La fin était-elle arrivée ? Des gargouillements s'échappaient de son corps, les images de sa vie s'évanouissaient dans une atmosphère verte et irréelle, des plaintes de mourants filaient sous sa peau, des flammes brûlaient dans ses poumons, les yeux de jeunes filles en larmes l'observaient depuis l'au-delà...

Il sentit qu'on le secouait et que son corps remontait rapidement. Une force extraordinaire l'entraîna au bord de l'étang. Les genoux sur sa poitrine, la sauvageonne l'aidait à vomir, chassait l'eau – et le feu – de ses poumons. Il toussa, cracha, se tordit de doulcur et finit par respirer.

Il jeta un regard à la ronde, mais ne vit rien. Il entendit l'eau bouillonner : la jeune femme jetait de grandes poignées d'or et d'argent sur la rive avant de replonger.

Elle continua de la sorte pendant toute la journée, sans un instant de répit, tandis que Denys remplissait des besaces à fixer sur les chevaux de somme.

Il était tard, et le trésor était au sec : une fortune énorme.

« Allons-y », dit Denys. Mais alors qu'il se dirigeait vers les chevaux avec un dernier sac, il perçut un bruit. L'excitation d'une journée incroyable, la vue de tant d'argent, sa présence et celle de la sauvageonne dans cette ville spectrale l'avaient plongé dans un état onirique. Ce bruit le ramena brusquement à la réalité. Un frisson courut le long de son dos. Il se rendit compte qu'il avait commis une folie en agissant seul dans un tel endroit.

« Qui va là ? » s'écria-t-il.

Il n'obtint pas de réponse, mais il vit que des ombres couraient d'une maison à l'autre en rasant les murs.

« Monte à cheval, vite ! » dit-il à la créature en accompagnant ses mots de gestes pour mieux être compris. Cependant, elle demeurait immobile. On aurait dit qu'elle humait l'air, elle découvrait les dents comme une bête sauvage en reculant. Denys attrapa les chevaux par la longe et les entraîna vers la porte est.

Là aussi, des bruits et des appels retentirent. Puis des ombres surgirent. Ils étaient piégés.

Deux individus avancèrent, armés de bâtons. Ils étaient couverts de guenilles, avaient la barbe et les cheveux longs. Etaient-ce des brigands ? des déserteurs ? des rescapés ? Ils évoquaient des animaux plus que des hommes. Denys s'immobilisa et dégaina son épée. Quant à la sauvageonne, elle ramassa deux pierres et les projeta avec une précision meurtrière. Frappés en plein front, les deux hommes s'effondrèrent sans une plainte. Mais d'autres incitations s'élevèrent, et une cinquantaine d'individus fondirent sur eux en brandissant des bâtons et des couteaux.

« Vite, vite, déguerpissons ! Par là ! » s'écria Denys en prenant la sauvageonne par la main et en abandonnant les chevaux. Cependant, leurs poursuivants semblaient bien décidés à venger leurs compagnons, et ils se lancèrent à leurs trousses.

Denys tourna au coin d'une maison. Ce faisant, il se heurta à un homme qui venait de la direction opposée. Il tenta de l'abattre d'un coup d'épée, mais l'individu lui cria en grec : « Arrête, bon sang, tu veux me couper la gorge ?

— Leptine ?

— Et qui d'autre ? » Il se retourna. « Allez, éliminez ces chiens galeux, vite ! »

Une soixantaine de mercenaires, dont Aksal, bondirent en avant, massacrant les premiers hommes qu'ils rencontrèrent, criblant de flèches les survivants, ne laissant à aucun d'eux la vie sauve.

« Je t'avais donné des ordres, dit Denys quand tout fut terminé.

— Par Héraclès, je viens de te sauver la vie. Tu as un sacré toupet...

— Je t'avais donné des ordres ! » hurla Denys.

Leptine baissa la tête en se mordant la lèvre.

« Je m'en serais tiré de toute façon, poursuivit Denys. Ce ne sont que de pauvres pouilleux. Mais ta désobéissance a peut-être tout compromis. Le comprends-tu ?

— J'ai laissé Doricos à Syracuse. C'est un excellent officier, qui a toujours fait partie de la Compagnie. Il n'arrivera rien. J'ai pensé que tu courais un trop grand danger en te déplaçant sans escorte, voilà pourquoi je t'ai suivi. La prochaine fois, je te laisserai crever, d'accord ?

— La prochaine fois, tu obéiras à mes ordres, sinon j'oublierai que tu es mon frère et je te ferai passer par les armes pour insubordination. Ai-je été assez clair ? »

Aksal se présenta, tenant deux têtes coupées par les cheveux. « Aksal est ton ombre, vu ? » dit-il en les lui tendant.

Denys grimaça. « Oui, oui, d'accord. Prenez ces chevaux, et déguerpissons, vite.

— Qui est-ce ? » demanda Leptine en indiquant la sauvageonne.

Alors que Denys se retournait, la jeune femme s'enfuit dans la ville déserte et sombre. « Attends ! s'écria-t-il. Attends ! » Il se lança à sa poursuite, mais il se rendit vite compte que c'était inutile : il ne la retrouverait jamais.

« Qui est-ce ? demanda encore Leptine.

— Je ne sais pas », répondit Denys d'une voix sèche.

Ils se mirent en route, traversant les quartiers est jusqu'à la porte de Géla. Ils débouchèrent du côté de la nécropole orientale, tandis que la lune se levait dans leur dos, diffusant sa clarté sur les temples de la colline. Denys regarda son frère qui avançait en silence, accompagnant ses pas avec sa lance en frêne.

Il lui parut étrange que Leptine eût pris une telle initiative.

« Dis-moi la vérité, qui t'a suggéré de me suivre ? Philistos ? »

Leptine s'immobilisa et se tourna vers lui. « Non. Philistos n'a rien à voir là-dedans.

— Alors, qui ?

— Le type. Le vieillard corpulent et chauve, celui qui m'a transmis le message. Je me suis retrouvé nez à nez avec lui dans la caserne, et il m'a dit : "Ton frère est en danger. Tu dois aller à son secours, sur la route d'Agrigente." Avant même que j'aie prononcé le moindre mot, il avait disparu. Que pouvais-je faire ? »

Denys s'abstint de répondre. Il se remit en route. Personne ne vit ses yeux luire dans les ténèbres, personne n'entendit les mots qui lui montaient aux lèvres avec l'émotion d'une révélation subite : « Tellias... mon ami. »

XVIII

De retour à Syracuse, Denys donna l'ordre d'entreprendre des travaux imposants : une citadelle fortifiée et rattachée à l'arsenal, au cœur de la vieille ville, ainsi qu'un rempart barrant l'isthme de l'Ortygie. En outre, il fit construire trente navires de guerre. Il prit ces initiatives sans convoquer l'Assemblée, montrant ainsi qu'il refusait toute limite à son pouvoir. Cette attitude suscita de violentes réactions chez ses adversaires, notamment parmi les familles qui avaient conservé des liens avec les cavaliers exilés à Etna. Elles dénonçaient ouvertement la tyrannie qui s'était installée en ville et incitaient le peuple à la révolte.

Denys réagit avec une dureté impitoyable. Il ordonna à ses mercenaires de procéder à des rafles massives, d'arrêter les opposants maison par maison et de les enfermer dans la citadelle de l'Ortygie. Après un procès sommaire, ils étaient condamnés à l'exil. Leurs biens confisqués étaient ensuite distribués aux mercenaires, qui se sentirent ainsi doublement liés à leur maître et bienfaiteur, gratifiés par un train de vie prestigieux.

Pendant toute cette période, Denys ne revit pas la créature de la source de l'Anapos. Absorbé pas ses pensées et ses soucis, il ne retourna par sur ces lieux, mais la nuit, quand il se reposait dans la grande chambre nue de son palais peuplé de mercenaires, il pensait parfois à elle et à la façon dont ils avaient fait l'amour, dans la source, au nouvel aspect qu'elle avait revêtu, à la manière dont elle l'avait suivi dans son aventure à Agrigente. Il pensait à la voix qui s'était échappée doucement des rochers comme si elle voulait n'être entendue que par lui.

Avec le printemps, des navires arrivèrent dans le port, et avec les navires, des nouvelles. Athènes avait capitulé, épuisée par la faim et les privations d'un long siège, bloquée sur terre comme sur mer ; à genoux, la puissante métropole n'avait pu échapper à une reddition sans conditions. On disait que les alliés de Sparte, en particulier les Thébains et les Corinthiens, avaient demandé avec insistance que la ville fût rasée, mais Lysandre s'y était opposé : détruire Athènes eût équivalu à priver la Grèce de l'un de ses deux yeux. Les stipulations avaient été dures : démantèlement des Longs Murs, la puissante fortification qui reliait la ville au port du Pirée, livraison de la flotte de guerre à l'exception de huit navires et, plus humiliante encore, installation d'une garnison spartiate sur l'acropole.

Denys pensa que le début de ce déclin irrépressible avait commencé au pied des remparts de Syracuse, où la meilleure jeunesse d'Athènes avait été fauchée. Il se dit que le moment était venu de mettre son plan à exécution, et il convoqua le Conseil : Héloris, Philistos, Leptine, Doricos, Iolaos, Biton, ainsi que d'autres membres de la Compagnie. « La guerre en Grèce a pris fin, commença-t-il. Athènes a perdu. Des milliers et des milliers d'individus habitués à combattre depuis des années et incapables de faire quoi que ce soit d'autre sont disponibles et prêts à s'offrir au meilleur offrant. Leptine, tu partiras sans tarder pour Sparte et enrôleras tous les hommes que tu pourras. Essaie de voir Lysandre et, si tu y parviens, de conclure un pacte avec lui. On me dit que c'est un homme pratique, qui sait évaluer toutes les situations.

— Et Corinthe ? demanda Leptine. Corinthe est notre métropole, elle s'est toujours intéressée à nos affaires intérieures, que ce soit pour nous aider ou pour exercer des pressions.

— Apporte une offrande au temple de Poséidon sur l'isthme. Un geste respectueux est plus que suffisant. Nous sommes plus forts que les Corinthiens, nous n'avons pas besoin d'eux. A présent, c'est Sparte qui commande, c'est elle qui a remporté la guerre. Et Lysandre est l'homme le plus puissant de Sparte, plus puissant encore que les rois. Pendant ce temps, nous commencerons à agir. Doricos, tu partiras avec l'armée et soumettras les Sicules. Herbessos est notre premier objectif. Une fois cette ville tombée, les autres capituleront. Tu emmèneras les contingents de citoyens. Je te suivrai avec les mercenaires.

— Et les Carthaginois ? demanda Philistos. Toutes ces activités ne manqueront pas de les inquiéter.

— Ils ne bougeront pas, répondit Denys. J'ai

appris que l'épidémie de peste n'a pas encore été jugulée, leur ville est affaiblie, et Himilcon ne jouit plus d'une grande considération. Ils ne bougeront pas. Pas tout de suite. »

Doricos partit avec l'armée trois jours plus tard, et marcha vers la ville sikèle d'Herbessos, dans l'arrière-pays. Il envoya une délégation aux autorités pour leur annoncer que, les Sikèles ayant toujours été soumis à Syracuse, ils devaient accepter sa domination. Les habitants répondirent qu'ils n'acceptaient pas cette déclaration, et les choses en restèrent là pendant plusieurs jours. Doricos essayait de gagner du temps en attendant l'arrivée de Denys et de ses mercenaires, afin de lancer avec eux l'attaque décisive.

Une nuit, alors qu'il passait en revue avec son escorte les postes de garde qui ponctuaient le périmètre du campement, Doricos fut encerclé par un groupe d'hommes armés et assassiné. Ce fut ensuite le tour des membres de l'état-major qui étaient fidèles à Denys. Les autres officiers rassemblèrent l'armée et firent proclamer par les hérauts que la tyrannie était déchue et que les exilés étaient rappelés. Il était nécessaire de chasser les Barbares de Syracuse, de capturer le tyran, de le juger et de le condamner à la peine qu'il méritait.

Mise devant le fait accompli, l'armée approuva l'ordre du jour et se dirigea vers Syracuse. Elle fut bientôt renforcée par de nombreux contingents de cavaliers qui, à l'évidence, avaient été avertis à l'avance de ce projet.

Philistos fut le premier à apprendre la nouvelle. Il comprit sans tarder qu'il ne s'agissait pas d'une action spontanée ou imprévue : l'arrivée des cavaliers d'Etna, la révolte des officiers et l'attaque de l'Ortygie faisaient partie d'un plan bien conçu, et le pire restait peut-être à venir. Il envoya donc un détachement de cavalerie rapide à Denys et déclencha un plan de défense à outrance de l'Ortygie. Entre-temps, les informateurs dont il disposait se présentèrent et, en l'espace de trois jours, le tableau de la situation fut complété par d'autres nouvelles.

Elles étaient toutes mauvaises.

Depuis leur refuge d'Etna, les cavaliers avaient contacté Rhégion et Messine, qui avaient accepté d'établir le blocus des deux ports de la ville avec leurs flottes. Pis encore, ils avaient également envoyé une délégation à Corinthe, métropole de Syracuse, et persuadé le gouvernement de dépêcher un chef de guerre pour ramener la légalité en ville. Ce n'était pas grand-chose sur le plan militaire, mais cela constituait un coup mortel sur le plan psychologique. Si les métropoles ne limitaient pas l'indépendance et les choix politiques de leurs colonies, l'intervention directe d'un de leurs envoyés pour résoudre des questions internes prenait une valeur d'aval inconditionné ou d'une condamnation sans appel. Corinthe manda un général du nom de Nicotélès, un dur, vétéran de la grande guerre, qui avait des sympathies ouvertes pour l'oligarchie. D'après les bruits qui circulaient, il avait un point faible : il aimait le vin pur, une habitude dangereuse pour les Grecs, habitués à le diluer dans un ou deux tiers d'eau, et particulièrement pour les soldats.

Denys rentra avec ses mercenaires à coups de marches forcées et s'enferma dans la citadelle. Il barra l'isthme et fit tendre une chaîne à travers l'embouchure du port de Lakkion. Aksal le suivait partout, il dormait même par terre sur le seuil de sa chambre. La mort de Doricos, son ami d'enfance, avait affaibli le moral de Denys qui affichait maintenant un sombre pessimisme.

Bientôt, l'ennemi attaqua le rempart bâti sur l'isthme et s'acharna pendant plusieurs jours, mettant à dure épreuve les défenses et la résistance des mercenaires.

Denys tint conseil avec ses fidèles : Philistos, Leptine, Iolaos, Héloris et deux ou trois autres membres de la Compagnie. L'atmosphère était pesante.

« La situation s'étale sous les yeux de tous, commença Philistos. Je ne crois pas que nous pourrons nous en tirer. »

De fait, on n'entrevoyait aucune issue. Les seules propositions avancées concernaient le jour et les modalités de la fuite, ainsi que le lieu où trouver refuge.

Constatant que Denys demeurait assis sur son siège sans rien dire, Héloris eut le sentiment qu'il se résignait à l'inévitable. Il voulut alléger l'atmosphère par une plaisanterie, mais il prononça une phrase malheureuse qui fut à l'origine de la détérioration de leurs rapports : « Un tyran n'abandonne son poste que si on le tire par la jambe. »

Philistos baissa les yeux, Leptine grimaça. Ni le mot « tyran » ni l'image que cette phrase évoquait – un cadavre emporté comme une bête abattue – n'avaient dû plaire à Denys. Ils le virent blêmir de rage et craignirent qu'il ne dégaine son épée. Or il prit la parole comme si de rien n'était, d'une voix ferme et assurée : « Toi, Leptine, tu partiras immédiatement, avant que les Rhégiens et les Messiniens n'établissent le blocus de notre port. Tu iras à Sparte et concluras un pacte avec Lysandre. Les Corinthiens sont ses alliés, mais ils lui ont toujours causé des soucis. En outre, ils sont trop riches et trop puissants par rapport aux Spartiates, ce qui provoque des jalousies et des méfiances qui nous arrangent. La guerre est terminée, ils disposent de milliers de soldats désœuvrés, qui représentent un élément de déstabilisation. Nous sommes en mesure de résoudre ce problème, tout au moins en partie : tu en engageras autant que tu pourras et tu reviendras au plus vite. As-tu bien compris ?

— Je crois, répondit Leptine.

— Je ne veux pas d'hésitations. Je dois être absolument certain que tu exécuteras mes ordres. Alors ?

— Ne t'inquiète pas. Tu peux dès à présent compter sur ces hommes.

— Je ne te remets pas de lettre, ce serait trop dangereux. Parle toi-même en mon nom. Tu es mon frère, tu me représentes directement.

— D'accord.

— Très bien, conclut Denys. Philistos...

— Oui.

— La mission que je te réserve est tout aussi délicate. Tu partiras sur un bateau marchand et te dirigeras vers l'ouest. Tu débarqueras à un endroit abrité de la côte, tu poursuivras ton chemin à dos de mulet pour passer inaperçu et tu gagneras la frontière du territoire carthaginois... » Philistos se carra dans son fauteuil d'un mouvement d'appréhension que Denys sembla ne pas remarquer, puisqu'il poursuivit : « Tu prendras contact avec les mercenaires campaniens d'Himilcon qui occupent la province carthaginoise et tu leur proposeras un engagement...

— Quoi ? Tu parles des bêtes sauvages qui ont massacré les Sélinontains et les Himériens, des bêtes sanguinaires qui...

— Ce sont des machines de guerre, pas des hommes. Ils auraient réservé le même traitement aux Carthaginois s'ils avaient travaillé pour nous. Nous en avons déjà discuté, et je t'ai dit ce que j'en pense. Et maintenant, écoute-moi bien : ces hommes-là doivent certainement s'ennuyer à mourir dans les garnisons de la province. Ils brûlent sans doute de se battre. Nous leur en donnerons l'opportunité. Offre-leur ce qu'ils veulent, mais entraîne-les dans notre camp. Dès que tu auras conclu cette affaire, avertis-moi. Je t'enverrai un officier qui prendra le commandement. Prépare-toi à partir sans tarder. Ayez confiance, nous nous arracherons à ce piège et renverserons la situation avant la fin de l'hiver.

— Et si ces missions devaient échouer ? demanda Héloris.

— Alors, je me battrai jusqu'au bout, je lutterai avec une telle ardeur et une telle puissance que personne n'aura à se réjouir de mon décès, tant les morts seront nombreux à pleurer, à brûler et à enterrer dans cette ville. Vous n'êtes pas obligés de me suivre. Ceux d'entre vous qui souhaitent partir peuvent le faire, je peux très bien me débrouiller tout seul, en particulier si la situation se dégrade. »

Philistos hocha gravement la tête. Il pensait qu'il était inutile de se battre et qu'ils finiraient tous par mourir, mais il dit : « Je partirai au plus vite. Le temps de réunir l'argent nécessaire et d'armer un bateau. »

Leptine leva l'ancre trois jours plus tard. Denys

l'accompagna au port. « As-tu revu l'homme ? lui demanda-t-il tandis qu'il montait sur la passerelle du navire.

— Quel homme ?

— Celui qui t'avait dit de me suivre à Agrigente.

— Non. Je ne l'ai plus revu.

— D'après toi, de qui pouvait-il s'agir ?

— Je n'en ai aucune idée. J'ai pensé que tu le connaissais et que vous agissiez de concert. Je n'ai pas essayé d'en savoir plus. Pourquoi me poses-tu cette question ?

— Parce que c'est un mystère que je n'arrive pas à m'expliquer, d'autant plus que je n'ai jamais cru aux mystères. Pour moi, il n'y a que des problèmes et des solutions à trouver... Mais maintenant, va. Fais ce que je t'ai dit et fais-le bien. Je te souhaite bon voyage. »

Leptine fit quelques pas sur la passerelle avant de se retourner : « Ecoute...

— Quoi ?

— Crois-tu vraiment que nous pouvons nous en tirer ? Je veux dire, ne vaudrait-il mieux pas...

— Hé, mais que t'arrive-t-il ? Qu'est-ce que tu dis ?

— Tout me semble inutile... »

Denys l'attrapa par les épaules. « Ecoute, par Héraclès, tu te souviens du jour où, dans notre enfance, la bande de l'Ortygie nous enferma dans un entrepôt du port en se préparant à nous rouer de coups ?

— Tu parles !

— Ne disais-tu pas, ce jour-là, que nous ne devions céder pour aucune raison au monde ?

— C'est vrai...

— Et comment les choses se sont-elles terminées ?

— Tu m'as pris sur tes épaules et m'as fait sortir par le toit. Je suis allé appeler des renforts et...

— Que sommes-nous donc en train de faire ? »

Leptine secoua la tête. « Oui... Mais je crains que la situation ne soit fort différente.

— C'est exactement la même. Seuls les proportions et l'emplacement ont changé. A présent, nous sommes les maîtres de l'Ortygie... et nous l'emporterons comme nous l'avons emporté à l'époque. Je prouverai que je suis destiné à mener non seulement Syracuse, mais aussi tous les Grecs de Sicile et d'Italie, contre leur ennemi mortel. J'ai besoin de savoir ce que tu crois. Je dois pouvoir traverser cette citadelle et inspecter les chemins de ronde en étant sûr que tu arriveras avec des renforts. Que tu arriveras sans tarder, le comprends-tu ? Alors ? Que réponds-tu ?

– Ah, dans le cul du monde ! s'exclama Leptine en reprenant l'expression argotique qu'il utilisait quand, avec Denys et leurs camarades, il lançait des pierres sur leurs adversaires des beaux quartiers.

— Dans le cul du monde ! répondit Denys. Et maintenant, fiche le camp. » Il lâcha lui-même les amarres, et la trière glissa vers le centre de la rade avant de pivoter lentement, poussée par les rameurs, et de se diriger vers le large.

Philistos partit le lendemain à bord d'un petit bateau marchand, emportant dans la cale assez de pièces d'argent pour engager cinq mille hommes.

Peu après, les flottes de Messine et de Rhégion apparurent en déployant leurs unités de bataille devant le Grand Port et le Petit Port.

Le lendemain, l'armée entra par la porte de Catane, sous les acclamations de la foule en liesse, et alla occuper l'isthme qui séparait la ville de l'Ortygie.

Denys était seul. Héloris ne jouissait plus de ses faveurs, et les jeunes officiers de la Compagnie n'avaient pas assez d'expérience ni de savoir pour discuter sur un pied d'égalité avec lui. Il parcourait sans cesse les salles sombres et les couloirs de la citadelle, descendait souvent dans les entrepôts du port pour mesurer les provisions dont le niveau baissait de jour en jour, tandis que les assaillants resserraient leur étau, lançant attaque sur attaque, de l'aube jusqu'au coucher du soleil.

Les mercenaires commencèrent à déserter, individuellement puis par petits groupes. Avec l'aide d'Aksal, Denys en prit deux sur le fait. Il ordonna de sonner le rassemblement, d'éclairer la cour intérieure avec des dizaines de torches, et les fit crucifier. Cependant, il se rendait compte qu'il ne pourrait retenir les hommes plus longtemps par la terreur, qu'il suffirait d'un rien pour provoquer la dissolution de son armée. Alors, on fondrait sur le tyran, on le tuerait et le tirerait par la jambe comme l'avait dit Héloris, pareil à une bête abattue, on l'exposerait à la risée et on le jetterait en pâture aux chiens et aux corbeaux...

Une nuit où il longeait le mur de l'isthme, enveloppé dans un manteau de laine épais, il eut l'impression de voir un homme corpulent et chauve, qui se dirigeait en toute hâte vers le port. Il sursauta. « Hé, toi ! lui cria-t-il. Arrête-toi ! » Mais l'homme poursuivit sa route et disparut. Il s'évanouit dans le noir comme s'il n'avait jamais existé. Denys se dit que la fatigue, la tension et l'insomnie lui jouaient de mauvais tours. Il pensa à Arêté, à Tellias, à Doricos et à tous ceux qu'il avait aimés. Ils étaient tous morts. Et maintenant, son tour était venu. Il songea à la sauvageonne qui avait peut-être regagné son refuge situé à la source de l'Anapos, et qui l'avait certainement oublié. A moins qu'elle ne se fût égarée sur le chemin du retour, n'eût été capturée et vendue comme esclave...

Ce n'étaient que des divagations, et elles le détournaient d'une réalité de plus en plus hostile et difficile, qu'il convenait de regarder en face. De l'autre côté du rempart, les cavaliers occupaient l'isthme, persuadés que la victoire n'était plus qu'une affaire de temps... le temps qui passait sans que rien se produise. Le temps qui manquait, jour après jour, heure après heure...

Un matin, au point du jour, il reçut un message de Philistos, accroché à la tige d'une flèche. Il le reconnut aussitôt à son écriture, aux arabesques des « gamma » et des « sigma ». Il commençait ainsi : « Il faut que tu négocies la reddition avec les cavaliers... » Au lieu de le déchirer, comme il en avait envie, Denys continua sa lecture, de plus en plus intéressé par ce plan insensé. Et pourtant... il pouvait marcher. Au fond, qu'avait-il à perdre ? Il convoqua un héraut et l'envoya aux cavaliers avec une proposition de négociation. « Tu leur diras que je suis prêt à capituler.

— A capituler, *heghemòn ?* Ai-je bien compris ?

— Tu as très bien compris. Négocie la capitulation. Dis-leur que je suis prêt à quitter la ville en échange de cinq navires et de cinq cents gardes du corps. Aucune inspection à bord.

— J'obéirai à tes ordres, *heghemòn* », répondit le héraut. Il se fit ouvrir les portes et sortit avec les insignes de la paix. Au poste de garde, sur l'isthme, un officier du piquet alla à sa rencontre. Il l'emmena auprès de ses chefs.

Les négociations débutèrent ainsi et traînèrent pendant plusieurs jours. Pendant ce temps, la fatigue commençait à peser sur les assaillants. La saison était particulièrement inclémente : il pleuvait souvent et, une nuit, on vit même quelques flocons de neige. Les efforts, les pertes et l'inconfort de ce long siège engendrèrent peu à peu tensions et différends parmi les membres du haut commandement. L'arrogance aristocratique des cavaliers, en particulier, devenait de plus en plus insupportable au reste des officiers – issus de la classe moyenne des petits propriétaires terriens, des marchands et des entrepreneurs du port –, au point qu'ils se présentèrent un jour au commandant corinthien, Nicotélès, et le prièrent de les renvoyer en affirmant que la cavalerie était plus utile en rase campagne et qu'on les rappellerait au moment opportun.

Nicotélès, qui s'était remis à boire du fait de son immobilité forcée, rapporta aux cavaliers sans le moindre tact l'opinion des hauts officiers syracusains. Vexés par cet affront, ceux-ci partirent immédiatement en s'engageant sur la route d'Etna. Tout en conservant une position intransigeante dans les négociations, les autres officiers s'étaient habitués à l'idée du départ de Denys. Ils relâchèrent ainsi leur surveillance, d'autant plus que leur chef de guerre, venu de la métropole, ne faisait preuve ni de discipline ni de modération.

Avec la dernière lune d'hiver, de nombreux

hoplites demandèrent l'autorisation de rentrer chez eux pour labourer leurs champs et les ensemencer. Elle leur fut accordée. L'isthme était si étroit qu'il n'était pas besoin d'être nombreux pour le surveiller.

C'était exactement ce qu'attendait Denys. Le lendemain matin, il ordonna à l'un de ses hommes, déguisé en pêcheur, de gagner le large à bord d'une petite barque. Les marins de Rhégion et de Messine le laissèrent passer, après avoir fouillé l'embarcation. L'homme contourna le promontoire Plemmyrion et accosta sur la côte sud. Il se rendit dans une ferme et s'entretint avec le propriétaire, un éleveur, qui sauta à cheval et s'éloigna vers le nord.

Avant la tombée du soir, Philistos apprit que l'isthme était dégarni et que la porte est de la ville était ouverte chaque jour jusqu'au couchant. On lui rapporta également que, selon des informations fiables, Nicotélès subissait les effets du vin au crépuscule.

Philistos convoqua le chef des mercenaires campaniens, un bandit mi-étrusque mi-napolitain dont l'œil gauche était couvert par un bandeau en cuir. Sur le conseil de l'historien, l'homme abandonna chars et bagages dans une petite ville de l'arrière-pays et fondit sur la ville avec quelques cavaliers.

Il fit irruption à Syracuse par la porte nord et traversa la ville au galop, enfonçant la ligne du siège avec une telle violence que la plupart des opposants, qui ne s'attendaient pas à cette manœuvre, furent rejetés à la mer. On retrouva Nicotélès égorgé dans son logement, et l'on ne sut jamais qui avait commis ce crime.

Philistos rejoignit Denys dans la cour de la citadelle.

« Tout s'est passé selon tes prévisions, dit-il en l'étreignant. N'est-ce pas incroyable ?

— Incroyable ? répondit Denys. Je n'ai jamais douté un seul instant.

— Moi si.

— Je le sais. C'était écrit sur ton visage... Des nouvelles de Leptine ?

— Il devrait arriver d'un jour à l'autre.

— Il aura du mal à forcer le blocus naval. »

Philistos sourit. « Je ne crois pas. Il sera accompagné de Lysandre en personne.

— Quoi ?

— Oui, il en est ainsi, si mes informations sont justes. Ce fils de chien a réussi. Lysandre a décidé de conclure un pacte avec toi. Nous attendons aussi un millier de mercenaires, tous issus du Péloponnèse, les meilleurs. Je ne pense pas que les Rhégiens et les Messiniens auront envie de défier la puissance de Sparte. Nous avons de nouveau les rênes de la situation en main, mon ami. Nous avons gagné.

— J'ai gagné », répéta Denys comme s'il avait grand-peine à en croire ses oreilles. Saisi d'un enthousiasme irrésistible, il jeta sa cape par terre et s'élança dans l'escalier.

Ayant atteint la tour la plus haute, il hurla ces mots à tue-tête, poussant un cri aussi aigu que celui des faucons et aussi sonore que le hurlement d'Achille aux portes Scées.

Puis il se tut et, tout haletant, contempla le ciel qui s'assombrissait à l'approche de la nuit et la ville, stupéfaite, à ses pieds.

XIX

Le petit escadron de Lysandre et les trois navires de Leptine arrivèrent quelques jours plus tard et pénétrèrent dans la rade sans aucun problème, puisque les flottes de Messine et de Rhégion avaient déjà levé l'ancre. Si les Spartiates étaient peu nombreux, personne n'avait envie de les affronter, d'autant plus que le vainqueur de la grande guerre se trouvait parmi eux.

Denys les reçut au port. Leptine débarqua le premier et alla à sa rencontre.

« Tu es enfin arrivé ! s'exclama-t-il en l'étreignant. Si je t'avais attendu, à l'heure qu'il est je serais déjà mort et enterré !

— Je me suis dépêché autant que j'ai pu, mais ce n'était pas simple. Et puis je savais que tu te débrouillerais sans moi.

— Il s'en est fallu d'un cheveu... Et lui, comment est-il ?

— Lysandre ? Impossible de savoir ce qu'il pense. Il est... comment dire ? Fuyant. C'est un grand chef de guerre, mais en matière de caractère il n'a rien d'un soldat.

— Un fils de pute, alors.

— Oui, exactement.

— Dans ce cas, nous nous entendrons.

— Attention, le voici qui débarque. »

Lysandre descendait à cet instant précis de la passerelle de sa trière. La soixantaine, les yeux gris-vert, plus gris que verts, les tempes dégarnies mais les cheveux longs dans le cou, à la spartiate. S'il était désarmé et portait des vêtements civils, il arborait une bague trop voyante pour un Spartiate : c'était sans doute le souvenir d'une de ses fréquentations asiatiques et le signe qu'il était assez fort pour défier la colère des éphores, qui veillaient à ce qu'on respecte les usages stricts de Sparte.

« *Heghemòn*, le salua Denys. Bienvenue à Syracuse.

— *Heghemòn*, répéta Lysandre. Je suis content de te voir. »

Denys fut satisfait par le titre que Lysandre lui reconnaissait : il signifiait que son pouvoir sur la ville était accepté par Sparte. Il précéda son hôte vers la citadelle, où il avait fait préparer le dîner. Aksal l'escortait, armé jusqu'aux dents, en tous points semblable à un guerrier grec. Lysandre s'achemina sans garde du corps : à l'évidence, il se sentait assez fort pour s'en passer.

Denys ordonna qu'on l'accompagne dans sa chambre afin qu'il puisse se laver et se changer, s'il le désirait, mais Lysandre redescendit dans la tenue qu'il portait sur le bateau. Denys l'invita à s'asseoir en bout de table et prit place à l'autre extrémité. Leptine s'installa sur le côté long, à égale distance des deux hommes. Il n'y avait pas de divans, et la table n'était autre qu'une planche en bois raboté d'un demi-empan de haut ; tout autour, des sièges inconfortables.

« On se croirait à Sparte, dit Lysandre sur un ton qui hésitait entre la satisfaction et la déception.

— Nous sommes des gens simples, répondit Denys, et nous menons une vie sobre. Toutefois votre brouet noir est trop frugal pour nous. Nous t'avons préparé du poisson. » Il indiqua le plat que des serviteurs apportaient avec du pain et une cuvette d'eau chaude pour se rincer les doigts.

« C'est ce qui convient aux vrais soldats », répondit Lysandre sans qu'on comprît si ses mots étaient un compliment ou un sarcasme.

« Fils de pute », songea Denys. Puis, considérant que les formalités étaient terminées, il alla droit au but : « Connaître la raison de ta venue à Syracuse me serait d'un grand secours. »

Lysandre lui lança un regard sérieux, presque froid. « Sparte a gagné la guerre, mais il n'y a pas de quoi s'en réjouir, répondit-il. Nous avons perdu de nombreux hommes et avons subi beaucoup de dégâts, tout comme nos alliés. Nous avons installé des garnisons dans toutes les villes de la vieille ligue athénienne, commandées par nos officiers qui détiennent également des pouvoirs politiques, cependant nous nous rendons compte qu'il ne sera pas facile de maintenir cet ordre. Si les Perses nous ont aidés, c'est uniquement parce que Athènes a toujours constitué un danger pour eux. Ils pourraient changer de politique d'un jour à l'autre. Sparte a toujours été l'amie de Syracuse. Mieux, elle lui doit peut-être sa victoire finale. C'est au pied de cette muraille que la puissance athénienne s'est brisée irréversiblement... D'autre part, vous n'auriez pas pu vous passer de notre aide.

— Mais ici... répondit Denys d'une voix volontairement grave, il ne s'agit pas de Syracuse. C'est moi qui... la représente. »

Lysandre esquissa un rictus qui pouvait passer pour un sourire. « Je vais être clair avec toi, *heghemòn*. Il est plus facile de négocier avec un homme seul qu'avec une assemblée. Me suis-je bien expliqué ?

— Très bien. Et je suis évidemment d'accord avec toi. Mon frère a dit qu'il nous sera permis d'enrôler des mercenaires dans le Péloponnèse et que le premier contingent est en route.

— Oui, mais cette initiative vient de lui. Nous n'avons rien à voir là-dedans. Cela ne nous concerne pas.

— Je comprends parfaitement, répondit Denys. Et je n'exige rien de plus.

— Nous t'avons aidé à garder ton pouvoir car tel est notre intérêt en ce moment. J'espère que c'est bien clair...

— Très clair.

— Si la situation devait changer...

— Il faudrait que je me débrouille tout seul.

— Exact.

— Et comment faire en sorte que la situation ne change pas ?

— Occupe-toi de la Sicile.

— Je le ferai. »

Lysandre poussa un soupir, comme si la fatigue du voyage s'abattait brusquement sur lui.

« Tu souhaites peut-être regagner tes appartements, dit Denys.

— Bientôt », répondit le Spartiate. Son regard se posa sur Aksal, qui se tenait immobile derrière son maître. Il était armé à la grecque, d'une cuirasse et de jambières, mais il portait toujours son collier et sa moustache, dont il refusait de se départir.

« Qui est-ce ? demanda Lysandre.

— Mon garde du corps.

— Mais d'où vient-il ? S'il n'était pas aussi robuste, je dirais que c'est un Thrace.

— C'est un Celte. Je l'ai acheté au marché.

— Un Celte, hein ? Sont-ils tous comme lui ?

— Il prétend que ses frères sont encore plus robustes.

— Ah... J'ai entendu dire qu'ils vivent sur les rives de l'Océan septentrional. Il paraît que quand la marée monte et envahit leurs villages sur la côte, ils entrent dans l'eau avec leurs boucliers comme pour repousser les vagues... Ils doivent beaucoup présumer de leurs forces. Le jour où ils découvriront la beauté et la richesse de nos terres, ils nous poseront un gros problème. Difficile à contrôler. » Il l'examina encore. « Par Zeus, on dirait un titan ! Sais-tu s'il a un point faible ?

— Oui, le soleil. Sa peau ne le supporte pas. Mes médecins ont toutefois inventé une mixture à base d'huile d'olive et de brou de noix qui lui évite de brûler.

— Intéressant, commenta Lysandre tout bas, vraiment intéressant... Ton poisson était bon. Et maintenant, si tu le permets, je vais aller me coucher. Les efforts de la guerre m'ont affaibli. Je ne suis plus le Lysandre d'autrefois. »

Un domestique enleva l'assiette vide, au fond de laquelle apparut le poisson qui y était dessiné. Un autre accompagna l'invité dans sa chambre. Denys adressa un signe à Aksal, qui quitta la pièce.

Il était désormais en tête à tête avec Leptine, qui n'avait pas encore prononcé un seul mot. « Les choses se sont bien passées, n'est-ce pas ? déclara ce dernier. Il a été assez clair. Il a dit que...

— Il n'a rien dit, l'interrompit Denys. Il est venu dans un seul but : voir quel genre d'homme je suis.

— Et d'après toi, il le sait maintenant ?

— Oui.

— Et pourtant, il est intéressé par une alliance avec nous.

— Pas du tout.

— Alors ?

— Une seule chose l'intéresse : affaiblir Corinthe, qui est une alliée trop puissante et trop rebelle. Corinthe a été brisée par son aventure sicilienne, et c'est justement ce qui arrange Lysandre. Voilà tout. Il sera encore plus satisfait si nous le débarrassons d'un certain nombre de soldats à la débandade en les enrôlant dans nos armées. Au fond, les Spartiates n'aiment ni les imprévus ni les aventures. Et surtout, en vrais soldats, ils n'aiment pas la guerre. Lysandre est venu ici pour voir si la situation est calme et si je n'ai pas de drôles d'idées dans la tête. Tu verras, il repartira vite. »

Il repartit trois jours plus tard et ne revint jamais en Sicile.

Denys se consacra à la préparation de son véritable projet : anéantir les Carthaginois en Sicile, venger les massacres de Sélinonte, d'Himère, d'Agrigente et de Géla. Pour réussir une telle entreprise, il mena pendant les trois années suivantes une série de campagnes avec des troupes citadines et mercenaires, bien réparties.

Il s'empara d'Etna, repaire des cavaliers, ses opposants les plus acharnés, et la rasa. Il marcha ensuite vers l'arrière-pays pour soumettre les Sicules, occupa Herbité et se dirigea vers Enna, perchée dans les montagnes, au milieu des bois, au centre de l'île.

C'est là que se trouvait le sanctuaire de Déméter et Perséphone, la jeune fille mariée à Hadès, le dieu le plus vénéré de toute la Sicile. La vierge avait été enlevée dans ces prairies tandis qu'elle jouait avec ses amies, et entraînée dans le triste royaume des ombres, dans la demeure sordide des morts.

Tout le monde évitait cet endroit, y compris les bergers. Il y avait là une grotte qui conduisait à l'au-delà. Le char d'Hadès, tiré par de noirs étalons qui soufflaient des flammes, y avait été englouti avec Perséphone. Orphée y était descendu à la recherche d'Eurydice, son épouse adorée. Grâce à son chant, il avait ému la dame du royaume ténébreux, la belle mais stérile Perséphone. Un pacte avait été établi : Eurydice regagnerait le royaume des vivants en suivant Orphée, à la condition que le sublime poète ne se retourne pas tant qu'ils n'auraient pas atteint la surface de la terre, la lumière du soleil. Sinon, Eurydice disparaîtrait définitivement.

Orphée entreprit de remonter en imaginant le pas léger de sa bien-aimée, en s'efforçant de deviner son souffle froid sur ses épaules. Il songeait à l'instant où le soleil la réchaufferait, à l'instant où ses lèvres exsangues adopteraient la couleur de la grenade, il rêvait de sa bouche humide et belle, qui s'ouvrirait comme une fleur sous ses baisers. Mais il demeurait incrédule, et sa méfiance ne cessait de croître, il imaginait qu'on l'avait trompé. Aussi, alors qu'une pâle clarté se diffusait, il se retourna.

Le temps d'un instant, il la vit, sublime et chagrinée, il entendit son cri de terreur tandis qu'elle était avalée par l'Erèbe.

Malgré les tentatives que firent ses hommes pour l'en dissuader, Denys voulut gagner ces lieux pour être initié aux mystères en buvant un liquide rouge dont les prêtres étaient les seuls à connaître l'origine. Leptine l'accompagna, ainsi que Pirithoos avait accompagné Thésée. Mais à quelques pas de l'antre, l'homme qui n'avait peur de rien, qui avait affronté tueries et massacres le cœur léger, blêmit et se mit à transpirer. « Arrête, dit-il à Denys. N'y va pas. Il n'y a rien là-bas, rien à voir. »

Denys refusa de l'écouter, il avança tout seul jusqu'à l'entrée de la grotte. Le soleil se couchait, et les ombres commençaient à s'étirer sur le haut plateau. De minces langues de brouillard s'élevaient des bois, tels des doigts effilés voilant la lumière verte des prés.

Denys décida de rejoindre le point où le visage de Perséphone, qui allait rendre visite à sa mère, apparaissait une fois par an, la nuit de l'équinoxe du printemps, disait-on.

Il ne croyait en rien, et pourtant il crut qu'Arêté le verrait. Pensant qu'elle l'entendrait, il invoqua son nom en poussant des cris de plus en plus forts, des hurlements désespérés qui résonnèrent dans toute la grotte.

Epuisé, à bout de forces, il s'effondra. Un léger chagrin, une sensation de froid envahit lentement son corps à partir des extrémités. Etait-ce le baiser d'Arêté ? Etait-ce sa façon d'approcher, de lui parler ? Il ne possédait pas le don d'Orphée, il n'arriverait pas à attendrir Perséphone et Hadès voilé de noir, mais il pensa tout de même à une chanson, au chant mélodieux d'une vieille sérénade, à l'hymne du chanteur d'Agrigente qu'Arêté appréciait tant et qui avait empli son cœur de douceur pendant leur nuit de noces. Pourquoi n'y avait-il pas songé ? Pourquoi n'avait-il pas emmené un bon chanteur, un habile joueur de lyre, afin que son chant parvînt à sa femme dans cette étroite gorge ?

Un sommeil froid s'emparait progressivement de lui, il oubliait de respirer, comme si cela n'était plus important. Oui, se perdre dans un rêve : Arêté prenait l'apparence de la sauvageonne qui l'avait aimé à la source de l'Anapos, ses yeux, sa peau et le goût de ses lèvres étaient identiques.

Il eut un coup au cœur, et il la vit !

La sauvageonne se tenait devant lui, couverte d'une robe splendide, un péplum merveilleusement léger, aussi transparent que celui que les fillettes de l'Ortygie offraient chaque année à la déesse, dans le temple de l'acropole. Ses cheveux étaient retenus derrière sa nuque par un ruban rouge sang. Ses lèvres étaient rouges et humides, ses yeux aussi profonds que la nuit. Quelle merveilleuse transformation ! C'eût été impossible si elle n'avait pas été une créature de l'ombre ! Il se sentait perdu entre ses bras, plus froid que jamais mais aussi brûlant que le feu. Sa voix retentit : pour la première fois depuis sa mort, il l'entendait parler et prononcer son nom.

« Prends-moi, si tu ne peux revenir », lui dit-il. Ces mots résonnaient en lui comme s'il les avait pensés et non élaborés, comme s'ils avaient été prononcés par l'homme qu'il aurait voulu être et qui n'existait plus. Puis il se retourna, et le corps de la jeune femme s'évanouit dans l'ombre. Son péplum flotta comme de la brume dans l'air du soir.

Denys se réveilla en pleine nuit dans un lieu silencieux, tout près d'un feu crépitant. Il ouvrit les yeux et découvrit le visage de Leptine.

« Je l'ai vue. Je suis certain que c'est elle. Je l'ai toujours su. Cette fois, elle a voulu m'en donner la certitude. »

Leptine ne répondit pas. Il aida Denys à se redresser, lui massa longuement les épaules, le cou et les bras jusqu'à ce qu'il retrouve ses couleurs et sa chaleur. Puis il dit : « Partons. Les étoiles qui te protègent ne vont pas tarder à se coucher. »

Après avoir obtenu la soumission des Sicules, comme l'avait fait de nombreuses années plus tôt Gélon, vainqueur des Carthaginois à Himère, Denys se consacra aux colonies chalcidiennes de Naxos, Catane et Léontinoi. Il considérait que les Grecs siciliens devaient former une seule coalition contre leur ennemi naturel, oubliant leurs discordes internes. Constatant que c'était impossible, il avait décidé de parvenir à ce résultat par la force, comme dans sa propre ville. Il convoqua Philistos et lui dit : « Je ne veux pas de massacre, car nous nous apprêtons à mener une grande entreprise panhellénique. Ces villes tomberont grâce à la trahison. »

Philistos lui lança un regard stupéfait. « Que dis-tu là ?

— Tu n'es pas d'accord ?

— La trahison est odieuse pour ceux qui s'en rendent coupables et ceux qui y poussent autrui.

— Tu ne cesseras jamais de me surprendre, mon

ami. Tu continues de cultiver dans ton esprit d'inutiles concepts éthiques dérivés de ce vieux sophiste au gros nez et aux yeux porcins qui fourre d'étranges idées dans la tête des jeunes.

— Socrate n'est pas un sophiste.

— N'est-ce pas lui qui dit : "Le véritable sage est celui qui sait qu'il ne sait rien" ? Ne s'agit-il pas là du sophisme le plus trompeur et le plus habile qui soit ? A l'évidence, ce vieux fils de pute se considère comme un sage et estime qu'il en sait plus long que quiconque.

— Dis-moi ce que tu veux, coupa Philistos.

— Tous les hommes ont un prix. Informe-toi sur les individus les plus accessibles à Catane et à Naxos, paie-leur ce qu'ils demandent et dis-leur de te livrer les villes. Ils te remercieront ensuite. Inutile de préciser que certains ont besoin de justifications pour se sentir moins abjects qu'ils ne le sont. Fournis-leur les plus adéquates. La cause panhellénique, par exemple, me paraît bien trouvée. Quant à l'argent, transforme-le en indemnité, en offre pour obtenir les faveurs des dieux, en héritage venu d'un vieux pacte d'hospitalité, ce que tu voudras... Tu me diras ensuite ce que cela aura coûté. Pas de sang, Philistos, si cela est possible. »

Un mois plus tard, Arcésilas lui livra sans coup férir Catane ; et Proclès, Naxos, la plus vieille colonie des Grecs en Sicile, si vieille que la statue du « Fondateur », au port, battue par le vent et le sel, était devenue méconnaissable.

Isolée, Léontinoi se rendit sans opposer de résistance, et Denys décida d'installer tous ses habitants à Syracuse.

L'année suivante, pensant que leur tour viendrait,

Rhégionet Messine, qui étaient également des colonies chalcidiennes, armèrent une flotte et mirent sur pied une armée qui marcha vers le sud pour se battre contre celle de Denys. Leptine proposa de les affronter en rase campagne et de les exterminer pour résoudre le problème à la racine, mais Denys l'arrêta juste à temps et convoqua une nouvelle fois Philistos.

« Crois-tu que notre plan puisse marcher, avec une armée ? »

Philistos haussa les épaules.

« Ne fais pas d'histoires. Alors, crois-tu qu'il puisse marcher, oui ou non ?

— Oui, je le pense.

— Alors, vas-y. Dans un an, ces guerriers pourraient se battre à nos côtés contre la province carthaginoise. Je ne veux pas qu'ils meurent et je ne veux pas que les nôtres périssent. Et maintenant, une question. En cas de réussite, quelle est, de nos deux actions, la plus éthique ? La mienne, qui se fonde sur la corruption, ou celle que te suggère ton philosophe, qui se base sur la rigueur morale ?

— Je ne crois pas qu'on puisse tenir ce genre de raisonnement, objecta Philistos. Ta question est mal posée. Si l'on part de présupposés erronés, alors... »

Denys secoua la tête. « Ah, les philosophes ! Je les évite comme les merdes de chien dans la rue. »

Philistos soupira. « Penses-tu à quelqu'un en particulier, ou dois-je le découvrir moi-même ? »

Denys lui tendit une liste de noms tracés au fusain. Quand Philistos l'eut parcourue, il y passa le pouce et le frotta au point de noircir la feuille de papyrus et de la rendre illisible. Tandis que son conseiller s'en allait, il ajoutait : « Le temps des semailles est venu. Ce ne sera pas difficile. »

Philistos retourna dans son logement pour convoquer les agents qui travaillaient à son service. Trois jours plus tard, à quelques heures d'intervalle, deux hauts officiers de Rhégion et de Messine, membres de l'état-major, demandèrent à ce que l'assemblée de l'armée fût réunie et se prononcèrent avec tant de véhémence pour l'arrêt des hostilités, dénonçant l'aventurisme des deux commandants en chef, que la motion qui proposait le retrait immédiat de l'armée obtint une majorité écrasante.

Denys exulta. Il était désormais le chef de guerre indiscuté de sa ville, et il serait bientôt celui de sa nation. Il rentra à Syracuse sous les acclamations de la foule, puis il fit appeler Leptine, Philistos, ainsi que deux autres membres de la Compagnie. Désormais, le vieil Héloris ne prenait plus part aux conseils qui se tenaient dans la citadelle de l'Ortygie. « Le moment de me marier est venu », commença-t-il.

Ses amis se dévisagèrent avec stupéfaction. Leur étonnement prouvait qu'ils n'étaient pas au courant des intentions de Denys.

« Comment se nomme ta future épouse ? demanda Philistos.

— Tu veux dire : comment se nomment-elles.

— Elles ? Et pourquoi ?

— Parce que je prendrai deux femmes. »

Leptine éclata de rire, bientôt imité par ses compagnons.

Philistos bondit. « Pourquoi riez-vous ? C'est une bouffonnerie ! Une absurdité. Franchement, Denys, les occasions de te défouler ne te manquent certainement pas !

— Tu ne comprends pas. Mon double mariage aura une signification symbolique...

— Ecoute-moi bien, l'interrompit Philistos. Jusqu'à présent, le peuple t'a suivi bon gré mal gré. Au fond, il apprécie ton intelligence et ta détermination, ton passé de guerrier héroïque, mais si tu commences à agir de la sorte, tu te transformeras à leurs yeux en personnage de comédie. »

Leptine et les autres ricanèrent.

Denys abattit un poing sur la table en criant : « Suffit ! » Et ils se turent.

« Si vous voulez savoir pourquoi j'ai l'intention d'épouser deux femmes le même jour, je vous le dirai. Sinon, je ferai ce que j'ai à faire, et le premier qui esquissera un sourire n'aura même pas le temps de le regretter. Ai-je été assez clair ?

— Je ne voulais pas te blesser, reprit Philistos, mais je reste du même avis. Tu vas commettre une erreur. Quoi qu'il en soit, je serais curieux de savoir ce qui te pousse à agir de la sorte. »

Denys se calma. « Je vais épouser deux jeunes filles, une Sicilienne et une Italienne, pour symboliser ma condition de chef militaire de ces terres. La Sicilienne viendra, évidemment, de Syracuse. Et l'Italienne, de Rhégion, car je compte tendre la main de l'amitié aux habitants de cette ville. Il doit certainement y avoir beaucoup de vierges d'excellente famille. Leptine, tu iras demander la main de la Syracusaine. Quant à toi, Philistos, tu te rendras à Rhégion pour demander la main de l'Italienne. »

Leptine se leva. « Puis-je poser une question ?

— Si elle n'est pas idiote.

— Tout dépend du point de vue.

— Alors parle, et ne me casse plus les couilles.

— Supposons que les deux filles s'entendent et qu'elles acceptent de se partager ta personne.

Comment t'y prendras-tu ? Feras-tu fabriquer un lit à trois places ? Et qui baiseras-tu la première ? L'Italienne ou... »

Denys lui assena un coup de poing en plein visage, l'envoyant rouler par terre. Puis il sortit en claquant la porte.

« On peut dire que tu l'as vraiment cherché », déclara Philistos en aidant Leptine à se relever.

XX

Réunis en assemblée, les habitants de Rhégion discutèrent longuement de la proposition de Denys – épouser une de leurs filles –, tandis que Philistos, qui leur avait apporté la demande officielle, patientait.

Leurs avis différaient. Certains pensaient qu'il était important d'avoir un allié aussi puissant que le tyran de Syracuse, d'autres estimaient que c'était trop dangereux pour la raison même qu'il s'agissait d'un tyran et d'un aventurier : s'il était un jour déchu, il entraînerait tous les membres de sa famille dans sa ruine. En outre, le destin de Naxos et de Catane constituait un avertissement ; leurs fondateurs, comme ceux de Rhégion, étaient jadis venus de la métropole de Chalcis, en Eubée.

D'autres encore jugeaient cette proposition effrontée et impudente : furieux, ils proposaient qu'on envoie à Denys une prostituée pour toute fiancée afin qu'il mesure la considération qu'ils avaient pour lui. L'opinion la plus modérée finit toutefois par l'emporter : il convenait d'opposer au tyran un refus qui n'eût pas des allures d'insulte.

Sur le chemin du retour, Philistos appréhendait ses retrouvailles avec Denys : la réponse qu'il lui apportait ne le satisferait guère. A son arrivée, il remarqua non sans soulagement que Leptine était présent, signe que les deux frères s'étaient réconciliés.

Denys ne montra pas de déception particulière. Il se contenta de dire : « Ils le regretteront.

— Je suis désolé, ajouta Philistos.

— Ce n'est pas ta faute. Je suis certain que tu as fait de ton mieux... Leur as-tu dit que j'épouserais aussi une autre fille ?

— Je n'avais pas le choix.

— C'est vrai.

— Ne pourrais-tu pas te contenter d'une seule épouse ? Les filles capables de te satisfaire au lit ne manquent pas... il n'y a pas plus puissant que toi à l'ouest du golfe ionien.

— Là n'est pas la question. J'ai pris une décision et je ne reviens jamais sur mes pas, tu le sais. Je veux deux femmes, une Italienne et une Syracusaine. Tu repartiras sans tarder.

— Pour aller où ?

— A Locres. Que penses-tu de Locres ?

— Hé oui ! La cité des femmes...

— Les Locriens ont toujours été nos amis. Tu verras, ils accepteront.

— Je l'espère. S'ils me donnaient le choix, quel genre de femme préférerais-tu ?

— Blonde ? Brune ? » intervint Leptine.

Denys baissa la tête et dit en son for intérieur : « Arêté... » Puis il fixa sur Philistos un regard étrange. « Brune... oui, je préfère une brune...

— C'est tout ? Je suis certain que les Locriens me présenteront leurs filles les plus en vue.

— Hanches hautes, beaux seins... ajouta Denys. Dois-je tout te dire ? Mais... ça n'a pas beaucoup d'importance, il suffit qu'elle vienne d'une excellente famille et qu'elle possède une dot appropriée.

— Naturellement, acquiesça Philistos.

— Tu partiras dans exactement vingt jours.

— Vingt jours ? Pourquoi ? Que se passera-t-il dans vingt jours ?

— À ce moment-là, je disposerai de... Viens, je veux que tu le voies de tes propres yeux. » Et ils sortirent.

« Un cadeau ? Un présent particulier ? demandait Philistos en dévalant l'escalier en compagnie de Leptine et de l'inévitable Aksal.

— Attends un peu, tu verras. »

Denys se dirigea d'un pas décidé vers l'entrée de l'arsenal, tandis que Philistos tentait de deviner à l'expression de Leptine ce que les deux hommes entendaient lui montrer en ces lieux remplis de fumée et de bruit. Ils atteignirent un bassin ceint d'une palissade et surveillé par des hommes armés. Deux d'entre eux ouvrirent une porte et les firent entrer. Philistos s'immobilisa, bouche bée de stupeur.

« Une pentère, dit Denys en souriant et en indiquant la formidable unité de bataille, placée sur des appuis au centre du chantier et prête au lancement.

— Une pentère ? Qu'est-ce que cela signifie ? demanda Philistos.

— Un navire à cinq rangs de rameurs. Ce qui veut dire qu'il dispose de cent rameurs de plus qu'une trière et d'un rostre à trois pointes en fer massif de cinq talents, et donc deux fois plus lourd que ceux qu'on utilise d'habitude. Il est beau, n'est-ce pas ? C'est moi qui l'ai inventé.

— C'est le plus grand bateau de guerre qu'on ait jamais construit au monde, commenta Leptine. Il se nomme *Boubaris*.

— C'est à son bord que tu iras chercher ma fiancée à Locres, ajouta Denys en longeant les flancs de la puissante embarcation. Imagine un peu la stupéfaction de ceux qui le verront entrer dans le port, avec son aplustre et sa figure de proue en or et en argent, les étendards au vent. Imagine la rumeur qui se mettra à circuler alors, les commentaires des marins qui la diffuseront dans de nombreux autres ports, amplifiant les racontars, la stupeur et l'émerveillement. Et imagine ton retour. J'ai déjà tout prévu. A l'approche du *Boubaris*, un char tiré par quatre chevaux blancs quittera la demeure de ma fiancée syracusaine. A l'instant précis où la jeune fille mettra pied à terre, ici à l'arsenal, l'autre arrivera dans un quadrige resplendissant du côté opposé au palais. »

Philistos poussa un long soupir. « Une belle cérémonie, il n'y a rien à dire.

— Ce n'est pas tout, ajouta Denys en conduisant son invité sur une plate-forme d'où l'on dominait une bonne partie de l'arsenal. Regarde, vingt-neuf unités de ce genre sont en construction.

— Par les dieux ! » s'exclama Philistos. Il promena son regard sur les gigantesques coques, autour desquelles s'affairaient des centaines de maîtres de hache, de calfats, de charpentiers, de cordiers, d'armuriers et de forgerons.

« Ce n'est pas terminé, poursuivit Denys. Il y a

encore d'autres merveilles à voir. Suis-moi. » Il abandonna la plate-forme et se dirigea vers le côté du palais, où s'ouvrait une porte secondaire qui donnait sur l'une des deux cours intérieures.

Philistos le suivait en essayant de ne pas se laisser distancer et en bavardant avec Leptine. « *Boubaris*... un curieux nom... Où l'avez-vous pêché ?

— C'est moi qui l'ai trouvé, répondit Leptine. Quand nous étions enfants, nous avions un canard de basse-cour si gros et si lourd que nous l'appelions Boubaris, ce qui signifie "lourd-comme-un-bœuf".

— Un canard... dit Philistos en secouant la tête. Un canard... Eh bien ! »

Le spectacle qui attendait Philistos dans la cour le remplit d'une immense stupéfaction : il y avait là trois machines gigantesques, autour desquelles s'affairaient des dizaines d'artilleurs. Certains manœuvraient les bras d'un engin rattaché à la corde d'un arc énorme, qui se tendait. Soudain, sur un ordre sec du chef d'équipe, un trait de fer massif alla se planter avec un bruit sourd dans une planche de dix pouces d'épaisseur, la transperçant de part en part.

« Nous lui avons donné le nom de "baliste". Pointée vers une armée de fantassins, elle peut faire un massacre. Pointée vers le flanc d'un navire, elle peut le couler, y compris sous la ligne de flottaison, et à une distance de cent pieds. Et regarde ça. » Il indiqua un long bras de bois flexible qui se terminait par une cuiller, dans laquelle on avait placé un rocher d'environ cent livres. Un système de poulies le tendait jusqu'à la limite de la rupture et le libérait brusquement. Le rocher était projeté sur un mur de grands moellons en pierre de lave qu'il pulvérisait. « Et voici la catapulte.

— C'est toi qui as inventé ces engins ? demanda Philistos d'une voix stupéfaite.

— Oui, répondit Denys, en travaillant jour et nuit, d'abord sur les dessins, puis sur des maquettes fabriquées par les ingénieurs, et enfin sur ces exemplaires terminés que tu vois. Ils marchent parfaitement. Nous en construisons cinquante pièces. En comparaison, les béliers d'Himilcon ont des allures de jouets !

— Tu prépares la guerre, dit Philistos.

— Oui, je vais enfin chasser les Carthaginois de Sicile. Je rassemblerai sous mes étendards les survivants de Sélinonte, d'Agrigente, d'Himère et de Géla. Je réunirai des mercenaires de tous les villages et je marcherai sur Motyé et Palerme.

— C'est incroyable... murmura Philistos sans cesser d'examiner les engins qui ployaient les balistes dans des grincements sinistres.

— Et tu n'as encore rien vu, intervint Leptine. Si tu n'es pas trop fatigué, fais un tour en ville. Tu n'en croiras pas tes yeux. Nous bâtissons des remparts de sept stades qui englobent les Epipoles, notre talon d'Achille. Et nous construisons une citadelle au sommet, une forteresse inexpugnable du nom d'Euryale. Une série de bastions qui feront pâlir les Longs Murs d'Athènes. Ce sera le complexe de fortifications le plus imposant qu'on ait jamais vu.

— Allons-y, dit Philistos. Je n'arrive pas à m'imaginer ce que vous faites vraiment dans cette ville.

— Leptine t'accompagnera, intervint Denys. Je

dois m'occuper des essais de mes engins. Je veux qu'ils soient parfaits au moment où il faudra les aligner sur le champ de bataille. »

Ils traversèrent l'isthme de l'Ortygie et s'enfoncèrent dans l'Achradiné en suivant le mur d'enceinte qui ne cessait de croître. Philistos avait grand-peine à en croire ses yeux. Pendant ses deux mois d'absence, la ligne des remparts avait triplé et la ville était un gigantesque chantier. Des milliers et des milliers de tailleurs de pierre, de porteurs, d'ouvriers, de maçons, de contremaîtres travaillaient sur la muraille.

« Denys a inventé un système qui fait des miracles, expliqua Leptine. Il a partagé le périmètre en secteurs de cent pieds de long et confié chacun d'eux à une équipe autonome menée par un chef de chantier, qui est responsable de l'exécution et des progrès des travaux. Chaque équipe est payée selon la longueur du secteur qu'elle parvient à bâtir, et sa rapidité est récompensée. Ainsi, le rendement est au plus haut. Denys a même promis la liberté aux esclaves, ce qui les amène à produire des efforts inimaginables. Ils travaillent à tour de rôle, jour et nuit, sans jamais s'arrêter, sous la supervision d'inspecteurs qui font leur rapport directement à Denys. Si l'ouvrage n'est pas d'assez bonne qualité, ils risquent jusqu'à leur vie. »

Ils se dirigèrent vers les Eupipoles et la forteresse Euryale, entourée d'un fossé, qu'ils atteignirent au terme d'une heure de marche. Ils purent ensuite dominer d'un coup d'œil la ville et ses nouveaux quartiers, le long serpent que formaient les remparts, les deux ports et l'Ortygie.

« D'ici trois mois, la muraille et la forteresse seront terminées. Syracuse sera inexpugnable.

— Je veux bien le croire, répondit Philistos. Mais tout cela ne passera pas inaperçu. Quand les Carthaginois l'apprendront, ils se lanceront dans des préparatifs de la même envergure.

— Ce n'est pas dit. Nous avons placé des mercenaires tout autour du quartier carthaginois. Personne ne peut y entrer ou en sortir sans autorisation. Nous faisons arrêter et emprisonner les suspects. Si nécessaire, nous utilisons la torture.

— Voilà les premières conséquences néfastes de la guerre. Ces gens-là ont toujours vécu avec nous en commerçant et en faisant des affaires avantageuses pour les deux parties. Et ils se transforment brusquement en ennemis odieux, dangereux, à enfermer et à persécuter...

— Ce sont eux qui ont commencé, non ? objecta Leptine.

— Personne ne sait qui a commencé, crois-moi. Cette guerre se changera en un affrontement entre deux races, la nôtre et la leur, elle ne s'apaisera pas tant que l'une d'elles n'aura pas été anéantie.

— Tu es bizarre. Dans quel camp es-tu ?

— As-tu besoin de me le demander ? Ces préparatifs m'inquiètent. Denys jette des ressources immenses dans le four de la guerre, certain de l'emporter. Mais de l'autre côté de la mer se trouve un ennemi rusé et fuyant, une grande puissance navale, capable de couper nos routes d'approvisionnement et de commerce...

— Denys veut également se marier... il souhaite avoir des héritiers. Ce qui signifie aussi la vie, l'avenir, tu ne crois pas ?

— Hé oui, les deux femmes. Peut-on au moins savoir qui est l'heureuse élue à Syracuse ?

— Aristomaché, répondit Leptine en retrouvant son sérieux.

— La fille d'Hipparinos ? Je ne peux pas le croire.

— Il fait partie de la Compagnie depuis toujours, il compte parmi ses membres les plus importants.

— Oui, mais il a toujours constitué un adversaire pour Héloris, le père adoptif de Denys.

— Héloris devra se résigner. De plus, ses filles sont toutes plus laides les unes que les autres. Aristomaché est sublime. Je la connais depuis l'enfance, nous jouions ensemble dans la cour. Quand je suis allé demander sa main, j'ai pu la contempler : elle est aussi belle qu'Aphrodite, a des seins hauts et fermes, et ses mains sont nées pour caresser le corps d'un homme...

— Suffit, l'interrompit Philistos. Je ne veux pas penser que j'ai entendu ces mots. Ou plutôt, je ne les ai pas entendus. Ton frère t'égorgerait s'il le savait.

— Oui... admit Leptine, il m'égorgerait probablement. »

Avec le retour du printemps, le *Boubaris* prit la mer majestueusement. Il fendit les eaux de son rostre comme une charrue fend la terre, créant des ondes symétriques sur son passage. Denys était impatient de l'essayer, il avait ordonné qu'on place au large un bateau carthaginois, capturé lors d'une patrouille non loin de Sélinonte, afin qu'il lui servît de cible. Philistos et Leptine montèrent à bord, tout comme Hipparinos, le futur beau-père de Denys.

A un signe du navarque, le batteur se mit à scander le rythme de navigation, qui ne cessa d'augmenter. Le *Boubaris* démâté se lança sur les eaux avec une puissance impressionnante, aidé par un léger vent.

Tandis que les rames s'activaient avec un accord parfait, le rostre pointu enfonça le flanc de la cible dans un énorme vacarme et brisa en deux le bateau carthaginois. Denys et ses amis étaient solidement assurés au bastingage, mais le moment de l'impact fut terrible. Les cordes de sécurité déchirèrent leurs vêtements et entamèrent leur peau, Philistos faillit même avoir le dos brisé.

Les deux tronçons coulèrent en quelques instants. Le *Boubaris* les dépassa avant de virer, mené par les timons arrière, tandis que les rames plongeaient à nouveau dans la mer.

L'équipage poussa un cri d'exultation, et Denys se précipita à l'arrière pour voir les quelques restes de la cible flotter parmi les vagues mousseuses. « *Niké ! Niké !* s'écria-t-il. Nous avons gagné. Aujourd'hui, il n'y a pas d'embarcation plus redoutable que la pentère ! »

Tous les présents se félicitèrent, cependant Philistos se dit que les Carthaginois ne resteraient certainement pas immobiles comme la cible en attendant d'être éventrés par les cinq talents de fer de ce rostre monstrueux, et que les choses étaient bien différentes lorsqu'on se battait. Mais il préféra ne pas gâcher la fête et s'unit donc aux ovations. D'autant plus que le *Boubaris* l'emmènerait quelques jours plus tard à Locres pour y chercher la fiancée italienne de Denys.

« Pourquoi as-tu qualifié Locres de cité des femmes ? lui demanda Leptine tandis qu'ils rentraient. Tu te souviens ? Après ton retour de Rhégion.

— Bien sûr que je m'en souviens. Et si tu n'étais

pas aussi ignare, tu n'aurais pas besoin d'explications. D'après les anciennes chroniques, pendant que les Locriens de la métropole étaient en guerre, leurs femmes, lasses de leur solitude, couchèrent avec des esclaves et engendrèrent des enfants. Quand leurs époux revinrent, ils les répudièrent. Elles prirent la mer et se rendirent en Italie avec leur progéniture, fondant Locres. Ainsi, toutes les familles locriennes descendent d'une femme, les héritages et les noms se transmettent par la femme. Voilà pourquoi on dit de Locres que c'est la cité des femmes. »

Leptine grimaça. « Avec cette histoire de fondation, épouser une Locrienne ne me semble pas de bon augure... mais si Denys est content...

— Oui, s'il est content... »

Le *Boubaris* rentra dans la darse et les architectes qui l'avaient construit l'inspectèrent jusqu'au dernier clou afin de déterminer si la structure portante du rostre avait été ébranlée, si le câble de tension sous le pont s'était relâché. Tout était parfaitement en ordre ; la quille, qu'on avait rallongée de près de vingt pieds, avait parfaitement tenu le choc. La première pentère qu'on eût jamais construite s'apprêtait à devenir la reine des batailles.

Elle reprit la mer quelques jours plus tard pour conduire Philistos à Locres, où la fiancée de Denys avait été choisie : la famille la plus influente de la ville avait offert sa fille la plus belle et la plus noble. Elle se nommait Doris.

Elle n'était pas brune, comme l'avait souhaité Denys, mais blonde. Elle avait les yeux bleus, des cheveux fins qui étincelaient comme des fils d'or, la poitrine haute, si ferme qu'elle soutenait avec élégance son péplum, un vêtement ionien, aussi léger que l'air, qui laissait transparaître son corps.

Elle savait qu'elle aurait à partager son époux avec une autre femme, et pourtant elle était heureuse d'aller à Syracuse. On aurait dit une fillette se rendant à une fête. Philistos pensa que sa famille devait être très rigide et très sévère pour que cette jeune fille fût soulagée à l'idée de passer de la tutelle de son père à celle de son mari, mais il se rappela que les chefs de famille locriens étaient tous des femmes, et il se ravisa. La tradition féminine ignorait peut-être cette forme de possession typique des hommes, obsédés par le désir du pouvoir. Sans doute Doris se réjouissait-elle en songeant qu'elle aurait des enfants, ou qu'elle coucherait avec un homme dont on disait des merveilles, sans se poser d'autres questions. Après tout, la réputation de Denys était telle qu'on pouvait imaginer qu'il valait bien deux hommes à lui seul.

Philistos participa pendant trois jours à des fêtes et des cérémonies en tout genre ; au cours de l'une d'elles, il remit à la jeune fille le présent de son fiancé : un bijou en or très ancien et des gouttes d'ambre gravées par un grand artiste. Puis il l'emmena avec sa mère et sa riche dot, composée d'argent comptant, de vêtements, de meubles, de joyaux, d'animaux domestiques, d'étoffes, de parfums, de tableaux, de statues, de vaisselle ancienne et moderne, d'images sacrées pour le culte domestique.

Philistos fut notamment frappé par une statuette d'Athéna, très grossière et très primitive, totalement dépourvue de beauté, mais pleine de charme, qui représentait la déesse les yeux fermés. « De quoi s'agit-il ? lui demanda-t-il.

— C'est une reproduction du Palladion, l'image

sacrée d'Athéna qui rendait la ville de Troie invincible et qui fut dérobée par Ulysse et Diomède. C'est à ses pieds qu'Ajax fils d'Oïlée, notre héros national, viola la princesse Cassandre la nuit où la ville tomba. La déesse ferma les yeux, préférant ne pas voir ces horreurs. Dès lors, chaque année, pour expier ce viol antique, notre ville envoie à Troie deux vierges issues des meilleures familles afin qu'elles servent dans le temple d'Athéna iliaque.

— Y es-tu allée, toi aussi, ma maîtresse ? demanda Philistos.

— Non, mais j'aurais aimé. Voir l'armée d'Achille, sa tombe et celle de Patrocle...

— Tu es très instruite...

— Je le sais. Pour vous, les Doriens, une femme instruite est une sorte de scandale, mais chez nous, c'est la règle. Nous autres femmes dictons les normes de la coexistence, raison pour laquelle notre société est plus juste et plus équilibrée que la vôtre.

— Tu n'as pas peur d'échouer dans le lit du plus terrible de ces Doriens, de celui que tout le monde appelle "le Tyran" ?

— Non, répondit la jeune fille en souriant de ses yeux bleus. Je suis curieuse de voir s'il est à la hauteur de ses exigences. »

Ils parlèrent longuement et à plusieurs reprises pendant le voyage. Ils se lièrent d'amitié, et Philistos crut bon d'exposer à la jeune fille le genre de vie qu'elle mènerait à Syracuse. « Tu sais ce qui t'attend, lui dit-il. Denys a fait construire deux chambres nuptiales, voisines de la sienne, il dormira à tour de rôle avec ses deux femmes. Mais vous déjeunerez et dînerez tous les trois, à moins que l'une de vous ne soit malade ou ne désire rester dans ses appartements. Quoi qu'il en soit, je vous déconseillerais d'être malades plus d'une ou deux fois par an.

— Je comprends », répondit Doris, qui s'accouda au bastingage. Elle se laissa caresser par le zéphyr jusqu'à ce que Philistos s'écrie : « Regarde, Syracuse ! »

Aristomaché arriva sur un char tiré par quatre chevaux blancs et conduit par un aurige dont la tunique était tissée avec des fils de pourpre. Ses cheveux noirs étaient parsemés de reflets violets, elle arborait un péplum couleur feu attaché par une ceinture en or.

Doris se présenta sur une litière que portaient huit esclaves, dont un Ethiopien qui suscita la curiosité des présents. Mais tous les applaudissements allaient à la Syracusaine, et chacun souhaitait que ce fût elle qui donne un héritier à Denys, à qui le peuple reconnaissait désormais le statut d'un monarque fondateur d'une dynastie.

Les deux femmes franchirent la porte est et la porte ouest de la forteresse au même instant, selon un protocole que les maîtres de cérémonie avaient longuement étudié avec l'aide de figurantes.

On avait choisi la date des noces de façon que les jeunes filles n'eussent pas leurs règles ce jour-là.

Le marié était vêtu d'un chiton blanc très simple, qui lui tombait jusqu'aux pieds, il portait un bracelet en fer orné d'une pierre rouge. On disait qu'on l'avait forgé avec la lame du poignard qui lui avait servi à tuer les assassins de sa première femme, Arêté.

La double cérémonie nuptiale fut suivie d'un banquet de dix mille couverts. Y assistaient des étrangers, tels que les officiers et les sous-officiers des mercenaires, ainsi que des citoyens de tous les ordres et de tous les rangs. L'absence d'Héloris, le père adoptif de Denys, ne passa pas inaperçue : s'estimant insulté par le rejet de ses filles, il s'était exilé à Rhégion. Par la suite, il prit la tête des cavaliers syracusains qui avaient échappé à la prise d'Etna et qui organisaient dans cette ville une sorte de résistance armée au tyran.

Au terme du banquet officiel, les deux épouses furent conduites dans leurs chambres respectives, déshabillées et coiffées par leurs servantes. Un groupe de musiciens entonna deux chants réservés aux hyménées, d'abord syracusain, puis locrien.

Denys pénétra en premier dans la chambre de Doris et la contempla longuement à la lumière de la lanterne, car elle s'était allongée sur les couvertures, exposant ses formes glorieuses au regard de son mari. Sa mère lui avait appris comment bouger les hanches de manière à plaire à son époux : ainsi, il verserait sa semence dans son ventre, et il n'en resterait plus pour la Syracusaine.

Mais Doris ajouta aux enseignements de sa mère ce que lui suggérait son désir naïf et effronté d'adolescente, prolongeant leur étreinte, flattant Denys par des mots doux, l'adulant de toutes les manières possibles pour satisfaire sa vanité.

Quand vint le tour de la Syracusaine, Denys savait qu'elle serait exaspérée par la longue attente et peut-être vexée. Il s'employa donc à la combler de tendresses et à satisfaire du mieux possible ses sens. Il l'embrassa sur les lèvres, sur les seins et le ventre, puis il la pénétra, sans parvenir toutefois à éveiller en elle l'émoi qu'il attendait. Doris, qui tendait l'oreille dans sa chambre, fut surprise par cet étrange silence et d'une certaine façon satisfaite. Aristomaché était-elle timide comme toutes les Doriennes ?

Denys promit à la Syracusaine qu'il l'honorerait en premier la nuit suivante. Il la tenait encore dans ses bras quand la porte s'ouvrit délicatement et qu'apparut Doris, une lanterne à la main. Elle sourit et dit : « Puis-je rester avec vous ? J'ai peur de dormir seule. »

Aristomaché s'apprêtait à réagir, mais elle se ravisa en voyant l'expression amusée de Denys. Doris s'installa sur le lit, elle commença à caresser Denys, dont elle réveilla la virilité, puis Aristomaché. La Syracusaine se raidit, cependant elle s'abstint de repousser la Locrienne pour ne pas irriter son époux, à qui ce jeu semblait plaire.

Doris, la Locrienne, fut la première à tomber enceinte.

cinq, et l'infanterie lourde de ligne leur emboîtait le pas, chaque groupe muni de ses propres étendards et de ses propres enseignes, sous un tonnerre d'applaudissements, d'encouragements et de chants.

Au fond, la flotte s'ébranlait sur les vagues mousseuses, précédée par de gigantesques pentères qui fendaient la mer de leurs grands rostres dont les trois pointes étaient aussi aiguisées que celle d'une lance.

Himilcon comprit sans tarder que le défi qui l'attendait serait définitif. Il ordonna à une dizaine de bateaux légers d'attaquer le port de Lakkion et la darse à la faveur de la nuit : ainsi, il obligerait Leptine à rebrousser chemin pour défendre Syracuse. Surgis à l'improviste, ses soldats incendièrent les chantiers navals et tentèrent d'assaillir la citadelle de l'Ortygie. Mais les mercenaires du Péloponnèse qui gardaient la place forte réagirent avec courage et détermination, et les contraignirent à se replier. Aussitôt après, les Syracusains envoyèrent un navire rapide à Leptine pour l'avertir que l'assaut avait été repoussé et qu'ils n'avaient pas besoin d'aide.

Entre-temps, Denys avait atteint le lieu d'où il comptait lancer l'attaque contre Motyé. L'île sur laquelle se dressait la forteresse des Carthaginois était située au centre de la lagune de Lilybée et reliée à la terre ferme par une jetée artificielle.

Entre la lagune et le large se trouvait une autre île longue et basse qui devait à sa forme curieuse le surnom de « Jarret de chèvre ». Deux étroits bras de mer la séparaient du continent. Le môle avait été construit dans une direction sud-nord pour ne pas gêner la navigation. Ayant appris que les forces ennemies arrivaient, les Motyens avaient entrepris de le démolir pour leur interdire d'accéder trop aisément aux remparts.

Il était relativement facile de pénétrer dans la lagune par le sud : la mer y était assez profonde pour que les grands navires de guerre pussent y passer, ce qui n'était pas le cas au nord, où l'eau, trop basse, recelait des pièges que seuls les marins phéniciens et carthaginois des lieux connaissaient. Leptine s'arrêta à Drépane – le port d'Eryx, une ville des Elymes, qui étaient habitués à accueillir tous ceux qu'ils n'étaient pas en mesure de repousser –, puis il partagea la flotte en deux : les navires de transport furent amarrés au sud, du côté du promontoire de Lilybée ; la flotte de guerre entra dans la lagune et mouilla non loin du point de départ de la jetée qui rattachait Motyé à la Sicile, et que les habitants avaient en partie démolie.

Denys chargea les marins de la restaurer et de monter les machines de guerre. A la tête de ses troupes terrestres, il envahit le territoire de Palerme et de Solonte, dévastant les campagnes et mettant les fermes à sac. Il tenta également d'assaillir les villes élymes de Ségeste et d'Entella, alliées des Carthaginois, mais en vain. Puis il décida de regagner Motyé et de reprendre le commandement des opérations.

Les marins motyens ne cessaient de renseigner Himilcon, qui croisait au large, sur les progrès des opérations. Ayant appris ainsi que Leptine avait mis ses navires à l'ancre pour permettre aux équipages de reconstruire la jetée, le Carthaginois lança sa flotte à l'attaque.

Il affronta d'abord les bateaux de transport, près de Lilybée, et en coula un grand nombre, mais il ne put ainsi profiter de l'effet de surprise sur lequel il comptait. Informé de son arrivée, Leptine fit sonner l'alarme et le rassemblement. Les navires furent jetés à l'eau en grande hâte et les équipages réussirent à sauter à bord avant qu'Himilcon n'eût le temps de fondre sur eux.

Leptine envoya deux embarcations légères en reconnaissance, mais les nouvelles qu'on rapporta ne réjouirent personne. « Ils se sont disposés en éventail, la proue vers le nord, et ferment l'embouchure de la lagune. Nous sommes piégés, rapportèrent les explorateurs.

— Pas encore, répondit Leptine. Où est mon frère ?

— Le commandant est au quartier général.

— Alors, conduisez-moi là-bas. »

Leptine se laissa glisser dans une chaloupe, remorquée par le *Boubaris*, et rejoignit le quartier général, à l'embouchure du détroit septentrional, pour exposer à Denys la situation.

Denys se rembrunit. « Si j'avais été à ta place, j'aurais laissé un contingent à l'extérieur de cette maudite lagune. Et maintenant, que faisons-nous ?

— Lançons les pentères. Nous les enfoncerons.

— Non. Car c'est exactement ce qu'ils veulent. Ils se sont installés dans ce boyau pour nous empêcher de déployer notre flotte, numériquement supérieure à la leur. Je ne veux pas risquer de perdre mes nouvelles unités dans une situation aussi désavantageuse. Les pentères ont besoin d'espace pour manœuvrer.

— Et c'est à moi que tu le dis ? Je suis le commandant de la flotte ! s'exclama Leptine.

— Et moi, le commandant en chef. L'aurais-tu oublié ? demanda Denys en criant encore plus fort. Pourquoi te crois-tu toujours obligé de charger tête basse comme un taureau ? Si nous faisons un faux mouvement, nous sommes foutus. As-tu oublié comment les choses se sont passées à Géla ? Tout était organisé, tout était prévu, et nous avons fini par perdre. Nous possédons la plus grande flotte et la plus grande armée que la nation grecque ait jamais réunies, nous ne pouvons pas échouer, c'est compris ? D'autant plus que la jetée est presque prête...

— Alors, dis-moi comment tu entends te sortir de là, *heghemòn*, rétorqua Leptine d'un ton ironique, en considérant qu'on ne peut pas sortir par le nord, et qu'un bateau échoué bloquerait tous les autres. »

Denys observa un moment de silence avant de répondre : « Nous passerons par la terre.

— Quoi ?

— Oui, construisons un toboggan, graissons-le et faisons passer les bateaux de l'autre côté du promontoire. »

Leptine secoua la tête. « Et tu trouves que c'est une bonne idée ? Nous serons obligés de mettre les bateaux à l'eau l'un après l'autre. Si les Carthaginois s'en aperçoivent, ils les couleront au fur et à mesure qu'ils prendront le large.

— Non. Parce qu'une belle surprise les attendra.

— Une surprise ?

— Fais élever sur la rive une palissade en osier et en branchages de trois cents pieds de long et de vingt pieds de haut. Tu verras. »

Les travaux commencèrent sans tarder. Tandis

qu'un groupe de marins montaient la palissade, des centaines de charpentiers s'employaient à construire le toboggan, composé de deux planches en pin parallèles, qui partait de la lagune et traversait le promontoire jusqu'au large. D'autres faisaient fondre de la graisse de porc et du suif de bœuf dans de gros chaudrons. On en enduisait ensuite les planches pour favoriser la glisse. Les navires furent alignés sur le toboggan puis traînés à l'aide de câbles par leurs équipages respectifs, cent cinquante hommes de chaque côté.

Si la construction du toboggan était passée inaperçue, les sentinelles de Motyé virent les bateaux traverser le promontoire. Elles comprirent de quoi il retournait et annoncèrent à Himilcon que la souris s'échappait du piège. L'amiral punique ordonna de mettre les voiles, de plonger les rames et d'avancer vers le nord en contournant par la gauche l'île du Jarret de chèvre de manière à rester invisible jusqu'au dernier moment. Quand les Syracusains s'apercevraient de leur présence, il serait trop tard.

Sur le vaisseau amiral, Himilcon coordonnait les mouvements de ses unités afin qu'elles avancent de conserve pour présenter un front massif aux navires ennemis. Quand ceux-ci apparurent, Himilcon put les compter : ils étaient au nombre de soixante, ce qui signifiait que le rapport de force lui était très favorable. Après les avoir anéantis, il débarquerait, détruirait le toboggan et immobiliserait les autres embarcations dans la lagune jusqu'à ce qu'elles pourrissent ou se décident à combattre.

La flotte carthaginoise doubla le cap nord de l'île et vira nettement à droite en direction de la côte. Quand elle fut parvenue à la bonne distance, Himilcon ordonna aux batteurs de donner le rythme. Les bateaux ennemis, qui avaient mis le cap à l'ouest, virèrent immédiatement comme s'ils voulaient filer vers le nord, et Himilcon les imita. Ce faisant, il prêta le flanc à la côte, sur laquelle on distinguait maintenant une étrange structure : une sorte de palissade en roseaux, en nattes et en voiles de navire. Et voici que l'imprévisible se produisit : la palissade tomba, segment après segment, révélant une ligne de monstres mécaniques, d'engins en position de tir, entourés de dizaines de serveurs. Une sonnerie de trompette retentit, et les énormes machines entrèrent en action l'une après l'autre. La flotte d'Himilcon fut submergée par une pluie de rochers lancés par les catapultes ; les balistes, disposées pour un tir bas, décochèrent une nuée de traits en fer massif qui transpercèrent les quilles sous la ligne de flottaison et balayèrent les ponts, y semant la mort et la terreur.

Les engins se relayaient : pendant que les uns tiraient, les autres rechargeaient.

Au même moment, la flotte qui avait traversé le promontoire vira une nouvelle fois pour se préparer à éperonner les navires ennemis. Entre-temps, Leptine avait quitté la lagune par le bras sud, balayant les quelques forces que les Carthaginois y avaient laissées à l'aide de ses trente pentères et des autres bateaux. Il comptait bien piéger Himilcon.

Mais l'amiral carthaginois, informé par les signaux des Motyens, vira de bord, se soustrayant au tir de l'artillerie, et prit le large, après avoir failli être bloqué entre le contingent de Denys et celui de Leptine.

Ainsi, il abandonna les Motyens à leur destin, triste remerciement pour ceux qui l'avaient sauvé d'une catastrophe totale.

Des cris d'exultation s'élevèrent des navires grecs et de la côte, où les engins de guerre avaient donné une démonstration de puissance exceptionnelle.

Juchés sur leurs tours, les défenseurs de Motyé regardèrent avec angoisse la flotte carthaginoise disparaître à l'horizon, tandis que les gigantesques machines qui l'avaient mise en fuite étaient traînées jusqu'à la jetée qui reliait de nouveau la terre ferme à leur île. Ils savaient à présent qu'ils seraient tous anéantis. Ce n'était qu'une question de temps.

Denys ordonna d'attaquer à la fin de l'été, par un matin limpide et pur qui succédait à une nuit de vent. Les engins de guerre avancèrent le long de la jetée en crissant et en grinçant.

Les balistes et les catapultes entrèrent les premières en action au bout du môle, bombardant les bastions de la ville et massacrant les défenseurs. On les concentra ensuite au nord de l'île, où il y avait plus d'espace, et on leur substitua des béliers et des tours d'assaut.

Les Motyens imaginaient très bien le sort qui les attendait. Nombre d'entre eux avaient participé aux massacres de Sélinonte et d'Himère, ils se préparèrent donc à défendre leur ville à outrance. Ils disposaient, eux aussi, de moyens efficaces. Du haut des tours en bois, ils firent courir par à-coups de longs pals à balancier, auxquels des cages étaient suspendues. Depuis l'intérieur, des soldats déversaient des jarres pleines d'huile et de naphte enflammées sur les machines des assaillants. Ceux-ci couvrirent alors les engins de peaux et s'employèrent à éteindre les départs de feu avec des seaux d'eau de mer que les hommes se passaient à toute allure.

Pendant cinq jours d'affilée, les remparts subirent les assauts des machines de guerre. Enfin, un bélier parvint à ménager une brèche dans le secteur nord-est. On y réunit alors les tours d'assaut qui jetèrent leurs passerelles, et les Grecs pénétrèrent en ville en s'engouffrant dans le passage. Mais les habitants, avantagés par les rues étroites, leur opposèrent une résistance acharnée en se battant avec une détermination rageuse dans toutes les maisons et dans toutes les rues, élevant des barricades et jetant toutes sortes de projectiles du haut des bâtiments qui se dressaient telles des tours de trois ou quatre étages.

Les affrontements, de plus en plus féroces et sanglants, se prolongèrent pendant plusieurs jours. Si les assauts commençaient à l'aube et ne s'interrompaient qu'à la nuit tombée, les progrès étaient toutefois modestes. Il était presque impossible aux assaillants de déployer leur supériorité numérique et la puissance de leur armement dans cet enchevêtrement de rues étroites et tortueuses.

Denys eut une idée. Il rassembla sous sa tente les chefs des réfugiés sélinontains, himériens, géloéns et agrigentins, ainsi que son frère Leptine et le chef des attaquants, son vieil ami Biton.

« Hommes, dit-il, les habitants de cette ville se sont habitués à nos assauts quotidiens, et ils nous opposent chaque jour de nouvelles formes de résistance. Leurs barricades, dressées dans les ruelles étroites, entre les maisons, sont pratiquement infranchissables. Ils savent que nous attaquons toujours pendant la journée à partir des tours d'assaut et à travers la même brèche, car il n'y a pas d'autre endroit assez vaste pour placer des tours. Nous devons donc les surprendre... » Il ordonna à l'un de ses gardes de lui tendre une lance et entreprit de tracer un schéma sur le sable. « Nous attaquerons de nuit, avec les échelles, à un tout autre endroit. Ici. C'est vous qui mènerez à bien cette entreprise. Une fois sur les remparts, vous n'aurez pas de mal à vous débarrasser des quelques sentinelles qui s'y trouvent. Après quoi, vous vous procurerez d'autres échelles et les utiliserez comme des passerelles pour atteindre les terrasses des maisons les plus proches. Vous entrerez par les lucarnes et surprendrez les habitants dans leur sommeil. D'autres guerriers vous emboîteront le pas, ils s'empareront d'un tronçon de muraille de plus en plus vaste. Une flèche incendiaire nous signalera que vous avez réussi. Alors, nous lancerons un assaut du côté de la brèche avec le gros de nos forces. Les Motyens ne sauront comment se défendre, la panique se répandra, et la ville tombera entre nos mains. Vous en sentez-vous capables ?

— Nous ne demandons que ça, répondirent les officiers.

— Très bien. Leptine vous transportera à bord de petites embarcations à fond plat peintes en noir. Vous n'aurez pas besoin d'armes lourdes. Equipements de peltastes pour tous, corsets et boucliers de cuir. L'attaque aura lieu cette nuit, car il y aura la nouvelle lune. Nous éviterons aussi que la nouvelle ne filtre. L'heure de votre vengeance a sonné. Que les dieux vous assistent. »

Une fois en tête à tête avec Denys, Leptine demanda : « Tu crois qu'ils réussiront ?

— J'en suis persuadé. Et maintenant, va. J'attendrai votre signal. »

Leptine gagna la base navale, prépara les bateaux et les échelles, puis embarqua les attaquants équipés de pied en cap. Ils étaient emmenés par Biton, ami de Denys et membre de la Compagnie.

Leptine les conduisit à un endroit où les remparts étaient presque léchés par la mer et très éloignés de la brèche, donc peu gardés. Le premier groupe d'attaquants y appuya une échelle et la gravit en silence. Un peu plus tard, deux d'entre eux réapparurent et firent signe aux autres de monter. La voie était libre. Bientôt, une cinquantaine de guerriers se réunirent sur la muraille. Divisés en plusieurs groupes, ils éliminèrent les quelques sentinelles qui patrouillaient sur un tronçon d'une centaine de pieds. Certains revêtirent leurs armures et prirent leur place. C'étaient des Sélinontains, ils parlaient la langue des Motyens.

Les autres aidèrent leurs compagnons à se hisser sur les remparts au moyen des échelles. Ils étaient maintenant au nombre de deux cents. Une cinquantaine d'entre eux se chargèrent d'occuper les lieux afin de protéger les guerriers qui ne cessaient d'affluer à bord des embarcations de Leptine. Les autres jetèrent des échelles sur les terrasses les plus proches. Les utilisant comme autant de ponts, ils atteignirent les habitations, ouvrirent les lucarnes et se glissèrent à l'intérieur.

Surpris dans leur sommeil, les habitants furent massacrés. Une vingtaine d'hommes occupèrent les terrasses, à partir desquelles les attaquants poursuivirent leur mission meurtrière en déplaçant les échelles de maison en maison. Quand l'alarme fut donnée, les Motyens sortirent dans la rue, armés et munis de flambeaux, criant à tue-tête pour réveiller leurs compagnons. Déjà des bâtiments brûlaient, de nombreux autres étaient aux mains des ennemis, qui se multipliaient.

Biton lança le signal convenu. Déjà prêt sur le quai, Denys fit avancer les tours d'assaut et déversa à travers la brèche des milliers de guerriers, qui balayèrent les quelques centaines de défenseurs chargés de monter la garde.

Rapidement, les rumeurs d'attaques multiples répandirent la panique dans Motyé dont les habitants s'éparpillèrent dans toutes les directions, certains pour défendre les barricades qui menaient aux ruelles où vivaient leurs familles. Comme les Sélinontains de nombreuses années plus tôt, ils furent repoussés jusqu'au seuil de leurs maisons. C'étaient justement les Sélinontains qui étaient les plus féroces, et avec eux les Himériens. Les cris de douleur qui parvenaient à leurs oreilles leur en rappelaient d'autres, ceux de leurs femmes et de leurs enfants agonisants, ceux de leurs compagnons massacrés et torturés. Ecumants de rage, emportés par l'excitation sanguinaire de la mêlée, stimulés par l'éclat des flammes, ils s'abandonnèrent à une épouvantable tuerie et au pillage de cette ville florissante, centre de fructueux commerces entre l'Afrique et la Sicile.

Denys, qui souhaitait faire de nombreux prisonniers pour les vendre comme esclaves et couvrir ainsi une partie des dépenses de guerre, se rendit compte qu'il avait trop excité ses guerriers. Il envoya dans toutes les directions des hérauts qui crièrent en phénicien à la population de s'abriter dans les temples que les Grecs révéraient, ceux d'Héraclès-Melqart, d'Héra-Tanit et d'Apollon-Reshef. Nombre d'entre eux échappèrent ainsi à la mort avant que les officiers ordonnent d'épargner les prisonniers.

Au crépuscule, la ville était aux mains de Denys. Attachés et enchaînés, les prisonniers avaient été rassemblés sur les places, dans l'attente d'être conduits dans le campement grec, sur la terre ferme. Il y avait parmi eux beaucoup de guerriers grecs qui avaient épaulé les Motyens. La plupart résidaient en ville depuis longtemps et vivaient pacifiquement avec les habitants, exerçant les métiers dans lesquels ils excellaient – artisans, architectes, sculpteurs, bronziers, décorateurs et tisserands. Quelque temps plus tôt, un riche commerçant avait commandé à l'un d'eux, un sculpteur italien de Medma, une magnifique statue en marbre qui représentait un aurige vêtu du costume punique. Voyant que les Grecs s'acharnaient sur les images et les statues de Carthaginois et de Phéniciens, l'homme avait traîné son œuvre derrière le mur d'enceinte de son atelier et l'avait ensevelie en toute hâte sous un tas d'ordures, ne pouvant supporter l'idée qu'elle fût détruite par la fureur guerrière. Il fut capturé aussitôt après et conduit au campement avec les autres prisonniers.

Parmi ceux-ci se trouvait le commandant des Grecs, un certain Daïménès, qui s'était particulièrement distingué pendant la bataille. Il fut traîné devant Denys.

Le chef syracusain ordonna aux siens de sortir et invita Daïménès à s'asseoir. L'homme avait plusieurs blessures sanguinolentes, son visage était noirci par la fumée, sa peau brûlée par les flammes, ses pieds couverts de plaies. « Que dois-je faire de toi et de tes semblables, de vous tous qui avez choisi de vous battre aux côtés des Barbares contre votre propre sang ? » commença Denys. Et il cita une phrase des *Histoires* d'Hérodote : « *Medizein...hellenes eontes*.

— Nous nous sommes battus pour notre ville, répondit Daïménès avec un filet de voix.

— Votre ville ? s'écria Denys.

— Oui, car nous avons longtemps vécu ici en paix et dans la prospérité. Nos enfants sont nés ici. Ici, nous avons un métier, une maison, des amis. C'est de ces gens que sont issues nos femmes et leurs familles, auxquelles nous étions attachés par des sentiments profonds. La patrie n'est autre que l'endroit où nous vivons, celui qui abrite nos êtres chers. Nous n'avons trahi personne, *heghemòn*, nous nous sommes contentés de défendre nos familles et nos maisons. Qu'aurais-tu fait à notre place ?

— Et les habitants de Sélinonte ? Et ceux d'Himère ? rétorqua Denys. Ne vivaient-ils pas, eux aussi, en paix quand ils furent assaillis par tes Barbares et tués ? Ces gens-là parlaient la même langue et croyaient en les mêmes dieux que toi... »

Le sang qui coulait de ses blessures avait créé une flaque aux pieds de Daïménès, qui répondit d'une voix de plus en plus faible : « Il y a quatre-vingts ans, Sélinonte s'est battue aux côtés des Carthaginois contre Agrigente et Syracuse... On n'évoque notre langue, nos mœurs et nos dieux communs que lorsque cela arrange, tu le sais bien... Quand un autre intérêt l'emporte, plus personne n'en parle... Epargne-nous, *heghemòn*, montre-toi clément, et nous nous souviendrons de toi comme d'un homme magnanime... »

Denys garda le silence un moment, tandis que la tache rouge s'élargissait sur le sol et se transformait en une rigole qui coulait vers ses pieds, suivant l'inclination du terrain. « Je ne peux pas, finit-il par dire. Je dois faire un exemple. Un exemple terrible. »

Daïménès fut mis en croix sur le quai, et avec lui tous les Grecs qui s'étaient battus pour défendre Motyé. Les autres furent vendus comme esclaves.

XXII

Denys regagna Syracuse avant l'arrivée du mauvais temps, laissant à Motyé une garnison de mercenaires commandée par Biton, ainsi que Leptine, à la tête d'une flotte de cent vingt navires chargée de couler les bateaux carthaginois qui décideraient éventuellement de tenter un débarquement. Denys comptant revenir l'année suivante pour attaquer les autres villes puniques de l'île – Palerme, peut-être, et Solonte –, il importait qu'aucun secours n'arrivât d'Afrique.

Philistos l'attendait à l'entrée de la ville avec un petit cortège de notables, mais c'est la population qui lui offrit le plus beau des accueils tandis qu'il se dirigeait vers l'Ortygie. Elle l'acclamait comme un héros. Denys se sentit enfin satisfait, comblé parce qu'il avait désiré et poursuivi pendant de nombreuses années.

« Les choses se sont déroulées ainsi que tu l'espérais, lui dit Philistos en pénétrant ce soir-là dans ses appartements.

— Pour le moment, oui. J'espère que Leptine ne fera pas de bêtises. Il est trop fougueux, trop impulsif, il ne réfléchit pas assez. En guerre, la moindre erreur peut coûter très cher.

— C'est vrai, mais Leptine est ainsi fait, et c'est toi qui lui as confié le commandant suprême de la flotte.

— Normal, c'est mon frère.

— En effet. Ceux qui gouvernent seuls connaissent inévitablement ce genre de problèmes. Ne pouvant se fier à personne, ils espèrent que leurs parents les plus proches, fatalement destinés à devenir leurs plus proches collaborateurs, seront à la hauteur de la tâche.

— Il y a aussi les amis de la Compagnie, comme Biton, qui occupe Motyé...

— Comme Iolaos... ajouta Philistos, et comme Doricos, avant qu'on le tue.

— Et toi aussi, si je ne m'abuse. Si tu avais l'intention de me parler de la solitude du tyran, tu es satisfait. Oui, j'ai perdu des amis très chers, mais je ne suis pas seul. J'en ai d'autres, et tu as vu toi-même comment le peuple m'a accueilli...

— Le peuple... il n'hésiterait pas à te mettre en pièces et à te jeter en pâture aux chiens si la bonne fortune te tournait le dos, ou si tu n'avais plus assez d'argent pour payer des mercenaires. Tu le sais très bien.

— Mais c'est une grande innovation, ne le vois-tu pas ? Les mercenaires savent que leurs paies généreuses et leurs apanages dépendent de moi. Et moi, je sais que ma sécurité dépend d'eux. Notre rapport est fondé sur les avantages et l'intérêt. C'est le plus solide qui soit.

— Est-ce la raison pour laquelle tu m'as placé en dernière position sur la liste de tes amis ? demanda Philistos d'une voix moqueuse.

— Je l'ai fait parce que tu es devant moi. N'est-ce pas évident ?

— Bien sûr, bien sûr... Mais je te vois changer de jour en jour, et pas en bien. Tu as fait massacrer les habitants grecs de Motyé.

— Ils ne m'ont pas laissé le choix ! s'écria Denys. Je leur avais donné la possibilité de passer dans notre camp. C'est eux qui l'ont voulu !

— Non, c'est toi, rétorqua Philistos sur un ton impassible.

— Malédiction ! Tu subis encore l'influence de ton sophiste athénien...

— Socrate est mort, rétorqua sèchement Philistos. Et il n'était pas sophiste.

— Mort ?

— Oui. Depuis longtemps. Tu ne le savais pas ? On l'a condamné à boire la ciguë.

— Ah ! Et de quoi était-il accusé ?

— Corruption de jeunes et introduction de nouvelles divinités. Cela s'est produit juste après la prise de pouvoir de Thrasybule à Athènes.

— Une accusation étrange. A l'évidence, cela cache autre chose. Quoi qu'il en soit, ton philosophe a été condamné par un gouvernement démocratique. Comme tu le vois, une démocratie peut être tout aussi intolérante et liberticide que le gouvernement d'un homme seul. Mieux, elle l'est encore plus. Moi, je ne tue pas les philosophes, même si je ne peux pas les supporter. »

Philistos garda le silence, et Denys changea de sujet de conversation. « Que s'est-il passé pendant mon absence ? Du nouveau ?

— Tout va bien. Les travaux ont été achevés, y compris à la forteresse Euryale. Les gens sont plutôt calmes, ils ne prennent pas encore au sérieux ceux qui se sont exilés à Rhégion.

— Rien d'autre ?

— Si, une visite.

— De qui s'agit-il ?

— D'un Athénien, un certain Xénophon. Il a plus ou moins ton âge. C'était un disciple de Socrate...

— Alors dis-lui d'aller se faire voir ailleurs.

— Il a accompli une entreprise incroyable... Il a guidé la retraite des Dix Mille.

— Lui ? L'homme qui est allé jusqu'à Babylone et qui...

— Lui. »

Denys soupira. « Je voulais passer cette soirée avec mes femmes. J'imagine qu'elles ont envie de me voir. Et moi, je brûle de les retrouver.

— Rien ne t'en empêche. Elles seront ravies d'écouter des aventures aussi extraordinaires. Elles n'ont pas beaucoup de distractions...

— Je suis là, par Zeus !

— Tu n'es pas une distraction.

— C'est vrai. D'accord, à condition que tu restes avec nous. »

Philistos acquiesça. « Bien sûr. Je ne veux pas rater ce récit. A ce que je sache, c'est la plus grande aventure de tous les temps. »

« Un Athénien qui vit à Sparte et qui est l'ami intime du roi Agésilas. Les Spartiates ont battu et humilié ta ville. Que dois-je penser de toi ? » demanda Denys.

Xénophon posa sur lui ses yeux clairs. C'était un bel homme, au physique d'athlète, aux épaules larges, à la barbe bien soignée, à la chevelure fournie et sombre, ni trop longue ni trop courte, il avait une allure élégante mais pas recherchée. Bref, c'était un conservateur. « Les démagogues aventuriers ont conduit ma cité à la ruine. Les conservateurs ont toujours recherché une entente avec Sparte, et si les choses avaient dépendu d'eux, la guerre n'aurait jamais eu lieu. J'admire les Spartiates et je partage leurs valeurs de frugalité, d'honneur, de modération. »

Denys acquiesça par complaisance, puis il regarda Aristomaché et Doris. Comprenant que ces discours politiques les ennuyaient, il décida d'aller droit au but. « On dit que tu as vécu une aventure extraordinaire. Nous aimerions l'entendre, même si tu as déjà dû la raconter à de nombreuses reprises. »

Xénophon avala une gorgée de vin et commença : « Lorsque les démocrates, menés par Thrasybule, ont reconquis Athènes par un soulèvement militaire, je combattais du mauvais côté. A l'âge de vingt-sept ans, n'ayant plus d'avenir politique dans ma cité, j'ai accepté l'invitation d'un de mes amis, qui s'était enrôlé comme officier mercenaire aux ordres de Cyrus, le frère de l'empereur des Perses. Cyrus voulait renverser celui-ci et prendre sa place sur le trône impérial. C'est pourquoi il a demandé leur aide aux Spartiates.

« Les Spartiates étaient très tentés. Ils doivent en partie leur victoire dans la guerre contre Athènes à l'argent que Cyrus leur fournissait généreusement. Si celui-ci devenait empereur à la place de son frère, il serait redevable à ceux qui l'auraient aidé. Cependant, le gouvernement de Sparte était l'allié du

Grand Roi, raison pour laquelle il ne pouvait pas aider officiellement Cyrus dans sa tentative d'usurpation. On a trouvé ainsi la façon de jeter la pierre et de cacher le bras, comme on dit. »

Denys l'interrompit. « Laisse-moi deviner. Les Spartiates ont fait savoir à Cyrus où se trouvait une armée mercenaire disponible. Et pendant qu'il enrôlait les hommes, ils se sont tournés de l'autre côté.

— Ils sont même allés plus loin. Le chef de cette armée mercenaire, un dur du nom de Cléarque, était officiellement recherché pour meurtre à Sparte. En réalité, il s'agissait d'un agent spartiate.

— Génial... commenta Denys. Et dire qu'on qualifie les Spartiates de rustres...

— Mais alors que nous avions presque atteint la Syrie, ils nous ont envoyé par mer un officier, un commandant de bataillon du nom de Chirisophe.

— J'en ai entendu parler par mes mercenaires. Un excellent officier, semble-t-il.

— Et un très bon ami... le meilleur que j'aie jamais eu. » Aristomaché et Doris échangeaient des commentaires tout bas, probablement sur l'aspect de leur invité, qui reprit son discours. « L'objectif de notre expédition était très secret, mais une fois arrivés dans le désert de Syrie, les soldats déclarèrent qu'ils refuseraient d'avancer tant qu'on ne leur dirait pas où l'on allait et ce qu'on ferait. Cyrus dut abattre ses cartes. Il leur promit la richesse pour le reste de leur vie. Il fut facile de les convaincre, et nous poursuivîmes notre route dans cet immense pays. Nous chassions fréquemment : autruches, gazelles, antilopes et outardes. Il y avait là toutes sortes d'animaux...

— Des lions aussi ? demanda Doris.

— Les lions vivent dans ces contrées, mais nous n'en avons pas rencontré. Les battues de chasse incessantes les ont presque décimés. Nous avons vu des choses extraordinaires : la source de bitume de Karmanda, qui coule jusque dans l'Euphrate, des palmiers gigantesques portant des dattes énormes, ainsi que de nombreux autres arbres fruitiers.

— Et Babylone ? L'avez-vous vue ? interrogea Doris.

— Non, répondit Xénophon. Mais nous n'étions pas loin... Un matin, près d'un village du nom de Cunaxa, l'armée du Grand Roi nous est apparue. Des centaines de milliers de fantassins et de cavaliers de toutes les nations : Perses, Ethiopiens, Egyptiens, Cardouques, Assyriens, Mèdes, Mossynèques, Arméniens. Ils traversaient la plaine en soulevant un gros nuage de poussière blanche de quatre ou cinq stades de large. Leurs armes et leurs boucliers scintillaient, tandis que retentissaient leurs cris sauvages, poussés dans toutes les langues, et les roulements de tambour. Les chars à faux, construits pour faucher les hommes aussi facilement que des épis de blé, avancèrent... C'était un spectacle effrayant...

— Et vous ? demanda Denys en versant une coupe à son invité.

— Et vous ? répéta Doris.

— Cyrus voulait que nous attaquions au centre pour tuer le roi.

— C'est-à-dire son frère, commenta Denys.

— Exactement. C'est normal pour eux, ce ne sont que des questions dynastiques. Mais Cléarque refusa, il attaqua droit devant lui. Nous réussîmes à les enfoncer. Le soir, nous retournâmes sur le champ de bataille, sûrs de la victoire. Mais nous trouvâmes le corps de Cyrus décapité et empalé... »

Doris et Aristomaché parurent frappées par cette image.

« Il vaut peut-être mieux que ces deux dames se retirent, déclara Philistos qui n'avait pas encore pris la parole. Le récit risque d'être très impressionnant, et l'une d'elles est enceinte. »

Aristomaché, qui ne l'était pas, baissa la tête avant de dire avec fierté : « Moi, je peux rester. »

Denys acquiesça, et les servantes conduisirent Doris dans ses appartements.

Xénophon poursuivit son récit, relatant l'interminable retraite dont il avait été l'acteur principal, en plein hiver, à travers l'Arménie et le Caucase.

Devant des auditeurs muets, défilèrent alors des paysages grandioses et terribles – villes mortes, fleuves tourbillonnants, pics enneigés qui transperçaient le ciel –, dans lesquels se déroulaient des combats meurtriers avec des sauvages féroces, des scènes de tortures, des pillages, des exécutions sommaires, des fuites précipitées...

Xénophon était un formidable conteur. Tandis qu'il parlait, ses yeux changeaient d'expression et presque de couleur, on aurait dit qu'il revivait les épisodes qu'il relatait. Il décrivit l'interminable errance de son armée à travers un immense désert de neige : des hommes mouraient de soif, d'autres étaient aveuglés par le soleil des hauteurs, les blessés et les malades étaient abandonnés, les morts laissés sans sépulture.

L'épilogue de la marche désespérée arriva enfin. « J'étais à l'arrière-garde avec mon détachement de chevaliers quand j'entendis un bruit, des cris qui provenaient de la tête de la colonne. Pensant qu'on nous avait attaqués, je bondis à cheval et m'élançai, suivi de mes hommes. Au fur et à mesure de notre progression, nous voyions des compagnons crier, pleurer, jeter leurs armes en l'air, comme fous de joie. Leurs hurlements s'intensifiaient et retentissaient parmi les pics enneigés : "La mer ! La mer !" » Xénophon soupira. « Nous étions sauvés. Ou, tout au moins, nous le pensions... »

Ils l'écoutèrent jusqu'à une heure tardive, puis ils se séparèrent, fatigués par cette longue veille. Denys fit accompagner son invité dans ses quartiers et se rendit auprès d'Aristomaché, dont c'était le tour.

Le lendemain, il déjeuna en compagnie de Xénophon et de Philistos.

« On m'avait dit que vous mangiez trois fois par jour, dit l'invité, mais je croyais que c'étaient des racontars.

— Et nous ne dormons jamais seuls, ajouta Denys en souriant. Tel est l'usage ici, en Occident. Je sais que les Spartiates se contentent d'un brouet noir pour tout dîner. Je me demande où ils puisent la force de marcher et de se battre.

— Leur organisme est habitué depuis des siècles à exprimer toute l'énergie d'une nourriture pauvre et simple. Leur entretien est donc peu coûteux. En outre, personne ne connaît la recette du brouet noir. On ignore ce qu'il contient.

— Il paraît que les Spartiates ne couchent avec leurs femmes que deux fois par mois. Est-ce vrai ?

— Tout à fait.

— Ah, ce n'est pas une vie ! Moi, j'ai deux femmes, comme tu as pu le voir, je leur tiens compagnie à tour de rôle et elles ne s'en plaignent pas.

— Il serait plus correct de dire qu'elles n'osent pas s'en plaindre », observa Philistos sur un ton ironique.

Xénophon fit une grimace qui pouvait passer pour un sourire.

« Je sais, vous autres métropolitains nous considérez comme des demi-Barbares. Mais vous vous trompez. C'est ici que se trouve l'avenir de l'hellénisme. C'est ici que sont les ressources, les hommes, les idées innovatrices. Tu devrais voir nos navires, nos machines de guerre. Aujourd'hui, Philistos te montrera les fortifications... A ton retour à Sparte, raconte ce que tu as vu chez nous.

— Je le ferai assurément, répondit Xénophon. Bien sûr, vos usages peuvent surprendre certains, mais pas moi. J'en ai vu plus que vous ne pouvez l'imaginer. Les Mossynèques, par exemple, font en public ce que nous faisons en privé, ils s'accouplent, se vident le ventre... Et ils font en privé ce que nous faisons en public : ils parlent tout seuls.

— Intéressant, commenta Philistos.

— Que me dis-tu du nouveau roi Agésilas ? l'interrompit Denys en ramenant la conversation sur un sujet qui l'intéressait.

« C'est un homme courageux et honnête, auquel le destin de tous les Grecs tient à cœur.

— Il ne peut donc qu'apprécier les efforts que je déploie contre les Barbares de l'Ouest.

— Je n'en doute pas.

— Si je devais avoir besoin de mercenaires...

— Il y a dans le Péloponnèse des milliers d'hommes qui ne savent que se battre. Je les connais très bien. Ce sont les meilleurs. Ils sont courageux jusqu'à la témérité, ne sont attachés à aucun endroit en particulier, sont prêts à suivre ceux qui leur promettent argent, aventure et risques. Quand un homme expérimente des émotions aussi intenses et aussi vives, il ne peut s'adapter à une vie normale. »

Philistos intervint. « Et toi ? Comment te sens-tu ? Parviens-tu à te réhabituer à une vie normale ?

— Oh, oui, bien sûr, répondit Xénophon après avoir réfléchi un moment. Ce n'est pas moi qui ai cherché l'aventure, c'est elle qui m'a cherché. J'ai apporté ma contribution. Mais j'aimerais maintenant me consacrer à mes études, à ma famille, à la chasse et à l'agriculture. Bien sûr, je rêve de regagner ma patrie en homme honoré, mais c'est impossible pour le moment. On a tué mon maître... on me tuerait peut-être...

— Ecriras-tu le journal de ton expédition ? demanda Philistos.

— J'ai pris des notes pendant mon voyage. Qui sait ? Un jour peut-être, si j'en ai le temps...

— Il te pose cette question car il est lui-même en train de rédiger une histoire, intervint Denys. N'est-ce pas, Philistos ? Une histoire de la Sicile, où il parle aussi de moi. Je n'ai pas encore compris en quels termes.

— Tu le sauras en temps voulu », dit Philistos.

L'invité athénien s'attarda quelques jours, pendant lesquels il visita les merveilles de la ville. Mais on lui cacha les latomies, les grottes dans lesquelles nombre de ses compatriotes étaient morts. Bien qu'il vécût à Sparte et fût un exilé, il demeurait un Athénien.

Le reste de l'hiver s'écoula tranquillement, rythmé par les dépêches presque ennuyées de Leptine, qui informaient Denys des opérations stagnantes dans l'ouest de la Sicile. Les Carthaginois ne se montraient pas et, à en croire les espions, ils ne se montreraient probablement pas jusqu'à l'été.

Les informateurs de Denys lui apprenaient que Leptine passait son temps à s'amuser en compagnie de belles filles, participant à des fêtes et à des orgies où les nourritures et les vins raffinés ne manquaient pas. Mais Leptine était ainsi fait.

Au printemps, Doris accoucha.

Un garçon.

Les nourrices le présentèrent sans tarder à Denys. C'était un beau bébé, en bonne santé.

On envoya des dépêches à Sparte, Corinthe et Locres, patrie de l'accouchée. Le monde devait savoir que Denys avait un héritier, qui portait son nom.

Une grande discussion anima Syracuse à propos de la primauté de la femme italienne qui, en tant que mère de l'héritier, accédait par la force des choses au rang de première épouse. Sa mère, la belle-mère italienne de Denys, était mal jugée. Cette sorcière avait intrigué pour qu'Aristomaché passe au second plan, disait-on. Et elle lui avait peut-être administré des médicaments pour l'empêcher de tomber enceinte. Tout au moins pas tout de suite, pas avant sa fille.

Aristomaché tomba enceinte à son tour et mit au monde, elle aussi, un garçon auquel elle donna le nom de son père, Hipparinos.

Du quartier général de la flotte, Leptine écrivit à Denys une lettre de félicitations.

Leptine à Denys, *chaïré !*
Tu es père !
Et je suis oncle. Tonton Leptine !
Comment m'appelleront ces marmots dès qu'ils sauront parler ? « Tonton Leptine, fais-moi un cadeau, tonton Leptine, achète-moi ceci, achète-moi cela ! Emmène-moi aux courses, emmène-moi pêcher. Dis-moi comment tuer un Carthaginois ! »
Ah, je brûle de les entendre ! Et toi, comment te sens-tu ?
Tu as des héritiers, tu as une descendance, par Héraclès ! Quelque chose te survivra, en dehors de ta réputation.
Comment élèveras-tu l'aîné, l'enfant auquel tu as donné ton prénom ? En feras-tu un guerrier, comme nous ? Un exterminateur d'ennemis ? Je ne crois pas. Ce ne sera pas possible. Ne te fais pas d'illusions, les choses ne peuvent se répéter.
Nous avons grandi dans la rue, mon frère, à moitié nus. Pas lui.
Nous nous battions à coups de cailloux et de poing avec les garçons de l'Ortygie. Nous rentrions le soir couverts de bleus et de contusions, et nos parents en rajoutaient, eux aussi. Tu te rappelles ? Nul doute, la rue est un grand professeur, mais lui, c'est Denys II, par Zeus !
Il sera élevé par une nuée de nourrices, de gouvernantes, de précepteurs, d'entraîneurs, de maîtres d'escrime, de maîtres d'équitation, de maîtres de grec, de maîtres de philosophie.
Ils l'encourageront, le puniront, lui diront ce qu'il doit, ou ne doit pas faire. Toi, tu n'en auras pas le temps, tu seras trop occupé à te

garder de nos concitoyens, chez nous, et à enculer ces salauds de Carthaginois, à l'étranger, à faire ériger des statues ici et là, à négocier des traités en sous-main avec tes alliés et tes ennemis, à percevoir des impôts, à enrôler des mercenaires.

Mais si tu devais avoir un peu de temps, prends ton enfant sur tes genoux. Même s'il n'est pas le fils d'Arêté. Prends-le sur tes genoux et raconte-lui l'histoire d'un garçon qui croyait en la loyauté, en l'honneur, en le courage et en la gloire, un garçon qui voulait parcourir une route escarpée et pénible pour atteindre un destin de grandeur, et qui égara son âme dans les méandres du pouvoir, des ressentiments et de la haine. Il oublia sa personne et les autres, atteignit une telle prétention qu'il épousa deux femmes, lesquelles parvinrent toutefois à être pour lui des épouses affectueuses et fidèles.

Doris est la mère de l'héritier. Pas Aristomaché, qui sait, mieux que quiconque, qu'elle ne pourra jamais chasser de ton cœur le souvenir d'Arêté. Donne-lui, à elle aussi, un peu d'amour.

Je suis presque soûl, et si je ne l'étais pas je ne t'écrirais pas les mots que je vais t'écrire. Te souviens-tu de l'apparition dans la grotte d'Enna ? La fille au péplum était-elle aussi la créature que tu vis un jour à la source de l'Anapos ?

Ce n'est pas Arêté. Chaque année, elle personnifie Perséphone à la fête du printemps, et les prêtres la cachent le reste du temps dans les nécropoles rupestres, à la source de la rivière. Quand elle vieillira, on la remplacera par une fille plus jeune.

Arêté est morte.
Tu l'as vengée.
Assez.
Consacre ce qui reste de ton esprit ou de ton âme, comme tu voudras l'appeler, à ceux qui sont encore là.
Nombre de nos amis sont morts en participant à tes guerres. D'autres encore mourront... Pense aussi à eux, et tu seras différent. Tu te sentiras mieux, entouré par le souvenir de ceux qui t'ont aimé, plutôt que par les sales gueules de tes lanciers campaniens.
Si cette lettre devait arriver sur ta table, je me ferais couper les couilles par tes gardes. Voilà pourquoi je ne te l'enverrai pas. Si tu devais la recevoir, cela signifierait que je n'avais pas changé d'avis une fois dessoûlé.
Porte-toi bien.

XXIII

Le rendez-vous était fixé à Motyé dans la demeure de Biton, qui commandait la place forte. Denys quitta la jetée, monté sur un cheval qui avait de l'eau jusqu'aux paturons. Leptine se fit conduire à terre, à bord de la chaloupe du *Boubaris*. Le vaisseau amiral était particulièrement impressionnant : on avait sculpté sur la proue une tête de taureau recouverte d'argent, la voile était ornée de pourpre et frappée, au centre, d'une figure de gorgone aux dents ensanglantées et au rictus féroce. Les tolets de toutes les rames étaient revêtus d'un bronze scintillant, et le sommet du mât de feuilles d'or. Six balistes armées de dards meurtriers étaient alignées le long des deux bords, brillantes de graisse.

« N'est-il pas magnifique ? dit Leptine en sautant à terre et en indiquant à son frère le vaisseau imposant.

— Indubitablement. Mais n'est-il pas un peu trop voyant ?

— Ah, je veux que ces merdeux se mettent à

chier de trouille à sa vue. Ils doivent comprendre qu'ils n'ont pas d'issue face aux mâchoires d'acier de mon *Boubaris*. »

Biton se présenta en compagnie d'une douzaine de mercenaires et souhaita la bienvenue aux deux hommes.

« Du nouveau ? demanda Denys tandis qu'ils se dirigeaient vers la résidence du gouverneur.

— Tout est calme pour le moment, répondit Biton, mais il convient de se méfier. J'ai appris que les Carthaginois font de grands préparatifs. On parle de trois ou quatre cents bateaux de guerre, voire de cinq cents. L'arsenal de l'amirauté en regorge. Il paraît que les navires de transport sont encore plus nombreux. »

Un instant, Leptine sembla perdre sa bonne humeur. « J'ai besoin d'autres pentères, dit-il. Combien en avons-nous en construction ?

— Dix, répondit sèchement Denys.

— Dix ? C'est tout ?

— Tu feras avec. Je ne peux pas t'en donner d'autres pour l'instant. Où est le reste de la flotte ?

— A Lilybée, répondit Leptine. C'est un bon endroit pour tendre des embuscades. Dès que les Carthaginois apparaîtront, je les coulerai à pic.

— Espérons, commenta Denys. Mais attention, Himilcon est malin. Il n'attaque que lorsqu'il est sûr de l'emporter. Tu as compris ? Ne te laisse pas piéger.

— Comment vont mes belles-sœurs ? demanda Leptine.

— Bien. Pourquoi me poses-tu cette question ?

— Comme ça. La dernière fois que je l'ai vue, Aristomaché paraissait un peu triste.

— Des problèmes de femmes... il n'y a pas lieu de s'inquiéter.

— Et le petit Denys ? Et l'autre garçon ?

— Ils vont bien, ils grandissent vite. » Il se tourna vers Biton : « Dis-moi, comment comptes-tu garder cette place forte en cas d'attaque ?

— Je possède un système de signaux qui m'avertit depuis Lilybée s'il y a du danger. La brèche a été comblée, et il y a dans les entrepôts assez de provisions pour trois mois de siège.

— Bien. Ce sera le plus grand défi de notre vie. Nous ne devons et ne pouvons pas être battus. M'avez-vous bien compris ?

— Oui, répondit Leptine. Mais si tu m'avais envoyé les pentères que je t'avais demandées...

— Inutile de récriminer. Gardez les yeux bien ouverts. Quant à moi, je dois convaincre les indigènes sicanes que nous sommes les plus forts et qu'ils ont intérêt à rejoindre notre camp. Je vais donc me rendre dans l'arrière-pays. »

Ils dînèrent ensemble puis, à la tombée de la nuit, Denys regagna la terre ferme et Leptine le *Boubaris*.

Himilcon partit très tard, alors que l'été touchait à sa fin. Il largua les amarres de nuit, toutes lumières éteintes, et navigua au large de manière à être invisible depuis la côte.

Il envoya ses navires de transport vers Leptine, qui mordit à l'hameçon : en les voyant se profiler à l'aube devant le cap Lilybée, lents et lourds, il sauta dans le *Boubaris* comme un cavalier sur sa monture et s'élança à toute allure, en entraînant les navires qui disposaient d'un équipage à cette heure matinale. Il coula une cinquantaine de bateaux ennemis, dont quatre avec le vaisseau amiral, et en captura une vingtaine, mais le reste de l'immense convoi parvint à atteindre Palerme, où il s'unit aux unités de combat arrivées après un long détour au large.

Quand il l'apprit, Denys entra dans une grande rage. « Je l'avais averti, malédiction ! Je l'avais mis en garde ! »

Le messager qui lui avait apporté cette nouvelle était un Sélinontain. « *Heghemòn...* », tenta-t-il de rétorquer, mais Denys s'écria : « Tais-toi ! Où est-il maintenant ?

— Le navarque suprême ? A Lilybée.

— Trop exposé. Tu vas lui porter une lettre. »

Denys dicta un message qui partit aussitôt, puis il s'enfonça plus profondément dans l'arrière-pays, où vivaient les Sicanes.

Himilcon, qui avait entre-temps recruté d'autres mercenaires, attaqua par la voie terrestre et la voie maritime. Il s'empara de Drépane et d'Eryx, où il installa, au sommet de la montagne, un signal lumineux dont il se servit par la suite la nuit pour envoyer à Carthage des messages, que retransmettaient des répétiteurs placés sur des plates-formes flottantes qui s'appuyaient à leur tour sur l'île de Cossyra.

Leptine, qui avait l'intention de sortir pour affronter la flotte ennemie, reçut à temps la missive de Denys.

> Denys, *heghemòn* panhellénique de Sicile, à Leptine, navarque suprême, salut !
> Je vous félicite, toi et tes hommes, d'avoir coulé cinquante vaisseaux ennemis.
> Je dispose d'informations de première main en provenance de Palerme. La flotte d'Himilcon est trois fois plus importante que la nôtre.

Tu n'as aucune chance de succès et tu risquerais inutilement notre flotte.
Retire-toi. Je répète, retire-toi.
Va à Sélinonte, si tu veux, et laisse à Lilybée des éclaireurs qui t'informeront des mouvements du Carthaginois.
C'est un ordre. Et tu ne peux que m'obéir.
Porte-toi bien.

« Porte-toi bien ? s'écria Leptine. Porte-toi bien ? Et comment puis-je bien me porter, par Zeus ! Nous devons filer comme des lâches et céder le terrain à ce fils de chien ? Et Biton ? Nous le plantons au milieu de la lagune ? Qu'est-ce que je vais lui dire, bon sang ? Que je dois obéir aux ordres ? »

Le messager prit la parole : « Le commandant m'a dit qu'il est essentiel que tu exécutes ces ordres, navarque, et...

— Tais-toi ! hurla Leptine avec une telle véhémence que l'homme n'osa plus ouvrir la bouche. Et maintenant, dehors ! Sortez tous ! »

Il ne toucha ni au vin ni à la nourriture de toute la journée. Puis, en pleine nuit, il appela une ordonnance. « Fais préparer ma chaloupe. Nous sortons.

— Nous sortons ? A cette heure-ci ?

— Grouille-toi, je n'ai aucune patience. »

Peu après, la tête couverte, il s'installa dans la chaloupe et ordonna au timonier de se diriger vers le nord.

Une fois à Motyé, il se présenta chez Biton.

Son ami le reçut, vêtu du drap dans lequel il dormait. « Te promener à une heure pareille dans cette coquille de noix ! Tu es complètement fou ! Imagine que tu sois tombé sur un éclaireur carthaginois... Tu sais ce qu'aurait signifié, pour eux, prendre un poisson de ton envergure dans leurs filets ?

— Le fait est que je dois m'entretenir avec toi. Je déteste ceux qui se cachent derrière les messages pour annoncer certaines choses...

— De quoi parles-tu ? » Il s'empara d'une cruche, posée sur une table, et remplit deux coupes en céramique. « Une goutte de vin ? »

Leptine secoua la tête. « Ah, je n'ai envie de rien.

— Alors, de quoi s'agit-il ? Qui sont donc ces individus qui se cachent derrière les messages ?

— Lui.

— Denys ? »

Leptine acquiesça.

« Et que dit-il ?

— Il m'ordonne de me retirer, d'abandonner Lilybée. Il prétend que je suis trop exposé. Il veut que je me replie sur Sélinonte, mais ce faisant...

— ...tu me laisses complètement seul. C'est la raison pour laquelle tu es venu jusqu'ici en pleine nuit ? »

Leptine opina du bonnet. « On ne t'a rien communiqué ? »

Biton secoua la tête.

« Tu vois ? Il n'a même pas daigné t'avertir. C'en est trop ! Je dis que c'en est trop ! »

Biton tenta de le calmer. « Je recevrai peut-être un message demain, ou après-demain. En temps de guerre, les communications sont difficiles, tu le sais.

— C'est possible, mais le contenu ne change pas.

— Pourquoi a-t-il pris cette décision ?

— D'après lui, ils sont trois fois plus nombreux.

— C'est une bonne raison.

— Et moi, je devrais laisser un ami sans défense, le cul à l'air ?

— Tu n'as pas le choix, Leptine. Nous sommes d'abord des officiers de l'armée syracusaine, et Denys est notre commandant suprême.

— Nous avons toujours été habitués, au sein de la Compagnie, à nous protéger mutuellement, à nous soutenir par tous les moyens possibles. Dans notre enfance, si l'un de nous était agressé par les garçons des bandes rivales, nous volions à son secours sans nous poser la moindre question. Cela a toujours été la règle entre nous, et je ne l'oublie pas. »

Biton sirota un peu de vin, puis il posa sa coupe sur la table et s'adossa à son siège. « Les temps ont changé, mon ami, soupira-t-il. Les temps ont changé... Nous avons parcouru une longue route. Nous avons joui de nombreux privilèges aux côtés de Denys, nous avons eu de belles femmes, de belles maisons, de beaux vêtements, des mets raffinés, du pouvoir, du respect... Il nous demande maintenant de faire ce qu'il faut pour gagner la guerre, et nous devons lui obéir. Il a raison. Si tu restais ici, tu serais massacré. Tu dois sauver la flotte, attendre une occasion plus favorable. C'est juste. Nous sommes des soldats, par Héraclès !

— Pourquoi ce salopard te laisse-t-il en arrière ?

— Parce que la conquête de cette île a coûté tant d'argent et tant de vies que l'abandonner sans combattre reviendrait à admettre une inaptitude totale. Denys ne peut pas se le permettre. Motyé tombera, mais après avoir mené une résistance héroïque. Nous ne serons pas en reste, nous qui avons défait ses habitants. Tu ne crois pas ? »

Incapable d'articuler le moindre mot, Leptine se mordit les lèvres.

« Et maintenant, pars, car le jour se lève. Prends le large sans tarder. Plus vite tu le feras, mieux ce sera. »

Leptine hésitait, il ne pouvait se résoudre à partir.

« Débarrasse-moi le plancher, amiral, l'encouragea Biton. Et laisse-moi dormir encore une heure ou deux, car j'ai du travail demain. »

Leptine se leva. « Bonne chance », dit-il avant de s'en aller.

Himilcon se présenta devant Motyé sept jours plus tard avec cent cinquante navires de guerre et trente mille hommes. Biton disposait seulement de soixante embarcations et de deux mille soldats. Il fut balayé en l'espace de quatre jours après avoir mené une résistance acharnée. Son corps fut empalé sur la jetée.

Denys fut obligé de se replier. Il regagna Syracuse au terme de quatorze jours de marches forcées. La flotte l'attendait dans le Grand Port. Leptine, qui était arrivé depuis longtemps, demeura à bord du *Boubaris* et évita de se montrer pendant plusieurs jours.

Denys finit par le convoquer au palais de l'Ortygie. « On me dit que tu as rendu visite à Aristomaché pendant mon absence. C'est vrai ?

— Si tu veux tout savoir, j'ai également rendu visite à ton fils.

— C'est vrai ?

— Oui. Tu n'as pas confiance en moi ?

— Non, je n'ai confiance en personne.

— Ah oui ? Et Biton, alors ? Tu n'avais pas

confiance en lui ? Et pourtant, il est resté pour toi dans ce trou puant, où il a monté la garde et a fini par crever. On l'a empalé, le sais-tu ? On l'a laissé pourrir jusqu'à ce que les corbeaux et les mouettes l'aient entièrement dévoré. Tu n'avais pas confiance en lui, non plus ? Réponds, par Héraclès ! Réponds, malédiction !

— Ne t'approche plus de mes femmes en mon absence.

— C'est tout ce que tu avais à me dire ? »

Sans prêter attention à sa question, Denys poursuivit : « Himilcon a quitté Palerme et fait route vers Messine. D'après moi, il compte franchir le détroit et nous assaillir par le nord. Emmène la flotte jusqu'à la hauteur de Catane. Reste au large, n'accepte pas les provocations. Attends mon ordre pour attaquer. »

Leptine se leva et se dirigea vers la sortie.

« Je t'ai fait construire dix autres pentères. »

Leptine s'immobilisa un instant, sans se retourner, puis il poursuivit son chemin.

Denys se cacha le visage dans les mains et demeura seul au centre de la grande salle.

Au port, Leptine rencontra Philistos, occupé à saluer une délégation d'invités étrangers qui regagnaient leur patrie. Il lui adressa un signe de tête presque imperceptible.

« Où vas-tu de ce pas ? l'apostropha Philistos.

— Laisse-moi tranquille.

— Si tu es fâché contre moi, parle.

— J'en veux à mon salopard de frère. Tu as créé un monstre.

— Tu devrais plutôt dire “nous avons”. C'est avec notre aide à tous que Denys a obtenu le pouvoir. Mais je ne crois pas que tu aies envie de discuter des effets corrupteurs du pouvoir.

— Non, parce que j'ai faim. Il ne m'a même pas invité à dîner.

— Moi, je t'invite. »

Leptine hésita un moment. « C'est toi qui lui as dit que j'avais rendu visite à Aristomaché ?

— Oui.

— Et tu me le dis comme ça ?

— Tu m'as posé une question. Je t'ai répondu.

— Pourquoi le lui as-tu appris ?

— Si d'autres l'avaient fait à ma place, cela aurait été pire.

— Je comptais le lui dire moi-même.

— A en juger par l'embarras qui se peint sur ton visage chaque fois que tu mentionnes Aristomaché, j'en doute fort.

— Je ne veux plus parler de cette histoire.

— Mais acceptes-tu mon invitation à dîner ?

— Oui, à condition que tu ne me poses pas d'autres questions de ce genre.

— D'accord. »

A leur arrivée, le serviteur de Philistos leur apporta de l'eau pour se laver et du vin. Le dîner fut servi sur la terrasse car il faisait encore beau, bien que l'automne fût déjà entamé.

« Il est de pire en pire, dit soudain Leptine.

— Je n'en ai pas l'impression.

— Tu n'en as pas l'impression ? Mais qu'est-ce que tu racontes ? Il a abandonné Biton à Motyé sans aucune raison. Nos vies n'ont plus la moindre valeur pour lui, seul le pouvoir lui importe. Quant à Aristomaché...

— Je croyais que tu ne voulais plus en parler...

— J'ai changé d'avis. Quant à Aristomaché... Epouser deux femmes au même moment a constitué, à mes yeux, un acte d'une grande arrogance, qui engendre chez chacune d'elles humiliation, frustration et...

— Je ne te savais pas si tendre et si sensible. Quoi qu'il en soit, je regrette de te décevoir, mais tu te trompes. Denys est un homme fort et très séduisant, l'un des plus puissants au monde. Les femmes ne sont pas indifférentes à ces choses-là, tu le sais. Et si tu veux un bon conseil...

— Je n'en veux pas.

— Je te le donne quand même. Ecoute-moi, les femmes s'ennuient dans la réclusion du gynécée, c'est normal. Imagine-toi enfermé entre quatre murs pendant la plus grande partie de ta vie... Elles essaient donc de se distraire et exagèrent leurs impressions, leurs sentiments, leurs problèmes. En réalité, ces deux filles ont tout ce qu'une femme peut désirer : une demeure magnifique, un mari aux allures de dieu, qui a assez de force et de vigueur pour les satisfaire toutes les deux. Sans compter les bijoux, les enfants, les mets fins, les servantes, les lectures et la musique. Quand elles apparaissent en public, elles sont au centre de l'attention de milliers d'individus, admirées comme des divinités... Rien ne flatte plus les femmes que l'admiration d'autrui.

— Aristomaché est malheureuse », rétorqua Leptine avant de se tourner de l'autre côté en feignant de regarder deux trières qui accostaient dans la darse.

Philistos garda le silence, se concentrant apparemment sur le loup rôti qu'on lui avait servi. Quelques minutes s'écoulèrent de la sorte.

« Dis-moi une chose, reprit-il enfin. As-tu eu une liaison avec Aristomaché avant que Denys demande sa main ?

— Et tu crois que je te le dirais si c'était le cas ?

— Pourquoi pas ? T'ai-je jamais nui ?

— Nous jouions ensemble quand nous étions petits, dans la cour de nos maisons. Denys était alors à la montagne, chez notre oncle Démarétos, pour soigner une toux persistante.

— C'est tout ?

— C'est tout.

— Quel âge aviez-vous ?

— Moi, onze ans. Elle, neuf.

— Et vous vous êtes promis un amour éternel.

— Quelque chose de ce genre. »

Philistos soupira. « Par Zeus, tu es, après Denys, l'homme le plus puissant de la Sicile, tu commandes une flotte de cent vingt navires de guerre et de vingt-cinq mille hommes. Tu as tué des centaines d'individus et en as blessé tout autant, tu as baisé des centaines de femmes de toutes sortes et de toutes les couleurs, et...

— Laisse-moi tranquille, l'interrompit Leptine. Cela vaut mieux... Je dois partir. Merci pour le dîner.

— Ce fut un plaisir. Vais-je te voir quelque part ?

— Pas pour un moment. Je m'en vais avec la flotte.

— Bien. C'est moins dangereux que de cultiver certaines pensées.

— Que veux-tu dire par là ?

— Tu le sais très bien. Bonne chance. »

Leptine répondit par un signe de tête, puis descendit au port et ordonna qu'on le conduise au *Boubaris*.

Himilcon se présenta devant Himère, dont les habitants se rendirent spontanément. Ne constituant pas le cinquième de l'ancienne population, ils ne songèrent même pas à esquisser une résistance contre un ennemi aussi féroce et aussi implacable.

L'armée carthaginoise poursuivit sa route en direction de Messine et installa son campement à environ vingt stades de la ville. Les Messiniens évacuèrent les femmes et les enfants, qu'ils mirent en sécurité chez des parents et des amis, à la montagne, ou dans leurs propriétés périphériques. Après quoi, ils se postèrent entre mer et montagne dans un goulot, bien décidés à barrer la route à l'ennemi. Mais Himilcon passa outre avec la flotte et débarqua une autre armée dans le port. Presque sans défense, la ville tomba et fut abandonnée au pillage et au massacre. Seuls une cinquantaine d'hommes se sauvèrent en traversant à la nage le détroit et en gagnant Rhégion. Cette entreprise parut si exceptionnelle qu'elle devint par la suite une épreuve sportive qui se répéta chaque année. Accompagnée d'une cérémonie en l'honneur de Poséidon, le dieu de la mer, elle rappelait l'anniversaire de la première traversée.

Himilcon se plaça à la tête de l'armée de terre et se dirigea vers Catane, après avoir confié le commandement de son immense flotte à l'amiral Magon.

Rien ne parvint à l'arrêter, pas même la forte éruption de l'Etna qui se produisit alors. Une coulée de lave se déversa dans la mer en soulevant une colonne de vapeur aussi impressionnante que le panache de fumée qui s'élevait du volcan. Montrant qu'il ne craignait rien, Himilcon contourna la montagne enflammée et reprit la route côtière, non loin de Catane, où il retrouva la flotte.

Denys décida de marcher sur lui. Il rassembla ses forces et rappela la flotte de Leptine. Mais avant de partir, il alla saluer ses femmes, qu'il vit ensemble, comme d'habitude, pour ne pas provoquer de jalousies. Sachant qu'Aristomaché, la Syracusaine, était de nouveau enceinte, il lui adressa de tendres recommandations. « Prends soin de toi, il me tarde de voir mon nouvel enfant.

— Vraiment ? répondit-elle en souriant. Tu as vraiment envie de le voir ? Je le sens déjà bouger.

— Quand la naissance est-elle prévue ?

— Dans six mois au plus tard.

— Alors il naîtra en temps de paix. Et que les dieux m'écoutent. »

Doris, l'autre épouse, lui présenta le petit Denys afin qu'il l'embrasse et lui murmura à l'oreille : « Je suis certaine que le fils d'Aristomaché te ressemblera autant que lui. »

Denys lui lança un regard étrange et Doris baissa les yeux.

Il les embrassa toutes deux sur la bouche, puis il essaya d'étreindre le petit, qui fondit en larmes. « Pourquoi pleure-t-il chaque fois que je m'approche ? demanda Denys d'une voix irritée.

— Parce qu'il te voit rarement, répondit Doris. Parce que tu portes une barbe et une armure. »

Denys acquiesça en silence avant de sortir, escorté par ses mercenaires.

Il convoqua la première réunion de l'état-major sous sa tente, tout près des lignes ennemies. Il y avait là Hipparinos, son beau-père, Iolaos – qui commandait une division d'assaillants –, Philistos, les chefs des alliés italiens et Leptine, qui avait quitté Catane.

« J'ai décidé d'attaquer, commença-t-il. Nous devons leur infliger assez de dommages pour les obliger à regagner Carthage et y passer l'hiver. La flotte constitue le point crucial. En l'absence des navires qui l'approvisionnent, une armée aussi importante ne peut survivre. » Il se tourna vers Leptine. « Tu fondras sur lui par le large, en formation compacte, et tu t'efforceras de couler le plus de navires possible. Ne te laisse pas emporter par ta frénésie. Médite soigneusement le moindre de tes mouvements et n'attaque que si tu es sûr de l'emporter. Surtout, ne gaspille pas tes forces. Nous nous alignerons sur la plage de manière que Magon ait l'impression d'être écrasé entre nos forces terrestres et la mer. Mais c'est toi qui affronteras l'ennemi. Ta flotte est inférieure en nombre, ne l'oublie pas. »

Leptine fut vexé par ces ordres et ces recommandations. Il était le commandant en chef de la flotte, il connaissait son fait.

Denys insista : « Il importe que tes navires forment un front compact, car les autres ont une forte supériorité numérique.

— J'ai compris, répondit Leptine avec un certain agacement. J'ai compris.

— Tant mieux, rétorqua Denys d'une voix sèche. Bonne chance. »

Le lendemain, Leptine, à la tête d'une escadre de trente pentères, croisait au sud de Catane, tandis que le reste de la flotte syracusaine, à savoir cent dix trières, suivait en rangs de cinq. Soudain, il vit l'avant-garde de la flotte de Magon longer la côte en sens inverse. Il y avait là une cinquantaine d'unités. Au loin, on voyait scintiller les lances des guerriers de Denys, postés sur la ligne de brisement des flots en un front de près d'un stade.

Il appela le commandant en second et lui dit de transmettre à la flotte l'ordre de se déployer face à la côte sur deux rangs. Au signal du vaisseau amiral, les navires se hâtèrent d'effectuer les manœuvres nécessaires.

Constatant que les unités carthaginoises étaient relativement éloignées les unes des autres et apparemment gênées par le reflux des vagues de la côte, Leptine pensa qu'il ne retrouverait jamais une aussi belle occasion de les couler et de mettre l'ennemi en infériorité numérique. Il enjoignit donc les chefs des pentères de le suivre.

Abasourdi, l'officier en second réagit : « Commandant...

— Tu as entendu mon ordre, rétorqua Leptine. Attaquons. Les autres nous rejoindront.

— Commandant, ils ne sont pas encore alignés, et nous avons pour ordre de former un front compact. Je...

— Ici, nous sommes en mer, et c'est moi qui commande ! hurla Leptine. Fais donner le rythme ! »

L'officier adressa un signe au batteur, qui accéléra aussitôt le rythme de croisière en abattant lourdement sa masse sur le tambour. Le *Boubaris* s'élança, fendant les flots de son rostre à trois pointes, suivi par les autres unités.

Peu après, une sentinelle rejoignit Denys, aligné à l'extrémité de l'aile gauche. « *Heghemòn*, s'écria-t-il. Leptine attaque les Carthaginois avec ses pentères.

— Non, tu te trompes. C'est impossible, répondit Denys en blêmissant de rage.

— Viens donc voir, *heghemòn*. D'ici, la situation n'est pas très claire. »

Denys poussa son cheval au galop et suivit le soldat jusqu'au sommet de la colline. Dès lors, il n'eut plus de doute. « Espèce de salaud... », gronda-t-il entre ses dents.

XXIV

Les pentères de Leptine fondirent à toute allure sur les navires carthaginois et les enfoncèrent. En tête, le *Boubaris* fendit en deux un vaisseau qui n'avait pas eu le temps de se placer en position de combat. Il décrivit ensuite un large cercle et recula en raclant le flanc gauche d'une autre embarcation, dont il brisa ainsi les rames : immobilisée, celle-ci se résigna à attendre la charge suivante, qui la frappa violemment à l'avant, tranchant tout net les cintres qui soutenaient le rostre. Elle coula en l'espace de quelques instants, entraînant avec elle tout l'équipage.

Un vacarme s'éleva des troupes syracusaines qui assistaient, depuis la rive, à ce formidable affrontement comme s'il s'agissait d'une représentation théâtrale. Mais Denys était furibond. A sa gauche, il pouvait voir la flotte de Magon, qui avançait le vent en poupe, dans l'intention très nette de s'introduire entre l'escadron de Leptine et le gros de la flotte syracusaine, en retard. Il appela Iolaos :

« Fais-lui signe de se retirer ! Fais-lui signe de se retirer ! »

Des hurlements frénétiques saluèrent alors le *Boubaris* qui éperonnait pour la troisième fois un bateau ennemi. Fidèle à ses habitudes, Leptine chargeait comme un taureau sans réfléchir.

On lui communiqua l'ordre de Denys en inclinant un miroir en bronze, mais il ne le vit pas, sans doute aveuglé par l'éclat des armes et les reflets du soleil sur les vagues. A moins qu'il ne refusât d'obéir.

« Les trompettes ! s'écria Denys. Utilisez les trompettes, sonnez l'alerte, il comprendra ! »

Les trompettes délivrèrent un son déchirant, qui se perdit toutefois dans le fracas de l'affrontement naval.

« Replie-toi ! hurlait Denys du haut de la colline. Replie-toi, espèce de salaud ! Va-t'en, va-t'en ! » Mais il était trop tard. L'armée navale de Magon se déployait dans toute sa puissance entre l'avant-garde syracusaine, à l'attaque, et le reste de la flotte, encore engagée dans des manœuvres d'alignement.

L'amiral carthaginois disposait de si nombreuses embarcations qu'il lui était possible de les partager en deux groupes. Le premier fondit sur les navires syracusains qui croisaient encore au large, l'autre effectua une manœuvre en tenaille vers le groupe de tête, occupé à enfoncer ce qui restait de l'avant-garde carthaginoise.

Alors, Leptine se rendit compte qu'il était piégé. Le cercle des navires ennemis se refermait déjà, et ses pentères furent écrasées dans cet étau. Comme il n'y avait plus de place pour manœuvrer, la bataille navale se transforma en une bataille terrestre : les soldats sautaient d'un vaisseau à l'autre, engageant de furieux combats avec les équipages adverses et les fantassins embarqués. Leptine se battait comme un lion à l'épée et à la hache, rejetant à l'eau tous ceux qui tentaient d'aborder le *Boubaris*. « Ne touchez pas à mon bateau, espèces de salopards ! hurlait-il. Ne touchez pas à mon bateau ! »

L'affrontement se poursuivit avec une fougue désespérée. Bien que la petite escadre syracusaine fût encerclée, Leptine parvint à s'ouvrir un passage. Ses hommes s'emparèrent d'un navire ennemi qui était placé de travers, ils le coulèrent de l'intérieur en fendant la quille à coups de hache, si bien que le *Boubaris* put se glisser dans la brèche et prendre rapidement de la vitesse. Les autres embarcations s'engouffrèrent derrière lui, coulant trois unités adverses en chemin. Mais l'issue de la bataille était fixée. Le reste de la flotte syracusaine combattait dans des conditions d'infériorité, et les équipages étaient démoralisés par l'absence de leur navarque et du vaisseau amiral.

Leptine échappa par miracle à la capture en se dirigeant vers le large et en dessinant un large cercle hors de portée de vue de ses ennemis. Les Carthaginois obtinrent une victoire écrasante. Non contents d'avoir gagné, ils lancèrent une myriade d'embarcations légères sur les naufragés. A leur bord, des soldats armés de harpons transperçaient les hommes qui tentaient de gagner la côte à la nage.

Denys assista, impuissant, à ce désastre. Il vit les Carthaginois détruire sa flotte et massacrer ses hommes, qui se débattaient dans les ondes ensanglantées. Au couchant, la côte était jonchée de cadavres et de débris.

Les pertes furent énormes : cent navires et vingt mille hommes.

Leptine arriva au milieu de la nuit. Il fut conduit dans la tente de son frère, où se tenait une réunion de l'état-major pour le moins tempétueuse.

Denys aurait aimé l'étrangler, mais en le voyant couvert de sang, blessé à l'épaule droite et à la cuisse gauche, le visage tuméfié, un œil enflé et presque clos, la peau noircie par la fumée et par le feu, les lèvres fendues, haletant, bouleversé et presque méconnaissable, il fut incapable d'articuler le moindre mot ni de faire le moindre geste.

Les autres officiers se turent à leur tour, et un silence de mort s'abattit sous la tente du haut commandement. Philistos s'approcha de Leptine et lui versa à boire. Alors, tout le monde s'aperçut qu'on n'avait même pas offert un gobelet d'eau au commandant suprême de la flotte, qui s'était battu comme un héros tout au long de la journée et qui était revenu en pleine nuit pour reprendre sa place auprès des autres combattants.

Leptine but à longues gorgées et s'écroula sur le sol. D'un signe, Denys ordonna à Aksal de le porter dans sa tente.

Il lui rendit visite avant l'aube. Leptine était dévoré par la fièvre, son visage avait encore enflé, mais il réussit à murmurer : « Je regrette... je voulais... je voulais...

— Je le sais, répondit Denys. Tu as toujours été comme ça, et tu ne changeras jamais. C'est moi qui suis stupide, car je continue à te faire confiance. Je devrais te tuer, je devrais te passer par les armes pour insubordination...

— Vas-y, rétorqua à grand-peine Leptine. Peu m'importe de mourir.

— Je ne peux pas me le permettre, j'ai déjà

perdu Doricos et Biton. Et maintenant, dors. Essaie de guérir...

— Qu'avez-vous décidé ? demanda Leptine dans un râle.

— Les alliés voudraient attaquer l'armée d'Himilcon.

— Ils ont raison.

— Ils ont tort. Si nous sommes battus, Syracuse est perdue. Nous nous replierons à l'intérieur de nos remparts. »

Leptine s'abstint de répondre, mais tandis qu'il sortait Denys l'entendit pleurer.

Indignés par la décision de leur chef, les alliés italiens décidèrent de regagner leurs villes respectives. De toute façon, il était impossible de loger ces milliers de guerriers pendant plusieurs mois entre les murs de Syracuse.

Cette nuit-là, Philistos ne dormit pas. Il se retira dans sa tente et écrivit jusqu'à l'aube.

Denys entra dans une ville en deuil : les sanglots des femmes qui pleuraient leurs fils s'élevaient de nombreuses maisons, des draps noirs et des branches de cyprès pendaient à plus d'une fenêtre. Sur les murs, s'étalaient des inscriptions injurieuses qui maudissaient le tyran. Le souvenir de la victoire fulgurante de l'année précédente s'était évanoui en l'espace de quelques heures. Il ne restait plus que l'amertume de la défaite, la peur d'un avenir incertain, la brûlure cuisante des pertes subies.

De retour en ville, Philistos regagna sa demeure, tout près du port, d'où il s'attendait à voir surgir l'armée de Magon, qui ne tarderait pas à établir le blocus des ports et de la darse. Il s'assit à sa table et se replongea dans l'écriture.

Jamais pareil désastre ne s'était produit dans toute l'histoire de Syracuse. La ville avait perdu la plus grande partie de sa flotte, et une multitude de citoyens avaient atrocement péri dans les vagues, harponnés l'un après l'autre comme des poissons. Le bruit selon lequel Denys avait volontairement exposé les troupes citadines à un si grand danger contre une force supérieure, alors qu'il n'avait pas mis en péril la vie d'un seul de ses mercenaires, commença à se répandre. En effet, les premiers étant des hommes libres, ils auraient pu réclamer d'un jour à l'autre la restauration de la démocratie. Les seconds constituaient, en revanche, le pilastre sur lequel reposait le pouvoir de Denys.

Denys réagit avec une dureté impitoyable en faisant arrêter tous ceux qui étaient soupçonnés d'avoir diffusé de tels racontars, y compris sur une simple dénonciation. Malgré ses revers militaires et les énormes sacrifices qu'il imposait à ses concitoyens, il était persuadé qu'il était un guide irremplaçable dans la lutte contre l'ennemi carthaginois et que les différends internes devaient être étouffés sans hésitation à un moment aussi crucial pour la survie de la patrie. Ces épurations brutales frappèrent aussi des membres de la Compagnie. La puissante association qui avait soutenu Denys dans son ascension au pouvoir ne tarda pas à lui adresser un avertissement : on retrouva les cadavres de huit de ses mercenaires en divers endroits de la ville, et ceux de deux autres à l'intérieur de la caserne de l'Ortygie. Ils avaient tous été touchés au cœur par une flèche dont la tige portait l'image d'un dauphin. De plus, le nombre des mercenaires tués équivalait à celui des membres de la Compagnie qui avaient été éliminés.

Iolaos mit Denys en garde. « Attention, lui dit-il, ce message n'a qu'une seule signification : si tu les touches, tu le paieras. Ils ont prouvé qu'ils sont capables de frapper qui ils veulent et quand ils le veulent. »

Denys se contenta de répondre : « Je réglerai mes comptes avec eux une autre fois. » Il était trop mal luné pour avoir envie de discuter, il savait aussi que Iolaos avait raison, mais il refusait de l'admettre. Au cours de cette période, le seul signe d'espoir lui fut apporté par le second enfant d'Aristomaché. C'était un garçon, qu'on appela Nysaios.

Le lendemain, à la tombée de la nuit, Philistos abandonna sa table de travail et se dirigea vers l'Ortygie pour rendre visite à Leptine, qui était encore alité.

Il traversa les couloirs de la citadelle, faiblement éclairés par quelques lanternes, et atteignit un petit quartier isolé dans l'aile sud. En s'approchant de la porte de Leptine, il constata qu'elle était entrouverte. Une voix de femme qui parlait tout bas s'échappait de la pièce.

« Pourquoi fonces-tu toujours tête basse vers le danger ? demandait-elle.

— Parce que c'est mon devoir et parce que je dois lui prouver que je n'ai pas besoin de lui pour...

— Tu aurais pu mourir, l'interrompit la femme sur un ton angoissé.

— J'aurais préféré. Mes hommes ont péri au fond de la mer, avant d'être dévorés par les poissons.

— Je t'en prie, ne dis pas ça... »

Philistos s'éloigna et pénétra dans une pièce vide qui servait d'entrepôt. Par l'entrebâillement, il vit bientôt sortir Aristomaché, qu'il reconnut même si sa tête était couverte. Il patienta un moment avant d'entrer dans la chambre de Leptine. « Comment vas-tu aujourd'hui ? lui demanda-t-il.

— Mieux, mentit Leptine.

— Je suis content. Nous avons besoin de toi. »

Leptine grimaça. « Besoin d'un amiral sans flotte ? Je ne suis pas en mesure de vous aider.

— Arrête de te plaindre. Tu es le seul responsable de ce qui s'est produit. Il est peut-être désagréable d'obéir aux ordres de ton frère, et pourtant c'est souvent la meilleure chose à faire. Quoi qu'il en soit, si cela t'intéresse, ton *Boubaris* est encore intact. On le radoube dans un bassin de la darse.

— Combien de navires nous reste-t-il ?

— Une trentaine, dont seize pentères, la tienne comprise.

— Ce qui revient à rien du tout.

— Hélas... Le chirurgien est-il passé aujourd'hui ?

— Oui, il m'a torturé un bon moment. Je crois qu'il me déteste.

— C'est un bon médecin et il arrivera certainement à te remettre sur pied, prêt à faire de nouvelles bêtises.

— Je n'ai pas envie de plaisanter.

— Moi non plus, mais nous ne devons pas nous abandonner au désespoir. Il nous reste encore des chances. Personne n'a jamais réussi à prendre Syracuse. »

Il sortit et s'immobilisa sur le seuil car il avait envie d'ajouter quelque chose, mais il n'osa pas. C'eût été inutile, pensait-il. Il se contenta de dire à Leptine : « Essaie d'être prudent, si tu peux », avant de s'en aller.

La flotte de Magon apparut le lendemain à l'aube, et la ville entière se précipita sur les remparts pour l'observer. Elle était énorme : des centaines et des centaines de vaisseaux avançaient comme à la parade, faisant bouillonner la mer sous leurs rames, les voiles déployées au vent, les étendards flottant à l'arrière, s'échangeant des signaux lumineux en un langage mystérieux qui unissait cette immense flotte en ordre parfait, semblable à une troupe de soldats. La plus grande marine militaire du monde exhibait sa puissance pour insuffler le découragement parmi les assiégés, leur donner la sensation que toute défense serait inutile.

Les navires passèrent au large de l'Ortygie avant de virer à l'est, en direction du Grand Port.

Denys, Hipparinos et Iolaos se tenaient sur la tour la plus haute, revêtus de leur armure. Philistos les rejoignit. « Ils vont jeter l'ancre entre le Plemmyrion et le Dascon, dit-il. Cela signifie que les troupes terrestres s'installeront de ce côté.

— Hé oui, répondit Denys avec un rictus, dans le tombeau de toutes les armées qui ont assiégé Syracuse.

— Je ne m'y fierais pas trop, observa Iolaos. Ils ont la maîtrise incontestée de la mer et peuvent ravitailler l'armée de terre à leur guise. Ils sont trois fois plus nombreux que nous sur terre, et cent fois sur mer.

— Nous avons nos remparts, rétorqua Denys. Ils ne nous ont jamais trahis.

— C'est vrai, commenta Iolaos, mais nous avons une arme encore plus puissante : Aréthuse.

— Aréthuse ?

— Oui. Pourquoi, d'après vous, l'oracle

ordonna-t-il à nos ancêtres de fonder la ville autour de cette source ? Parce que c'est d'elle que nous tirons notre bonne santé... »

La conversation fut interrompue par l'arrivée d'un messager. « *Heghemòn*, dit-il, Himilcon contourne les Epipoles par le nord et se dirige vers l'Anapos.

— Qu'est-ce que je te disais ? s'exclama Denys. Ils vont se réinstaller au même endroit. »

Philistos intervint : « Et pourquoi, selon toi ? Parce qu'ils sont stupides ?

— Je ne crois pas. Himilcon est rusé comme un renard, répondit Denys. Ils n'ont pas le choix. Il n'y a pas d'autre plaine capable d'accueillir tant de gens, dans les environs. En réalité, ils savent très bien que les commandants athéniens assistèrent à la ruine de leur armée, à cet endroit il y a dix ans. A mon avis, ils comptent prendre Syracuse au cours de l'hiver. Voilà pourquoi ils ne craignent pas de monter leur campement dans ce lieu maudit. »

Personne ne répliqua, car on n'avait jamais imaginé qu'une armée serait en mesure de maintenir un siège pendant un hiver entier, avec le mauvais temps.

Iolaos s'approcha de Denys. « Comment se porte Leptine ?

— Il est toujours fiévreux, j'ignore s'il s'en tirera », répondit-il, et sa voix trahissait une profonde humiliation.

« Puis-je le voir ?

— Bien sûr. Les amis peuvent toujours le voir. »

Iolaos acquiesça, il descendit dans la cour et se dirigea vers le quartier sud où Leptine était logé. Il renvoya le chirurgien et s'occupa lui-même du patient, dont l'état s'améliora bientôt, d'abord lentement puis de plus en plus nettement. Enfin, la fièvre disparut.

« Comment as-tu fait ? » lui demanda Philistos.

Iolaos répondit avec un sourire : « Je ne peux pas te le dire.

— Tu connais la médecine indigène, celle qui a guéri Denys à la source de l'Anapos ?

— Non.

— Alors, tu connais la médecine de Pythagore. Tu as fait tes études à Crotone, n'est-ce pas ? Je me suis toujours demandé comment les athlètes de cette ville avaient remporté toutes les épreuves aux jeux Olympiques, il y a un siècle.

— Et quelle réponse t'es-tu donnée ?

— Que cela cachait un secret. Le secret d'une médecine initiatique qui savait soigner les corps avec l'énergie de l'esprit et les ressources de la nature. »

Iolaos garda le silence.

« Un secret que je croyais perdu mais qu'à l'évidence quelqu'un possède encore.

— Peut-être. Cela dépend des maîtres et d'une rencontre heureuse entre un maître et un élève. Quoi qu'il en soit, la tâche n'a pas été aisée avec Leptine. Il était plus tourné vers la mort que vers la vie.

— C'est bien ce que je pense. Et pour quelle raison, selon toi ?

— Inutile de poser la question. Il est sorti vaincu d'une grande bataille, a été défait sous les yeux de l'armée entière et en particulier de son frère. Privés de guide, ses hommes ont été massacrés... Il y avait aussi une chose que je ne sais définir... comme un...

— Comme un amour sans espoir ? » demanda Philistos.

Iolaos posa sur lui un regard énigmatique et opina du bonnet. « Oui... peut-être... Les hommes les plus forts et les plus courageux ont parfois un esprit enfantin, une sensibilité insoupçonnée... Mais n'ajoute pas un mot, Philistos. Pas un seul mot. »

Et il s'éloigna.

Les intentions d'Himilcon confirmèrent les suppositions de Denys.

Du haut des remparts, les habitants de Syracuse purent assister à la réalisation de son plan. En premier lieu, il occupa le sanctuaire extra-urbain de Déméter et Perséphone – les déesses les plus vénérées en Sicile, y compris par les indigènes –, le dépouilla de tous ses ornements et objets précieux. Il emporta également les statues du culte, en or et ivoire, et les démembra pour les vendre. Ce sacrilège horrifia le peuple, par tradition très fidèle à ces divinités, ainsi que Denys, qui n'avait toutefois pas oublié sa rencontre dans la grotte d'Enna.

Himilcon entreprit ensuite de bâtir un fortin à la pointe du promontoire Dascon, afin de contrôler l'accès au tronçon de plage où il avait tiré au sec une partie de ses navires et amarré les autres.

Pendant ce temps, les mercenaires ibères et maures démolissaient les grands tombeaux monumentaux qui se dressaient le long de la route de Camarine, et utilisaient ces matériaux pour construire un campement retranché qui défendrait le second campement naval, près du Plemmyrion, le promontoire méridional de la baie.

Himilcon voulait établir le blocus du port du Nord, mais sa tentative échoua car les catapultes que Denys avait placées à l'extrémité de la jetée interdisaient à tout navire d'approcher à moins de cent pieds sous peine d'être coulé. De cette façon, les Syracusains conservaient une voie qui leur permettait de garder le contact avec le monde extérieur.

Les énormes préparatifs de l'ennemi suscitaient chez les Syracusains une grande inquiétude et un sentiment d'impuissance. Il leur semblait que les progrès des travaux les rapprochaient inexorablement de la catastrophe.

Denys comprit qu'il devait chasser cette résignation, rassurer les habitants et accroître son prestige. Il convoqua donc Philistos. « Il faut que tu partes, dit-il. Va demander de l'aide à Sparte et à Corinthe, notre métropole. Je n'ai pas besoin de grand-chose, mais il importe que nos concitoyens sachent que nous ne sommes pas seuls et que je suis encore capable d'obtenir de l'aide, des alliances, des secours. Quand Syracuse était assiégée par les Athéniens, l'arrivée d'un petit contingent spartiate suffit à persuader le peuple que la victoire était à notre portée. Il me faut des navires. Ceux que nous avons sont trop peu nombreux pour que nous puissions mener des opérations efficaces. Tu partiras demain. Leptine t'ouvrira la voie et t'escortera avec deux pentères jusqu'au large.

— Je ferai de mon mieux », répondit Philistos. Il se rendit ensuite au port pour s'entendre avec Leptine et donner les instructions nécessaires à l'embarquement de ses bagages, qui comprenaient toujours une caisse de livres plutôt volumineuse.

Leptine le reçut dans la résidence de l'amirauté, tout près de la darse.

« Tu m'as l'air en bonne forme, lui dit Philistos.

— Toi aussi.

— Tu sais que je vais en Grèce.

— Oui. Il a daigné m'avertir.

— Ne dis pas ces choses-là. Denys t'aime et t'estime. »

Leptine changea de sujet de conversation. « Quand penses-tu être prêt ?

— Demain soir.

— Très bien. De nuit, nous attirerons moins l'attention. »

Le lendemain, Leptine effectua une manœuvre de diversion qui permit à Philistos de partir et d'atteindre la Grèce sain et sauf. Il se rendit d'abord à Sparte puis à Corinthe. Sparte se contenta de lui octroyer un officier, en qualité de conseil militaire. En revanche, Corinthe lui envoya une escadre de trente navires comprenant des fantassins et des équipages complets, qui se présenta à Syracuse au début du printemps.

Leptine les rejoignit au large, à bord d'une petite embarcation, et prépara son plan pour leur permettre d'entrer dans le port à la nuit, à la faveur de la nouvelle lune. On avait installé dans la darse des amarres qu'il était impossible de remarquer de la mer ou de la ville, pour y cacher la petite flotte corinthienne. Il n'y avait pas d'autre moyen d'agir par surprise.

Leptine convoqua la première réunion d'état-major dans sa résidence de l'amirauté. Après avoir souhaité la bienvenue aux nouveaux arrivés, il commença : « J'ai appris ce matin qu'un convoi de neuf trières carthaginoises arrivera demain soir avec du ravitaillement et de l'argent pour payer les mercenaires. J'ai l'intention de l'intercepter avec votre aide. »

Les membres de l'état-major se dévisagèrent avec perplexité et inquiétude. Ils se demandaient s'il s'agissait d'une idée de Leptine et si Denys avait donné son approbation. Mais ils n'osèrent pas poser la question.

L'officier spartiate, qui se nommait Eurydème, répondit : « Cela me paraît une bonne idée, mais il sera nécessaire de la mettre à exécution avec une grande attention.

— En effet. Voilà pourquoi j'ai besoin de pilotes et d'équipages capables de naviguer de nuit, dit Leptine.

— Tous nos pilotes savent naviguer de nuit, répondirent les officiers corinthiens. Nous naviguions déjà de nuit quand vous ignoriez encore comment naviguer de jour. »

Leptine ne releva pas cette remarque : les métropolitains étaient toujours arrogants, et il était inutile de les contredire à propos de leur supériorité. Il se contenta de dire : « Très bien. C'est exactement ce qu'il nous faut. J'ai besoin de vingt navires, dix des nôtres et dix des vôtres. Je veux que les hommes soient aux rames et les équipages aux postes de manœuvre à l'instant où sonnera le deuxième tour de garde. Nous attendrons d'être au large pour communiquer aux commandants la teneur de cette mission. Je tracerai la route. Suivez le *Boubaris*. »

Le lendemain, à minuit, l'escadre quitta la rade, tous feux éteints, et glissa au large en silence.

XXV

Leptine avait tout organisé pour que l'entreprise nocturne fût menée à bien : on avait installé au large, à un stade d'intervalle l'une de l'autre, des barques à l'intérieur desquelles des officiers de marine déguisés en pêcheurs feignaient de pêcher à la lanterne. Dès que les silhouettes des navires carthaginois apparurent, ils envoyèrent un signal à la flotte syracusaine qui se déploya en éventail, la proue vers le large et le vent en poupe. Un autre signal lumineux, émis par le vaisseau amiral, déclencha l'attaque.

Persuadés d'avoir affaire à des unités amies, venues les escorter jusqu'au port, les Carthaginois n'eurent pas le temps de réagir. Chaque trière fut abordée par deux navires syracusains, qui y déversèrent des centaines d'attaquants. Nombre des soldats qu'elles transportaient étaient en train de dormir quand leurs ennemis pointèrent leurs épées sur leur gorge.

Les guerriers qui tentaient de résister furent tués,

les autres simplement désarmés ; les navires furent remorqués à la rade puis on débarqua et mit sous surveillance le butin, très riche.

Denys, qui attendait sur le quai, rejoignit son frère et l'étreignit. « Bien joué, par Zeus ! Nous avions besoin d'une petite victoire. Demain, tu seras salué comme un héros !

— Une petite victoire ? répliqua Leptine. Attends un peu et tu verras. Nous n'avons accompli que la moitié de notre tâche.

— Qu'est-ce que tu racontes ? »

C'est alors que surgit Philistos, encore habillé pour la nuit. « Que se passe-t-il ? Vous auriez pu m'avertir...

— Himilcon attend ses navires cette nuit, n'est-ce pas ? dit Leptine.

— Oui... répondit Denys.

— Il les aura. » Il s'adressa aux officiers qui l'entouraient. « Que chacun d'entre vous échange ses armes et ses vêtements avec les prisonniers. Et que les rameurs s'installent sur les navires carthaginois. Prêts à lever l'ancre !

— Brillante idée, commenta Philistos, vraiment brillante ! Un plan digne d'un grand stratège.

— Je t'accompagne, dit Denys.

— Je préfère que tu ne viennes pas, répondit Leptine. C'est une entreprise dangereuse. L'un de nous suffit, mieux vaut que tu restes en ville. De plus, tu as une famille, alors que moi, je n'ai personne. Pour l'instant, tout s'est bien passé, n'est-ce pas ? Laisse-moi m'occuper de cette opération. »

Denys planta les yeux dans ceux de son frère. « J'ai failli te tuer à Catane...

— Je le sais.

— Et j'aurais fait une énorme erreur. Parfois, je me demande qui, de nous deux, est le meilleur.

— Moi, évidemment ! Donne-moi ton mot d'ordre, salopard !

— Dans le cul du monde ! s'écria Denys en riant.

— Dans le cul ! » répéta Leptine, qui bondit sur le pont d'un bateau carthaginois.

Philistos fut ému par ce rude salut. Il connaissait Denys et il savait que des sentiments profonds survivaient encore sous la croûte du pouvoir qui se durcissait de jour en jour. Il continuait d'espérer, peut-être en se berçant d'illusions, que l'homme finirait par l'emporter sur le tyran.

L'escadre quitta le Lakkion et vira à tribord en s'abritant autant que possible derrière l'Ortygie. Elle se présenta bientôt devant le Plemmyrion, du côté opposé au Grand Port. Elle vira encore une fois à tribord, vers le Dascon, où brillaient les feux du corps de garde carthaginois et où l'on pouvait distinguer les unités chargées de la surveillance.

Les sentinelles saluèrent les enseignes de Tanit sur les embarcations qui défilaient, et furent à leur tour saluées dans leur langue. Une épée pointée sur les reins, un officier carthaginois s'employait à les rassurer du son familier de sa voix. La petite flotte était désormais libre de se déplacer, et Leptine la conduisit vers le fond de la rade, où une cinquantaine de navires de guerre se balançaient à l'ancre.

L'attaque fut aussi rapide que violente : une dizaine de bateaux furent éperonnés et coulés du premier coup. Les autres furent incendiés par une pluie de flèches.

Une deuxième vague de dards enflammés s'abattit sur les tentes et les entrepôts, tandis que des cris retentissaient de toutes parts et que le son prolongé des cors lançait l'alerte.

Profitant du désordre, Leptine parvint à accrocher une demi-douzaine de navires ennemis et à les remorquer hors de la baie. A l'aube, son escadre pénétra triomphalement dans le port de Lakkion, accueillie par la foule en liesse.

Leptine se sentit renaître sous l'étreinte du peuple et celle de son frère Denys, mais son regard se posa bientôt sur le mur de la citadelle : sur les glacis de la tour se tenait une frêle silhouette féminine, qui semblait agiter le bras. Il pensa que c'était Aristomaché, rapetissée par la distance, lointaine et inaccessible.

Enhardie par le succès, la marine syracusaine se lança, sous les ordres de Leptine, dans une série d'attaques, coulant de nombreux bateaux de transport et navires de guerre. Furieux, les Carthaginois décidèrent de chasser leur adversaire du Lakkion et de détruire ses bases par une attaque en force.

Cette fois, Denys monta, lui aussi, sur le *Boubaris*. Dans la furieuse mêlée qui s'ensuivit, on vit les deux frères se battre côte à côte avec un courage extraordinaire, menant à l'abordage les troupes d'assaut comme à l'époque de leurs vingt ans.

Appuyée par les catapultes que Denys avait alignées sur les deux promontoires qui fermaient l'accès au port, la flotte syracusaine se mouvait à son aise dans l'espace restreint du Lakkion. Elle infligea de lourdes pertes à l'ennemi, l'obligeant à se replier. Une dizaine d'embarcations furent capturées et réparées, si bien que la force disponible surpassa cinquante unités.

Sur terre, la cavalerie ne demeura pas en reste,

elle accomplit des dizaines de missions, attaquant les patrouilles carthaginoises qui arpentaient la campagne à la recherche de vivres et de fourrage, anéantissant les détachements militaires qui parcouraient le territoire et finissant par menacer les avant-postes d'Himilcon dans la plaine de l'Anapos.

Le printemps s'écoula ainsi, parmi les escarmouches, et l'été survint : chaud, humide, étouffant.

Avec l'été, la peste se déclara dans le camp carthaginois. Les cadavres étaient jetés dans les marais, une pierre attachée à la cheville, ce qui multipliait les risques de contagion à travers les nappes d'eau.

Du fait de la canicule, de nombreux puits avaient tari, y compris à l'intérieur des murs, mais la fontaine d'Aréthuse continuait de couler, limpide et pure. Philistos se rappela les paroles prophétiques de Iolaos, qui l'avait même qualifiée de salut pour la ville. Il promulgua un ordre qui obligeait la population à boire exclusivement cette eau sacrée jusqu'à la fin de la guerre et au retour des pluies.

Au cours de ces journées interminables, brûlées par un soleil féroce, Denys se surprit à penser à la sauvageonne qui vivait dans la vallée escarpée, aux sources de l'Anapos, au bonheur avec lequel il l'avait étreinte sur la rive. Il se demandait si elle était encore vivante et si elle se souvenait de lui.

Ni son épouse italienne, toujours prête à donner pour recevoir, en bonne administratrice de sa beauté, ni son épouse syracusaine, souvent mélancolique et renfermée, ne lui avaient procuré autant de plaisir. La naissance de ses garçons, Hipparinos et Nysaios, n'était même pas parvenue à chasser le voile de tristesse qui assombrissait presque en permanence le visage d'Aristomaché.

Depuis un certain temps, par souci de sécurité, Denys se gardait des rencontres occasionnelles avec des inconnues et espaçait les fréquentations de ceux qui auraient dû entretenir des rapports amicaux avec lui. Sa solitude s'intensifiait et toutes ses pensées se concentraient sur l'action guerrière, sur le projet politique du grand Etat grec d'Occident, auquel il consacrait toute son énergie. Il s'interrogeait sur les sentiments de ses concitoyens à son égard : l'aimaient-ils ou le détestaient-ils ? L'admiraient-ils ou le craignaient-ils ?

Ces considérations favorisaient le soupçon qui croissait de jour en jour, et avec lui la peur qu'un attentat ne lui ôtât la vie, réduisant à néant les efforts qu'il avait accomplis, l'énorme gaspillage de vies humaines, l'épouvantable prix du sang payé pour un rêve de grandeur auquel il était peut-être le seul à croire. Les paroles d'Héloris, son père adoptif, lui revenaient souvent à l'esprit : « Un tyran n'abandonne son poste que si on le tire par la jambe. » L'image qu'il associait à cette phrase lui écrasait le cœur et l'esprit sans qu'il pût se confier à personne. Il lui était interdit de montrer de la faiblesse ou de la vulnérabilité, même avec les quelques amis qui lui restaient : Iolaos, Philistos et Leptine.

Seul le gigantesque Aksal, son inséparable garde du corps, lui transmettait une sensation de sérénité, comme l'armure qui recouvrait sa poitrine à la bataille. Un être puissant et aveuglément fidèle, qui répondait au moindre de ses signes.

Un jour, alors qu'il discutait d'un plan d'attaque avec ses officiers, dans la cour de la caserne, Leptine prit la lance d'un des mercenaires campaniens pour dessiner un schéma sur le sol, et Denys tressaillit. Un instant, Leptine vit la colère et la terreur se peindre sur son visage. Ne pouvant en croire ses yeux, il rendit la lance au garde et s'éloigna sans mot dire.

Denys le rejoignit en courant et l'arrêta. « Où vas-tu ? lui demanda-t-il.

— Tu oses me le demander ?

— Tu n'as pas compris... Mes hommes ont pour ordre de ne jamais se laisser désarmer, et je ne peux permettre que...

— Es-tu encore capable de répondre sincèrement ? l'interrogea Leptine en le regardant droit dans les yeux.

— Que veux-tu dire ?

— En es-tu capable ? hurla-t-il.

— Oui.

— Alors réponds. As-tu pensé que je voulais te tuer ? »

La tête baissée, Denys garda le silence pendant un laps de temps interminable. Puis il dit : « Oui.

— Pourquoi ?

— Je ne sais pas.

— Eh bien, je vais te le dire. Parce que si tu avais été à ma place, tu l'aurais peut-être fait.

— Non, pas ça. Il y a peut-être une raison : la haine que j'ai pour moi l'emporte peut-être sur celle que me vouent les autres. »

Un nouveau silence s'abattit dans la pièce. Ils se dévisageaient, incapables d'articuler le moindre mot.

« Que dois-je faire ? finit par demander Denys.

— Attaque. Conduis tes hommes au premier rang. Les Syracusains, pas les mercenaires. Ceux-là peuvent se débrouiller tout seuls. Montre que tu es l'un d'eux, que tu es prêt à mourir pour tes idéaux. » Il se tut et s'engagea dans le couloir. Denys demeura immobile, écoutant le bruit de ses pas qui s'atténuait au lointain.

Denys attendit que les troupes d'Himilcon soient épuisées et que la puanteur des cadavres soit devenue insupportable pour lancer son attaque. Il décida de remettre en œuvre le vieux plan de bataille qui avait échoué à Géla.

« Nous attaquerons avec trois corps d'armée, annonça-t-il à la réunion du haut commandement. Je prendrai la tête du détachement central, qui se dirigera tout droit sur le fort de Dascon. Eurydème emmènera de l'ouest la seconde division, composée de mercenaires. Et toi, Leptine, tu conduiras l'attaque par la mer en débarquant le troisième contingent. Je ne donnerai pas l'ordre de porter l'assaut final avant d'avoir évalué l'issue de l'affrontement, ce que je ferai sur place, une fois que les trois divisions seront en position au campement retranché. Le mot d'ordre sera "Apollon Archégétès !" »

Les deux divisions terrestres sortirent à la faveur des ténèbres après que Leptine eut quitté le port avec sa flotte. Denys se dirigea tout droit sur le fort de Dascon, dont il s'empara par surprise. Il y installa le quartier général et enjoignit à Eurydème de lancer ses mercenaires en avant au moment même où Leptine doublait le promontoire sud de l'Ortygie. Le Spartiate donna l'ordre d'attaquer.

Malgré les lourdes pertes que la peste avait causées dans leurs rangs, les Ibériens et les Campaniens d'Himilcon réagirent avec courage, repoussant les mercenaires d'Eurydème, décimant leurs rangs. Cependant, Leptine avait débarqué sa division d'attaquants et Denys s'était rapproché avec le gros de ses troupes, ne laissant qu'une garnison devant le fort de Dascon.

Les fortifications du camp retranché étaient trop puissantes pour permettre un assaut frontal, aussi Denys préféra-t-il ne pas courir de risques. Il déploya ses troupes contre les défenseurs maures et libyens de la station navale. Ecrasés entre les hommes de Leptine et les deux divisions terrestres, ceux-ci furent renversés et mis en pièces. De nombreux navires carthaginois étant tirés au sec, Denys ordonna à ses hommes de les incendier, transformant le campement en un immense bûcher. Un violent vent de terre poussa le feu vers la mer, et la plupart des bateaux de transport furent également dévorés par l'incendie. Restées sans équipage, les trières amarrées furent en partie détruites et en partie remorquées vers le port de Lakkion. Moins d'un tiers parvinrent à prendre le large avec des équipages réduits.

Une grande foule s'était rassemblée sur les remparts pour contempler l'immense bûcher. Ravis par le spectacle qu'offrait la destruction de la flotte ennemie, les Syracusains encourageaient leurs soldats à grands cris. Constatant que de multiples embarcations carthaginoises étaient à la dérive, des vieillards et des adolescents prirent la mer sur tout ce qui pouvait flotter afin de se les approprier et de les ramener au port. On récupéra ainsi tant de vaisseaux que la darse fut comble et qu'on dut jeter l'ancre au milieu du golfe ou le long de la rive nord.

Le soir, Denys rentra, à la tête de ses troupes victorieuses, sous les applaudissements de la foule en délire. Pour remercier Athéna, il offrit à son temple, sur l'acropole, un sacrifice auquel assistèrent ses deux épouses, Doris et Aristomaché, revêtues de leurs plus beaux atours et tenant par la main, l'une le petit Denys, l'autre Hipparinos et Nysaios, encore au berceau.

Le camp retranché des Carthaginois était intact, tout comme l'armée d'Himilcon, même si la flotte était en grande partie perdue. Seuls une soixantaine des cinq cents navires dont avait été composée la gigantesque armée furent épargnés – des unités de bataille et de transport.

L'issue de la guerre était totalement renversée.

Deux jours plus tard, en pleine nuit, une chaloupe venant du large s'approcha de la forteresse de l'Ortygie. Le batelier interpella les sentinelles : « Un message pour votre commandant. »

Iolaos fut aussitôt averti, au corps de garde. Il alla lui-même à la rencontre de l'homme et le conduisit auprès de Denys, qui dînait en compagnie de Leptine et de Philistos. L'invité nocturne apportait un message d'Himilcon.

« Parle, dit Denys. Cet homme est mon frère et les autres me sont tout aussi chers. »

Le batelier ôta le capuchon qui lui dissimulait le visage : c'était l'ambassadeur qu'on avait envoyé pour négocier la paix au cours de la guerre précédente.

« Les choses ont changé depuis notre dernière rencontre, lui dit Denys sur un ton toutefois conciliant. Que puis-je faire pour le noble Himilcon ?

— Mon seigneur te fait une proposition très raisonnable. J'espère que tu l'accepteras.

— Tout dépend de ce qu'il entend par "raisonnable", répondit Denys.

— Pour commencer, il t'offre trois cents talents en argent, dont quatre-vingts pour cent au comptant et le reste en barres.

— Un début prometteur, commenta Leptine en ricanant.

— En échange, le noble Himilcon te prie de le laisser partir avec les troupes carthaginoises. Dix mille hommes en tout.

— Et les mercenaires ? Et les troupes indigènes ? demanda Iolaos.

— Nous n'avons pas assez d'embarcations pour eux. Vous en ferez ce que vous voudrez. Si vous acceptez, la somme vous sera remise demain non loin du Plemmyrion. Qu'en pensez-vous ?

— Laisse-nous, répondit Denys. Nous devons délibérer. Je te communiquerai ensuite ma décision. »

Aksal emmena l'ambassadeur, et les quatre hommes se lancèrent dans une discussion animée.

« J'espère que tu ne comptes pas accepter, déclara Leptine. Il faut qu'il se rende sans conditions. La seule concession que tu peux lui faire, c'est de l'autoriser à filer tout seul. De toute façon, le butin nous tombera tout cuit dans les mains dès qu'ils auront fini de pourrir dans ces ordures. Ils n'ont pas d'issue. Ils sont pris entre notre cavalerie, à terre, et notre flotte, sur la mer. Nous sommes maintenant sur un pied d'égalité. Ou plutôt, nous avons les pentères. »

Denys leva une main pour l'arrêter. « Il n'est pas rare que le désespoir accomplisse des prodiges. Ceux qui n'ont plus rien à perdre trouvent parfois en eux plus de force que tu ne peux l'imaginer.

— C'est vrai, dit Iolaos. Chaque être humain renferme des énergies cachées, une sorte de trésor enseveli qui se révèle quand il est menacé. C'est la dernière ressource que la nature nous attribue pour notre survie.

— Une chose est sûre, intervint Philistos. Nous avons besoin de ces trois cents talents. Les dépenses de guerre ont été énormes, nous devons verser leur solde aux mercenaires, indemniser les familles des citoyens tombés au cours des combats, reconstruire la flotte et récompenser le contingent que notre métropole nous a envoyé.

— Ce n'est pas tout, ajouta Iolaos. Plus ces gens demeurent à nos portes, plus les risques de contagion sont grands. Si nous les laissons partir, ils contamineront les leurs. C'est ce qui est arrivé la dernière fois. Je sais comment cette maladie se propage.

— J'en suis persuadé, moi aussi, approuva Philistos. Alors, que faisons-nous ? »

Leptine était furibond. « Vous êtes fous ! Nous avons enfin la possibilité de les exterminer jusqu'au dernier, et vous voulez leur accorder la vie pour trois cents talents ?

— C'est une belle somme, rétorqua Philistos.

— Ecoutez, si c'est pour l'argent, je vous jure que je vous en trouverai. Je bloquerai le campement de manière que rien n'en sorte, pas même une mouche.

— J'ai écouté vos opinions, déclara alors Denys. Faites rentrer l'ambassadeur. »

Aksal ramena parmi eux l'envoyé d'Himilcon. « Nous avons réfléchi à tes propositions, et je voudrais en faire une à mon tour... commença Denys.

— Pardonne-moi, commandant suprême, l'interrompit poliment l'ambassadeur. Tout à l'heure, pendant que je patientais dans l'antichambre, j'ai entendu sans le vouloir l'un de vous, à la voix plutôt forte... » Denys jeta un regard irrité à son frère, encore rouge de colère. « ... J'ai cru entendre, disais-je, que vous aviez l'intention d'établir le blocus pour empêcher le trésor de quitter le camp retranché. Le fait est, mes amis, que l'argent... ne se trouve pas dans le campement. De plus, si ces négociations échouaient, il serait immédiatement jeté à la mer, à une profondeur telle que personne ne pourrait l'atteindre. Un véritable gaspillage, n'est-ce pas ? Alors qu'une décision raisonnable nous satisferait tous. »

Denys soupira.

« Alors, puis-je connaître ta décision ?

— Tu diras à ton maître que j'accepte. L'échange aura lieu en mer, à mi-chemin entre votre campement sur l'Anapos et le promontoire méridional de l'Ortygie. Une fois que j'aurai vu l'argent, les premiers navires pourront commencer à larguer les amarres. Tout se passera de nuit, dans le plus grand secret.

— Cela nous convient, répondit l'ambassadeur. Quand veux-tu que la tractation ait lieu ?

— Demain, avec la nouvelle lune. Vous apporterez l'argent au début du second tour de garde. Nous vous enverrons trois signaux lumineux, et vous nous en enverrez trois.

— Très bien, *heghemòn*. Et maintenant, si tu le permets, je vais rapporter à mon seigneur l'heureuse issue de ma mission et le rassurer sur tes bonnes intentions.

— Tu as vu ? dit Denys à Leptine après le départ de l'ambassadeur. Tu te crois capable de baiser un Carthaginois ? Surtout quand il s'agit d'argent ? J'ai pris la bonne décision. Et maintenant, allons nous coucher. Demain, une longue journée nous attend, et pas des plus faciles. »

Les convives se saluèrent, mais Denys rappela Leptine.

« Que veux-tu ?

— J'ai réfléchi à ta proposition. Il y a du bon dans ce que tu as dit. »

Leptine lui lança un regard surpris. « Tu te moques de moi ?

— Pas du tout. Ecoute-moi bien. Imagine qu'après la remise de l'argent, les sentinelles de l'Ortygie remarquent d'étranges mouvements à l'embouchure du Grand Port...

— C'est possible, répondit Leptine. Mais cela signifie qu'il n'y aura plus d'accord possible entre eux et nous, à l'avenir.

— Pas si ce sont les Corinthiens qui attaquent. Nous ne sommes pas en mesure de donner des ordres à la marine de la métropole. Les Carthaginois le savent.

— J'aurais préféré que tu ne dises rien. Je n'aime pas la tromperie, même si c'est mon pire ennemi qui en fait les frais. Si tu as besoin de moi pour autre chose, tu sais où me trouver. Je te souhaite une bonne nuit. »

Il partit.

La nuit suivante, à l'heure dite, Denys rejoignit à bord d'une chaloupe une trière qui l'attendait à un stade de là, vers le large. Le navire de guerre prit ensuite la direction du port. Des deux côtés et en position avancée, à environ un demi-stade de distance, deux petites unités de reconnaissance s'assuraient qu'il n'y avait ni surprises ni embuscades.

Tout se passa bien. Une fois à l'endroit convenu, le vaisseau fut accosté par une embarcation carthaginoise, après l'échange de signaux prévu, on commença à transporter l'argent d'une embarcation à l'autre.

L'ambassadeur qui avait mené les négociations était à bord. « Je t'en prie, *heghemòn*, dit-il aussitôt. Veille à ce que l'argent soit vite compté. Notre flotte attend non loin du Plemmyrion, prête à prendre le large. »

Denys acquiesça. Ses administrateurs pesèrent rapidement l'argent sur leurs balances et donnèrent leur accord. « Tu diras à ton maître qu'il peut partir, lança Denys à l'ambassadeur, et qu'il ne revienne jamais plus. Tu vois, la Sicile est comme un fruit savoureux, qui cache un noyau très dur sur lequel quiconque est destiné à se casser les dents. Voilà, ce noyau n'est autre que Syracuse. Adieu. »

L'embarcation s'éloigna et Denys constata qu'elle émettait des signaux lumineux, probablement en direction du Plemmyrion, où Himilcon patientait avec la flotte.

« Je me demande comment il a trompé les mercenaires, dit Iolaos.

— Facile, il leur a sûrement dit qu'il préparait une incursion nocturne. Les Carthaginois sont les seuls à savoir naviguer de nuit. Le fait qu'il n'ait embarqué que le corps des citoyens ne les aura donc pas surpris. Et maintenant rentrons, car il va bientôt y avoir de l'action par ici. »

Iolaos acquiesça et fit signe au pilote de virer en direction de l'Ortygie.

Le trésor fut débarqué sur les rochers, au pied du fort, où s'ouvrait un passage secret qui conduisait aux souterrains de la citadelle. Denys et Iolaos s'y glissèrent, eux aussi, et regagnèrent rapidement leurs appartements.

Bientôt, on entendit sonner l'alarme. Des gardes vinrent frapper à la porte de Denys. « *Heghemòn, heghemòn !* Les Carthaginois décampent ! Les Corinthiens s'en sont aperçus, ils se lancent à leur poursuite avec leurs bateaux ! Que devons-nous faire ?

— Comment, que devez-vous faire ? s'écria Denys. Sonne l'alarme, par Zeus ! Appelle mon frère, et que tous les équipages rejoignent leurs bateaux. Vite ! »

Une grande agitation s'ensuivit, mais les Corinthiens furent les seuls à sortir à temps : ils réussirent à intercepter la queue de la flotte carthaginoise et à couler une dizaine de navires.

Himilcon échappa à la mort. De retour dans sa patrie, il avoua ses erreurs devant le peuple et le Conseil, selon l'usage sémite, puis il se suicida.

XXVI

La mort d'Himilcon et la propagation de la peste en Afrique déclenchèrent la révolte des peuples assujettis à Carthage – Libyens et Maures de l'intérieur –, et la ville dut employer toute l'énergie qui lui restait pour garantir sa propre survie.

Denys eut ainsi les mains libres en Sicile. Il occupa la côte nord de l'île, prit Solonte, ancienne fondation carthaginoise située non loin de Palerme, et consolida son autorité sur les Sicules. Mais il se rendit compte que les ressources dont il disposait n'étaient pas suffisantes pour mener à bien son projet d'une Sicile entièrement grecque, placée au centre de la mer et des terres. Il lui fallait d'abord élargir sa propre domination, créer le grand Etat grec d'Occident auquel il aspirait depuis longtemps : une domination personnelle dont Syracuse serait le cœur et qui s'étendrait jusqu'à l'isthme de Scylla, là où la péninsule qui fait face à la Sicile est la plus étroite, entre la mer Ionienne et la mer Tyrrhénienne. De cette façon, il aurait le contrôle du détroit, d'où étaient fréquemment venues les menaces les plus dangereuses.

Il convenait avant tout de résoudre le problème que posait Rhégion, si proche qu'on pouvait voir ses temples depuis Messine et, la nuit, ses feux. La ville lui avait toujours été hostile. Elle hébergeait Héloris – le père adoptif qui l'avait répudié et qui était depuis plusieurs années son ennemi le plus acharné – ainsi que tous les cavaliers exilés. Les vieux aristocrates avaient élevé leurs enfants dans la haine la plus féroce du tyran qui avait privé Syracuse de sa liberté et eux-mêmes de leur patrie. Ils ne perdaient jamais une occasion de diffuser sur son compte la propagande la plus négative et les calomnies les plus honteuses, farcies d'anecdotes infamantes.

Denys ne s'en souciait guère. Il poursuivait ses préparatifs de guerre en accord avec ses alliés italiens de Locres, avec lesquels il avait noué des liens familiaux.

Mais avant de marcher sur Rhégion, il était nécessaire de mener à bien une dernière entreprise : la conquête de Tauroménion, la formidable « Citadelle du Taureau », aux mains de Sicules alliés à Carthage. Celle-ci occupait une position presque inaccessible, au sommet d'un éperon rocheux, et ses habitants la considéraient comme le sanctuaire de leur nation. De ce perchoir, on dominait la route côtière qui reliait Syracuse à Messine et au détroit, on distinguait les convulsions épouvantables de l'Etna pendant les éruptions, et l'on pouvait voir, pendant les paisibles couchants de l'hiver, la cime immaculée du volcan se teinter de rouge avant la tombée de la nuit.

Denys tenta une attaque nocturne en plein hiver, alors qu'une tempête de neige faisait rage. Il escalada le rocher avec ses attaquants, du côté où la paroi était la plus escarpée et donc la moins surveillée, conduisant lui-même ses troupes.

Cette entreprise fut d'abord couronnée de succès. Mais à l'instant où ils comprirent qu'ils étaient envahis, les Sicules accoururent en masse, engageant de furieux corps à corps avec les assaillants, qui se trouvèrent vite dans des conditions de forte infériorité numérique.

Denys, qui se battait à la tête de ses hommes, fut blessé, et seule la puissance d'Askal le sauva de la mort. Le gigantesque Celte décapita son adversaire d'un coup de hache, puis il jeta la tête au milieu d'ennemis abasourdis et les agressa avec une fureur sauvage, rugissant comme une bête et massacrant un grand nombre d'individus. De cette façon, on put ramener Denys vers l'arrière. Iolaos conduisit la retraite, concentrant ses hommes en rangs serrés à l'endroit par lequel ils étaient arrivés.

Aksal évacua son maître blessé à l'aide d'une corde, tandis que d'autres guerriers descendaient pour le recueillir sur le premier terre-plein qui s'ouvrait dans la roche. Ils réussirent à le sauver, mais ils perdirent de nombreux compagnons au cours de cette descente précipitée, sous la pluie de pierres et de projectiles en tout genre que les Sikèles lançaient du haut des remparts.

Pendant ce temps, Carthage n'avait pas oublié l'humiliation subie. Dès qu'elle se fut ressaisie, elle enrôla des mercenaires ibères, baléares, sardes et sicanes, écrasa en l'espace de quelques mois la résistance des Libyens, qu'elle réduisit une nouvelle fois à l'obéissance. Puis elle chargea l'amiral Magon de répondre à l'arrogance de Syracuse.

Malgré de faibles moyens et une flotte considérablement réduite, Magon avança sans dommage jusqu'à Céphalœdion. Il pointa ensuite vers l'intérieur, en direction d'Agyrion, sur laquelle régnait un tyran local, ami de Syracuse. Denys alla à sa rencontre avec l'armée et le repoussa par deux fois. Mais il s'abstint de lui porter le coup de grâce, ainsi que l'y incitaient son état-major et les alliés, car il se considérait déjà comme le vainqueur et estimait inutile de risquer ses forces dans une attaque frontale. Ses pensées étaient entièrement tournées vers son expédition contre Rhégion, c'est pourquoi il refusait de perdre ne fût-ce qu'un homme dans un affrontement qu'il jugeait stupide et qui ne serait en rien décisif.

Mais ses hommes furent indignés par ce renoncement : ils ne supportaient pas l'idée de passer pour des lâches aux yeux des Barbares. Comme ils appartenaient presque exclusivement aux troupes citadines, ils décidèrent d'abandonner Denys et de rentrer chacun de son côté.

Iolaos les suivit pour conserver la maîtrise de la situation, qui risquait de précipiter d'un moment à l'autre en l'absence du chef suprême, tandis que Philistos et Leptine demeurèrent avec Denys, à la tête de sa garde personnelle et d'un contingent de mercenaires issus du Péloponnèse.

Ils parvinrent à regagner Syracuse sans encombre, mais Denys se tourmenta jusqu'au dernier moment, craignant que la ville ne se soulève et que les troupes citadines n'occupent l'Ortygie en son absence. Rien de tel ne se produisit, et ce fut presque un miracle.

Magon s'estima, quant à lui, satisfait d'avoir poussé Denys à la retraite. Il franchit avec son armée les frontières de la province carthaginoise et envoya à Denys une ambassade proposant la paix.

Selon les termes de ce message, Denys était censé restituer Solinonte et les centres du Nord qu'il avait récemment reconquis, en échange de quoi Magon reconnaîtrait son autorité sur les Sicules, les habitants de Tauroménion compris. Ces conditions étant intéressantes pour les deux parties, la paix fut stipulée.

Avec la paix, refleurirent les commerces, les échanges et le flux de marchandises du Pont-Euxin au golfe Adriatique, de l'Espagne à l'Afrique, de la Grèce à la Gaule, à l'Asie et à l'Egypte. Les deux ports de Syracuse grouillaient de vaisseaux venus du monde entier, d'artisans et de marchands, d'ouvriers et de porteurs qui déchargeaient du bois de l'Italie, du fer de l'Etrurie, du cuivre de Chypre, du papyrus de l'Egypte, du silphium de Cyrène, et embarquaient pour l'exportation du blé, de l'huile d'olive, des produits en tout genre, des chevaux et des armes.

Denys guérit de sa blessure. Il se rappela la force et le courage d'Aksal. « Si nous possédions plusieurs milliers de mercenaires de sa trempe, dit-il un jour à Philistos, personne ne pourrait nous arrêter. Ce sont à l'évidence des guerriers indomptables.

— Attention, répondit Philistos. Ils pourraient aussi devenir une menace. En ce moment, le Nord subit une invasion. Je l'ai appris par nos informateurs vénètes venus d'Hadria avec un chargement d'ambre. De nombreuses tribus ont franchi les Alpes avec leurs familles. Il s'agit d'une véritable migration. Ils ont engagé un très dur affrontement avec les Etrusques entre l'Apennin et le Pô, et ceux-ci se sont vu obligés de demander le secours de leurs frères qui vivent dans leur patrie d'origine, entre l'Arno et le Tibre.

— Si ces envahisseurs sont tous aussi forts qu'Aksal, les Etrusques ne pourront jamais les repousser », observa Denys.

Le prétexte que Denys attendait pour lancer son intervention contre Rhégion lui fut offert par une escarmouche frontalière entre la cité du détroit et Locres, qui se changea bientôt en une guerre déclarée. Doris, son épouse locrienne, manifesta aussitôt une grande inquiétude : elle avait dans sa patrie de nombreux êtres chers.

« Ta ville n'a rien à craindre, la rassura Denys. Mieux, à la fin de la guerre, elle sera encore plus grande et encore plus riche qu'avant. Mes amis savent qu'ils n'auront de moi que des avantages.

— Alors, dès que tu auras débarqué dans ma ville, n'oublie pas d'offrir un sacrifice à notre héros national, Ajax fils d'Oïlée.

Je le ferai, même si votre Ajax ne viendra sans doute pas me tirer d'embarras en cas de difficultés.

— Ce n'est pas vrai. Sais-tu que les Locriens laissent toujours une place vide en première ligne afin qu'il l'occupe durant la bataille ? »

Denys sourit et parut un instant observer avec curiosité les mouvements de son fils, qui jouait avec un petit cheval de bois. « Vraiment ? dit-il ensuite d'une voix distraite. Je ne le savais pas.

— Bien sûr. Il y a plus de cent cinquante ans,

les nôtres menèrent une terrible bataille contre les Crotoniates, près de la rivière Sagra. Voyant ce passage en première ligne, le commandant ennemi s'y jeta pour rompre notre alignement, mais il fut blessé par une arme invisible et ramené aussitôt vers l'arrière. Malgré les soins des médecins qui l'avaient cautérisée à plusieurs reprises, la plaie ne cicatrisait pas. Mieux, il s'en dégageait une puanteur insupportable qui causait à l'officier des souffrances lancinantes. Il décida de consulter l'oracle de Delphes, qui répondit :

La lance d'un héros a infligé la blessure,
La lance d'un héros la guérira.

« Interprétant le verdict, les prêtres déclarèrent qu'il devait se rendre dans le marais Méotis sur les rives nord du Pont-Euxin, où l'on conservait la lance d'Achille. Le commandant crotoniate entreprit un très long voyage. Une fois dans ce sanctuaire, aux confins du monde, il appliqua sur sa plaie la rouille de la lance du héros et guérit comme par enchantement.

— C'est une très belle histoire, commenta Denys. Il faut que tu la racontes à notre fils.

— M'emmènes-tu à Locres ? demanda Doris.

— C'est hors de question. Notre enfant est petit, il a besoin de toi, et la guerre est la guerre. Un jour peut-être, quand tout sera terminé, quand s'ouvrira une longue période de paix et de prospérité, je t'emmènerai à Locres. Nous y ferons construire une très belle demeure et nous irons y séjourner de temps en temps.

— Tu es sérieux ? demanda la jeune femme. Et nous y irons tous les deux ? »

Denys se rembrunit. « Tu sais que tu ne dois pas parler de la sorte. Il faut que tu considères Aristomaché comme une sœur. Tu devrais même me demander de l'emmener dans notre voyage.

— J'ai essayé d'être son amie. J'ai même partagé votre couche, la première nuit, t'en souviens-tu ? Et j'aurais fait plus encore. Mais elle est jalouse, toujours mélancolique... et ses enfants n'y ont rien changé. Je me demande comment tu peux la supporter...

— Suffit ! l'interrompit Denys sur un ton brusque. Je sais très bien où tu veux en venir. Contente-toi de ta situation, que n'importe quelle femme au monde t'envierait, et n'en demande pas plus. »

Doris se tourna vers sa servante. « Il est tard, va coucher le petit. Et toi, mon chéri, embrasse ton père. »

L'enfant embrassa timidement Denys sans lâcher la main de sa nourrice, qui s'en alla avec lui.

« Tu dors avec moi, cette nuit ? demanda Doris aussitôt après leur départ.

— Tu sais très bien que c'est le tour d'Aristomaché.

— Mais Aristomaché a ses règles, pas moi.

— Rien ne t'échappe.

— Ce n'est pas difficile. Il suffit de le savoir une fois et de calculer ensuite. » Tout en parlant, elle dégrafa sa robe et se dressa nue devant lui. La plénitude de sa féminité donnait à son corps une grande harmonie.

« Tu es incroyable... », dit Denys en contemplant les formes sensuelles de son épouse, sa peau très blanche, sur laquelle les lanternes projetaient une lumière dorée.

Elle s'approcha et l'étreignit, pressant ses seins contre son visage.

Denys l'embrassa avec ardeur et l'entraîna au lit. « Mais après, dit-il avec un ricanement, j'irai dormir avec Aristomaché. »

« Les Celtes se sont emparés de Rome ! s'exclama Philistos en se ruant dans les appartements de Denys.

— Quoi ?

— Oui, les Romains ont tenté de les affronter, mais les Barbares avaient un aspect si effrayant qu'ils se sont enfuis à toutes jambes. Nombre d'entre eux se sont jetés dans le fleuve, d'autres se sont réfugiés dans une ville voisine, leur alliée.

— Comment l'as-tu appris ?

— Par des marchands étrusques de Cumes, qui tenaient eux-mêmes cette nouvelle de leurs compatriotes de Tarquinia. Un véritable désastre. La ville a été pillée, les sénateurs qui avaient choisi de rester ont été massacrés. L'acropole a résisté un peu, mais les Romains ont dû capituler et verser aux Celtes une grosse rançon en échange de leur liberté. »

Denys se tourna vers Aksal. « Tu as entendu ? Tes frères ont brûlé une des villes étrusques les plus puissantes de la mer Tyrrhénienne.

— Personne peut nous résister, répondit le Celte sur un ton laconique.

— Je commence à le croire, moi aussi. Tiens, j'aimerais que tu ailles un jour les trouver avec Philistos pour leur proposer de se battre à mon service.

— Si tu ordonnes, Aksal va.

— Bien. Mais par Zeus, cela fait des années que je vous demande d'enseigner un peu de grec à cette créature !

— Aucun maître n'a jamais résisté plus de quelques minutes, répondit Philistos. Tu devras, je le crains, te contenter de ses faibles connaissances. Au fond, tu n'as pas besoin d'un fin lettré, mais d'un énergumène qui fasse le vide autour de toi. Dans ce rôle, il est parfait, me semble-t-il.

— Que sait-on de ces Celtes ? demanda Denys. Tu m'en as déjà parlé, mais je suppose qu'on en a maintenant appris plus long à leur sujet.

— Pas tellement. Ils vivent dans le Nord et se partagent en tribus assujetties à des chefs. Certains prétendent qu'il s'agit des Hyperboréens dont parlent les mythes. D'autres affirment qu'ils descendent d'un certain Galata, engendré par Héraclès à son retour d'Espagne avec les bœufs de Géryon.

— Fadaises...

— Ils vivent dans des villages fortifiés, vénèrent Apollon, Arès et Héphaïstos, comme nous, pratiquent des sacrifices humains, sont fidèles à la parole donnée, disent toujours la vérité...

— Bref, ce sont des Barbares, conclut Denys.

— A quoi t'attendais-tu ? Tu en possèdes un exemplaire depuis plusieurs années.

— Pour les projets qui m'intéressent, plus ils sont barbares, mieux ce sera. Mais j'aimerais que tu commences à méditer sur une chose... Si je réussis à en enrôler un bon nombre, il faudra que tu voies s'il n'existe pas de version de leur mythe les rattachant à la Sicile.

— Je pense que non.

— Alors, tu en inventeras une. Les peuples qui s'installent sur des terres étrangères ont besoin d'y trouver quelque chose defamilier.

— Ces Celtes constituent un élément d'instabilité, et ils se sont déjà bien avancés vers le sud. Reste sur tes gardes.

— Rien ni personne ne pourra nous menacer quand j'aurai porté à terme mon projet, quand j'aurai élevé une muraille de la mer Ionienne à la mer Tyrrhénienne, quand ma flotte dominera le détroit, quand Syracuse sera devenue la plus grande ville du monde, quand les puissants de la terre devront tenir compte de nous et se disputer notre amitié.

— Et maintenant, tu vas attaquer Rhégion.

— Ils ont assailli mes alliés et parents locriens...

— Qui les avaient provoqués sur tes conseils.

— Le fait est là.

— J'espère que tu n'oublies pas que Rhégion fait partie de la Ligue qui unit la plupart des Grecs d'Italie. Si une de leurs villes est attaquée, les autres sont tenues de se porter à son secours.

— Je le sais. Et je sais aussi comment m'y prendre. Pendant que j'agirai, tu resteras ici et tu auras le commandement de la forteresse de l'Ortygie. »

Philistos opina du bonnet, presque embarrassé par l'honneur que Denys lui faisait.

« Leptine aura, comme d'habitude, le commandement suprême de la flotte. Sais-tu où il se trouve ?

— Où veux-tu qu'il soit ? Sur le *Boubaris*, occupé à faire briller tolets, figure de proue, aplustre, tête du mât. S'il avait une femme, il ne l'aimerait sans doute pas plus que ce bateau.

— Alors, dis-lui que je serai son invité pendant toutes les opérations en mer. »

Denys se présenta devant Rhégion cette année-là vers la fin de l'été, à la tête d'une puissante armée : vingt mille hommes, mille chevaux et cent vingt navires de guerre dont trente pentères. Il débarqua à l'est de la ville, pilla et dévasta le territoire. Cependant la réponse de la Ligue ne tarda pas à arriver. Soixante embarcations, parties de Crotone, pénétrèrent dans le détroit pour apporter leur aide à la ville menacée. Mais Leptine veillait, il fondit sur l'escadre avec toute sa flotte.

Face à la supériorité écrasante de l'ennemi, les Crotoniates cherchèrent une issue sur terre. Avec l'aide des Rhégiens, accourus en force à leur secours, ils tirèrent leurs bateaux au sec.

Leptine s'approcha autant qu'il le put de la rive, puis il harponna les navires ennemis et tenta de les remorquer au large, donnant ainsi le signal de départ à un étrange tir à la corde entre les équipages crotoniates, qui s'efforçaient de retenir leurs embarcations en les ancrant au sol avec des amarres et des pieux, et les Syracusains, qui essayaient de les entraîner vers la mer à la force des rames.

Cette grotesque dispute fut interrompue par l'arrivée d'une tempête, annoncée par une rafale de vent de Borée subite, qui s'abattit sur les navires syracusains et faillit les emporter. Leptine enjoignit donc ses hommes de lâcher prise et de gagner le port de Messine. Mais le vent se renforçait de plus en plus, la mer s'agitait dans un bouillonnement d'écume et l'on entendait au lointain le grondement menaçant du tonnerre. Les officiers crièrent d'amener les voiles et de démâter, mais nombre d'unités n'en eurent pas le temps et furent renversées. N'ayant pas d'autre choix que de nager vers la côte italienne, les naufragés y furent aussitôt capturés et emprisonnés.

Pendant des heures et des heures, le reste de la flotte se battit durement contre la tourmente. Quand le *Boubaris* entra dans le port de Messine, fermant le cortège de ses navires, nombre de ses rames étaient brisées et ses cales remplies d'eau.

Le temps s'était gâté et Denys regagna Syracuse, furieux de son échec.

Il s'enferma pendant une longue période dans la caserne de l'Ortygie, inaccessible à tous, y compris à ses amis les plus intimes, qui, pour leur part, évitaient de l'importuner, attendant que les eaux se calment. Enfin, un jour, il convoqua Philistos. « J'ai besoin de toi », commença-t-il sans tarder.

Philistos l'observa à la dérobée. Denys avait les yeux ourlés de cernes noirs, signe d'insomnie, et le teint terreux. « Me voici, répondit son ami.

— Il faut que tu partes en mission diplomatique. Et que tu stipules une alliance pour moi.

— Avec qui ?

— Avec les Lucaniens. Je dois faire plier Rhégion et, si nécessaire, la Ligue italienne. Et j'entends parvenir à mes fins cette année. Les jeux Olympiques se dérouleront l'an prochain, et je veux que mon projet soit alors achevé afin de me présenter comme...

— Les Lucaniens ? l'interrompit Philistos. Ai-je bien entendu ? Tu veux t'allier avec des Barbares contre une cité grecque ? Te rends-tu compte de ce que tu dis ?

— Je m'en rends très bien compte. Et ne m'énerve pas avec ces bêtises nationalistes. Les Spartiates se sont alliés avec les Perses contre les Athéniens pour gagner la grande guerre, et les Rhégiens n'hésitèrent pas à s'allier avec les Carthaginois du temps de Gélon...

— Mais quand les Perses voulurent imposer leur

domination sur les cités grecques d'Asie, le roi Agésilas de Sparte débarqua en Anatolie et les attaqua en force... Cela a toutefois une importance relative. Le changement qui s'est produit en toi m'effraie, me remplit d'amertume et de tristesse. Où est passé le jeune héros que je connaissais ? Le paladin des pauvres et l'ennemi des aristocrates ? Le combattant intrépide, le défenseur des Hellènes, l'ennemi implacable des Carthaginois. Le vengeur de Sélinonte et d'Himère ?

— Il est ici, devant toi ! s'écria Denys. Ne combattais-je pas les Barbares il y a encore quelques mois ? Mon corps ne souffre-t-il pas des blessures que j'ai reçues à Tauroménion ? N'ai-je pas servi ma patrie ? Ne l'ai-je pas rendue plus grande, plus puissante et plus respectée ? Les Athéniens nous courtisent, les Spartiates aussi. Notre richesse et notre puissance nous valent l'envie de tous. Qui a accompli tout cela ? Réponds, par Zeus ! Qui a accompli tout cela ?

— Toi, bien sûr, mais aussi ton frère Leptine, qui a risqué sa vie mille fois pour exécuter tes ordres, Iolaos, qui ne t'a jamais abandonné et qui a toujours cru en toi, Doricos, assassiné dans sa tente, Biton, massacré à Motyé, et moi. Oui ! Moi, qui ai juré de te suivre jusqu'aux Enfers, si nécessaire. Mais ne me demande pas ça, Denys, ne me demande pas d'établir une alliance avec les Barbares contre les Grecs. C'est contraire à mes principes et à ce que je crois. Et c'est aussi contraire aux tiens, ne le comprends-tu pas ? Les Grecs considèrent ton autocratie comme un scandale. S'ils l'ont tolérée jusqu'à présent, c'est parce que tu te posais en champion de l'hellénisme contre les Barbares.

Mais si tu t'allies aux Lucaniens pour assaillir Rhégion et la Ligue italienne, ils te couvriront d'insultes, ils te cracheront dessus, te dépeindront comme un monstre.

— Soit ! Je n'ai pas besoin de leur considération.

— Bien sûr que si ! Personne ne peut vivre sans l'estime de ses semblables, ne l'oublie pas ! »

Denys qui mesurait à grands pas la salle d'armes dallée, s'immobilisa soudain au centre de la pièce en posant sur Philistos un regard halluciné. « Je peux très bien agir tout seul. L'important, c'est de vaincre. Si je gagne, je serai acclamé, car tout le monde aura besoin de moi. Et je gagnerai, avec ou sans ton aide. J'attends une réponse.

— Sans mon aide. Tu gagneras, si tu le peux, sans mon aide.

— Très bien. Je sais maintenant sur qui je peux compter. Adieu. »

Philistos baissa la tête, puis il regarda Denys avec tristesse. « Adieu, Denys, répondit-il avant de se diriger vers la sortie.

— Attends. »

Philistos se retourna comme s'il espérait que Denys changerait d'avis.

« Leptine ne doit rien savoir pour l'instant. Ai-je ta parole ?

— Ma parole ? Cela fait bien longtemps que tu ne crois plus aux paroles d'honneur ni aux serments.

— A ceux de mes amis, oui, répondit Denys en baissant le ton.

— Tu as ma parole », conclut Philistos, puis il sortit.

XXVII

Le traité d'alliance que Philistos avait refusé de négocier fut conclu par un émissaire messinien de Denys. Au cours de l'été suivant, les Lucaniens se dirigèrent en force vers Thourioi, une colonie grecque fondée cinquante ans plus tôt sur les ruines de l'ancienne Sybaris. Pendant ce temps, Denys avait envoyé Leptine et sa flotte dans la mer Tyrrhénienne, du côté de Laos. Il lui avait expliqué que ses troupes se présenteraient à l'est, après avoir franchi les montagnes, pour prendre en tenaille les forces de la Ligue qui avaient envahi le territoire de Locres, leur alliée.

Les Thouriens réagirent fermement à l'attaque des Lucaniens. Voyant qu'ils se retiraient vers les montagnes, ils se lancèrent à leur poursuite au lieu d'attendre l'armée de la Ligue qui venait de Crotone.

Ils remontèrent la vallée du Carax jusqu'à l'arête des montagnes et, constatant que la voie était libre, descendirent de l'autre côté en direction de Laos, qui se dressait sur la côte. Cependant, quand ils débouchèrent sur la petite plaine qui s'étendait entre montagnes et mer, ils se heurtèrent à une amère surprise. Les Lucaniens ne se tenaient pas devant eux, mais derrière ! Ils se comptaient par dizaines de milliers, toute la force dont leurs tribus disposaient, ils dévalaient les pentes en criant et en agitant leurs armes. Comprenant qu'ils étaient piégés, les Thouriens formèrent le carré avec la phalange et se préparèrent à résister à outrance. Mais la supériorité numérique de leurs adversaires était telle que la bataille se transforma en boucherie.

Environ quatre mille guerriers réussirent à se replier sur une colline, d'où ils continuèrent à repousser les assauts des Barbares. Un millier d'autres, totalement encerclés sur la plage et privés de toute issue, virent bientôt apparaître derrière eux une flotte grecque ; ils se débarrassèrent de leurs armes et tentèrent de rejoindre les navires à la nage.

Mais ce n'était pas la flotte de Rhégion, ainsi qu'ils l'espéraient : c'était celle de Syracuse, surgie en temps voulu pour refermer le piège. Cependant, à la vue de ces malheureux qui saignaient et se débattaient dans l'eau en essayant désespérément de se sauver, Leptine eut un sursaut. Il se rendit compte qu'une armée barbare était en train de massacrer les Grecs de Thourioi sur la plage ; un instant, il revit la scène horrible des équipages carthaginois harponnant ses marins, devant Catane, tandis que ceux-ci s'efforçaient de gagner la côte à la nage, et il s'écria de tout le souffle qu'il possédait : « Sauvez ces hommes ! Vite ! »

Ses officiers le dévisagèrent, l'air abasourdi. « Mais, *heghemòn*, ce sont nos ennemis...

— Ce sont des Grecs, par Héraclès ! Sauvez-les, tirez-les à bord, j'ai dit ! »

Ils signalèrent cet ordre à Iolaos, qui commandait l'aile droite, ainsi qu'au reste de l'escadre, à qui le spectacle du vaisseau amiral hissant les rescapés à son bord acheva d'ôter le moindre doute.

A son arrivée sur le pont du *Boubaris*, un officier thourien demanda à voir le commandant. On le conduisit à l'avant auprès de Leptine.

Défiguré par les coups qu'il avait reçus et par les efforts surhumains qu'il avait déployés, l'homme tremblait et avait beaucoup de mal à articuler.

« Donnez-lui des vêtements secs ! ordonna Leptine. Dépêchez-vous, par Héraclès, qu'attendez-vous ?

— *Heghemòn*... parvint à dire l'homme à grand-peine. Que vas-tu faire de nous ? »

Leptine le dévisagea, et tous ses doutes s'évanouirent. « Vous serez traités avec les égards que méritent les guerriers courageux. Et vous serez... rendus à vos familles. »

Le commandant en second lui lança un regard stupéfait, comme s'il se trouvait au mauvais endroit et dans la mauvaise guerre. La voix de son chef l'arracha à sa torpeur : « Et maintenant, descendons à terre. »

Tandis que les autres navires poursuivaient leur opération de sauvetage, le vaisseau amiral se rapprocha de la côte au point de planter son rostre dans le sable. De la proue, Leptine eut une vision complète du champ de bataille et en fut bouleversé. Devant lui, s'étendait le charnier le plus épouvantable qu'il eût jamais vu de toute son existence, un massacre aux proportions monstrueuses. Partout, les cadavres gisaient en tas, la terre était trempée de sang, qui coulait en rigoles et s'en allait rougir les flots. Dix, peut-être quinze mille hommes avaient été mis en pièces sur la courte distance d'un stade, entre montagnes et mer, tels des animaux à l'abattoir. La plupart d'entre eux avaient déjà été dépouillés et l'on pouvait voir sur leurs corps nus les blessures et les mutilations qu'on leur avait infligées. Les Lucaniens avaient amputé de nombreux hommes pour mieux s'approprier leurs armures, à présent entassées sur un côté du champ de bataille.

Leptine avançait en chancelant au milieu de tant d'horreurs, comme dans un cauchemar : de frêles corps d'adolescents et des corps massifs et musclés d'hommes mûrs s'offraient à sa vue, dans la pâleur et la rigidité de la mort. Des têtes de vétérans barbus, fichées sur des perches, le regardaient de leurs yeux vitreux, leur bouche tordue dans un rire muet et grotesque. Le ronflement des mouches régnait partout, obsédant, angoissant.

Soudain, l'écho de la bataille qui faisait encore rage au sommet de la colline arracha Leptine à cet état d'hébétude. Il cria à Iolaos, demeuré sur le navire, de lui envoyer l'interprète. Puis il se dirigea vers l'endroit où patientaient les chefs de tribu, bien décidés à perpétrer un autre massacre dès que l'affrontement prendrait fin.

Il s'adressa à celui qui semblait être le commandant en chef. « Je suis Leptine, frère de Denys, seigneur de Syracuse, votre allié, et je te demande de mettre fin à ce combat. Tu as déjà gagné, lui dit-il. Laisse-moi négocier la reddition de ces hommes.

— Non, répondit le chef. Nous sommes en guerre depuis longtemps avec ces gens qui ont occupé notre territoire sans le moindre droit. Nous voulons qu'ils disparaissent, nous devons les exterminer.

— Tu as intérêt à les épargner. Je suis prêt à les racheter l'un après l'autre. Je te donne... vingt drachmes d'argent par personne, d'accord ? Je t'en donne trente... une mine, voilà, je te donne une mine pour chacun de ces hommes. Tu acceptes ? »

Le commandant en second, qui venait de le rejoindre, le saisit par le bras. « *Heghemòn*, sais-tu ce que cela te coûtera ? Au moins cent cinquante talents, soit plus de la moitié de ce que nous avons à bord. Nous avons besoin de cet argent pour les dépenses de guerre...

— Il s'agit justement d'une dépense de guerre », répliqua Leptine. Il se tourna ensuite vers l'interprète et lui dit : « Vas-tu demander à ce bouc s'il accepte mon offre, malédiction ? »

L'interprète traduisit et le chef opina gravement du bonnet, d'un air condescendant, comme s'il lui rendait un grand service.

« Enfin ! s'exclama Leptine. Et maintenant, dis-lui que je dois rejoindre ses hommes sur la colline. »

Le chef cria quelque chose, et les guerriers lucaniens s'immobilisèrent, avant de reculer lentement. Leur masse s'ouvrit ensuite pour laisser un passage à l'amiral syracusain, qui entreprit de gravir lentement la pente. Il se trouva bientôt nez à nez avec quatre mille soldats thouriens, épuisés, blessés, haletants, assoiffés, couverts de sueur et de sang, qui le regardaient sans mot dire. En cet instant, seul le chant assourdissant des cigales retentissait sur la colline brûlée par le soleil.

Leptine prit la parole. « Je suis le navarque

suprême de la flotte syracusaine, et je suis votre ennemi. Mais j'ignorais qu'on avait ordonné à ces Barbares de vous anéantir totalement. A présent, le désastre est accompli, le massacre est consommé. Bien que je sois un ennemi, je demeure un Grec, je parle votre langue et vénère vos dieux. Je ferai donc tout ce qui est en mon pouvoir pour vous sauver. J'ai offert une rançon contre vos vies. Si vous vous rendez, je vous promets qu'il ne vous sera fait aucun mal et que vous retrouverez vos familles. Ceux de vos compagnons qui s'étaient jetés à l'eau en croyant se diriger vers la flotte de Rhégion ont été recueillis et soignés, ils regagneront votre ville avec vous. »

Ne sachant que penser, les hommes le dévisageaient avec stupéfaction. Incapables de raisonner, certains prononcèrent des phrases privées de sens, d'autres se laissèrent tomber à genoux, d'autres encore éclatèrent en sanglots.

« Jetez vos armes et suivez-moi, dit Leptine. Il ne vous sera fait aucun mal. Si quelqu'un vous agresse, j'ordonnerai moi-même à mes troupes de vous défendre. »

A ces mots, les guerriers de la colline abandonnèrent leurs épées et leurs boucliers, l'un après l'autre, à commencer par les plus âgés, puis ils s'acheminèrent derrière Leptine en passant entre les Barbares armés et encore excités par le massacre.

Ils avancèrent en silence, les yeux dans le vide, et, une fois arrivés sur la plage, s'effondrèrent sur le sable.

Le chef des Lucaniens ordonna qu'on les compte, puis il fit de même avec ceux qui étaient à bord des navires, et additionna les deux chiffres.

Leptine lui versa sans broncher cent soixante-dix talents en pièces d'argent, avant de négocier personnellement la paix entre les tribus de ces Barbares et les officiers rescapés représentant la ville de Thourioi. Grâce à lui, ceux-ci obtinrent l'autorisation de ramasser leurs morts et de les déposer sur des bûchers.

Au couchant, il regagna le *Boubaris* et ordonna de mettre le cap sur Messine, au sud, où l'attendaient Denys et, peut-être, l'entreprise la plus ardue de son existence.

Denys, qui savait déjà tout, le reçut au quartier général, à Messine, le dos tourné.

« Je sais ce que tu penses... commença Leptine, mais tu aurais dû être là. Tu n'as pas vu ce massacre, cette étendue de cadavres écartelés, en morceaux, le sang qui rougissait la terre et la mer...

— Je n'ai pas vu de massacres ? s'écria Denys en faisant volte-face. J'ai passé toute ma vie au milieu des massacres ! Et toi aussi, par Zeus ! Ne me dis pas que c'est la première fois que tu vois couler du sang.

— C'étaient des Grecs, malédiction ! Des Grecs massacrés par des Barbares qui agissaient en notre nom. Tu m'avais parlé d'un accord avec les Lucaniens, d'un appui stratégique, d'une diversion, tu ne m'avais pas dit que tu leur avais laissé les mains libres pour anéantir une ville entière !

— Assez ! hurla Denys. Assez, j'ai dit ! Tu as accompli un acte de rébellion des plus graves. Tu as signé une paix qui va à l'encontre de mon projet politique et de ma stratégie militaire. Tu as gaspillé une somme énorme qui devait être utilisée pour les opérations. Sais-tu ce que cela signifie ? Haute trahison, insubordination, intelligence avec l'ennemi sur le champ de bataille ! »

Leptine baissa la tête, comme écrasé par la dure réaction de son frère, qu'il ne semblait pas avoir prévue. Quand il leva les yeux, il croisa les siens, injectés de sang, vit son visage rougi par la colère, les veines turgescentes de son cou tandis qu'il criait d'autres accusations, d'autres insultes. Il eut l'impression d'être en présence d'un étranger, d'un être cruel et inhumain. Il attendit que Denys eut terminé et, pendant que celui-ci haletait encore sous l'effet de la colère, il répliqua : « Je le sais, et je suis prêt à en accepter les conséquences. Mais je veux d'abord te dire une chose. Quand j'ai vu cette horreur, je me suis rappelé brusquement ce qu'est une cité grecque, comme si je l'avais oublié. Je ne parle pas de Syracuse ou de Sélinonte, ou encore de Catane, d'amis ou d'ennemis, je parle d'une cité grecque quelconque dont les habitants descendent des malheureux contraints, il y a de nombreuses années, à émigrer pour tenter leur chance de l'autre côté de la mer. A leur arrivée, ils n'avaient que leur vie et leurs espoirs. Ils ne voulaient pas construire des empires, mais seulement un simulacre de leur patrie d'origine, sur une petite échelle : un lieu pourvu d'un port pour les commerces, d'une colline pour les dieux, de champs pour le blé et les oliviers. Pour toutes ces villes qui ont eu un avenir, d'autres ne sont jamais nées. Pour tous ces hommes qui ont conquis un lieu d'abordage, d'autres sont morts au fond de la mer, dévorés par les poissons. C'est vrai, nous nous sommes livré bien souvent des guerres inutiles pour de stupides rivalités, mais plus jamais je n'accepterai que des sauvages anéantissent une cité grecque par ma faute. J'ai fait ce que j'ai fait, car ce n'était à mes yeux que justice. »

Denys lui tourna de nouveau le dos et lui dit : « Je te destitue de ton commandement de la flotte et te mets aux arrêts. Tu seras conduit à Syracuse et enfermé sous surveillance dans tes quartiers de l'Ortygie en attendant que je prenne une décision définitive. Et maintenant, libère-moi de ta présence. Je ne veux plus te voir. »

Leptine sortit sans mot dire. Sur le seuil, l'attendaient deux gardes qui le conduisirent au port.

Il demanda l'autorisation de jeter un dernier coup d'œil au *Boubaris*, et fut exaucé. Il s'en sépara en passant sa main rêche sur le bastingage étincelant de l'étrave, d'où il avait tant de fois dirigé les batailles navales : la caresse d'adieu pour un ami.

Ceux qui l'entouraient virent qu'il avait les larmes aux yeux.

Denys confia à Iolaos le commandement de la flotte et reprit les opérations comme si de rien n'était. Il avait rassemblé une armée imposante : vingt mille fantassins, trois mille cinq cents chevaux, cinquante navires flambant neufs qui s'ajoutèrent à ceux qui étaient déjà au mouillage dans le port de Messine. Il largua les amarres au premier vent favorable, débarqua avec ses troupes sur la côte ionienne de l'Italie, au nord de Rhégion, et entama sa marche vers le nord.

Pendant ce temps, la Ligue italienne avait réuni les forces fédérales et en avait attribué le commandement à Héloris, le vieil aristocrate qui avait autrefois adopté Denys et qui était désormais son adversaire le plus acharné. Ils marchèrent cinq jours d'affilée et s'arrêtèrent sur les rives d'un petit fleuve du nom d'Eléporos, qui coulait au milieu des collines arides, brûlées par le soleil. Héloris décida de pousser plus loin avec l'avant-garde, composée de cavaliers impatients de rencontrer l'ennemi et de tenter peut-être un coup de main. Ce faisant, ils s'éloignèrent de près de deux stades du gros de leurs forces.

Les éclaireurs indigènes de Denys avaient déjà occupé le terrain, à pied et à cheval, se cachant parmi les broussailles dans les bois de yeuses et de pins. Ils signalèrent immédiatement l'arrivée d'Héloris au commandement.

Denys n'attendit pas un instant : il mena lui-même l'attaque à la tête de troupes d'élite déployées en vagues successives d'archers, d'attaquants puis d'infanterie lourde. Héloris et ses hommes furent balayés et anéantis avant même que leurs appels au secours eussent atteint l'armée qui s'apprêtait à s'installer de l'autre côté du fleuve.

Les commandants des diverses divisions de l'armée fédérale voulurent engager la bataille. Privés de leurs généraux et démoralisés par le massacre de leur contingent d'élite, ils furent cependant rapidement écrasés. La moitié d'entre eux parvinrent à se retirer en formation fermée et à gagner le sommet d'une colline donnant sur le maigre cours de l'Eléporos.

Par une manœuvre d'encerclement, Denys leur interdit l'accès au fleuve. Il n'y avait plus qu'à attendre : le soleil brûlant et l'absence d'eau se chargeraient du reste. Iolaos débarqua avant le couchant et rejoignit le commandant de l'armée de terre avant que le soleil disparaisse derrière les montagnes. Il examina le champ de bataille, jonché de cadavres, et la colline aride sur laquelle s'étaient retranchés les rescapés de l'armée de la Ligue italienne. Il eut l'impression que le temps s'était suspendu. Le spectacle qu'il avait contemplé aux côtés de Leptine, quelques jours plus tôt, à Laos, s'offrait dc nouveau à sa vue.

Devinant son état d'âme, Denys lui dit : « Tu as l'air bouleversé. Pourtant, ce n'est pas la première fois que tu vois un champ de bataille.

— Non, répondit Iolaos. Mais j'ai déjà assisté à cette scène.

— Je le sais.

— J'imagine que tu as pris ta décision.

— Oui. »

C'est alors que survint un des gardes. « *Heghemòn*, dit-il. Les Italiens voudraient parlementer. Ils sont dehors.

— Laisse-les passer. »

Quatre officiers crotoniates pénétrèrent sous la tente. Denys les reçut debout, signe que la rcncontre serait brève.

« Parlez », dit-il.

Le plus âgé, un homme d'une soixantaine d'années, au visage marqué d'une profonde cicatrice, prit la parole. « Nous sommes venus négocier un accord. Nous sommes dix mille, bien armés et en position d'avantage, nous pouvons encore... »

Denys leva la main pour l'interrompre. « Mon point de vue est très simple, déclara-t-il. Vous n'avez pas d'issue sur cette colline aride. Dès que le soleil se lèvera, la chaleur deviendra insupportable. Vous ne disposez ni d'eau ni de nourriture. Vous n'avez donc pas le choix. Je ne peux accepter qu'une reddition sans conditions.

— C'est ton dernier mot ? demanda l'officier.

— Le dernier. »

L'officier acquiesça gravement, puis il adressa un signe à ses compagnons et sortit avec eux.

Iolaos baissa la tête.

« Va te coucher, lui dit Denys. Demain, nous aurons une longue journée. »

Le soleil se leva sur un paysage désolé, éclairant le terrain qui entourait l'Eléporos, encore jonché de cadavres. Des essaims de mouches vertes bourdonnaient sur les corps raidis par la mort et le chant des grillons avait cédé la place aux stridulations des cigales.

Il n'y avait pas un souffle de vent et les rochers chauffèrent rapidement, faisant trembler l'air et créant l'illusion de nappes d'eau luisantes là où il n'y avait que du sable et des cailloux. Le sommet de la colline était privé d'arbres et de tout abri contre l'ardeur impitoyable du soleil.

Dans la chaleur de l'après-midi, on entendait les cris des corbeaux qui venaient festoyer sur ce champ de mort ; plus loin, sur les branches des arbres, on apercevait des vautours aux ailes blanc et noir, au long cou glabre.

En bas, dans le pavillon de camp, Denys lisait les rapports de ses informateurs et attendait. Un serviteur l'éventait, il lui versait de l'eau dans une coupe et dans une cuvette afin qu'il pût se rafraîchir les poignets.

Iolaos était assis non loin de là, à l'ombre d'un lentisque.

Une grande partie de la journée s'écoula de la sorte. Puis, au milieu de l'après-midi, on vit qu'il se passait quelque chose au sommet de la colline. Des voix, peut-être des cris, retentirent, puis plusieurs hommes désarmés se dirigèrent vers le pavillon, ceux-là mêmes que Denys avait reçus la veille. Ils lui offrirent la reddition sans conditions de leurs troupes.

« Je suis content que vous ayez pris la bonne décision, répondit Denys.

— Nous invoquons ta clémence, commença l'homme à la joue balafrée. Aujourd'hui, la chance est de ton côté, mais tu pourrais te retrouver un jour dans notre situation et... »

Denys l'interrompit de son habituel geste de la main. « Tu diras à tes hommes qu'ils sont libres de rentrer chez eux sans verser la moindre rançon et sans craindre la moindre attaque de ma part. Je ne demande qu'une seule chose : un traité de paix entre nous, signé par les autorités de la Ligue italienne. »

L'homme le dévisagea d'un air stupéfait et incrédule.

« Peux-tu me garantir que la Ligue signera ? demanda Denys.

— Je peux te le garantir.

— Alors, allez. Retournez à Thourioi et ne reprenez plus les armes contre nous. »

L'officier ne sut que répondre. Il garda le silence, cherchant dans les yeux de son interlocuteur une explication à une attitude qui contredisait tout ce qu'il avait entendu dire à son sujet.

« Va, répéta Denys. Je m'occuperai de vos morts. »

L'officier prit congé de lui.

Il passa avec ses hommes au milieu des soldats syracusains alignés, qui avaient baissé leurs lances en signe de salut.

Dix jours plus tard, les Thouriens envoyèrent à Denys le traité signé ainsi qu'une couronne d'or.

Iolaos s'en saisit. « Un geste de gratitude. C'est rare. Il n'y a pas plus grande qualité que la clémence chez un souverain, surtout s'il a gagné, et ce présent en est la reconnaissance. » Denys s'abstint de répondre, il semblait absorbé dans la lecture du document que la Ligue lui avait adressé. Iolaos attendit qu'il eut terminé pour poursuivre. « Vraiment, tu ne peux pas comprendre Leptine ? Et pourtant, tu as fait la même chose que lui. Si la vue de ce massacre t'a poussé à la clémence, ne peux-tu pas comprendre ton frère ? »

Denys posa le rouleau renfermant le traité sur une table et répondit : « Par ce geste, je me suis assuré la neutralité de la Ligue, à défaut de son amitié. J'ai donc les mains libres pour m'emparer de Rhégion, qui est à présent totalement isolée. »

Iolaos ne parvint pas à dissimuler sa déception.

« Qu'est-ce que tu croyais ? lui demanda Denys. Que je renoncerais à mon projet par sentimentalisme ? Me connais-tu donc si mal ?

— Rares sont ceux qui te connaissent aussi bien que moi. J'ai grand-peine à me résigner à l'idée que ce que j'ai toujours aimé en toi n'existe plus.

— Les gens changent avec le temps, répondit Denys d'une voix amère. Du reste, tu aurais pu refuser cette charge. Tu l'as acceptée et tu occupes à présent la place de Leptine.

— C'est vrai, je suis le commandant suprême de la flotte, mais il y a une raison à ça...

— Bien sûr. Tu veux, toi aussi, le pouvoir, et tu sais que tu ne l'auras que si le mien s'affirme. Si je tombe, vous me suivrez tous dans ma chute. Alors, autant me soutenir, sans vous perdre en d'inutiles pensées nostalgiques.

— Il y a du vrai dans tes paroles, répondit Iolaos. Et pourtant, la raison n'est pas là. Tu oublies que j'ai toujours été capable de trouver en moi de bonnes raisons de vivre, des raisons que mes maîtres m'ont apprises et que je n'ai jamais reniées. »

Denys lui lança un regard inquisiteur.

« Si j'ai accepté cette charge, poursuivit Iolaos, ce n'est pas parce que tu me l'as demandé. Mais parce que Leptine m'en a prié. »

Il quitta la tente sans attendre de réponse, sauta à cheval et regagna la rive où le *Bouburis* l'attendait, prêt à larguer les amarres.

XXVIII

Philistos pénétra dans l'aile est de la caserne et s'approcha des appartements de Leptine, dont la porte était gardée par deux mercenaires arcadiens. « Ouvrez ! leur ordonna-t-il.

— Personne ne peut entrer. Ordre du commandant suprême.

— C'est moi qui détiens le commandement de l'Ortygie en son absence, et j'assume mes responsabilités. Ouvrez, sinon j'appelle la garnison. »

Les deux hommes échangèrent un coup d'œil, puis l'un d'eux tira le verrou et ouvrit la porte en s'effaçant devant Philistos.

Leptine était allongé sur un lit de camp, le dos appuyé contre le mur, les bras croisés et les yeux fixés sur le mur qui lui faisait face. Il ne dit rien, ne se retourna pas. Il avait les yeux rouges, les lèvres sèches, la barbe et les cheveux hirsutes.

« Tu ne peux pas continuer comme ça. Tu es dans un état pitoyable. »

Leptine s'abstint de répondre.

« Je sais ce que tu éprouves, et je ne vais pas mieux que toi, mais il est inutile de te mettre dans cet état. Tu dois réagir. J'ai réuni la Compagnie. Tous ses membres sont indignés par le traitement que ton frère t'a réservé, ils m'ont laissé entendre qu'ils seraient également prêts à... »

Leptine parut s'arracher à sa torpeur. Il se tourna lentement vers Philistos et déclara : « Il ne fallait pas. Tu n'avais aucune raison de le faire. J'ai désobéi aux ordres et j'en subis les conséquences.

— Je ne suis pas d'accord. Tu avais raison, et je partage ton opinion. Pendant des années, nous avons suivi Denys dans sa volonté de construire une Sicile entièrement grecque. Nous avons toléré des actions exécrables, telles que la prise de Messine et de Catane, dans la perspective d'un avenir de paix et de prospérité, mais à présent Denys mène ouvertement les hostilités contre les Grecs italiens, et ce n'est plus supportable. J'ai refusé, pour ma part, de conclure une alliance avec les Lucaniens.

— Pourquoi ne me l'as-tu pas dit ? » demanda Leptine.

Philistos s'approcha, il prit un tabouret et s'assit près du lit de camp. « Parce qu'il ne m'en a pas donné la possibilité. Il pensait peut-être que je te persuaderais d'appuyer mon idée, et il ne voulait pas que cela se produise. Il a confié les négociations à des béni-oui-oui, et il ne t'a révélé qu'une partie de la vérité, te mettant devant le fait accompli. Tu t'es retrouvé nez à nez avec une horde de Barbares qui massacraient des Grecs et tu as réagi comme n'importe quel individu civilisé aurait réagi. Tu as toute mon estime et mon amitié, pour ce qu'elles valent. Et je ne suis pas le seul... » Il baissa le ton et poursuivit : « Les gens sont las de ces guerres incessantes, ils en ont assez de voir des mercenaires étrangers s'enrichir démesurément et obtenir des privilèges qui ne sont même pas accordés aux citoyens. Denys continue d'exiger des sacrifices au nom d'un avenir radieux qui s'éloigne, au lieu de se rapprocher. Plus les jours passent, plus il est sombre, soupçonneux, intraitable. Il a un héritier et c'est tout juste s'il le regarde pendant ses rares séjours. Il prétend que l'enfant tremble à sa vue, que c'est un petit lâche. Tu comprends ? »

Leptine soupira. « Je pensais emmener le petit à la campagne, lui apprendre à élever les abeilles et les poules. Je voulais le prendre à la pêche, mais Denys est jaloux, il veut que son fils subisse la seule influence des pédagogues qu'il a choisis pour lui. Des gens sans cerveau et sans cœur. Ils feront de lui un malheureux qui aura peur de son ombre... »

Philistos tira de sa poche une pomme et la posa sur la table, à côté du lit de Leptine. « Mange. C'est nourrissant. »

Leptine acquiesça et croqua le fruit. « Que fait-il, maintenant ? demanda-t-il entre deux bouchées.

— Il a mis le siège devant Rhégion, mais la ville ne cède pas. Iolaos ne va pas tarder à rentrer avec une partie de la flotte. Denys est resté là-bas. C'est tout au moins ce qu'on m'a dit.

— Iolaos est un bon soldat.

— Oui, et il semble que Denys veuille lui confier également notre délégation aux jeux Olympiques du printemps prochain.

— Cela me paraît une bonne idée.

— Très mauvaise. Tout au moins pour Iolaos. Du fait de la façon dont notre participation est organisée. Nous allons nous couvrir de ridicule. En outre, les jeux Olympiques sont une fête panhellénique qui se déroule au moment même où les Perses fondent sur les villes grecques d'Asie. Et nous nous y présentons, alors que nous nous sommes alliés aux Barbares contre une cité grecque. Est-ce, à ton avis, une bonne chose ? »

Leptine ne sut que répondre.

« Comme je te l'ai dit, j'ai tenu une réunion restreinte avec les chefs de la Compagnie, poursuivit Philistos. Ils souhaitent un changement total. Ils sont las de cette situation d'incertitude permanente, de l'atmosphère qui règne en ville, de l'impossibilité d'échanger des idées avec celui qui nous gouverne. Quiconque manifeste un point de vue différent du sien se transforme, à ses yeux, en ennemi, en suspect à filer, à surveiller, voire à emprisonner. Les membres de la Compagnie considèrent ce que tu as fait comme le signe d'une humanité que ton frère a perdue. »

Leptine jeta le trognon de pomme et se tourna vers Philistos. « Je ne le trahirai pas, si c'est ce que tu me proposes. »

Philistos baissa la tête. « Penses-tu que je sois un traître ?

— Tu es un homme politique, un lettré, un philosophe, et il est dans ta nature d'examiner des options différentes. Moi, je suis un soldat. Je peux ne pas être d'accord, je peux être indiscipliné, mais cela ne remet pas en cause ma loyauté.

— Nous parlons également de loyauté envers le peuple. Cela ne compte-t-il pas pour toi ? Le pouvoir de Denys n'est justifié que si le peuple est récompensé de tous ses sacrifices, de ses larmes et de son sang. »

Leptine garda le silence.

Philistos se dirigea vers la porte, mais avant de sortir il dit : « Il y a quelqu'un qui désire te voir.

— Je n'ai pas l'occasion de me déplacer.

— C'est elle qui viendra.

— Quand ? demanda Leptine en bondissant sur ses pieds, visiblement ému.

— Cette nuit, à la seconde relève de la garde. Deux hommes de confiance prendront place devant ta porte, et tu pourras être tranquille... N'oublie pas que j'ai, moi aussi, de l'affection pour lui. Rien n'a changé de ce point de vue. Je... je serais encore prêt à donner ma vie pour lui, si cela était nécessaire. Adieu, médite mes paroles. »

On entendit un léger piétinement, un échange de chuchotements, puis le bruit du verrou qui coulissait. La porte s'ouvrit.

Une silhouette féminine à la tête et au visage recouverts d'un voile apparut dans l'embrasure.

Leptine s'empara de la lanterne qui était accrochée au mur et l'approcha. « Aristomaché... murmura-t-il comme s'il n'en croyait pas ses yeux. C'est toi. »

La jeune femme découvrit son visage pâle, ses grands yeux noirs, son nez parfait.

« Qu'es-tu venue faire ? C'est dangereux, c'est...

— Je ne pouvais pas t'imaginer ici, seul, enfermé comme un voleur. Toi qui as risqué ta vie si souvent, qui as reçu de si nombreuses blessures, toi qui l'as toujours épaulé...

— C'est mon frère, c'est mon chef suprême.

— Il est indigne de toi. Il est devenu un être inhumain, insensible. Une seule chose lui importe :

conserver le pouvoir. » Leptine se tourna vers le mur comme s'il rejetait ces mots. « Un jour, tu as dit que tu m'aimais... murmura Aristomaché.

— Nous étions jeunes... des gosses.

— Je disais la vérité, et toi aussi. Comme toi, je n'ai jamais oublié.

— Tu es la femme de mon frère.

— C'est la raison pour laquelle tu me méprises ?

— Non, tu te trompes. Je te respecte... je te vénère presque, comme une divinité, comme...

— Une malheureuse. J'ai accepté ce mariage absurde car ma famille me l'a imposé, toujours pour une question de pouvoir. J'ai partagé le lit de mon époux avec une autre. Aucune femme de condition libre, fût-elle la plus misérable, n'a jamais eu à subir pareille humiliation. Mais j'ai toujours senti ton regard sur moi. Quand tu étais présent et quand tu étais au loin... le regard d'un homme bon, courageux, qui m'aurait aimée et respectée.

— Cela n'a pas été possible, Aristomaché. La vie en a décidé autrement, et nous devons l'accepter, nous résigner.

— Mais je t'aime, Leptine, je t'aime depuis le premier jour, quand je t'ai vu, les cheveux ébouriffés et les genoux écorchés, te battre contre les garçons de l'Ortygie. Depuis ce jour-là, tu es mon héros... Je rêvais de toi pour mon avenir, Leptine. J'aurais voulu de toi un fils qui te ressemble, qui ait ta lumière dans les yeux...

— Je t'en prie, l'interrompit Leptine. Restes-en là. Tu sais que c'est impossible. »

Aristomaché garda le silence un moment. On aurait dit qu'elle ne trouvait ni la manière ni le courage de parler.

« Qu'y a-t-il ? l'incita Leptine.

— Il y aurait une solution... Je le sais, cela peut paraître une folie, mais... Philistos ne t'a rien dit ? »

Leptine posa sur elle un regard perplexe et inquisiteur. « Il a commencé un discours que je ne lui ai pas laissé achever, mais j'ai l'impression que toi, tu l'as écouté jusqu'au bout. De quoi s'agit-il ?

— Nombreux sont ceux, en ville, qui souhaitent que tu prennes le pouvoir. Pour moi, ce serait la seule chance de... comprends-tu ce que je veux dire ?

— Je comprends très bien. Hélas, je n'approuve pas ces projets, même si je t'aime. Crois-moi, c'est une folie. Tout se terminerait par un bain de sang, par un désastre. Je ne suis pas taillé pour ce genre de choses. Je n'appuierai jamais une conjuration contre mon frère. Et tu sais pourquoi ? Parce que les conjurations se concluent toujours par l'élimination physique de l'adversaire. Tu m'imagines en train d'assassiner mon frère ?

— Ce n'est pas vrai. Tu lui sauverais la vie et lui rendrais son humanité.

— Non, les révoltes échappent souvent à ceux qui les ont organisées, nous l'avons constaté à de nombreuses reprises. La seule pensée de la trahison me répugne. Tu peux être certaine d'une chose : de mon amour, de mon dévouement, de mon respect. Je donnerais n'importe quoi pour vivre auprès de toi, mais ça non, je ne peux pas le faire. Et maintenant, va... Va avant qu'on ne te surprenne ici. »

Il la saisit délicatement par le bras comme pour l'accompagner, mais elle se tourna vers lui et se jeta à son cou en pleurant.

C'est alors que retentit le bruit du verrou. Aussitôt après, la silhouette d'un homme revêtu d'une armure se découpa dans l'embrasure de la porte. Denys !

« Elle n'a rien fait, se hâta de dire Leptine. Ne lui fais pas de mal. »

Denys lui lança un regard courroucé, mais se garda de prononcer le moindre mot. La lumière de la lanterne coupait son visage en deux, creusait ses traits et soulignait les rides de son front. Il adressa un signe au garde, qui prit Aristomaché par le bras et l'entraîna. D'un autre signe, il lui ordonna de fermer la porte.

Leptine martela le bois de coups de poing en criant : « Arrête, écoute ! Ecoute-moi, ne t'en va pas ! »

Mais il ne reçut pour toute réponse que le bruit des pas cloutés des mercenaires le long du couloir.

Le lendemain, les deux gardes qui avaient autorisé Aristomaché à entrer furent exécutés dans la caserne en présence de la garnison alignée. On alla chercher Leptine et on le conduisit au port, où il fut embarqué dans une trière.

Le commandant du navire appartenait à la Compagnie, c'était un dénommé Archélaos, que Leptine connaissait bien.

« Où m'emmenez-vous ? demanda-t-il.

— Je l'ignore, répondit l'officier. Un de mes hommes me communiquera notre destination dès que nous serons au large. Jusqu'à cet instant-là, elle demeurera inconnue. Je regrette, commandant. »

Le navire prit le large et fit route vers l'est.

Le jour même, Philistos reçut la visite de Denys.

« Trahi par mon frère et par mon meilleur ami, l'homme auquel j'avais confié la garde de ma famille et les clefs de ma forteresse.

— Trahi par toi-même, Denys. Par ton ambition effrénée, par ton aventurisme, par ton égoïsme sans bornes. Combien d'individus sont morts pour toi, en essayant de te suivre dans tes folles entreprises ? Non, je ne t'ai pas trahi, et Leptine est la première de tes victimes. Il t'aime et il t'est aveuglement fidèle. Quant à Aristomaché, il n'y avait entre eux qu'un amour naïf d'enfance. Leptine est un homme tout d'une pièce, il ne l'a même pas effleurée. Et maintenant, tu l'as envoyé je ne sais où. Dis-moi, il y a un tueur à bord, n'est-ce pas ? Un homme qui l'assassinera et le jettera à l'eau une fois que le bateau sera assez loin pour que son corps ne soit pas ramené par le courant et reconnu. C'est ça ? »

Denys s'abstint de répondre.

« Si tel était le cas, tu commettrais le plus atroce des crimes, un meurtre monstrueux. Fais rattraper ce navire, vite, essaie d'arrêter cette atrocité, s'il en est encore temps. En ce qui me concerne, j'essayais seulement de te sauver de toi-même, de la fureur destructrice qui te possède comme un démon. Jamais je ne pourrais te nuire. C'est vrai, j'ai promis de te suivre jusqu'aux Enfers, mais je pensais à des entreprises glorieuses, et non à un massacre incessant, à une interminable série d'horreurs.

— Tais-toi, dit Denys. Je ne veux plus t'écouter.

— Eh bien, tu m'écouteras quand même. Tu ne te demandes pas pourquoi ton meilleur ami refuse de te suivre dans ta folie suicidaire ? Fais-moi tuer, moi aussi, si tu en as décidé ainsi. Peu importe. Cependant, à qui pourras-tu te fier ? Il te reste Iolaos, mais il commence à vaciller, il est, lui aussi, saisi par le doute. Tel est le problème que rencontrent ceux qui, dans ta position, font le vide autour d'eux. Tu ne pourras plus compter sur personne, tu n'auras plus un seul individu en qui placer ta confiance.

« Voilà, je voulais t'éviter ça, car la solitude est le pire des châtiments. J'ignore le sort que tu m'as réservé. Nul doute que je le connaîtrai rapidement. Mais nos routes se sont séparées depuis longtemps, Denys, depuis le jour où j'ai refusé de conclure une alliance avec les peuples barbares contre les cités grecques. Nous sommes arrivés à la conclusion de notre différend. Tu as la force, les armes, le pouvoir, je n'ai que mes paroles, ou plutôt je n'en ai plus, puisque je n'ai plus rien à te dire. L'issue d'un affrontement aussi inégal me paraît évidente. Je ne te demande qu'une seule chose : ne cherche pas d'autres coupables, car il n'y en a pas. Punis-moi, parce qu'il n'y a personne d'autre à punir.

— Je m'y emploierai, répondit Denys. Adieu. »

Mais il fit rechercher, interroger et emprisonner de nombreux hommes, surtout des membres de la Compagnie. Et il n'hésita pas, dit-on, à en exécuter certains en secret. Cependant, ces actes ne provoquèrent pas de réponse violente. Il n'y eut, en apparence, aucune réaction. On crut alors que la Compagnie avait, elle aussi, peur de Denys. Or ceux qui connaissaient bien cette société savaient qu'elle ne renoncerait pas à se venger. Ce n'était qu'une question de temps.

Quant à Philistos, il se rendit compte qu'il était surveillé, rien de plus. Puis, un soir, un émissaire vint du palais de l'Ortygie lui dire de se préparer au départ.

On l'embarqua le lendemain dans un bateau marchand qui transportait un chargement de vin et d'huile, commandé par l'armateur en personne, un marchand en gros du nom de Sosibios.

Le voyage dura près d'un mois et se termina dans une ville lointaine, à l'extrémité du golfe Adriatique, à l'intérieur d'une vaste lagune. C'était la ville même qui donnait son nom au golfe, Hadria, un établissement de Vénètes, auxquels s'étaient ajoutés au fil des ans une colonie de Grecs et, par la suite, un groupe d'Etrusques. C'était un endroit humide et étouffant, entouré de marais et infesté de moustiques, y compris pendant la journée. Denys y avait installé un comptoir marchand qui échangeait des produits agricoles et métallurgiques contre de l'ambre et des chevaux de guerre.

On logea Philistos dans une maisonnette non loin de la mer, à l'intérieur du quartier syracusain. S'il n'y avait pas de soldats, Philistos était certain qu'il était entouré d'espions et d'informateurs qui ne perdraient pas de vue le moindre de ses mouvements.

Les premiers temps furent très durs : Hadria était constituée de cabanes en bois et en paille, totalement privées des caractéristiques qui rendaient les cités grecques agréables. Elle n'abritait ni théâtre, ni bibliothèque, ni école, ni portiques, ni fontaines, ni le moindre monument de ce genre. Les sanctuaires étaient misérables et dépouillés, rien ne les distinguait en apparence des autres cabanes. En effet, le terrain était si meuble et si fragile qu'il ne pouvait supporter le poids de constructions en pierre.

Quand vint l'hiver, la situation se dégrada encore : un brouillard épais se levait des marais environnants et de la lagune, recouvrant et engloutissant tout, répandant une humidité qui pénétrait jusqu'aux os et causait des douleurs articulaires.

La désolation de ces lieux, l'incertitude du lendemain et l'absence de nouvelles concernant le sort de Leptine plongèrent Philistos dans un état de profonde consternation. Il errait des heures entières sur le rivage en écoutant les cris mélancoliques des mouettes ; il veillait toutes les nuits, torturé par sa solitude et la misère dans laquelle il était relégué. L'idée de demander pardon à Denys, de l'implorer pour qu'il l'arrache à ces lieux détestés aux confins du monde lui traversait souvent l'esprit, mais il trouvait toujours la force de résister, de serrer les dents. Il se disait qu'un sage ne plie jamais devant le pouvoir, qu'il doit puiser dans la force de son esprit la raison de son indépendance et de sa dignité. Il parvint ainsi à surmonter la période la plus rigoureuse de l'hiver, et, avec le retour du printemps, il commença à entrevoir des aspects plaisants dans la terre qu'il habitait. Il se mit à vagabonder dans l'arrière-pays sans que personne le lui interdise, et il comprit ainsi que Denys ne l'avait pas enfermé dans une prison à proprement parler. Il lui avait infligé un exil amer, tout en lui laissant une certaine liberté de mouvement.

C'était une terre bien différente de la Sicile, basse et plate, couverte de bois et d'eau. Il remarqua que la lagune était fréquentée par de nombreux vaisseaux venant de l'est, mais aussi de l'ouest. Il découvrit un grand fleuve que les habitants nommaient Padus et qui n'était autre, selon les Grecs, que le mythique Eridan.

Avec le temps, des nouvelles commencèrent à arriver : des amis de la Compagnie, qui ne l'avaient pas oublié, réussirent à lui transmettre des messages, toujours de vive voix.

Il apprit ainsi que Leptine n'avait pas été tué, mais relégué sur une petite île de la côte illyrienne du nom de Lissos, où Denys avait établi une autre colonie.

Au début de l'été suivant, Sosibios, le marchand qui l'avait emmené en exil, revint et lui apporta d'autres nouvelles. « Notre participation aux jeux Olympiques a été un échec complet. Le pavillon syracusain était trop riche, trop luxueux, avec ses pieux dorés, ses draperies de pourpre, ses cordes en lin égyptien, ce qui a immédiatement heurté la sensibilité des Grecs. »

Philistos, qui l'avait accueilli chez lui, le fit asseoir en disant : « Comment se fait-il que personne n'ait conseillé Denys ? Les Grecs des métropoles sont arrogants, ils se croient les égaux des dieux. Ne parlons pas des Athéniens. Ils aiment la beauté, mais avec simplicité. Personne n'a lu Thucydide, par Zeus ? Ils considèrent les exagérations comme des manifestations de barbarie.

— Ce n'est pas tout, continua Sosibios. Les choses ne se sont pas arrangées avec la compétition littéraire. Denys voulait y participer pour donner de lui-même l'image d'un homme raffiné et sensible. L'un des meilleurs acteurs disponibles a récité ses poèmes, qui ont été accueillis, dit-on, par des sifflements et par un chœur de rires tant ils étaient mauvais. »

Philistos ne put s'empêcher d'éprouver une certaine satisfaction à cette nouvelle. « Si j'avais été à ses côtés, dit-il, une chose pareille ne serait jamais arrivée. Je lui aurais conseillé de ne pas participer, ou alors j'aurais demandé à un bon poète de lui écrire des vers. Hélas, il ne doit plus être entouré que d'adulateurs, qui ont certainement vanté ces poèmes. Et il les a crus.

— Tu n'es pas loin de la vérité, admit son interlocuteur.

— Et les compétitions sportives ? »

Sosibios soupira. « Un désastre... Nos deux quadriges se sont heurtés pendant la course des chars, provoquant un enchevêtrement inextricable : trois auriges y ont perdu la vie, deux autres l'usage de leurs membres. Et ce n'est pas terminé. Un grand orateur athénien, Lysias, a tenu un discours public en incitant les Grecs à renverser le tyran de Syracuse, qui s'était allié aux Barbares pour anéantir les cités grecques d'Italie et qui maintenait le siège de Rhégion, violant ouvertement la trêve sacrée qui imposait la paix entre les Grecs pendant toute la durée des Jeux. Le pavillon a été pris d'assaut par la foule qui voulait chasser les Syracusains de l'enceinte olympique. Et maintenant, continua-t-il, la pire des nouvelles. Iolaos, qui menait l'expédition au retour, a été pris dans une tempête dans le golfe de Tarente et a coulé avec son navire.

— Il est... mort ? » interrogea Philistos.

Sosibios acquiesça.

Philistos pleura : il perdait le dernier des amis qui avaient assisté à l'ascension de Denys et qui, au fond, était resté fidèle à celui-ci jusqu'au dernier moment. « Quand repars-tu ? demanda-t-il enfin au marchand.

— Dans trois jours, dès que le chargement sera terminé.

— Crois-tu que tu pourrais remettre un message à Leptine ? Est-il encore à Lissos ? »

Sosibios protesta. « C'est trop dangereux. Mais je

pourrais lui faire savoir par une de mes connaissances que tu es vivant et que tu te portes bien. Qu'en dis-tu ? »

Philistos le remercia. « Je te suis reconnaissant. Nous sommes très amis et je crois qu'il sera heureux d'avoir de mes nouvelles. »

Les deux hommes se saluèrent une nouvelle fois trois jours plus tard, au port. Alors qu'il grimpait sur la passerelle, Sosibios se retourna. « J'ai oublié le plus intéressant, dit-il. L'histoire de Platon.

— Platon ? répéta Philistos en écarquillant les yeux. Parles-tu du grand philosophe ?

— Exactement. Alors qu'il visitait l'Italie, au printemps, il a fait une étape en Sicile et en particulier à Syracuse. Comme tu peux l'imaginer, il a reçu un grand nombre d'invitations dans les cercles les plus prestigieux de la ville, je crois aussi dans une association de la Compagnie. Il a commencé par dire que notre luxe était déplorable, en particulier notre habitude de manger trois fois par jour, de coucher avec sa femme tous les soirs, d'avoir des maisons trop somptueuses. Ce n'est pas tout. Dans une conversation, il a abordé la question des vices, de la corruption et de la dépravation des institutions sous la tyrannie, en précisant toutefois que si l'on ne pouvait remédier à ce fléau, on n'avait qu'à charger des philosophes d'éduquer le successeur du tyran pour le transformer à son tour en philosophe et faire de lui un digne gouvernant. Tu te rends compte ? Il posait sa candidature au poste de précepteur du jeune Denys.

— Quel courage !

— Du courage ? Une folie pure et simple.

— Mais eux deux... Denys et Platon... Se sont-ils rencontrés personnellement ?

— Pas le moins du monde. Quand toutes ces belles propositions lui ont été rapportées, Denys a ordonné au capitaine du navire qui ramenait Platon en Grèce de le vendre aux pirates.

— Par Héraclès ! s'exclama Philistos abasourdi. Aux pirates ?

— Exactement. Ses disciples ont dû le racheter dans un marché d'Egine, avant qu'il n'échoue je ne sais où. »

Philistos ne put s'empêcher de ricaner en se rappelant une exclamation de Denys : « Les philosophes ! Je les évite comme les merdes de chien dans la rue. »

Sosibios partit, et Philistos retourna à ses occupations : la rédaction de l'histoire de la Sicile, tâche qui lui était particulièrement difficile depuis qu'il manquait d'informations.

Au cours de l'année suivante, les habitants d'Hadria, qui le tenaient désormais en grande considération, le chargèrent d'entreprendre un grand ouvrage : un canal qui rattacherait le bras le plus septentrional du Padus à leur lagune, de façon à la transformer en un centre d'échanges et de transit encore plus riche et plus fréquenté. Et Philistos se mit à l'œuvre.

XXIX

Philistos séjourna encore cinq ans à Hadria, dans des conditions anormales à de nombreux points de vue. Son exil lui laissait une liberté presque totale. Une seule chose lui était interdite : rentrer à Syracuse. Ayant accepté cette limitation douloureuse, il se rendit compte que Denys l'avait envoyé en ces lieux avec une mission non déclarée : être le guide de la colonie syracusaine qui s'y installait.

Pendant ce temps, les travaux du grand canal qui rattachait le bras septentrional du Padus à la lagune d'Hadria progressaient. Il n'était pas rare que Philistos les dirigeât lui-même en s'établissant sur les chantiers pendant des jours, voire des mois. Il avait minci et bronzé, il paraissait même rajeuni. A la fin des travaux, on souleva les palissades en faisant couler l'eau, ce qui donna lieu à un spectacle enthousiasmant.

Le canal bridait et guidait les eaux du grand fleuve, créant une nouvelle voie qui reliait la ville avec ce vaste arrière-pays, riche en toutes sortes de ressources naturelles : bétail, peaux, blé, bois, mais aussi vin, huile et produits métallurgiques provenant de l'Etrurie. Une œuvre de paix, enfin, de prospérité. Pleins de reconnaissance, les habitants d'Hadria consacrèrent au concepteur une inscription dans leur sanctuaire et appelèrent son ouvrage « Canal philistin ». Emu, Philistos pensa que son nom serait ainsi perpétué avec plus de succès qu'à travers ses œuvres historiques, auxquelles il continuait de s'appliquer avec assiduité.

La colonie syracusaine d'Hadria ne demeura pas isolée. Un second établissement fut fondé sur un promontoire de la côte ouest et nommé Ancône, du fait de sa forme de coude. Entre-temps, les Celtes qui avaient incendié Rome huit ans plus tôt s'étaient installés définitivement sur le territoire des Ombriens, non loin de la nouvelle colonie du promontoire, qui se transforma en base pour leur enrôlement.

Par un jour de printemps, un navire de guerre, une trière du nom d'*Aréthuse*, que Philistos avait souvent vue dans la darse du Lakkion et qu'on n'utilisait plus que pour des missions diplomatiques, vint mouiller à Hadria. Une visite lui fut aussitôt annoncée et il se retrouva bientôt nez à nez avec Aksal, le garde du corps celte de Denys. Sa chevelure était à présent parsemée de fils argentés et sa taille s'était élargie, mais il avait gagné en prestance.

« Aksal ! le salua-t-il. Jamais je n'aurais pensé te voir un jour ici. Qu'est-ce qui t'amène en ces lieux, au bout du monde ?

— Maître veut mes frères comme mercenaires et dit que toi venir avec moi pour faire accord.

— En vérité, je n'ai reçu ni instructions ni message à ce sujet, et je ne vois donc pas pourquoi je te suivrais. Je crois que tu pourras te débrouiller tout seul. Ton grec ne s'est pas beaucoup amélioré, mais tu parles sans doute fort bien ta langue. »

Aksal insista. « Maître dit que si toi pas vouloir venir, moi je prendre toi quand même. » Et il tendit ses deux mains, semblables à des pattes d'ours.

« Du calme, du calme. Je viendrai. Donne-moi au moins le temps de me préparer...

— Demain nous partir.

— J'ai compris. Mais je dois trouver quelqu'un pour s'occuper de mes livres, de mes effets personnels...

— Toi prendre tout. »

Philistos eut un coup au cœur. « Tout ? Qu'est-ce que cela signifie ? Explique-toi mieux, grosse bête.

— Toutes tes affaires. Toi ne plus retourner dans ce trou.

— Ah non ? Et alors où m'emmènes-tu ?

— Ça, Aksal dit pas.

— J'ai compris », répondit Philistos d'une voix résignée. Il n'osait imaginer la destination de ce voyage. Il pensait qu'Ancône constituerait un pas en avant. Ce devait être, en effet, une ville dans le véritable sens du terme.

Ils voyagèrent pendant six jours : les deux premiers, le long de la lagune, furent véritablement relaxants, les quatre suivants furent troublés par un vent de ponant qui les repoussait vers le large et faisait dériver la vieille *Aréthuse* de manière inquiétante. Aksal, qui n'en était pourtant pas à sa première expérience de navigation, était plutôt tendu, il lui arrivait même de pousser des cris gutturaux dans lesquels il déversait sans doute toute sa nervosité.

Ancône, en effet, était une ville à proprement parler, et sous tous les points de vue. Elle possédait un très beau port, protégé du vent de Borée, pourvu de hangars pour les navires de transport et les unités de guerre, une acropole imposante au sommet de la montagne qui dominait le golfe. Denys y avait fait construire un temple magnifique, visible de loin, et, en bas, une agora avec des portiques, qui reposait sur un port fréquenté par une multitude de vaisseaux. Philistos découvrit un marché bigarré : on y rencontrait des Grecs des colonies et des métropoles, des Picentins del'arrière-pays dans leurs vêtements pittoresques en laine brodée, des Ombriens, des Etrusques et des Celtes, en grand nombre, hommes et femmes. Philistos fut frappé par la beauté des femmes celtes : elles étaient grandes, avaient des jambes minces, des seins opulents, des nattes très blondes qui leur descendaient jusqu'à la taille. Certaines portaient des enfants à leur cou et dépensaient aux étals une excellente monnaie syracusaine. Les hommes étaient impressionnants : très grands, musclés, ils exhibaient un *torques* au cou, arboraient des culottes en laine resserrées aux chevilles, tout en se promenant torse nu, et de beaux ceinturons de mailles ou de lames en métal repoussé auxquels étaient fixées de longues épées.

Le point de recrutement était situé dans un local du port, où se retrouvaient des intermédiaires grecs qui parlaient la langue celtique, mais surtout des Celtes qui s'exprimaient dans un grec semblable à celui d'Aksal. Philistos se sentit renaître : enfin, il respirait l'atmosphère d'une *polis*, même si celle-ci était un peu métisse.

En l'espace de sept jours, il conclut une vingtaine d'engagements et versa les acomptes, puis l'*Aréthuse* reprit le large.

Philistos fut impressionné par la présence syracusaine dans cette région : les marchés de la mer orientale étant aux mains des Carthaginois, il était important, pour Denys, de multiplier sur l'Adriatique les commerces et les implantations coloniales.

Le commandant du navire lui apprit des nouvelles intéressantes. L'ouverture des nouveaux marchés et la stabilité de cette période apportaient une grande prospérité dans toutes les possessions de Denys, et ses femmes avaient mis au monde de nouveaux enfants. Denys avait imposé à la dernière-née, fille d'Aristomaché, le prénom d'Arêté.

Philistos en conclut que le cœur du tyran devait encore abriter des sentiments. Il pensa aussi à Aristomaché, contrainte de lui donner une descendance alors qu'elle aimait un autre homme, mais il se dit que le temps cicatrise les blessures et qu'on s'habitue à supporter les mésaventures et les difficultés de la vie.

Un jour, Philistos s'aperçut que le bateau virait vers l'est. Il imagina qu'on l'emmenait dans un avant-poste perdu, parmi les innombrables îles et criques de la côte illyrienne, où Syracuse implantait de nouvelles colonies. Soudain, une pensée le foudroya : Lissos ! Ils se rendaient peut-être à Lissos !

Ils y débarquèrent, en effet, et non sans difficulté, trois jours après leur départ d'Ancône. Bientôt, sous le regard sournois d'Aksal, Philistos se retrouva nez à nez avec un vieil, un très bon ami. « Leptine ! s'écria-t-il en le voyant.

— Philistos ! »

Les deux hommes s'étreignirent avec force, les larmes aux yeux.

« Fils de chien ! disait Philistos. Tu es encore entier ! Quelle joie de te revoir, par Zeus, quelle joie !

— C'est bien toi, vieux donneur de leçons ! s'exclama Leptine d'une voix tremblante. Regarde-toi, tu es aussi beau qu'une putain d'Ephèse ! Le climat de l'Adriatique t'a fait du bien. Où étais-tu ?

— A Hadria, justement.

— Hadria... où est-ce ? »

Philistos pointa le doigt vers le nord. « A l'autre extrémité du golfe. Les premiers jours, les moustiques me dévoraient tout cru, puis ils m'ont fichu la paix. A moins que je ne me sois habitué. Comme le temps a passé... Par les dieux, comme le temps a passé ! »

Bras dessus bras dessous, ils s'engagèrent à la lumière dorée du couchant sur une belle route pavée qui conduisait à la petite ville. Ils atteignirent le logement de Leptine, un petit bâtiment en pierre grise, doté d'une cour intérieure qu'un portique à colonnades bordait sur trois côtés. Au centre, un puits décoré de motifs floraux.

« Tu es bien installé, commenta Philistos.

— Je n'ai pas à me plaindre.

— Bref, ton frère n'a pas été trop dur avec toi.

— Non, répondit Leptine d'une voix sèche. Et toi ?

— Je pouvais me déplacer. J'ai eu des responsabilités gouvernementales, en un certain sens. Je vivais en liberté conditionnelle, si l'on peut dire. Où est passé Aksal ?

— Je n'ai pas fait attention. »

Philistos se retourna. « Il était derrière moi... Tu sais, ton frère m'a chargé de recruter des Celtes au marché d'Ancône. Ou plutôt, c'est ce que m'a rapporté Aksal, car Denys ne m'a adressé aucun message. Et toi ?

— Moi non plus.

— Aksal m'a ordonné d'embarquer toutes mes affaires. Je ne retournerai pas à Hadria. On m'a peut-être déplacé ici. J'aime bien cet endroit. Le climat semble agréable et il n'y a pas de moustiques. Nous pourrons jouer aux astragales, aller pêcher ensemble. Tu sais, je me suis habitué à me passer de la politique, et j'avoue qu'elle ne me manque pas. C'était un monde de fous... Et toi ?

— Moi ? Bof...

— Hé oui, commenta Philistos. Toi, tu es un animal de combat. Tu dois te sentir comme le *Boubaris* dans une bassine.

— Plus ou moins, admit Leptine. Tu es mon invité, dit-il ensuite pour changer de sujet de conversation. J'ai du poisson pour le dîner. Cela te va ?

— Si ça me va ? Je me contenterais d'une croûte de pain sec pour avoir le plaisir d'être en compagnie d'un vieil ami. »

Ils dînèrent ensemble dans la cour intérieure, allongés sur des divans, servis par des esclaves. Ils veillèrent longtemps en buvant du vin et en évoquant le bon vieux temps. Philistos remarqua toutefois que Leptine ignorait ce qui s'était passé à Syracuse et dans les métropoles au cours de ces dernières années. On le maintenait sans doute dans une sorte d'isolement. « Ton frère t'a-t-il écrit ? » finit-il par demander.

Leptine secoua la tête.

« T'a-t-il fait transmettre des messages de vive voix ?

— Non.

— Je comprends. D'après toi, on va me laisser ici ?

— Je n'en ai pas la moindre idée. Espérons. Cela me ferait plaisir. »

Ils allèrent se coucher à une heure tardive. Philistos contempla la pleine lune qui éclairait la rade et les quelques navires au mouillage. Un spectacle merveilleux. En ces lieux aussi, il y avait un morceau de Grèce. Un temple avait surgi, puis une place ; un port avait été construit ; la langue, les coutumes et la religion des Hellènes se diffusaient aussi dans l'arrière-pays.

Il se réveilla de bon matin, avec les cris des mouettes. Bientôt, on frappa à la porte d'entrée. En allant jeter un coup d'œil, il découvrit Aksal. « Que se passe-t-il ?

— Nous partons, répondit le Celte.

— Nous qui ?

— Nous : Aksal, toi et commandant Leptine.

— Par Zeus, ne me dis pas... Où allons-nous ?

— A Syracuse. Bateau part avec marée. Vite. »

Philistos gravit l'escalier en courant et fit irruption, hors d'haleine, dans la chambre de Leptine. « Nous partons ! s'écria-t-il.

— Qu'est-ce que tu racontes ?

— Aksal vient de me l'annoncer. Nous rentrons, mon ami, nous rentrons chez nous ! »

Leptine était comme étourdi, il ne savait que dire. Il arpentait sa chambre en regardant à travers la fenêtre.

« Dépêche-toi ! dit Philistos. Aksal veut larguer les amarres avec la marée.

— Aksal ne comprend rien. Le port a un fond si profond que la marée n'a aucune importance. Nous avons tout le temps que nous voulons.

— Hé, mais es-tu heureux ou pas ? Tu fais une de ces têtes...

— Oh oui, bien sûr... Mais je pense à l'instant où nous serons réunis. »

Personne ne les attendait sur le quai, et personne ne sembla les reconnaître quand ils quittèrent l'*Aréthuse :* à croire que des fantômes avaient débarqué. Ils balayaient le port du regard, émerveillés par les changements qu'ils découvraient : les constructions, les gens. Tout paraissait neuf, différent, et ils avaient un peu le sentiment d'être des étrangers. Soudain, Leptine tourna les yeux vers les bassins d'entretien et ne parvint à retenir ses larmes.

« Qu'y a-t-il ? demanda Philistos.

— Rien », répondit Leptine avant de se remettre en route. Mais Philistos regarda dans cette direction et aperçut le *Boubaris*, désarmé. Son énorme carcasse, avec sa figure de proue unique, évoquait le squelette d'un cétacé calciné par le soleil.

Ils suivirent Aksal, tandis que le bourdonnement animé du port, à cette heure de la soirée, formait un bruit de fond qui évoquait une ruche.

L'Ortygie.

L'austère palais de Denys était resté intact, tout comme les visages revêches de ses mercenaires. Ils traversèrent la cour, gravirent les marches – toujours derrière Aksal, qui ne disait pas un mot –, et se présentèrent devant la salle des audiences. La porte était entrouverte et le Celte leur fit signe d'entrer.

Denys était assis sur un tabouret dans un coin, le dos tourné. Le fauteuil dans lequel il recevait les délégations étrangères était vide.

En entendant la porte qui se fermait, il se leva. Mais ils furent tous trois incapables d'articuler le moindre mot, et la salle leur parut beaucoup plus grande qu'elle ne l'était en réalité.

« Tu nous as fait appeler... », finit par dire Philistos, comme s'ils étaient venus à pied du quartier voisin, et non des confins du monde, après de longues années d'absence.

« Oui », répondit Denys. Une nouvelle fois, un silence interminable s'abattit sur la pièce.

« Nous... je veux dire, ton frère et moi sommes heureux que tu l'aies fait », ajouta Philistos. Il tenta de dédramatiser cette situation pesante par une phrase spirituelle : « A dire la vérité, je m'ennuyais dans cette lagune, au milieu de tous ces moustiques.

— Et toi ? » demanda Denys à Leptine.

Celui-ci avait les yeux rivés au sol.

« Tu ne me dis pas bonjour ? » insista Denys.

Leptine s'approcha. « Salut, Denys. Je te trouve en pleine forme.

— Toi aussi. Tu n'as pas été trop mal.

— Non, pas trop.

— J'ai besoin de ton aide.

— Vraiment ?

— Je prépare une dernière guerre contre les Carthaginois. La dernière, tu comprends ? Et j'ai besoin de toi. Iolaos est mort.

— Je l'ai appris. Pauvre garçon.

— Garçon... nous continuons d'utiliser ce mot depuis de trop nombreuses années.

— Oui. »

Philistos les observait. Il sentit que quelque chose cédait au fond de son cœur, que l'émotion poussait des larmes sur ses cils. Il devinait que ces deux hommes, marqués par une dure vie, étaient encore animés d'un sentiment si puissant qu'il traversait toutes les incrustations de la rancune, des soupçons, de la peur, des raisons d'Etat, de la politique, du pouvoir. Le sentiment d'une amitié intense et douloureuse, blessée, offensée et, peut-être pour cette raison, encore plus profonde.

« Quelle est ta réponse ? le pressa Denys.

— Qu'attends-tu de moi ? Tu m'as relégué sur un rocher pendant cinq ans, sans un mot, sans un message. Cinq années...

— Mieux vaut ne pas remuer le passé », intervint Philistos maladroitement. Devinant qu'il avait dit une bêtise, il se tut aussitôt.

« Je ne pouvais pas te pardonner ce que tu avais fait...

— Je le referais aujourd'hui, si je me trouvais dans la même situation, rétorqua Leptine d'une voix décidée. Tu peux donc me réexpédier sans tarder d'où je viens. »

Denys soupira. Il était déchiré entre les restes d'une colère lointaine et l'émotion que suscitait en lui la vue de l'homme le plus loyal et le plus généreux qu'il eût jamais rencontré. Et cet homme était son frère. « J'ai besoin de ton aide », répéta-t-il en faisant un pas vers lui. Ils se fixaient droit dans les yeux, et ni l'un ni l'autre ne baissait le regard. Philistos aurait aimé disparaître.

« Que les choses soient claires, répondit Leptine. C'est toi qui m'as appelé. Ce n'est pas moi qui ai demandé à rentrer.

— D'accord, répondit Denys. Quoi d'autre ? »

Il y avait une telle tension dans l'air que Philistos se sentait frissonner, mais cette fois il garda le silence.

« Ah ! s'exclama Leptine. Dans le cul ! » Et il quitta la pièce.

Denys attendit que la porte ait claqué pour répéter avec un ricanement : « Dans le cul...

— As-tu également besoin de moi ? demanda Philistos.

— Oui. Assieds-toi. » Il lui indiqua un tabouret et lui parla comme si quelques heures seulement s'étaient écoulées depuis leur dernière entrevue. « Ecoute-moi bien. Le traité de paix que j'avais signé avec Carthage lui reconnaissait le droit d'exiger des tributs d'Agrigente, de Sélinonte et d'Himère.

— C'est exact.

— Ces villes m'ont envoyé des émissaires en me disant qu'elles se rangeront dans notre camp si nous acceptons de les protéger. Cependant, elles m'ont laissé clairement entendre qu'elles n'ont pas l'intention de passer d'une sujétion à l'autre.

— Je comprends. Que veux-tu que je fasse ?

— Tu iras voir les gouvernants de ces villes et tu négocieras une formule d'... annexion qui respecte leur autonomie et ne froisse pas leur dignité. Tu as bien compris ?

— Très bien.

— C'est tout.

— C'est tout ?

— Pourquoi ? Avons-nous autre chose à nous dire ? »

Philistos baissa la tête. « Non, répondit-il, je suppose que non. »

Aksal l'attendait derrière la porte pour le conduire chez lui.

Quand il entra, il vit que tout était parfaitement en ordre : les meubles, les bibelots, les murs fraîchement repeints, comme s'il n'était jamais parti.

Il s'assit, s'empara d'une tablette et d'un stylet, poussa un profond soupir et dit : « Remettons-nous au travail. »

Leptine lui rendit visite quelques jours plus tard. Il était sombre et mal luné.

« Qu'attendais-tu ? lui lança Philistos en abandonnant ses papiers. Qu'il nous jette les bras autour du cou ?

— Pas le moins du monde.

— Tu te trompes, parce qu'il l'a fait d'une certaine façon. Il t'a demandé de l'aide, ce qui équivaut à se mettre à genoux devant toi.

— Il l'a fait pour une seule raison : il est seul comme un chien, il ne peut se fier à personne.

— Justement. Il pourrait également ne pas avoir confiance en nous. La situation était loin d'être claire quand nous sommes partis.

— Dans ton cas, pas dans le mien.

— C'est vrai. Je suis sûr que les sentiments que tu éprouves pour lui n'ont pas changé. Quant à moi, je pense qu'il ne me pardonnera jamais, et tu sais pourquoi ? C'est avec ton cœur que tu as manqué à tes devoirs envers lui. Moi, avec mon esprit... Mais je lui suis utile. Je suis le meilleur, en matière de négociations diplomatiques, et le seul à pouvoir faire du bon travail. Cela me suffit. Etre près de lui me suffit, je l'admets.

— Et ces discours, ces projets de changement

dans lesquels tu voulais m'entraîner ? Nous n'y pensons plus ? Tout va bien désormais ? »

Philistos soupira. « Les hommes de lettres devraient se tenir éloignés de l'action. Ils ne sont pas taillés pour ça. Ma tentative maladroite a été une colossale erreur, tout comme l'idée de t'y impliquer. Mais je l'ai fait en toute bonne foi, je te le jure. T'es-tu promené un peu en ville ? As-tu vu ce qui se passe ? Ici, personne ne pense plus à la politique. Les organismes administratifs marchent bien, le conseil des citoyens peut délibérer dans de multiples secteurs de l'économie, de l'ordre public, de l'urbanisme, les frontières sont rigoureusement surveillées, l'économie est forte, un tas d'argent circule. Syracuse est une grande puissance qui négocie sur un pied d'égalité avec Athènes, Sparte et même la Perse. Je ne m'en étais pas rendu compte. Quant à lui, il s'est, paraît-il, amélioré, y compris dans la composition poétique. Un véritable prodige, en admettant que ce soit vrai.

« Il a construit un système qui fonctionne et les faits lui donnent raison. L'âge héroïque n'est plus qu'un souvenir, mon ami. A présent, nous avons affaire à un homme mûr, trop sévère avec son fils aîné, lequel est de plus en plus timide et faible, me dit-on, un homme extravagant et souvent intraitable, et pourtant toujours capable de concevoir des stratégies d'une incroyable audace. Au fond, s'il voulait, il pourrait profiter tranquillement de sa vieillesse, recevoir les ambassadeurs étrangers, assister aux fêtes publiques et aux représentations théâtrales, aller à la chasse, élever des chiens. Au lieu de ça, il prépare une expédition contre Carthage. La dernière, dit-il. Après quoi, la Sicile sera entièrement grecque, elle deviendra le nombril du monde, la nouvelle métropole. Au fond, si tu réfléchis bien, avec la position qu'elle occupe au centre de la mer, à équidistance entre l'Hellespont et les Colonnes d'Hercule, c'est sa vocation naturelle. Denys a une grande vision, comprends-tu ? Hélas, il existe un problème de fond qui rend toute cette opération inutile.

— Lequel ? demanda Leptine.

— C'est simple. Il n'y aura pas un second Denys. Tout repose sur lui, comme le ciel sur les épaules d'Atlas. Le meilleur des tyrans ne peut être préférable à la pire des démocraties. Il est irremplaçable, et quand il tombera, son édifice s'écroulera avec lui, même s'il est grand et puissant. Ce ne sera qu'une question de temps.

— Alors, si tout est inutile, pourquoi sommes-nous rentrés ?

— Parce qu'il nous a rappelés, répondit Philistos. Et parce que nous l'aimons. »

XXX

On frappa à la porte.

« Oui », dit Leptine avant d'ouvrir.

Il se trouva nez à nez avec Aristomaché, aussi belle que lors de leur dernière entrevue, mais plus pâle. Il mit un certain temps à se ressaisir, comme s'il avait été foudroyé par une apparition. « Entre », lui dit-il.

Aristomaché ôta son voile. « Je suis heureuse de te voir. Nous avons été longuement séparés.

— Moi aussi, je suis content. Durant mon exil, toutes mes pensées allaient vers toi. Et maintenant, tu es là... Jamais je n'aurais pu l'espérer. C'est lui qui t'envoie ?

— Non. Je lui ai demandé l'autorisation de te rendre visite, et il me l'a accordée. »

Leptine ne sut que dire.

« C'est un geste généreux, déclara Aristomaché.

— C'est ce que tu penses ?

— Et toi, que penses-tu ?

— Il croit peut-être que tu me persuaderas de l'aider dans sa prochaine guerre.

— Oh, non. Ce n'est pas dans sa nature. Tu es libre de faire ce que tu souhaites. Ton apanage t'a été rendu. Tes propriétés sont intactes et bien entretenues. Tu peux choisir une vie tranquille et personne ne t'en tiendra rigueur. Denys encore moins que quiconque.

— Comment le sais-tu ?

— Il me l'a dit.

— Vous avez parlé de moi ?

— Tous les jours depuis ton retour. Et aussi... avant, de temps en temps. Il n'a jamais voulu l'admettre, mais ton absence a été pour lui la pire des souffrances. »

Leptine se passa la main sur le front. « Et qu'est-ce que... qu'est-ce que vous avez dit ?

— Pour lui, tu es l'être le plus important qui soit au monde. Plus que moi, plus que ses enfants, plus que son autre femme.

— Des mots...

— Plus que des mots. Des sentiments, répliqua Aristomaché avec un tremblement dans la voix. Un patrimoine précieux, le seul pour lequel il vaille la peine de vivre. Si je pouvais, je te conseillerais de mener une vie tranquille. Tu n'as plus de responsabilités gouvernementales, tu n'as plus de commandement. Tu as payé un dur prix pour ton courage, ta bravoure et ton honnêteté. »

Leptine la contempla longuement en écoutant les battements de son cœur. Il n'était plus habitué à de telles émotions. Mais si ces exhortations lui étaient adressées par la femme qu'il aimait, elles allaient, il le sentait, à l'encontre de son penchant naturel. Il répondit : « Je crains qu'une vie de ce genre ne soit pas faite pour moi. J'ai passé cinq années sur un rocher battu par le vent à regarder la mer. L'inactivité est, pour moi, une torture insupportable. J'aurai le temps de dormir pour l'éternité quand je serai enfermé dans une tombe. Tu diras à mon frère que je suis prêt à empoigner mon épée et à me battre pour lui, mais à une seule condition : que nous affrontions notre vieil ennemi. Et c'est seulement pour cette raison que j'attendrai d'être convoqué. »

Aristomaché posa sur lui ses yeux brillants. « Tu retourneras donc te battre.

— Si c'est nécessaire.

— Je prierai pour que les dieux te protègent.

— Je te remercie, mais je ne crois pas que les dieux éprouvent de l'intérêt pour moi. Tes pensées me protégeront certainement plus.

— Tu les auras toujours, à n'importe quel instant du jour et de la nuit. Te revoir m'a été d'un grand réconfort. Prends soin de toi. »

Elle lui effleura la bouche d'un baiser et s'en alla. Il ne la revit jamais plus en tête à tête.

Les préparatifs durèrent trois ans, pendant lesquels Denys étendit son hégémonie au centre le plus important de la Ligue italienne, Crotone, bien qu'il fût l'allié des Carthaginois. L'utilisation massive de ses mercenaires celtes lui avait valu la victoire.

En réalité, l'alliance entre la Ligue et la ville punique n'était jamais devenue opérationnelle : en effet, Carthage avait été encore une fois frappée par la peste et avait dû réprimer une nouvelle révolte des indigènes libyens. Entre-temps, bien décidé à renflouer les caisses de son trésor, en vue d'une nouvelle guerre, et à donner une leçon aux pirates étrusques qui s'aventuraient de plus en plus au sud,

Denys lança une attaque téméraire jusqu'au cœur de la mer Tyrrhénienne. Un contingent pilla leur sanctuaire à Agylla, que les Grecs appelaient du fait de son aspect « Les Tours ».

Cette incursion lui rapporta mille talents et concentra sur lui la haine des philosophes, qui le taxèrent encore une fois de monstre, puisqu'il n'avait même pas de respect pour les dieux.

Pendant ce temps, Philistos avait conclu de nouveaux traités avec Agrigente, Sélinonte et Himère, les englobant dans la Grande Sicile de Denys. Le territoire carthaginois s'était réduit à l'extrême pointe occidentale de l'île, avec quelques villes encore sous domination punique.

Fidèle à ses convictions, Leptine n'avait pas suivi son frère contre les Etrusques, mais il s'était préparé à l'affrontement final contre l'ennemi carthaginois. Il s'entraînait plusieurs heures par jour avec Aksal à la lutte, au pugilat, au maniement du bouclier et de l'épée. Lorsque les deux hommes se plaçaient au centre de l'arène, leurs compagnons d'entraînement abandonnaient leurs activités et se pressaient autour de l'anneau pour assister à l'affrontement des deux titans. Le frémissement des muscles, le scintillement de la sueur, le halètement des bouches grandes ouvertes rendaient ces rencontres extrêmement réalistes : il ne manquait que le sang pour qu'elles ressemblent à un duel mortel.

Quand Denys revint d'Italie, il invita son frère et Philistos à dîner.

Il n'y avait pas d'autres convives autour de l'ameublement de campagne : une table rabotée et des tabourets pliants.

« Tu as vu ? La Ligue italienne s'était alliée avec les Carthaginois. Elle n'a pas de scrupule, elle, à conclure des pactes avec les Barbares.

— Ne joue pas avec des dés pipés, tu sais bien ce qu'il en est. Certains individus considèrent la liberté comme un bien suprême, plus important que la communauté de sang et de langue. Et je les comprends. »

Denys acquiesça gravement. « Et pourtant, tu as accepté de mener avec moi la prochaine guerre.

— Oui.

— Puis-je savoir pourquoi ?

— Non.

— D'accord. Puis-je avoir confiance en toi ?

— Oui.

— Comme... au bon vieux temps ? »

Leptine baissa la tête : ces quelques mots avaient suffi à déchaîner en lui une kyrielle de souvenirs et d'émotions tumultueuses.

« Je t'ai éloigné, je t'ai exilé, car te voir et penser que tu pouvais me trahir auraient constitué pour moi une souffrance intolérable.

— Es-tu encore capable de souffrir ? demanda Leptine. Je ne l'aurais pas cru.

— Comme n'importe quel être humain, comme n'importe quel mortel. Maintenant que je me rapproche du seuil de la vieillesse, j'aimerais que nos relations redeviennent ce qu'elles étaient.

— Et ma trahison ?

— J'ai réfléchi... Toute chose requiert du temps, mais le mien s'amenuise, jour après jour. Je veux te dire une chose : si je devais... mourir au cours de la prochaine guerre, tu serais mon successeur et tu pourrais épouser Aristomaché. Elle ne refuserait pas. J'en suis certain. Personne ne t'arrive à la cheville. Les hommes de ta trempe ont toujours été rares, et il n'y en aura sans doute pas beaucoup à l'avenir. Si je tombe au combat, vous veillerez à ce que mes cendres soient unies à celles d'Arêté. Promettez-le-moi. »

Philistos échangea un regard complice avec Leptine. Il répondit : « Sois tranquille, ce sera fait » et s'éloigna.

Denys se leva et rejoignit Leptine. Il lui serra la tête contre sa poitrine, tandis que celui-ci refermait ses bras autour de sa taille et l'étreignait.

Ils pleurèrent en silence.

Le premier débarquement carthaginois eut lieu cet été-là, sur ordre de Magon, qui partit de Palerme et se dirigea vers Messine. Denys convoqua une réunion du haut commandement et exposa son plan. La flotte ne quitterait pas le port. Seules les forces de terre sortiraient pour intercepter l'ennemi au nord et l'anéantir. Les mercenaires celtes occuperaient le centre sous son commandement, les milices citadines l'aile droite aux ordres de Leptine, les mercenaires campaniens et péloponnésiens l'aile gauche avec leurs commandants de détachement. La cavalerie ne serait utilisée que dans un second temps, à la poursuite des fuyards.

L'affrontement se produisit dix jours plus tard dans une localité indigène située au centre de l'île et dénommée Kabala. L'armée secrète de Denys l'emporta. La vue des guerriers celtes, gigantesques, avec leurs longues crinières blanches, leurs bras et leur poitrine tatoués, sema la panique dans les rangs adverses, et leur énorme puissance les anéantit au moment de l'impact. Leptine lança ses milices de la droite en les menant lui-même avec un élan que favorisait l'inclinaison du terrain. Il contourna ses ennemis en une manœuvre enveloppante, les concentrant vers le centre, ce que firent aussi les Campaniens et les Péloponnésiens, venus de gauche.

L'armée punique fut balayée : dix mille hommes furent tués, dont Magon, le commandant suprême ; cinq mille furent capturés. Cinq mille autres, presque tous carthaginois, réussirent à s'abriter derrière un vieux mur et à s'y retrancher pendant la nuit, aux ordres du fils du général tombé, un jeune homme valeureux qui portait le nom fatal d'Himilcon.

Avant que la nuit tombe, ils envoyèrent une délégation à Denys pour négocier leur reddition. Mais, se sentant invincible, celui-ci leur imposa des conditions très dures : ils devaient se retirer totalement de la Sicile et lui verser des dommages de guerre.

Les envoyés d'Himilcon déclarèrent qu'ils ne pouvaient prendre une telle décision sans adresser auparavant un messager à Palerme : ils lui rapporteraient la réponse de leurs supérieurs avant quatre jours. Ils réclamaient une trêve de cinq jours.

Denys et Leptine, encore couverts de sang et de sueur, se retirèrent dans la tente pour tenir conseil.
« Que faisons-nous ? demanda Denys.

— Nous avons cinq mille hommes entre nos mains, c'est vrai, mais tu as posé des conditions qu'ils ne pourront pas accepter. Ils essaieront donc de gagner du temps. Achevons d'encercler la colline de manière à les empêcher de se jouer de nous. Nous ne laisserons passer que le messager.

— Exact. C'est ce que nous ferons. Qu'ils entrent maintenant. »

Les envoyés écoutèrent les termes de la trêve avec une satisfaction évidente, puis ils saluèrent respectueusement et regagnèrent leurs quartiers.

Aussitôt après, Leptine chargea la cavalerie et les Péloponnésiens, aux ordres d'officiers syracusains, d'achever l'encerclement de la colline et d'allumer des feux partout. A la tombée de la nuit, le messager carthaginois se présenta à l'un des postes de garde et obtint l'autorisation de sortir. Il disparut au grand galop en quelques instants.

La nuit et la journée du lendemain furent calmes. De temps à autre, Leptine recevait des rapports laconiques des postes de garde. Le troisième jour, alors que le soir tombait, l'absence du messager et ce calme insolite éveillèrent ses soupçons. Il se dirigea vers le sommet de la colline, à la tête d'un groupe d'infanterie légère, et déploya ses hommes en éventail. Au fur et à mesure qu'il progressait, un terrible pressentiment grandissait en lui. Désormais sûr de son fait, il lança ses hommes de l'autre côté du mur. Il les rejoignit, tout haletant, et éclata d'un rire moqueur : les lieux étaient déserts.

« Cherchez partout ! s'écria-t-il. Retournez toutes les pierres. Ils ne peuvent pas avoir disparu aussi facilement. Cherchez, j'ai dit ! »

Denys se présenta un peu plus tard. Pâle, les mâchoires contractées, il tremblait de rage et de frustration à la vue de ces lieux déserts.

« *Heghemòn*, cria un soldat. Par ici, vite ! »

Leptine et Denys se précipitèrent vers l'homme, qui leur indiqua une des grottes dont cette région aride regorgeait : une caverne naturelle qui descendait dans les entrailles de la terre, se prolongeant par un boyau qui se déroulait sur environ trois stades et débouchait en rase campagne par un orifice que dissimulaient d'épaisses broussailles ainsi qu'un enchevêtrement de ronces. Des taches de sang sur les épines et sur l'herbe piétinée ne laissaient pas de place au doute.

« Malédiction ! pesta Denys. Poursuivons-les !

— Ils ont trop d'avance sur nous, et ils ont certainement marché à toute allure. Nous ne les rejoindrons jamais. Le destin s'est joué de nous en nous privant d'une victoire définitive. Quoi qu'il en soit, nous les avons battus et nous pouvons nous en contenter. Rebroussons chemin. »

Trois jours plus tard, un courrier carthaginois leur délivra un message d'Himilcon : à son grand regret, il était contraint de rejeter les conditions de la reddition.

« Et en plus, il se fiche de moi ! rugit Denys.

— C'est son droit, me semble-t-il, commenta sur un ton philosophique Philistos, qui était venu à leur rencontre.

— Ah, qu'il aille se faire foutre ! » pesta Denys avant de pousser son cheval au galop.

Denys se prépara pendant toute la fin de l'année à la guerre que les Carthaginois ne manqueraient pas de reprendre, à en juger par les renseignements de ses informateurs. De fait, les armées s'ébranlèrent au début de l'été.

Denys et Leptine, accompagnés de Philistos, se présentèrent par le sud ; Himilcon par le nord. Après s'être longuement étudiées et provoquées par des escarmouches et de fausses attaques, après s'être observées de loin par l'intermédiaire d'escadrons de reconnaissance, les deux armées s'affrontèrent dans une ville de l'Ouest sicilien que les

Grecs appelaient Kronion. Denys eut l'amère surprise de constater que les Carthaginois s'étaient dotés, eux aussi, d'un contingent massif de mercenaires celtes, qu'ils avaient probablement enrôlés en Gaule, ou à partir de leurs bases liguriennes.

La bataille débuta en fin de matinée. Aux sonneries des trompettes et au mot d'ordre, l'armée syracusaine se lança à l'attaque, forte du succès qu'elle avait obtenu l'année précédente. Le combat était incertain, chaque armée cédant puis regagnant du terrain tour à tour, sous la brûlure d'un soleil aveuglant. Puis vers midi, affaiblis par la chaleur, les Celtes que Denys avait alignés au centre commencèrent à reculer, découvrant le flanc de l'aile droite où Leptine se battait avec un courage exceptionnel. Le remarquant, Denys cria à son aide de camp d'envoyer des renforts à son frère, mais les Celtes et les Baléares d'Himilcon s'étaient déjà engouffrés dans le passage, isolant presque complètement l'aile droite syracusaine qui se retrouva ainsi en forte infériorité numérique.

Submergé par cette multitude, Leptine ne perdit pas courage : il se jeta dans la mêlée en rugissant comme un lion, assenant des coups d'épée meurtriers, abattant ses ennemis les uns après les autres tant qu'il en eut la force, puis il s'effondra, touché à la poitrine, au ventre et au cou.

Les ennemis saluèrent sa mort par un cri d'exultation, et le découragement se répandit parmi les Syracusains qui se mirent à céder du terrain tout en s'efforçant de serrer les rangs. Mais bientôt leur retraite se transforma en une déroute cuisante. La nouvelle parvint aussitôt à Denys, qui vit ses hommes tomber de toutes parts : lancés à leur poursuite, les ennemis ne les épargnaient pas. Il s'apprêtait à tourner son arme contre lui-même quand

Aksal surgit à cheval, hurlant comme une furie des Enfers et faisant tournoyer une énorme hache. Il faucha tous ceux qu'il rencontra puis, s'inclinant sur le côté, attrapa son maître par le bras, le hissa sur sa monture et se dirigea à toute allure vers une hauteur située à un stade de là, où se trouvait un poste d'observation d'arrière-garde tenu par Philistos, sur lequel flottait un étendard syracusain.

Une fois arrivé, il bondit à terre, confia Denys aux hommes de la maigre garnison, et souffla dans son cor. Un long gémissement retentit dans la vallée, plana sur les lieux du massacre et rappela les soldats dispersés.

Debout sous l'étendard, Denys accueillit ses hommes pendant des heures, les réconfortant, les alignant en carré pour la dernière défense. Seule la tombée de la nuit interrompit le massacre. Alors, curieusement, on entendit les trompettes carthaginoises sonner la retraite et l'on vit l'armée victorieuse reculer bien au-delà du champ de bataille.

Denys se laissa aller enfin et s'écroula sur le sol, inconscient.

Quand il rouvrit les yeux, il chercha Aksal, mais personne ne savait où était le Celte. Philistos ordonna qu'on le cherche partout. On l'appela à tue-tête en battant la campagne aux alentours, mais sans résultat.

Aksal réapparut au point du jour, à pied, épuisé et couvert de sang, tenant dans ses bras le cadavre de Leptine.

Deux hommes se précipitèrent vers lui et l'aidèrent à déposer le corps sans vie du commandant aux pieds de son frère pétrifié.

Aksal s'approcha de Denys et dit : « Carthaginois s'en vont.

— Qu'est-ce que tu racontes ? demanda Philistos. Ce n'est pas possible.

— Si. Eux s'en vont. »

C'était exact. Aussi étrange que cela pût sembler, l'armée d'Himilcon se retirait après avoir remporté une victoire éclatante.

Denys fit alors dresser un bûcher, laver et préparer le corps de son frère. Puis les guerriers alignés lui rendirent un dernier hommage.

Quand leur cri se fut éteint, il les congédia. « Allez, dit-il d'une voix ferme. Laissez-moi seul. »

Les soldats formèrent une colonne et prirent le chemin du retour. Seul un petit groupe, aux ordres de Philistos, demeura non loin de lui pour le protéger.

Denys s'empara d'une torche et l'approcha du bûcher. Il regarda le feu lécher le bois et se nourrir des brindilles sèches en crépitant de plus en plus fort, avant d'entourer le corps du guerrier, tombé dans un tourbillon de flammes.

Philistos, qui n'avait pas osé contempler cette scène, se retourna. A la lumière des flammes, il aperçut une ombre, un homme à genoux, plié en deux, qui sanglotait dans la poussière.

XXXI

Vingt jours plus tard, Philistos reçut les termes de la proposition de paix par un messager venu de Palerme. Rédigée en grec, cette missive portait la signature d'Himilcon et du Grand Conseil de Carthage. Elle disait :

> Himilcon, commandant de l'armée de Carthage et gouverneur de l'Epicratie de Palerme, Lilybée, Drépane et Solonte, à Denys, archonte de Sicile, salut.
>
> Nos deux peuples ont mené trop de guerres, ne semant que le sang et la dévastation. Aucun de nous n'ayant assez de force pour anéantir l'autre, résignons-nous à accepter cette situation. Nous avons remporté la dernière bataille, et vous avez encore entre vos mains cinq mille de nos citoyens. Nous demandons à ce que la ville de Sélinonte et le territoire d'Agrigente jusqu'au fleuve Halycos nous appartiennent comme auparavant, cette dernière ville restant entre vos mains.

> En outre, vous nous rendrez les prisonniers et verserez mille talents à titre de dommages de guerre.
> Vous reconnaîtrez nos frontières, nous reconnaîtrons les vôtres ainsi que l'autorité de Denys et de ses descendants sur le territoire que ce traité définit.

Muni de cette dépêche, Philistos se fit annoncer à la citadelle de l'Ortygie, où Denys s'était enfermé depuis plusieurs jours, refusant de voir qui que ce soit.

Aksal lui barra le chemin. « Maître ne veut personne.

— Dis-lui que c'est moi, Aksal, et que je dois absolument lui parler d'une affaire de la plus grande importance. »

Aksal reparut un peu plus tard en invitant Philistos à entrer.

Denys était assis sur le fauteuil des audiences : il avait des cernes noirs, un teint terreux, la barbe et les cheveux hirsutes. On aurait dit qu'il avait vieilli de dix ans.

« Je regrette de t'importuner, dit Philistos, mais j'y suis bien obligé. Les Carthaginois nous proposent la paix. »

Denys sembla réagir à ces paroles. « Ont-ils pris l'initiative ? Tu ne les as pas contactés le premier ?

— Je ne me serais jamais permis de le faire sans t'en informer. Non, cette idée vient d'eux.

— Et que veulent-ils ? »

Philistos lui lut le message. Constatant que Denys l'écoutait attentivement, il poursuivit : « C'est à mon avis une proposition raisonnable, étant donné notre état d'infériorité actuel. Nous pouvons négocier les dommages de guerre. Avec les Carthaginois, on arrive toujours à discuter quand il s'agit d'argent. Le plus important, c'est la reconnaissance officielle de ton autorité, de tes droits et de ceux de tes descendants sur ce territoire. C'est un élément fondamental, et tu ne devrais pas laisser cette occasion t'échapper. Pense à ton fils. Tu le sais, il ne ressemble ni à son père ni à son oncle. Si tu lui lègues un Etat solide, aux frontières reconnues, la vie lui sera beaucoup plus facile, ne crois-tu pas ? »

Denys poussa un long soupir, se leva et rejoignit Philistos. « Oui, tu as peut-être raison. Viens, laisse-moi lire ce message encore une fois. »

Ils s'assirent à une table. Philistos posa la feuille de papyrus devant lui et attendit que Denys l'ait lue.

« Tu as raison, finit par dire ce dernier. Je suivrai ton conseil. Prépare le protocole officiel et entame les négociations concernant les dommages de guerre. Nous ne possédons pas tout cet argent.

— Nous pourrions peut-être céder quelque chose sur le plan territorial. Par exemple un district sicule de l'arrière-pays, qui n'est pas vital pour notre économie.

— Oui, c'est possible.

— Bien... »

Pensif, Denys gardait le silence.

« Alors, je m'en vais », dit Philistos. Constatant qu'il n'obtenait pas de réponse, il roula la feuille et se dirigea vers la porte.

« Attends, le rappela Denys.

— Oui...

— Rien... rien. Tu peux t'en aller. »

Philistus opina du bonnet et sortit. Un instant, il

avait imaginé que Denys voulait lui adresser un message personnel. C'était sans doute encore trop tôt.

Trois années s'écoulèrent, durant lesquelles Denys sembla reprendre progressivement ses habitudes en se consacrant aux affaires du gouvernement et à la préparation politique de son fils aîné, en vérité sans grande satisfaction. Le jeune homme préférait organiser des fêtes avec ses amis, inviter des artistes, des hétaïres et des poètes, il était toujours embarrassé quand son père le convoquait.

Doris, sa mère, qui s'était beaucoup empâtée au fil des années, s'efforçait de le défendre. « Tu as toujours été trop dur avec ce garçon, tu lui fais peur.

— J'essaie d'en faire un homme, par Zeus ! Et si possible un homme d'Etat, répondait Denys.

— Oui, mais comment ? Jamais un mot gentil, jamais un geste d'affection.

— Tu es là pour les minauderies. Je suis son père, par Héraclès, pas sa mère ! Tu as fait de lui un mollasson, un incapable.

— Ce n'est pas vrai ! Il a des qualités. Si tu lui confiais une charge, une responsabilité, il te le prouverait. Et puis, c'est évident, tu n'aimes qu'Arêté, la fille de cette...

— Tais-toi ! s'écriait Denys. Pas un mot de plus. Arêté est ma fille, c'est la plus jeune, et elle est adorable. J'ai quand même le droit de trouver des satisfactions parmi mes descendants. »

Ces discussions se terminaient invariablement par des querelles : Doris fondait en larmes et s'enfermait dans ses appartements pendant plusieurs jours, avec ses servantes et ses dames de compagnie.

Denys entretenait, en revanche, des liens de plus en plus étroits avec Philistos qu'il considérait non seulement comme un conseiller, mais aussi comme un ami, même s'il refusa toujours de l'admettre. Le seul ami qui lui restât au monde.

Après avoir défini la frontière occidentale et les rapports avec Carthage, Philistos s'occupa des relations avec Sparte, qui avait toujours été la protectrice de Syracuse. A l'occasion de la dernière guerre qu'elle avait engagée contre les Athéniens, il envoya avec l'approbation de Denys dix navires dans l'Egée afin qu'ils participent aux opérations. C'était une sorte de dû, non une intervention aux ambitions expansionnistes.

Désormais, Denys semblait s'intéresser à la littérature, la vieille passion de sa jeunesse, mais il demeurait réfractaire à la philosophie. Il avait fait agrandir le théâtre, où l'on représentait ses œuvres, en général applaudies. Connaissant l'auteur, le public n'avait aucune intention de le blesser.

L'expédition en Egée se solda par un échec : les Athéniens coulèrent neuf des navires syracusains, et l'amiral préféra se suicider plutôt que de regagner Lakkion avec un seul bâtiment.

La politique était si compliquée, en Grèce, qu'il était difficile d'en prévoir l'évolution non seulement d'une année, mais d'une saison sur l'autre.

Les Thébains avaient introduit un alignement militaire d'un nouveau genre, qualifié d'« oblique ». Conçu par deux généraux du nom de Pélopidas et Epaminondas, il leur avait permis par son efficacité de battre à Leuctres les invincibles Spartiates, autrefois leurs alliés. Effrayés par un tel succès, par ailleurs inimaginable, les Athéniens s'étaient rangés dans le camp de Sparte, leur vieille ennemie, pour contenir les Thébains. Mais les choses auraient mal tourné pour eux si Denys n'était pas intervenu.

L'emploi massif des mercenaires celtes et l'usage de ses engins de guerre eurent un grand succès et renversèrent la situation. Athènes en vint même à lui consacrer une couronne d'or. Le bruit circula qu'en voyant les balistes et les catapultes de Denys à l'œuvre, Agésilas, le roi de Sparte, s'était exclamé : « Par les dieux, de nos jours, le courage d'un homme ne vaut plus rien ! »

L'octroi de la couronne d'or était une occasion unique : Denys obtint la citoyenneté athénienne et, par l'intermédiaire de Philistos, posa les bases d'un traité de paix qui établissait une alliance entre son Etat et Athènes, mettant fin ainsi à une belligérance qui durait virtuellement depuis cinquante ans, depuis l'époque de la grande guerre, quand les Athéniens avaient assiégé Syracuse.

Désormais, Denys était accepté avec tous les honneurs dans le monde des métropoles, reconnu et célébré comme le champion de l'hellénisme d'Occident contre les Barbares. On relégua dans l'ombre, ou on oublia, les erreurs qu'il avait commises. Il regagna Syracuse à l'automne, le soixantième de sa vie, et décida de se consacrer avec sérieux et méthode à la préparation de son fils à la succession.

Denys II avait vingt-huit ans, c'était un homme fait. Jamais encore il ne s'était montré sous un jour positif. Il avait grandi dans la richesse en s'adonnant aux plaisirs du vin, de la nourriture et du sexe, et son père n'avait aucune estime pour lui. Il était cultivé et bien élevé, mais mou et irrésolu.

Philistos s'employa, lui aussi, à prendre sa défense. « Tu ne peux pas le juger aussi sévèrement, dit-il un jour à Denys. Quand on a un père de ton envergure, on est inévitablement écrasé par la comparaison. Il soit se sentir inapproprié à cette tâche et incompétent, ce qui aggrave tout. Il s'en rend compte, et il se sent encore plus incapable de prouver sa valeur. C'est un cercle vicieux.

— Que devrais-je faire, selon toi ? lui demanda Denys. Le couvrir de baisers et de caresses ? Par Zeus, s'il refuse de devenir un homme, je l'y obligerai avec les bonnes ou les mauvaises manières ! »

Ce n'étaient que des mots. En réalité, Denys était persuadé que personne n'était taillé pour lui succéder, que personne n'était à la hauteur d'un tel devoir. Philistos fut plusieurs fois tenté de lui proposer une solution : rendre le gouvernement au peuple. Mais il y renonça. Si une démocratie pouvait gouverner une cité, elle ne pourrait jamais régir un Etat d'une telle dimension, qui avait des avant-postes en Epire, en Illyrie, en Ombrie et dans la plaine padane.

Une telle union reposait sur le respect et la peur à l'égard d'un homme seul. Un gouvernement de citoyens n'en susciterait jamais autant parmi les gouvernements de citoyens des villes soumises.

L'équilibre politique, économique et culturel que Denys avait su créer serait sans doute resté inchangé s'il n'avait reçu d'Afrique une nouvelle qui le plongea dans une grande agitation.

Convoqué d'urgence, Philistos se précipita au palais. « Que se passe-t-il ? demanda-t-il à son arrivée.

— La peste s'est déclarée à Carthage.

— Encore ?

— Cette fois, il paraît qu'elle extermine un grand nombre de ces salopards.

— Je comprends que cela te fasse plaisir.

— Ce n'est pas tout. Les Libyens se sont révoltés.

— Il n'y a là rien de nouveau. Pourquoi es-tu aussi énervé ?

— Parce que cela nous donne l'occasion de les chasser définitivement de Sicile.

— Tu avais dit que tu ne t'y frotterais plus.

— J'ai menti. J'ai bien l'intention de tenter ma chance encore une fois.

— Tu as signé un traité.

— Pour gagner du temps. Un homme de ma trempe ne renonce jamais à ses projets. Jamais, le comprends-tu ? »

Philistos baissa la tête. « Il est inutile de te rappeler, j'imagine, que Carthage a déjà été éprouvée par la peste et les révoltes, et qu'elle a toujours réagi avec force et détermination.

— Cette fois, les choses sont différentes.

— Pourquoi ?

— Pour deux motifs. Un, ces chiens ont tué mon frère et je leur ferai cracher le sang tant que j'en aurai envie. Deux, j'ai soixante ans.

— Raison de plus pour t'assagir et te consacrer à une bonne administration. La guerre est toujours une mauvaise affaire.

— Tu n'as pas compris. Si je ne parviens pas à mener mon projet à terme aujourd'hui, je n'y parviendrai jamais. Quant à mon fils, mieux vaut ne pas en parler. J'ai pris ma décision. Nous attaquerons au printemps avec l'armée, la flotte et l'artillerie. Nous attaquerons avec la plus grande armée qu'on ait jamais vue et nous les mettrons en pièces.

— Et où comptes-tu trouver tout cet argent ?

— Tu t'en chargeras. Dois-je toujours tout te dire ? Emprunte les trésors des temples, les dieux m'accorderont un intérêt raisonnable, j'en suis certain. Et impose la Compagnie. La nôtre, à Syracuse, et celles des autres villes. Elles possèdent, elles aussi, beaucoup d'argent.

— Si j'étais toi, je m'en garderais bien. Tu passerais pour un sacrilège. Quant aux Compagnies, tu devrais connaître leur puissance. Elles risquent de te le faire payer très cher. Y compris la nôtre. Elles t'ont peut-être pardonné les épurations, elles ont peut-être remis la dette à plus tard. Mais quand il s'agit d'argent, elles ne font de réduction à personne.

— Veux-tu m'aider à trouver ces fonds, oui ou non ?

— D'accord, répondit Philistos. Ne viens pas me dire ensuite que je ne t'avais pas averti.

— L'occasion décisive s'est enfin présentée, crois-moi, nous vaincrons, et l'Hellade entière devra me rendre honneur. On m'élèvera des statues à Delphes et à Olympie, on me dédiera des inscriptions dans les lieux publics... »

Il rêvait. Maintenant que les métropoles l'avaient totalement accepté – lui, un homme des colonies, traité pendant des années avec mépris et suffisance, raillé dans ses tentatives littéraires maladroites –, il voulait couronner sa vie en prenant la première place dans le monde des Hellènes.

Rien ne parvint à le dissuader. Au début de l'été, il avait rassemblé une armée énorme : trente-cinq mille fantassins, cinq mille cavaliers, trois cents navires de guerre, quatre cents navires de transport.

Son avancée fut irrésistible : Sélinonte et Entella l'accueillirent comme un libérateur, Eryx capitula, puis ce fut le tour de Drépane, où la flotte fut concentrée. Mais il dut s'arrêter devant Lilybée. Les fortifications carthaginoises étaient tellement imposantes, les défenses si aguerries que toute tentative d'assaut se serait soldée par un échec, pis, par une défaite.

La saison se terminait, et Denys se prépara à rentrer. Il comptait laisser presque toute sa flotte à Drépane de façon à prévenir toute attaque de l'Afrique, mais il reçut une nouvelle qui le fit changer d'avis : une dépêche secrète lui annonçait qu'un incendie s'était déclaré à Carthage sur l'île de l'amirauté, et que tout l'arsenal avait été détruit.

L'île de l'amirauté, en partie artificielle, comptait parmi les merveilles du monde, c'était la seule construction que Denys enviait à sa grande rivale. Dotée d'une forme circulaire parfaite et située au milieu d'une vaste lagune, elle pouvait abriter dans ses bassins couverts plus de quatre cents navires de guerre. Au centre de l'île, se dressait le palais de l'amirauté qui lui donnait son nom et qui renfermait les précieux secrets de la marine carthaginoise : les routes de l'or et de l'étain, celles qui menaient aux lointaines Hespérides, aux confins extrêmes de l'Océan.

Les merveilleux trophées qu'avaient rapportés les entreprises de navigation les plus audacieuses et les caravanes qui avaient traversé la mer de sable jusqu'aux terres des Pygmées étaient exposés dans le palais. Selon certains, ces archives inaccessibles contenaient les cartes de mondes perdus, et l'on affirmait aussi que les structures de la plupart des ports carthaginois reproduisaient à l'infini le schéma de base de la capitale de l'ancienne Atlantide.

Si l'île avait vraiment brûlé, Carthage avait perdu son cœur et sa mémoire.

« Tu vois, les dieux sont avec nous, dit Denys à Philistos. Je laisserai une centaine de navires à Drépane, ils seront amplement suffisants. Au printemps prochain, dès que le temps le permettra, nous reviendrons leur assener le coup de grâce. Nous concentrerons tous nos efforts sur l'artillerie, fabriquerons des machines supplémentaires, en inventerons d'autres... » Tandis qu'il parlait, ses yeux brillaient, il était au comble de l'enthousiasme, et Philistos commençait vraiment à croire, lui aussi, que l'entreprise à laquelle son ami avait dédié quarante années de sa vie allait se conclure rapidement par un succès.

Denys était tellement sûr de lui qu'il passa l'hiver à peaufiner le texte de sa nouvelle tragédie, *Le Rachat d'Hector*. Il demandait à un acteur d'en réciter des extraits en présence de Philistos afin de connaître ses impressions. Il avait envoyé une délégation à Athènes pour s'inscrire à la compétition tragique à l'occasion des Lénéennes, les fêtes solennelles données en l'honneur de Dionysos. C'était de ce dieu que son nom dérivait, ce qui lui paraissait de très bon augure.

Quand vint le jour dit, Denys voulut que Philistos l'accompagne. « Tu dois venir. Au fond, tu m'as aidé à achever mon œuvre.

— Avec plaisir, répondit Philistos. Mais à qui vas-tu confier la préparation de la prochaine expédition ? »

Denys répondit avec un soupir : « J'ai longuement réfléchi, et je pense que les Carthaginois auront fort à faire pour réparer les dégâts de l'arsenal. De plus, je dispose d'officiers de marine qui connaissent bien leur métier. Enfin, j'ai décidé de donner à mon fils des responsabilités, certes limitées, pour voir comment il s'en tire. Bref, tu peux m'accompagner. Ne crois pas que je sois mû par la gloire littéraire. Je tiens à perfectionner le protocole d'entente avec les Athéniens et parvenir à la signature d'un traité qui nous placera parmi les grandes puissances du monde. La marine a toujours été notre point faible, et les Athéniens ont une expérience égale ou supérieure à celle de Carthage, ils pourraient donc nous transmettre leurs techniques et leurs connaissances dans le domaine de la guerre navale. »

Persuadé par ces raisons, Philistos partit. Mais il éprouvait une sorte de malaise et une inquiétude qui ne l'abandonnait pas un instant, qui le tenait éveillé jusqu'au cœur de la nuit. L'enjeu était trop important, les risques et les inconnues trop nombreux en cet hiver étrangement clément et même favorable à la navigation.

Ils arrivèrent à Athènes au milieu du mois de Gamélion, et trouvèrent la ville en grande effervescence, occupée à préparer les représentations scéniques. Ils logèrent dans une magnifique demeure dotée d'un jardin qu'ils avaient achetée du côté de Céramique, et se consacrèrent au théâtre sans regarder à la dépense : engagement des acteurs et du chœur, confection des costumes, choix des masques, réalisation des machines scéniques. L'affiche était déjà exposée dans le théâtre, sur l'acropole et dans l'agora, mais Denys avait déboursé d'autres sommes pour qu'elle soit présente dans les tavernes les plus fréquentées de la ville, les portiques et les bibliothèques. Il était persuadé que son nom attirerait un grand nombre de spectateurs.

Il assista lui-même aux répétitions et n'hésita pas à chasser les acteurs qui n'étaient pas à la hauteur de leur rôle, pour en engager d'autres. C'est ce qu'il fit aussi avec le chœur et les musiciens, auxquels il ordonna de répéter inlassablement les danses et les chants qui accompagneraient la représentation.

Le grand jour se présenta enfin.

Le théâtre était bondé, Denys et Philistos s'étaient assis au premier rang, aux places qui leur étaient réservées parmi les archontes de la ville, les prêtres des principaux collèges et le prêtre de Dionysos qui présidait les célébrations. La tragédie fut jouée de manière impeccable, certains passages étaient d'une grande intensité, ils révélaient les expériences que l'auteur avait sans doute vécues au cours de ses nombreuses guerres, à travers les négociations exténuantes qui avaient été menées pour obtenir la libération des otages et des prisonniers. La scène où le vieux Priam s'agenouillait pour baiser les mains d'Achille, tandis que le lugubre chœur des Troyennes montait comme des pleurs pour demander la restitution du cadavre d'Hector, émut le public. Philistos se surprit à avoir les yeux humides. L'auteur avait-il donc éprouvé des sentiments ? Avait-il été ému au point de transmettre son émotion au public qui assistait au spectacle ?

Inutile de se poser la question : Denys demeurerait pour le reste de ses jours une énigme indéchiffrable, un sphinx. Et pourtant, Philistos reconnut de nombreux aspects de son caractère, revit des fragments de sa vie passée, des moments de gloire et d'abjection. Denys avait mené sa vie comme un acteur ; il avait souvent menti, dissimulé, trompé, il avait caché ses sentiments, en admettant qu'il en ait eu, derrière son dur masque de tyran.

La fin de la pièce fut saluée par des applaudissements : s'ils n'étaient pas très enthousiastes, ils n'avaient rien de froid, ce qui était un bon résultat si l'on pensait qu'on avait représenté dans ce théâtre les œuvres d'Eschyle, de Sophocle et d'Euripide, et que ce public était le plus exigeant du monde.

A la fin des festivités, à la surprise de l'auteur lui-même, la tragédie obtint le premier prix. Le bruit courut qu'on avait choisi les candidats parmi des poètes si modestes qu'un piètre artiste comme l'était Denys avait pu l'emporter.

Quoi qu'il en fût, Denys fêta sa victoire avec faste et solennité, donnant un banquet somptueux dans un jardin situé au pied de l'Hymette, où furent conviées les plus hautes personnalités d'Athènes.

Peu avant le dîner, Philistos fut averti qu'un messager apportait une nouvelle urgente de Syracuse. Devinant que cette nouvelle risquait de gâcher la fête, il le reçut lui-même. Il ne se trompait pas.

« L'arsenal de Carthage n'a pas brûlé, annonça le messager dès que Philistos l'interrogea.

— Qu'est-ce que cela signifie ?

— Hélas, il s'est agi d'une ruse. Les Carthaginois sont les maîtres dans ce domaine. Nous aurions dû le deviner.

— Ce n'est pas possible ! rétorqua Philistos. Nos informateurs nous ont assuré qu'ils avaient vu des flammes s'élever de l'île.

— C'était le cas. Mais cela faisait également partie de la mise en scène. Ils ont brûlé de vieilles épaves après avoir caché la véritable escadre dans des lieux secrets, éparpillés sur la côte nord.

— Viens-en au fait. Inutile de tourner autour du pot. Qu'est-il arrivé ?

— A l'aube, le nouvel amiral carthaginois a fait irruption dans le port de Drépane avec deux cents navires de guerre. Les nôtres étant nettement inférieurs en nombre, ils ont été vaincus. »

Philistos congédia le messager. Après avoir longuement réfléchi, il décida de ne rien dire à Denys pour éviter de l'attrister. Il s'allongea à sa place, mangea et but en essayant de paraître totalement à son aise.

Cette nuit-là, après le départ des invités, à l'heure du troisième tour de garde, Denys eut un malaise. Aksal vint réveiller Philistos. « Maître malade.

— Que dis-tu là, Aksal ?

— Lui très malade, viens tout de suite. »

Philistos trouva Denys dans un état terrible : secoué de convulsions et de nausées, couvert de sueur mais froid comme la glace, le teint cendreux et les ongles sombres.

« Va chercher son médecin, Aksal, vite, à trois pâtés de maison d'ici, en direction de l'agora. Vite, par les dieux, vite ! »

Tandis qu'Aksal se précipitait dans la rue, Philistos tenta de redresser Denys et de l'aider à respirer, il lui essuya le front, mouilla ses lèvres sèches. Le lit sentait la transpiration et l'urine.

Un instant, Denys sembla se ressaisir, recouvrer quelques forces. « C'est fini, murmura-t-il. C'est fini, mon ami. »

Touché par ce mot qu'il n'entendait plus depuis

des années, Philistos lui pressa la main. « Que dis-tu là, *heghemòn*, que dis-tu là ? Le médecin va arriver. Tu te rétabliras. Tu as un peu trop bu, rien de plus. Courage, tu vas voir... »

Denys l'interrompit en levant péniblement la main de son geste d'autorité habituel. « Non, je ne me trompe pas. La mort est froide... tu le sens ? Quel terrible destin ! Je me suis toujours battu en première ligne, j'ai été blessé cinq fois et je dois mourir dans un lit en me pissant dessus... comme un homme de rien du tout... Je ne verrai jamais l'aube de la nouvelle ère dont j'ai rêvé pendant toute mon existence... La Sicile... au centre du monde...

— Mais si, tu la verras. Nous rentrerons chez nous et nous achèverons cette guerre une bonne fois pour toutes. Tu gagneras... Tu gagneras, Denys, parce que tu es le plus fort.

— Non... Non. J'ai envoyé à la mort tous les amis que j'avais, Doricos... Biton... Iolaos... et mon cher Leptine. J'ai répandu le sang pour rien. »

On entendit un pas solitaire dans la rue. Le visage de Denys sembla s'éclairer. « Arêté... dit-il en tendant l'oreille. Arêté... c'est toi ? »

Philistos baissa ses yeux humides. « Elle est ici... répondit-il. Elle est ici, elle vient te rejoindre. »

Denys s'effondra dans un râle. Philistos l'entendit encore murmurer : « N'oublie pas ce que tu as promis. Adieu, *chaïré*... » Et ce fut tout.

Quand le médecin pénétra dans la chambre, hors d'haleine, en compagnie d'Aksal, il était trop tard. Il ne put que constater la mort.

Aksal se raidit à la vue du cadavre. Son visage se transforma en un masque de pierre. Il entonna une plainte lugubre, le chant poignant de ses gens, qui accompagnait le dernier voyage des grands guerriers. Puis il s'enferma dans un silence impénétrable. Jour et nuit, il monta la garde devant la dépouille de Denys, sans boire ni manger, il ne l'abandonna pas, non plus, quand le cercueil fut placé sur le navire qui le ramenait dans sa patrie.

A Syracuse, Philistos se chargea lui-même des funérailles. Il fit préparer un bûcher gigantesque dans la cour de la forteresse Euryale, au sommet des Epipoles, afin que toute la cité vît monter l'âme de Denys dans le tourbillon de feu et d'étincelles qui la pousserait vers le ciel. Le corps, revêtu de sa plus belle armure, fut déposé sur le bûcher, face à l'armée alignée. Par dix fois, vingt mille guerriers de toutes les nations crièrent son nom, tandis que les flammes s'élevaient en rugissant dans le ciel d'hiver.

Au cœur de la nuit, Philistos alla recueillir les cendres de Denys en compagnie d'Aksal. Puis il se rendit avec lui au tombeau d'Arêté et mêla les cendres des époux.

Quand il eut achevé ce simple rite, il essuya ses yeux et se tourna vers le guerrier celte, terrifiant dans la maigreur de l'abstinence, dans le deuil qui creusait son visage et noircissait ses cernes. « Maintenant, retourne à tes quartiers, Aksal, lui dit-il. Et cesse de jeûner. Ton maître n'a plus besoin de toi... Nous, oui. »

Ils s'en allèrent, laissant le tombeau dans l'obscurité et le silence.

Mais quand le bruit de leurs pas se fut éteint, un chant solitaire monta des ténèbres, l'hymne poignant qui avait accompagné la première nuit d'amour d'Arêté et de Denys.

Et qui accompagna la dernière.

Epilogue

« Personne ne parvint jamais à expliquer la cause de sa mort. On dit que Philistos avait vu le signe d'un dauphin gravé sous la coupe à laquelle son ami et maître avait bu pendant la nuit de fête. Il se rappela que Denys avait envoyé à la mort bon nombre des membres de la Compagnie, du temps de la dernière épuration, et qu'il avait imposé sans le moindre égard celles dcs autres villes pour financer la guerre imminente, malgré tous les avertissements reçus.

« Certains rejetèrent tout simplement la faute sur la ripaille qui avait suivi sa victoire dans la compétition tragique aux Lénéennes. D'autres virent la main de Carthage planer sur cette mort : elle n'avait pas trouvé d'autre moyen pour anéantir un ennemi irréductible.

« Dès que j'eus le pouvoir, je signai la paix et tentai de la sauvegarder. Mais je n'effrayais personne et tout le monde voulait m'apprendre à gouverner, y compris les philosophes... Dix ans après la mort de mon père, l'édifice qu'il avait bâti était en ruine, il ne se relèverait plus. Un vieux général, envoyé par la métropole, Timoléon, battit les Carthaginois et me priva du pouvoir. Puis il me relégua ici, à Corinthe, d'où étaient venus nos pères fondateurs, il y a de nombreux siècles... »

« Maître ! Que fais-tu ? Tu parles tout seul ? »

Le maître se frotta les yeux et lança un regard à la ronde. Les ânes et l'ânier avaient disparu, de l'autre côté de la rue, et l'un des trois individus qui lui avaient prêté main-forte au cours de la bagarre de la veille au soir, l'un des gardiens inséparables auxquels la ville avait confié sa sécurité, était adossé au mur.

L'aubergiste se tenait devant lui, une tasse de lait chaud à la main. « Bois, dit-il, cela te remettra sur pied. »

Le maître le regarda, puis il tourna les yeux vers le soleil qui surgissait à ce moment précis de l'horizon, créant mille reflets dorés dans la rue encore luisante de la pluie nocturne. Il glissa une main dans sa besace, à la recherche des rouleaux. Constatant qu'ils étaient à leur place, il poussa un soupir de soulagement.

Il se leva à grand-peine, étira ses membres douloureux et passa encore une fois les mains sur ses yeux comme s'il ne parvenait pas à s'arracher à un rêve. « Une autre fois, dit-il. Une autre fois. »

Il s'achemina d'un pas hésitant, sous le regard étonné de l'aubergiste, qui continua de le fixer jusqu'à ce que sa silhouette s'évanouisse dans l'éclat du soleil naissant.

Note de l'auteur

L'histoire de Denys l'Ancien, tyran de Syracuse, est si complexe que j'ai dû simplifier certains événements relatés, mais aussi certains personnages.

J'ai volontairement laissé dans l'ombre les nombreux enfants du tyran, à l'exception des deux premiers, Denys le Jeune et Hipparinos, et de la petite Arêté. De même, j'ai totalement refoulé le personnage de son jeune beau-frère, Dion, si important dans les sources antiques que Plutarque lui consacre l'une de ses biographies. Il m'aurait été difficile, sur le plan du récit, de l'introduire et de le développer dans la seconde moitié du roman. Le personnage d'Iolaos englobe celui du frère cadet de Denys, Théaridès, qui n'apparaît donc pas dans notre histoire.

Cela mis à part, j'ai raconté l'histoire de Denys l'Ancien conformément aux sources, et en particulier à Diodore de Sicile, dans l'histoire duquel se retrouvent Timée de Tauroménion et Philistos, que le lecteur a rencontré en tant que personnage dans ce roman.

Le thème de la Compagnie, qui évoque de manière pour le moins explicite celui de la mafia sicilienne moderne, n'est pas inventé. Il correspond aux *hetaïriaï*, des associations de citoyens en partie secrètes, dont les sources principales font état : elles parvenaient à leurs fins au moyen de l'intimidation et de l'élimination physique de leurs adversaires. De telles associations existaient également en Grèce, mais ce phénomène, à une époque si ancienne, m'a semblé prendre une valeur particulièrement significative en Sicile.

En ce qui concerne l'onomastique, j'ai conservé les noms en italien quand leur usage était consolidé ; en revanche, j'ai utilisé les noms grecs (ou carthaginois) lorsque leur emploi était plus rare ou moins connu, ou encore lorsque la transcription italienne était peu heureuse [1].

Le fait que j'aie utilisé « Italiens » et « Siciliens » à la place de « Italiotes » et « Siciliotes » pourra étonner certains, mais j'ai voulu éliminer une terminologie trop spécialiste et académique au profit d'une terminologie plus suggestive, sans oublier que les termes que j'ai adoptés ne sont autres que la traduction littérale des originaux. Evidemment, les mots « Italie » et « Italiens » font essentiellement allusion à l'extrémité méridionale de la Péninsule, à ce que nous appelons aujourd'hui la Calabre.

1. De nombreuses villes siciliennes étant peu connues du lecteur français, on trouvera pour cette traduction les noms et l'orthographe employés par les traducteurs de la *Bibliothèque historique* de Diodore de Sicile, Martine Bonnet et Eric R. Bennett (Paris, Belles Lettres, 2002), à l'exception de Palerme dont on a gardé le nom moderne *(NdT)*.

La langue utilisée dans les phrases en argot, dans les imprécations et les dialogues dérive surtout du théâtre comique, qui conserve plus que tout autre de telles expressions.

Dans le domaine politique, j'ai choisi le point de vue des acteurs de cette histoire, et il ne pouvait en être autrement, même si des personnages principaux ou secondaires soulignent dans certains cas et dans plusieurs situations des valeurs qui diffèrent de celles de la civilisation des Grecs, ou de façon générale de celles de la politique des Grecs en Sicile.

Denys apparaît comme le grand personnage qu'il fut en réalité, de même que son échec substantiel semble la conséquence de l'erreur de base de sa gestion de l'Etat : l'absolutisme.

Valerio MANFREDI

Cartes

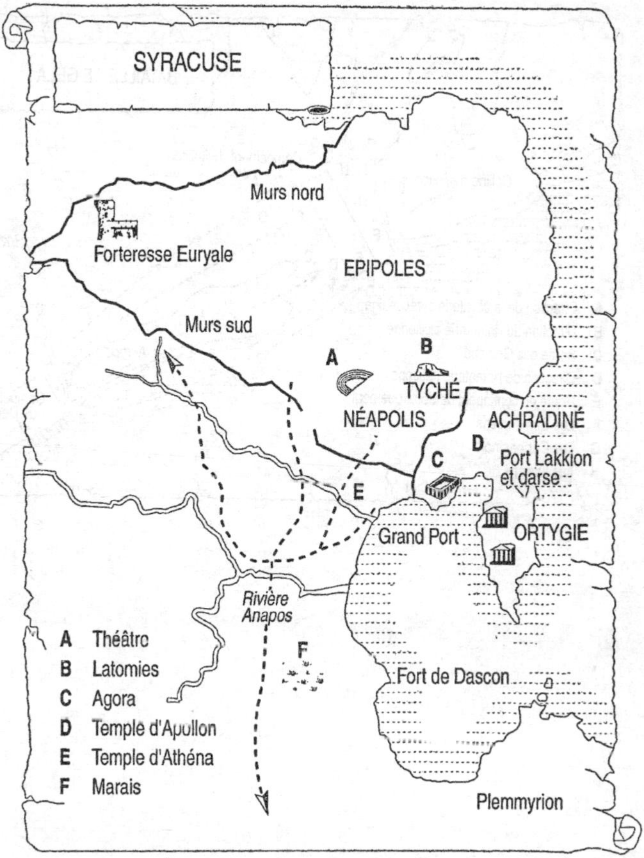
SYRACUSE
Murs nord
Forteresse Euryale
EPIPOLES
Murs sud
A
B
TYCHÉ
NÉAPOLIS
ACHRADINÉ
D
C
Port Lakkion
et darse
E
Grand Port
ORTYGIE
Rivière
Anapos
F
Fort de Dascon
Plemmyrion
A Théâtre
B Latomies
C Agora
D Temple d'Apollon
E Temple d'Athéna
F Marais

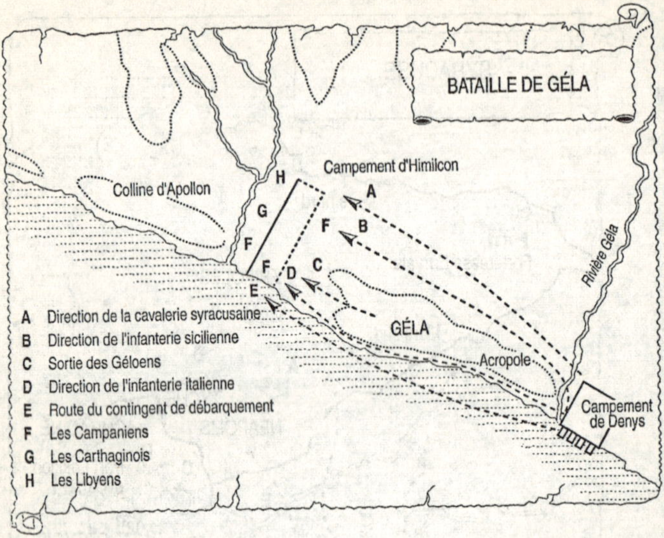
BATAILLE DE GÉLA
Campement d'Himilcon
Colline d'Apollon
H
G
F
A
B
C
D
E
GÉLA
Acropole
Rivière Géla
Campement de Denys
A Direction de la cavalerie syracusaine
B Direction de l'infanterie sicilienne
C Sortie des Géloens
D Direction de l'infanterie italienne
E Route du contingent de débarquement
F Les Campaniens
G Les Carthaginois
H Les Libyens

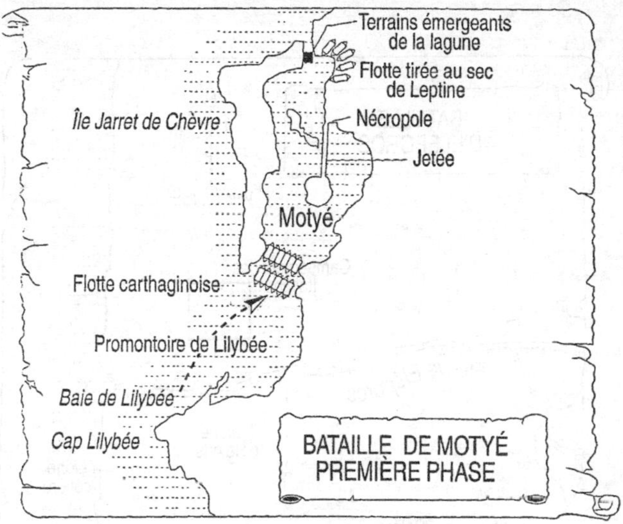
Terrains émergeants
de la lagune
Flotte tirée au sec
de Leptine
Nécropole
Jetée
Île Jarret de Chèvre
Motyé
Flotte carthaginoise
Promontoire de Lilybée
Baie de Lilybée
Cap Lilybée
BATAILLE DE MOTYÉ
PREMIÈRE PHASE

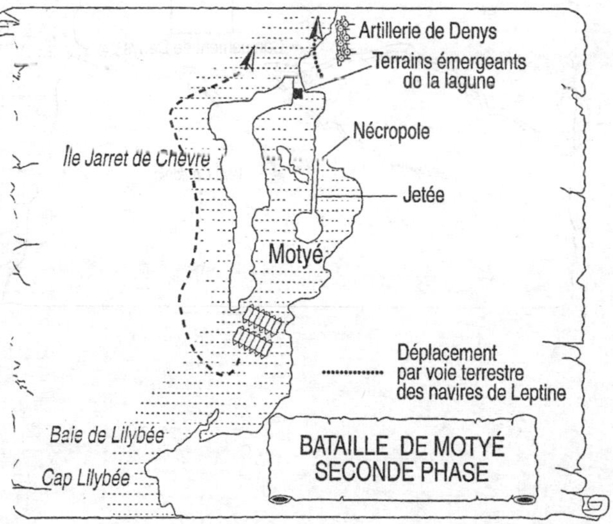
Artillerie de Denys
Terrains émergeants
do la lagune
Nécropole
Île Jarret de Chèvre
Jetée
Motyé
Déplacement
par voie terrestre
des navires de Leptine
Baie de Lilybée
Cap Lilybée
BATAILLE DE MOTYÉ
SECONDE PHASE

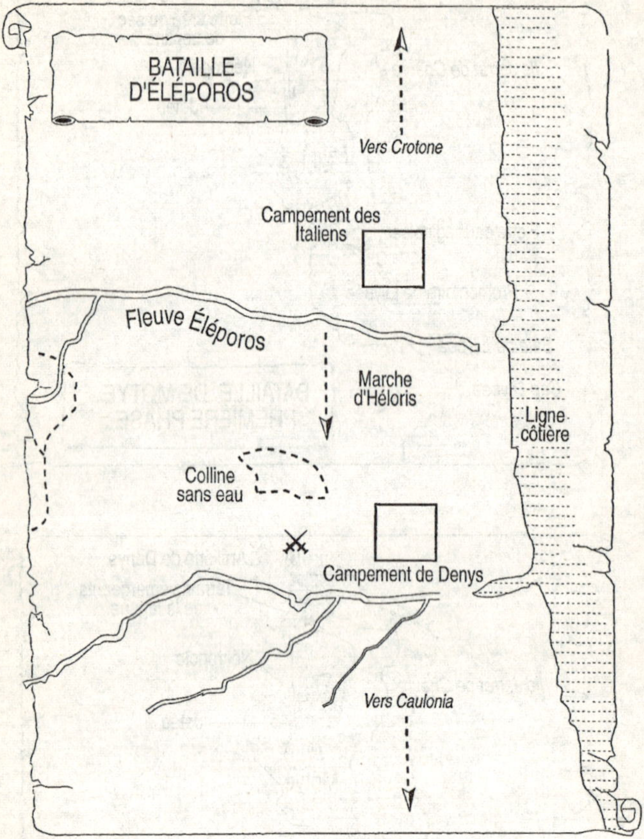
BATAILLE D'ÉLÉPOROS
Vers Crotone
Campement des Italiens
Fleuve Éléporos
Marche d'Héloris
Ligne côtière
Colline sans eau
Campement de Denys
Vers Caulonia

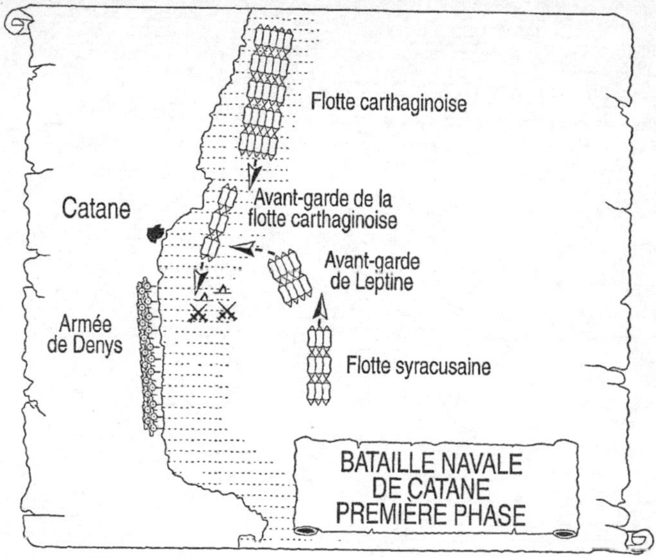
Flotte carthaginoise
Avant-garde de la
flotte carthaginoise
Catane
Avant-garde
de Leptine
Armée
de Denys
Flotte syracusaine
BATAILLE NAVALE
DE CATANE
PREMIÈRE PHASE

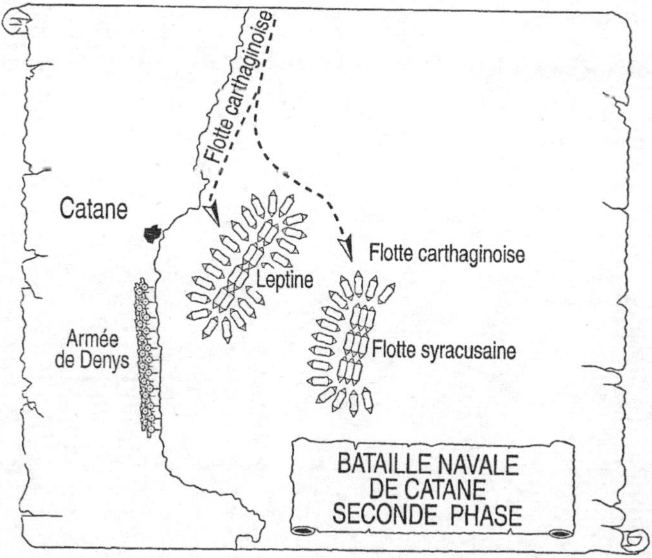
Flotte carthaginoise
Catane
Flotte carthaginoise
Leptine
Armée
de Denys
Flotte syracusaine
BATAILLE NAVALE
DE CATANE
SECONDE PHASE

Mystérieuse diparition

La tour de la solitude

Valerio Manfredi

À l'époque de César, une colonne de légionnaires romains avait subitement et mystérieusement disparu au cœur du désert. Dans l'immense bibliothèque du Vatican, Desmond Garrett, un brillant anthropologue, découvre le secret lié à cette affaire vieille de 2000 ans. Et à son tour, il disparaît. 10 ans plus tard, un peu avant la Seconde Guerre Mondiale, son fils décide de parcourir le monde, de Pompéi à Jérusalem, pour le retrouver. Mais sa quête, périlleuse, sera semée d'embûches habilement dressées et difficiles à surmonter…

(Pocket n° 10924)

Achevé d'imprimer sur les presses de

BUSSIÈRE

GROUPE CPI

à Saint-Amand-Montrond (Cher)
en février 2006

POCKET - 12, avenue d'Italie - 75627 Paris Cedex 13
Tél. : 01-44-16-05-00

— N° d'imp. : 60274. —
Dépôt légal : mars 2006.

Imprimé en France